SECONDE SÉRIE

DE LA

BIBLIOTHÈQUE

LATINE-FRANÇAISE

DEPUIS ADRIEN JUSQU'A GRÉGOIRE DE TOURS

publiée

PAR C. L. F. PANCKOUCKE

OFFICIER DE LA LÉGION D'HONNEUR

IMPRIMERIE PANCKOUCKE.
rue des Poitevins, 14.

SECONDE SÉRIE
DE LA
BIBLIOTHÈQUE
LATINE-FRANÇAISE

traductions nouvelles

DES AUTEURS LATINS

AVEC LE TEXTE EN REGARD

DEPUIS ADRIEN JUSQU'A GRÉGOIRE DE TOURS

publiée

PAR C. L. F. PANCKOUCKE

OFFICIER DE LA LÉGION D'HONNEUR

D. M. AUSONE

traduction nouvelle

PAR E.-F. CORPET

TOME PREMIER

Ausone
Œuvres
Tome 1

23649

PARIS

C. L. F. PANCKOUCKE, ÉDITEUR

RUE DES POITEVINS, 14

1842

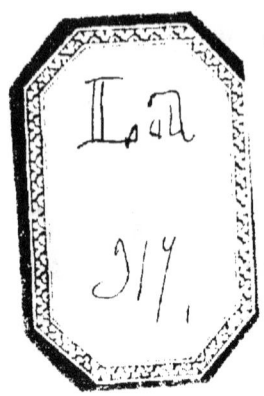

OEUVRES

COMPLÈTES

D'AUSONE

TRADUCTION NOUVELLE

PAR E.-F. CORPET

TOME PREMIER

PARIS

C. L. F. PANCKOUCKE, ÉDITEUR

OFFICIER DE L'ORDRE ROYAL DE LA LÉGION D'HONNEUR

RUE DES POITEVINS, 14

1842

NOTICE
SUR AUSONE
ET SUR SES ÉCRITS.

Toute la vie d'Ausone est dans ses écrits. Au temps d'Ausone, la poésie était morte [1] : toutes les sources des grandes et belles inspirations de la verve païenne étaient taries. Homme d'esprit et versificateur habile, Ausone se servit de sa muse au profit de son ambition. Il parvint, grâce à elle, aux premières dignités de l'État, et après avoir assuré ainsi sa fortune présente, il voulut assurer sa renommée à venir. Il chanta sa gloire, ses honneurs, ses richesses; il se proposa hardiment comme un modèle à son fils et à son petit-fils [2] ; il réveilla les mânes de son aïeul, de son père, de ses professeurs, de ses amis, pour leur apprendre qu'il avait été consul [3]; il fit redire à l'hexamètre jusqu'à la date de son consulat [4]; prêt à rendre l'âme, *prope conclamatus* [5], il balbutiait encore en mauvais vers à l'oreille de Syagrius, son ami, un orgueilleux résumé de sa vie entière [6]. Grâce aux indiscrétions de cette vanité déjà gasconne, nous possédons de curieux documents sur ce poëte, sur ses travaux, sur ses actes; et c'est à l'aide des secours qu'il fournit lui-même, et qu'il fournit seul, que nous allons essayer de recomposer son histoire.

En 267, au temps où les lieutenants de Gallien, dans les Gaules, se disputaient un pouvoir usurpé; où, débarrassé, par la mort

---

[1] « Où était l'enthousiasme au temps d'Ausone? qu'avait-on à dire et que chanter? » (M.J.-J. Ampère, *Histoire littéraire de la France avant le* xiie *siècle*, t. i, p. 258.) — Un homme d'esprit et de savoir, M. J.-C. Demogeot, dans ses *Études historiques et littéraires sur Ausone* * (p. 43 et suiv.), a parfaitement indiqué les causes qui rendaient la poésie impossible au ive siècle. Je reviendrai plus d'une fois, dans cette Notice et dans les notes de cette traduction, à ces *Etudes*, qui se recommandent par un choix éclairé de fines observations, de rapprochements ingénieux et de curieuses et profondes recherches.

[2] *Epigr. quatuor de Fast.*, i, 9; *Edyll.*, iv, 93. — [3] *Parental.* et *Profess.* passim. — [4] *Epigr. quatuor de Fast.*, ii, iii et iv. — [5] *Edyll.*, v, 15. — [6] *Præfat.*, ii.

* *Bordeaux*, Lanefranque, 1837. Brochure de 72 pages in-8°.

de Postumus et de Lollianus, d'un chef et d'un rival, Victorinus demeura seul maître de l'empire, un vieux Gaulois, Argicius[1], d'une famille noble et riche du pays des *Ædui*[2], forcé de fuir la proscription, se réfugia avec son fils, Cécilius Argicius Arborius, au midi de la Gaule, dans une ville de l'Aquitaine nommée *Aquæ Tarbellæ* ou *Tarbellicæ*[3]. Ils ne restèrent pas longtemps seuls et sans famille dans ce pays inconnu. Cécilius épousa une pauvre fille, Émilia Corinthia, qu'on avait surnommée *la Maure*, à cause de la noirceur de son teint basané. A force de travail et d'économie, les deux époux amassèrent bientôt une modeste aisance, due surtout à Cécilius, qui se livrait en secret et avec profit à l'étude des mathématiques et de l'astrologie[4]. Ils eurent quatre enfants : un fils, Émilius Magnus Arborius, et trois filles, Émilia Hilaria, Émilia Dryadia, et Émilia Éonia. Émilius Magnus Arborius se maria de bonne heure à une fille noble et riche de Toulouse, où il professa quelque temps la rhétorique; il plaida ensuite avec éclat dans la Narbonnaise, la Novempopulanie et l'Espagne; puis il passa à Constantinople, où, après avoir donné des leçons à un César, un des fils de Constantin sans doute, il mourut dans l'opulence, à l'âge de trente ans[5]. Émilia Hilaria, ou plutôt Hilarius, car c'est le nom que par plaisanterie on lui avait donné au berceau à cause de sa pétulance et de sa vivacité un peu mâles, garda son naturel et ses goûts virils toute sa vie : vouée à une virginité perpétuelle, elle s'adonna à l'exercice de la médecine, et mourut à soixante-trois ans[6]. Émilia Dryadia mourut jeune, au moment de se marier[7]. Émilia Éonia épousa Julius Ausonius, jeune médecin, né à *Vasates* (Bazas), et qui était venu s'établir à Bordeaux, où il ne

---

[1] *Profess.*, XVI, 6. — [2] *Parent.*, IV, 3 et sq. — [3] *Præfat.*, II, 6.

[4] « La profession d'astrologue, de devin ou de sorcier était si productive, qu'une foule de personnes instruites et dignes d'une meilleure vie l'embrassaient avec confiance; aussi n'existait-il pas un bourg, pas un village qui n'eût son devin. » (M. A. BEUGNOT, *Histoire de la destruction du paganisme en Occident*, t. I, p. 243.)

[5] *Parent.*, IV, et *Profess.*, XVI. — Les Bénédictins (*Histoire littéraire de la France*, t. I, 2ᵉ partie, p. 97 et 98) le font naître vers 270, et mourir vers 335; il aurait ainsi vécu soixante à soixante-cinq ans. Ausone dit clairement (*Parent.*, IV, 25) qu'il mourut à trente ans :

Amissum flesti post trina decennia natum.

[6] *Parent.*, VI. — [7] *Parent.*, XXV.

tarda pas à se faire une brillante réputation par la noblesse de son caractère et ses vastes et solides connaissances¹. C'était un homme d'un très-grand mérite et d'une rare vertu, et, « s'il était semblable, comme dit Bayle ², au portrait que son fils en a laissé, c'était un reste du siècle d'or. » Il était le premier médecin de son temps³ : content d'un modique revenu, il ne profita ni de son savoir dans l'art de la médecine, ni de la considération que ses lumières lui avaient acquise, pour s'enrichir ou s'élever. Il donnait gratuitement ses soins aux malades, et n'accepta que de nom seulement les fonctions de curiale et de préfet qu'on lui imposa dans la suite ⁴. La principale étude, la seule ambition de toute sa vie, fut l'application constante à chacune de ses actions des préceptes de la philosophie. Ses prophètes, à lui, étaient les sept Sages de la Grèce ⁵ ; et c'est un spectacle curieux, au milieu de ce quatrième siècle, où retentissaient partout les prédications de l'Évangile, que de voir ce païen stoïque ⁶, fidèle à ses vieilles croyances, sans peut-être fermer tout à fait l'oreille aux leçons

---

¹ Il est à remarquer qu'Ausone ne dit rien de l'origine de Julius Ausonius son père; c'est que sans doute la famille de Julius n'était recommandable ni par son opulence, ni par la noblesse de son rang, ni peut-être même par la noblesse de ses mœurs et de sa conduite. Il est permis de le supposer, du moins, en lisant les souvenirs que le poëte a consacrés à la mémoire de ses oncles et de ses tantes paternels. Cl. Contentus courait le monde en faisant le négoce, et mourut jeune encore en Bretagne, où il avait amassé de grands biens par son trafic. Julius Calippio vécut fort vieux, et fort gueux, à ce qu'il paraît : c'était un mangeur *. Ausone regrette beaucoup l'héritage du premier, qu'il ne put recueillir, et la voracité du second qui ne lui laissa rien. Il aimait mieux sa tante Julia Cataphronia, vieille fille avare, qui lui légua le peu qu'elle possédait **. Bayle *** et les Bénédictins **** ont fait de cette Cataphronia une religieuse : Ausone dit seulement qu'elle avait fait vœu de virginité : ce qui ne prouve même pas qu'elle fût chrétienne. Quant à Julia Veneria, son autre tante, il est certain que ce n'était pas une sainte : son nom, celui qu'elle donna à sa fille, Julia Idalia, qui, selon le poëte, était une petite Vénus *****, enfin sa mort prématurée, tout laisse à penser qu'elle mena, comme son frère Calippio, bonne et joyeuse vie.
² Dictionn. hist., art. Ausone, note (A).
³ A en croire Scaliger et les Bénédictins, il aurait été le médecin de l'empereur Valentinien Ier; mais aucun texte d'Ausone ne confirme cette supposition.
⁴ Edyll., II, 5, 11, 52. — ⁵ Parent., I, 11.
⁶ Les auteurs de l'Histoire littéraire prétendent qu'il était chrétien, mais cela sans aucun fondement : Ausone, qui note avec une complaisance toute filiale chacune des vertus de son père, n'aurait pas oublié sa qualité de chrétien, et il n'en dit pas un mot.

* Parent., VII. — ** Parent., XXVI. — *** Dictionnaire historique, art. Ausone, note (D) et note (F). — **** Hist. littér., t. 1, part. II, p. 216. — ***** Parent., XXVII et XXVIII.

nouvelles de la morale chrétienne, écouter encore la voix de la sagesse antique. Éonia était en tout digne de lui ; elle avait toutes les vertus d'une chaste épouse et toutes les qualités d'une bonne mère [1] ; et pendant quarante-cinq ans que dura leur union, rien n'en troubla jamais la concorde et la foi [2]. Quatre enfants sortirent de ce mariage : Émilia Melania, qui mourut âgée d'un an [3] ; Ausone, le poëte ; Julia Dryadia, qui vécut soixante ans : elle avait épousé un sénateur de Bordeaux, Pomponius Maximus, qui la laissa veuve de bonne heure [4] ; et enfin Avitianus, qui étudiait la médecine, et promettait de marcher dignement sur les traces de son père, quand la mort le surprit à la fleur de l'âge [5].

D. Magnus Ausonius [6] naquit à Bordeaux vers l'an 309 [7], quelque temps avant la mort de sa jeune sœur Émilia Melania [8], premier enfant de Julius. La famille reporta toute son affection sur le nouveau-né, et l'entoura de soins et d'amour. Corinthia la Maure, son aïeule, dirigea ses premiers pas avec une sévérité mêlée de douceur [9]. Sa tante Hilarius, docteur mûri par l'expérience, lui donnait de sages conseils [10], et sa jeune tante Dryadia, qui espérait un mari, essayait sur ce jeune neveu son apprentissage de mère [11]. Son aïeul Cécilius, l'astrologue, voulut tirer son horoscope ; mais, à cause des lois sévères prononcées contre ces opérations divinatoires, il le tint caché, et ce fut la mère

---

[1] *Parent.*, II. — [2] *Edyll.*, II, 37. — [3] *Parent.*, XXIX. — [4] *Parent.*, XII. — [5] *Parent.*, XIII.

[6] Nous laissons à Ausone les deux prénoms D. (*Decius* ou *Decimus*) Magnus, que lui donnent ses derniers éditeurs, d'après un manuscrit de Tilius, bien qu'on ne trouve dans ses œuvres, ainsi que dans Symmaque et Sidoine Apollinaire, et dans un manuscrit de Lyon beaucoup plus ancien que celui de Tilius *, que le nom d'*Ausonius*. D'après les auteurs de l'*Histoire littéraire* **, le prénom de *Decius* ou *Decimus* ne lui sera venu que de l'erreur de ceux qui, le prenant pour S. Ausone, premier évêque d'Angoulême, comme Trithème (*Script. eccl.*, c. 114), l'auront cité avec un D. majuscule, ce qui ne signifiait que *Divus*. Quant au prénom de *Magnus*, on pense *** qu'il a pu lui venir de son oncle Émilius Magnus Arborius. Ses premiers éditeurs lui ont donné le surnom de *Pæonius*, formé du nom de *Pæon*, médecin des dieux dans l'*Iliade*, parce qu'ils le confondaient avec Julius Ausonius son père.

[7] D'après les calculs des auteurs de l'*Histoire littéraire*. — Bordeaux a voulu conserver dans ses murs un souvenir de son poëte : une rue de cette ville porte son nom.

[8] *Vix nota mihi soror*, dit Ausone, *Parent.*, XXIX, 1.

Parent., V, 9. — [10] *Parent.*, VI, 11. — [11] *Parent.*, XXV, 9.

* Souchay, *Dissert. de vita et script. Ausonii*, p. xj, en tête de l'édition d'Ausone *ad usum Delphini*. — ** T. 1, 2ᵉ part., p. 281. — *** Souchay, *ibid.*, p. xij.

d'Ausone qui parvint à découvrir ce secret dans la suite [1]. Bon vieillard ! qui allait lire dans les astres ce que tout le monde pouvait lire dans Juvénal ; car il paraît que l'étoile avait promis une destinée brillante, et qu'elle était d'accord avec ces vers du satirique :

> Si fortuna volet... ....
> .... fies de rhetore consul [2] ;

prédiction qui s'accomplit à la lettre.

Arborius, oncle d'Ausone, et qui sans doute connaissait son Juvénal, se chargea de l'éducation de cet enfant. C'était alors le bon temps pour les rhéteurs. Arborius, qui venait d'entrer avec succès et avec éclat dans la carrière, voulut y lancer aussi son neveu. Charmé de ses dispositions naturelles et de sa précoce intelligence [3], il le confia, sous sa direction, aux plus célèbres professeurs de Bordeaux. Le grammairien Macrinus lui apprit les premiers éléments de la langue latine [4], et les grammairiens grecs Corinthius et Sperchius furent choisis pour lui enseigner le langage de leurs *muses attiques* [5]; mais ce langage eut pour lui peu d'attraits et le rebuta bientôt, quoique son père parlât le grec avec plus de facilité que la langue latine [6]. De l'étude de la grammaire, il passa à celle de l'éloquence. Il suivit les leçons du rhéteur Luciolus, qui avait été son condisciple [7]; de Staphylius, autre rhéteur, né à *Ausci* (Auch), qui eut pour lui la tendresse d'un père [8] ; celles enfin de l'orateur Tiberius Victor Minervius, le Démosthène et le Quintilien de l'époque [9]. Il fit de rapides progrès sous ces illustres maîtres. Arborius, qui était allé enseigner la rhétorique à Toulouse, l'appela enfin près de lui, et Ausone

---

[1] *Parent.*, IV, 19 et suiv.
[2] JUVÉNAL, *Sat.* VII, 197 ; ou, comme a dit Boileau (*Sat.* I, 63), avec un léger changement nécessaire en son temps comme au nôtre :

> ....Le sort burlesque, en ce siècle de fer,
> D'un pédant, quand il veut, sait faire un duc et pair.

Un rhéteur cité par Pline le Jeune[*], et son contemporain, Val. Licinianus, a dit à peu près comme Juvénal : *Quos tibi, fortuna, ludos facis ! facis enim ex professoribus senatores*, etc.
[3] *Parent.*, III, 19. — [4] *Profess.*, X, 15. — [5] *Profess.*, VIII, 10. — [6] *Edyll.*, II, 9 et 10. Ausone a cependant écrit en grec. Voir *Epigr.*, XXVIII, XXIX, XXXI, XXXII, XL, LXXXVIII; *Epist.*, XII, XIII et XIV.
[7] *Profess.*, III, 1. — [8] *Profess.*, XX, 15. — [9] *Profess.*, I, 11 et 12.

[*] Pline, liv. IV, lett. 11.

acheva dans cette ville, à l'école et sous les yeux de son oncle, le cours de cette riche et brillante éducation.

Une belle carrière s'ouvrait devant le jeune élève d'Arborius. La plupart des rhéteurs étaient alors avocats, historiens et poëtes. Encouragé par les éloges de son oncle qui l'appelait avec complaisance l'espoir et l'orgueil de sa famille [1], Ausone voulut atteindre à toutes ces gloires. Il essaya de plaider devant les tribunaux [2]; mais, soit que son éloquence novice encore n'ait pas eu tout le succès qu'il avait rêvé, soit que l'honneur de porter la férule, ce *sceptre de l'école*, comme il l'appelle après Martial [3], le flattât davantage, il négligea le forum, et se fit professeur. Il vint à Bordeaux enseigner la grammaire, et il surpassa bientôt à ce métier tous ses collègues [4], dont plusieurs, tels que Leontius et Jucundus [5], avaient été les compagnons de ses études.

C'est probablement à cette époque qu'il se maria. Sa femme, Attusia Lucana Sabina, était d'une des plus nobles et des plus anciennes familles de Bordeaux [6]. Elle était fille du sénateur Attusius Lucanus Talisius, homme grave, ami de la retraite et de la vie des champs [7], qu'une certaine conformité de penchants et d'humeurs avait sans doute rapproché de Julius Ausonius. Talisius avait depuis longtemps destiné sa fille à Ausone; mais il mourut avant leur mariage [8]. Sabina, que distinguait sa beauté non moins que sa noblesse, fut enlevée à son mari à vingt-huit ans [9]. Ausone resta veuf toute sa vie. Il avait eu trois enfants; mais le premier, nommé comme lui Ausonius, était mort tout jeune pendant leur mariage [10]. Les deux autres survécurent à Sabina; c'étaient: Hesperius, qui parvint, comme nous le verrons, aux premières dignités de l'empire; et une fille qu'Ausone ne nomme pas, quoiqu'il en parle plusieurs fois. Elle épousa en premières noces Val. Latinus Euronius, ou plutôt Euromius, issu d'une antique noblesse, et qui mourut jeune après avoir été préfet d'Illyrie [11], et en secondes noces, Thalassius, qui fut proconsul d'Afrique [12].

Les mérites et les succès de ses leçons de grammairien l'ap-

---

[1] *Parent.*, III, 21. — [2] *Præfat.*, II, 17. — [3] *Edyll.*, IV, 29; MARTIAL., lib. X, epigr. LXII, 10. — [4] *Præfat.*, II, 21. — [5] *Profess.*, VII, 13; IX, 3. — [6] *Parent.*, IX, 5. — [7] *Parent.*, VIII, 7. — [8] *Ibid.*, 11 et 12. — [9] *Parent.*, IX, 23 et suiv. — [10] *Parent.*, X. — [11] *Parent.*, XIV.

[12] SYMMAQUE, liv. I, lett. 25 (*Voir l'Appendice* du t. II, p. 486). Vinet et

pelèrent rapidement aux fonctions de rhéteur. Il professa ainsi trente ans [1], et il forma sans doute plus d'un brillant élève. « Ausone, disent les Bénédictins [2], ne fut pas moins heureux en disciples qu'en enfants. » Cependant deux de ces disciples lui causèrent de vifs chagrins : l'un, Pomponius Maximus Herculanus, fils de sa sœur, doué d'un rare assemblage de qualités éminentes, mourut de débauche dans sa jeunesse [3], au moment de succéder à Ausone dans sa chaire de grammairien. L'autre, Pontius Meropius Paulinus, fils d'un ami de son père, et qui fut depuis saint Paulin, l'abandonna dans sa vieillesse pour renoncer au monde et se convertir. Ausone ne s'en consola jamais [4].

Il en est un troisième, le plus illustre de tous, qui sut rester en même temps fidèle à l'Église et à son vieux maître. L'empereur Valentinien Ier, qui avait associé déjà son frère Valens à l'empire, voulut aussi assurer la couronne à Gratien, son fils. Il le déclara Auguste à Amiens en 367. Gratien avait huit ans. Les empereurs alors commençaient de bonne heure et finissaient de même : leur éducation devait donc se faire vite et bien. Parmi les professeurs renommés des écoles gauloises, Ausone tenait le premier rang. Ses talents, son savoir, son expérience et sa célébrité, tout le désignait au choix de l'empereur. Valentinien l'appela donc à la cour, qui était à Trèves, et le chargea de l'éducation littéraire du jeune Auguste. Un tel choix, une telle préférence étaient bien faits pour flatter l'amour-propre du rhéteur, devenu tout à coup le précepteur d'un prince, comme Sénèque, Fronton, Titianus et Lactance, comme Arborius son oncle, son maître et son modèle. Aussi, de ce moment, grâce à cette faveur, sa fortune va prendre une face nouvelle, et sa muse, jusque-là pédante et routinière, trouvera de temps à autre, dans les inspirations de la vanité et de l'ambition, plus d'originalité, de verve et d'éclat.

Scaliger ne font qu'un même personnage d'Euromius et de Thalassius, et ne donnent qu'un gendre à Ausone. Tillemont, le premier, a prouvé qu'il en avait eu deux. Voir la note 1 de la pièce XIV des *Parentales*, page 310 de ce volume.

[1] *Præfat.*, II, 23. — M. J.-J. Ampère (*Hist. littér.*, t. I, p. 235) dit qu'il faut placer pendant cet intervalle la composition des tours de force, des jeux d'esprit, des épitaphes des héros d'Homère. Mais tous ces écrits sont d'une date bien postérieure : M. Ampère pourra s'en convaincre en lisant les préfaces et les épîtres qui les précèdent.

[2] *Histoire littéraire*, t. I, 2e partie, p. 282.

[3] *Parent.*, XVII, et *Profess.*, XI. — [4] *Epist.*, XXIII, XXIV et XXV.

Ausone arrive à la cour : la cour est chrétienne ; Ausone sera chrétien. La Pâque était proche : Ausone chante la Pâque, et fait sa profession de foi. Mais cette foi n'est point aveugle en sa ferveur; il laisse aux prêtres le jeûne et les dévotes pratiques, il renferme son culte dans son cœur : Ausone connaît l'esprit de Valentinien, chrétien tolérant, modéré, d'une foi insouciante et circonspecte [1]. Puis, par une adroite flatterie, après avoir expliqué le mystère d'un seul Dieu en trois personnes, il compare tout naturellement les trois empereurs, Valentinien, Valens et Gratien, au Père, au Fils et au Saint-Esprit : ils sont pour lui et ils doivent être pour tous l'image de la Trinité sur la terre [2]. On ne pouvait être à la fois plus courtisan et plus orthodoxe. Trois mois après, Valentinien part avec son armée contre les *Alemanni*, emmenant Gratien et son professeur. Les Alemanni sont vaincus, et Valentinien revient à Trèves, où il rentre avec son fils en triomphateur. Ausone célèbre à grand bruit cette victoire [3], et celle que Valens, en 369, remportait en Orient sur les Goths. Sa verve est inépuisable. Il chante le Danube, il chante Trèves, il chante la Moselle, il chante Bissula, jeune Suève captive, qu'il avait reçue pour sa part de butin dans cette guerre, et qui fit les *délices* de son maître [4]. Charmé par sa belle humeur, Valentinien, qui, malgré sa froide gravité, se divertissait quelquefois à la poésie, lui propose un défi littéraire [5] : Ausone accepte, et, comprenant tout l'embarras de sa position, s'arrange habilement de manière à n'être ni vainqueur ni vaincu. Il réussit : toutes les faveurs de la cour lui sont acquises. Il est nommé *comte*, et honoré des différentes distinctions attachées à ce titre [6] : quelque temps après, il est élevé à la questure. Son crédit, ses dignités,

---

[1] Ammien Marcellin, l. xxx, c. 9, dit de Valentinien : *Hoc moderamine principatus inclaruit, quod inter religionum diversitates medius stetit.*
[2] *Edyll.*, i. — [3] *Epigr.*, iii, iv ; *Edyll.*, x.
[4] *Edyll.*, vii :

Delicium, blanditiæ, ludus, amor, voluptas.

Cette passion d'Ausone pour sa jeune affranchie aurait de quoi surprendre; car il était âgé déjà, et, quelques années après, il se vantait d'avoir, pendant trente-six ans, pleuré sa femme, et de lui garder encore une respectueuse fidélité *. Mais Bissula n'était qu'une enfant, qui amusait le poëte par ses espiègleries, son babil et sa gentillesse; et rien de plus. *Voir* les notes sur cette idylle, t. ii, p. 363.
[5] *Edyll.*, xiii. — [6] *Præfat.*, ii, 35 ; et *Grat. act. pro consul.*

* *Parent.*, viii, 16 ; ix, 8.

lui attirent l'amitié des personnages les plus considérables du palais et de l'empire, de Symmaque, entre autres [1], et de Sext. Anicius Petronius Probus, qui lui demanda des conseils et des livres pour l'éducation de ses fils [2]. De son côté, il use noblement de son pouvoir. Un pauvre grammairien de Trèves, Ursulus, avait été oublié aux calendes de janvier, dans les largesses de l'empereur. Le questeur Ausone sollicite et obtient les étrennes désirées, et envoie à son collègue en grammaire six pièces d'or avec une trentaine de méchants vers que le malheureux dut trouver admirables [3].

Ausone achevait à peine l'éducation de Gratien, quand Valentinien mourut, le 17 novembre 375. Cet événement devait accroître encore la fortune du poëte. Gratien, en l'absence de Valens, son oncle, toujours occupé à combattre en Orient, et du jeune Valentinien II, son frère, que l'armée venait de proclamer Auguste, s'empressa de profiter de la puissance remise tout entière entre ses mains, pour entourer de ses bienfaits son maître et toute la famille de son maître. Probus était alors préfet d'Afrique, d'Illyrie et d'Italie : cinq mois après, Ausone le remplace dans la préfecture d'Afrique et d'Italie : le titre de préfet d'Illyrie est donné au vieux Julius Ausonius [4], qui meurt un an ou deux après, âgé d'environ quatre-vingt-dix ans. Hesperius est nommé vicaire des préfets en Macédoine, puis presque aussitôt proconsul d'Afrique, et remplacé dans cette dernière charge, l'année suivante, en 377, par Thalassius, son beau-frère [5]. En 378, Ausone quitte la préfecture d'Italie pour prendre, avec Hesperius, la préfecture des Gaules [6]. Mais tant de faveurs ne suffisaient pas encore à l'ambition d'Ausone. Depuis longtemps une dignité plus haute, la première dignité de l'empire, lui avait été promise, et par Valentinien et par son fils [7] : le rhéteur aspirait au consulat. Parfois, dans cette longue attente d'un honneur si désiré, la crainte qu'il ne lui échappât, peut-être aussi le regret de sa ville et de ses paisibles études, lui avait inspiré l'ennui et le dégoût des emplois publics [8]. Mais enfin il allait atteindre au but de tous ses

---

[1] *Epist.*, XVII. — [2] *Epist.*, XVI. — [3] *Epist.*, XVIII. — [4] *Edyll.*, II, 52. — [5] TILLEMONT, *Hist. des Empereurs*, t. v, p. 148, 149, 710, 712; SOUCHAY, *Dissert. de vita et script. Ausonii*, p. xvj. — [6] TILLEMONT, *ibid.*; AUSONE, *Edyll.*, II, 45, et *Grat. act. pro cons.*; BAYLE, *Dict. hist.*, art. *Ausone*, note (F). — [7] *Grat. act. pro cons.* — [8] SYMMAQUE, l. I, lett. 42.

vœux. Il y avait un an qu'il était, avec Hesperius, préfet des Gaules : Gratien était à Sirmium, où il voulait passer l'hiver après la défaite et la mort de Valens, au secours duquel il était arrivé trop tard. Malgré les soins et les malheurs de cette guerre, Gratien n'a pas oublié son vieux précepteur. Les calendes de janvier approchaient : c'était le moment de créer les consuls pour l'année 379 [1]. L'empereur chrétien demande conseil à Dieu, et nomme au consulat Ausone et Q. Clodius Hermogenianus Olybrius. Ausone, comme préfet, fut déclaré premier consul. Le jeune Auguste fait plus encore ; il choisit lui-même la trabée consulaire qu'il lui destine : c'est une toge où se trouvait brodé le portrait ou le nom de Constance, beau-père de Gratien ; et il la lui envoie avec une lettre flatteuse qui lui apprend sa nomination [2]. A cette nouvelle, Ausone ne se sent pas de joie ; sa muse se réveille ; il fait une prière la veille des calendes, il en fait une autre le lendemain, non pas une prière chrétienne, comme autrefois pour célébrer la Pâque, mais une prière à Janus, aux saisons, aux planètes, au soleil, pour obtenir de leur influence une heureuse et abondante année [3], une vraie prière d'astrologue, en mémoire sans doute de son grand-père et de son horoscope. Je ne sais si les astres exaucèrent ses vœux, et si l'année eut de beaux jours et des récoltes fertiles ; mais ce qui est certain, c'est qu'elle fut marquée par deux événements considérables dans l'histoire, l'élévation de Théodose, déclaré Auguste et associé à l'empire, et la première apparition en Occident des Lombards, « que Dieu, dit Tillemont [4], destinait pour punir les péchés des Romains deux cents ans après. » Gratien n'avait pu assister à l'entrée en fonctions des nouveaux consuls ; mais il revint exprès à Trèves pour honorer de sa présence la solennité de leur sortie [5]. C'est à cette occasion que le rhéteur, devenu consul, prononça devant le prince un discours d'actions de grâces pour le remercier, et du consulat,

---

[1] M. A. Beugnot (*Hist. de la destruction du paganisme*, t. I, p. 341), d'après Scaliger et Vinet, recule de quatre ans le consulat d'Ausone, et le date de 382. Cette erreur avait cependant été rectifiée par Bayle * et par Souchay **, d'après les *Fastes*.
[2] *Grat. act. pro cons.* — [3] *Edyll.*, VIII et IX. — [4] *Hist. des Empereurs*, l. v, p. 163. — [5] *Grat. act. pro cons.*

* *Dictionnaire historique*, art. Ausone. — ** *Dissert. de vita et script. Ausonii*, p. xvij.

et de toutes les dignités, de toutes les largesses qu'il devait à sa bonté reconnaissante.

Mais sa fortune s'arrêta là. Trois ans après, Gratien, qui avait perdu la confiance de son armée et du monde romain [1], tombait à Lyon sous les coups de Maxime, et, malgré les faveurs et les bienfaits de Théodose, Ausone ne tarda pas à quitter Trèves et la cour, et s'en revint en Aquitaine retrouver ses amis, ses élèves, ses champs et sa ville, *le nid de sa vieillesse* [2]. Il était riche, il possédait plusieurs belles terres aux environs de Bordeaux et de Saintes, entre autres *Lucaniacus* [3] et le *Pagus Noverus* [4]. C'est là qu'il passa dans le repos et les loisirs des muses ses dernières années, allant d'une villa à l'autre, invitant ses amis, Axius Paulus, Théon, Tetradius, Paulinus; leur envoyant et leur demandant des vers [5]; c'est de là qu'il surveillait l'éducation du jeune Ausonius, son petit-fils, enfant de sa fille et de Thalassius, lui adressant des conseils sur ses études futures, et lui souhaitant une destinée semblable à la sienne [6]; c'est là qu'il chanta les villes célèbres; là que, reprenant les habitudes de la poésie païenne, et oubliant son christianisme de cour et le Dieu chrétien qui n'avait point sauvé son bienfaiteur, il composait, suivant les rites idolâtres de la vieille Rome, les éloges funèbres de ses parents et de ses professeurs [7]; c'est là enfin qu'il écrivait à Paulinus, son élève

---

[1] Gratien négligeait pour les plaisirs de la chasse ses devoirs et sa dignité d'empereur. Ce fut cette ardente passion qui le perdit*. On peut reprocher à Ausone d'avoir, en chantant l'adresse et les grands coups de javelot du chasseur impérial **, encouragé ce penchant funeste au lieu de le combattre.

[2] *Edyll.*, x, 449. — [3] *Epigr.*, xxx, 7; *Epist.*, v, 36; xxii, 43; Paulin. Nol., *Carm.*, x, 256. — [4] *Epist.*, xxiv, 95. — S. Paulin, dans la première de ses réponses aux lettres xxiii, xxiv et xxv d'Ausone, cite encore (v. 242 et 250) les *Thermes Marojaliques* et *Rauranum* parmi les lieux de plaisance habités par Ausone dans sa vieillesse. (*Voyez* ce poëme de S. Paulin, dans l'*Appendice* du t. ii, p. 490.) *Rauranum*, placé par l'*Itinéraire d'Antonin* entre Saintes (*Mediolanum Santonum*) et Aunay (*Aunedonnaeum*), est aujourd'hui le village de Rom, dans le département des Deux-Sèvres. — Voir la *Géographie ancienne hist. et comparée des Gaules*, par M. le baron Walckenaër, t. iii, p. 97.

[5] *Epist.*, v et suiv. — Dans ses *Études hist. et litt. sur Ausone* (p. 57), M. J.-C. Demogeot a retracé sous une forme vive et spirituelle une de ces réunions littéraires des rhéteurs et des beaux-esprits d'alors, à Lucaniacus, sous la présidence d'Ausone.

[6] *Edyll.*, iv.

[7] Ausone parlait à chacun son langage : avec les empereurs, avec Paulin con-

* Gibbon, *Hist. de la décadence et de la chute de l'empire romain*, ch. xxvii. — ** *Epigr.*, ii et vi

chéri, pour le détourner de la dévotion et de la solitude, et qu'il mourut[1] avec la douleur de n'avoir pu le ramener au culte de la muse, de la famille et de l'amitié[2].

Ausone s'était servi de son crédit pour attirer sur presque tous les membres de sa nombreuse famille les faveurs impériales. Fl. Sanctus, mari de Pudentilla, sœur de sa femme, avait été gouverneur en Bretagne[3]. Paulinus, gendre de sa sœur Julia Dryadia, avait été *scriniarius*, puis procurateur du fisc en Afrique, et correcteur de la Tarragonaise[4]. Un gendre de ce Paulinus et de Megentira sa femme, eut aussi un emploi public[5], et on croit qu'Arborius, frère de Megentira, et mari de Veria Liceria, dont

---

verti, il était chrétien; il était païen avec ses parents, ses professeurs et ses collègues. Comme Valentinien, il demeurait neutre, *medius stetit*, entre les diverses croyances. Du reste, il ne se montra chrétien qu'à la cour. Le poëme pascal, l'*Éphéméride*, si toutefois l'oraison qui s'y trouve est de lui *, le *Griphe*, toutes les pièces enfin dont on a essayé de tirer les preuves de son christianisme, ont été composées pendant l'éducation de Gratien, ou le séjour du poëte à Trèves. Partout ailleurs il est païen. A la cour même, au lieu de se lier avec saint Ambroise, il recherche de préférence l'amitié de Symmaque, idolâtre obstiné**; et, retiré après la mort de Gratien dans sa villa de Lucaniacus, il y chante en grec et en latin Liber et toutes les divinités profanes dont ce dieu réunissait en lui les attributs mythologiques. Aussi ses commentateurs et ses biographes des derniers siècles, malgré leur bonne volonté, ne le nomment chrétien qu'à regret, effrayés surtout par le cynisme de son *Cento nuptialis*, et de quelques-unes de ses épigrammes. C'est pour cela que Rollin et les Bénédictins le louent avec tant de réserve, et que Tillemont, après lui avoir accordé quelques pages dans son *Histoire des Empereurs*, termine ainsi : « Nous aurions encore pu ajouter diverses choses, soit sur Ausone, soit sur sa famille; mais nous craignons de n'en avoir même dit que trop. »

[1] On croit qu'il mourut vers 394. *Voir* les Bénédictins, *Hist. littér.*, t. 1, 2ᵉ part., p. 287.

[2] Cette dernière correspondance d'Ausone et de S. Paulin est encore une assez forte preuve qu'Ausone était païen. Les réponses de Paulin contiennent une longue et minutieuse instruction des principes et des mystères de la religion chrétienne. Paulin aurait-il pris la peine de faire cette profession de foi et de versifier cette espèce de catéchisme à l'usage du poëte, si le poëte eût compris et reconnu depuis longtemps les vérités du christianisme ? — Voir les *Épîtres* de S. Paulin à Ausone, dans l'*Appendice* de notre tome II, p. 490.

[3] *Parent.*, XVIII, 7. — [4] *Parent.*, XXIV, 9, 10 et 11. — [5] *Edyll.*, II, 49.

* Cette oraison se retrouve tout entière parmi les œuvres de saint Paulin. Ce qui prouve que l'*Éphéméride* a été composée depuis son arrivée à Trèves, c'est qu'Ausone, au vers 18 du dernier fragment, rêve qu'il est pris avec les Alains. Une pareille préoccupation ne pouvait lui venir qu'au milieu des camps ou à la suite des armées. A Bordeaux il faisait de plus doux rêves : occupé de ses travaux de grammaire et d'éloquence, le rhéteur s'inquiétait plus des barbarismes que des barbares.

** Bayle dit que « la raison empruntée de l'amitié de Symmaque est la plus faible du monde : ce n'était point la conformité de religion qui les unissait, mais l'amour qu'ils avaient tous deux pour les belles-lettres. » Mais c'est précisément cet amour des lettres profanes qui maintenait Ausone dans le paganisme; c'est ce culte des muses que S. Paulin blâme et déplore dans son vieux maître, et que, dans la ferveur de sa foi, il abjure et maudit au nom du Christ.

Ausone a chanté les vertus [1], est le même que celui qui fut préfet de Rome en 380 [2]. Thalassius, après avoir été proconsul en 378, obtint encore quelque autre dignité depuis le consulat d'Ausone [3]: le jeune Ausonius, dont le poëte, en ses dernières années, vit fleurir l'adolescence [4], fut sans doute ce sénateur, fils de Thalassius, dont parle Symmaque, qui paraît lui avoir rendu un important service dans le sénat [5]. Hesperius conserva la préfecture des Gaules jusqu'en 380; en 384, il fut envoyé par Valentinien II de Trèves à Rome [6] pour examiner les plaintes portées contre Symmaque, alors préfet de cette ville [7], qui le qualifie de *vir clarissimus et illustris, comes Hesperius*: il mourut vers 406. Avec lui pourtant ne s'éteignit pas toute la postérité d'Ausone. Il avait eu trois enfants : le plus jeune, Pastor, avait été tué par accident dans son enfance [8]. Des deux autres, un seul, Paulinus, survécut dans l'histoire, et celui-là devait expier cruellement la fortune rapide et la gloire de sa famille [9]. Il était né en 376 à Pella, en Macédoine. Elevé dans le luxe et les plaisirs, à trente ans il perdit son père, et il s'occupait à défendre sa mère contre les prétentions de son frère qui voulait faire casser le testament d'Hesperius, et la dépouiller de ses biens, quand les barbares envahirent la Gaule. Paulinus s'attache à Attale, qui le nomme comte des largesses privées, largesses imaginaires; mais les Goths pillent Bordeaux et la maison du comte, qui se sauve à Bazas. Les Goths et les Alains assiégent Bazas, d'où Paulinus s'échappe encore. Il perd successivement sa belle-mère, sa mère, sa femme et deux fils : il se réfugie à Marseille, où il avait une maison; il s'y établit, prend à ferme des terres, les cultive, relève un instant sa fortune, presque aussitôt renversée encore. Pauvre, isolé, accablé de dettes, de chagrins et d'années, il ne sait que devenir. Un champ lui reste encore, et ce champ, un Goth le convoite; mais, au lieu de s'en emparer, il le paye, et le prix qu'il en donne, bien qu'inférieur à la valeur du champ, suf-

---

[1] *Parent.*, XVI. — [2] TILLEMONT, *Hist. des Emp.*, t. V, p. 187; *Mém. Eccl.*, t. X, p. 320. *Voir*, sur cet Arborius, la note 14 de l'Idylle II, p. 352 de notre second volume. — [3] TILLEMONT, *Hist. des Emp.*, t. V, p. 188. — [4] *Edyll.*, V. — [5] SYMMAQUE, liv. V, lett. 58. — [6] *Epist.*, II. — [7] TILLEMONT, *Hist. des Emp.*, t. V, p. 188 et 248; SYMMAQUE, l. X, lett. 43. — [8] *Parent.*, XI.

[9] Il a lui-même raconté ses malheurs dans un poëme fort curieux intitulé *Eucharisticon*. Ce poëme est précieux surtout pour les documents historiques qu'il renferme. On le trouvera dans l'*Appendice*, à la fin de ce volume, p. 348.

fit pour rendre l'aisance à Paulinus, et soutenir ses vieux jours, qu'il achève, à quatre-vingt-quatre ans, dans la contrition et la prière. Ainsi la famille d'Ausone, qui avait commencé par un astrologue, finit par un pénitent[1].

Les œuvres d'Ausone ont beaucoup occupé la critique, et ont été bien diversement jugées[2]. Entre tant d'opinions contradictoires, je choisirai celle de Bayle, qui me paraît la plus juste et la plus vraie : « Il y a une extrême inégalité entre ses ouvrages, soit que ses muses fussent un peu trop journalières, soit que l'on ait inséré dans ses poésies quelques pièces qu'il n'avait fait qu'ébaucher, soit que des raisons particulières l'aient obligé à laisser courir des vers qu'il n'avait pas eu le temps de polir. Généralement parlant, il y a des duretés dans ses manières et dans son style; mais c'était plutôt le défaut du siècle que celui de son esprit. Les fins connaisseurs devinent sans peine, que, s'il avait vécu au temps d'Auguste, ses vers eussent égalé les plus achevés de ce temps-là, tant il paraît de délicatesse et de génie dans plusieurs de ses écrits[3]. » Depuis Bayle, plusieurs travaux remarquables ont été faits sur Ausone, par les Bénédictins dans l'*Histoire littéraire de la France*[4]; par Chr. G. Heyne, professeur d'éloquence et de poésie à l'université de Gœttingue, dans ses *Opuscula Academica*[5]; par M. J.-J. Ampère, dans son *Histoire littéraire*[6]; et enfin par M. J.-C. Demogeot, dans ses *Études historiques et littéraires sur Ausone*, où, considérant Ausone sous un double aspect,

[1] Il est fort probable que ce Paulinus fut le premier de cette famille qui embrassa le christianisme, et encore ne fut-il baptisé que fort tard, comme on le verra en lisant son poëme (v. 476). Il dit (v. 94 et suiv.), qu'il avait eu l'idée, tout jeune encore, de se vouer au Christ, mais que la volonté de ses parents s'opposa à ses désirs. Comment croire, après un témoignage aussi clair, qu'Hesperius, son père, ainsi que tous les membres de sa famille, aient été vraiment chrétiens, comme le prétendent Bayle, les Bénédictins et tant d'autres?

[2] Les divers jugements portés sur Ausone ont été recueillis par Souchay et se trouvent à la tête de son édition, p. lvij.

[3] BAYLE, *Dictionn. histor.*, art. *Ausone*.

[4] Tome I, 2ᵉ part., p. 281.

[5] *Censura ingenii et morum D. M. Ausonii, cum memorabilibus ex ejus scriptis.* 1802. Cette critique se trouve insérée au tome VI des *Opuscula Academica*, p. 19 et suiv. Heyne résume en ces termes (p. 31) son jugement sur Ausone : *Ausonii carmina a poetica vi, ingenii aliqua felicitate, sententiarum novitate, multum absunt. Versificatoris nomen ei concesseris, non poetae. Sunt omnino parva poematia, effusa verius, quam elaborata*, etc.

[6] T. I, p. 234.

1° comme monument historique, 2° comme homme et comme écrivain, il a donné un aperçu rapide, mais complet, du monde romain à cette époque, en même temps qu'une appréciation impartiale et judicieuse du caractère et des écrits du poëte [1].

On compte plus de soixante éditions, partielles ou complètes, des œuvres d'Ausone [2]. Les principales sont l'édition *princeps* de Venise, 1472, in-f°; celle de Lyon, 1575, avec les notes de Scaliger; de Bordeaux, 1580, avec les notes de Vinet; d'Amsterdam, 1671, avec les notes de Tollius et de tous les commentateurs qui l'ont précédé. Au commencement du dix-huitième siècle, l'abbé Fleury, chanoine de Chartres, qui avait déjà donné en 1688 une édition d'Apulée avec un commentaire et une interprétation latine *ad usum Delphini*, entreprit le même travail sur Ausone; mais il mourut en 1725, avant de l'avoir achevé. L'abbé J.-B. Souchay, de l'Académie des inscriptions et belles-lettres, compléta et revit le travail de Fleury, ajouta quelques notes nouvelles de sa façon, et plusieurs observations de Martin Desposius de Bordeaux, qu'il avait trouvées manuscrites à la suite d'un *Ausone* à la Bibliothèque Royale, et fit paraître le tout en 1730, à Paris, en un volume in-4°. C'est, sans contredit, malgré ses défauts, la meilleure édition d'Ausone [3]. Elle a été suivie, en 1785, par les éditeurs de l'*Ausone* des *Deux-Ponts*. Enfin, en 1769, l'abbé Jaubert, de l'Académie royale des belles-lettres, sciences et arts de Bordeaux, a donné à Paris, en quatre volumes in-12, une édition d'Ausone avec une traduction française, la seule qui ait encore paru. Cette traduction a

---

[1] Pour compléter cette liste, je dois citer aussi une *Dissertation sur la vie et les écrits d'Ausone*, lue par Belet, dans une assemblée de l'Académie de Bordeaux, le 25 août 1725, mais qui, je crois, est restée inédite[*]; une *Lettre* sur le même sujet, adressée par Meusnier de Querlon, en 1736, à M. Bernard, docteur en droit, réimprimée en 1741, au t. XI (p. 171) des *Amusements du cœur et de l'esprit*; une *Notice sur Ausone et ses ouvrages*, publiée par Coupé dans les *Soirées littéraires*, t. VI, et enfin l'art. *Ausone* de la *Biographie universelle* de Michaud (2ᵉ édit.), par M. D. Chésurolles.

[2] On en trouvera la liste complète à la tête de l'édition des *Deux-Ponts*, 1785, in-8°.

[3] Plusieurs ouvrages publiés depuis cette édition, tels que les *Adversaria* de Nic. Heinsius, les *Poetæ Latini minores* de Wernsdorf et de Lemaire, les *Collectanea litteraria* de C.-J.-C. Reuvens, les éditions de la *Moselle* de L. Tross et de M. Bœcking, etc., présentent de nouveaux éclaircissements sur quelques parties du texte d'Ausone.

[*] Voir Goujet, *Bibliothèque française*, t. VI, p. 302.

été longtemps, dit-on, assez estimée[1] : elle a pu l'être des bibliophiles, à cause de sa rareté; mais les critiques qui l'ont lue en ont jugé autrement[2].

Nous avons profité de ces divers travaux, et librement usé des secours qu'ils nous présentaient. Nous avons revu le texte avec le plus grand soin sur les meilleures éditions; nous avons rétabli quelques pièces que les premiers éditeurs avaient trouvées sous le nom d'Ausone dans les manuscrits, et que Tollius et Fleury avaient arbitrairement rejetées; dans un *Appendice*, à la fin de chaque volume, nous avons réuni tous les documents relatifs à l'histoire politique ou littéraire du siècle d'Ausone, les édits des empereurs, les œuvres, assez rares, qui nous restent de ses contemporains, de ses amis, les lettres de Symmaque et de saint Paulin; enfin, peu rassuré sur le mérite de notre traduction, car de ce côté nous étions livré à nos propres forces, nous n'avons rien négligé pour donner au moins une édition correcte et complète d'un écrivain estimé que nous avons pu souvent mal comprendre et mal traduire.

E.-F. CORPET.
Avril 1842.

---

[1] M. Weiss, *Biogr. universelle* de Michaud, 1re éd., art. *Ausone*.— Coupé, *Soirées littéraires*, t. VI, p. 246.

[2] « Nous n'avons qu'une médiocre traduction des œuvres d'Ausone, celle de l'abbé Jaubert. » (M. F.-Z. Collombet, *Histoire civ. et relig. des lettres latines au* IVe *et au* Ve *siècle*, p. 28, note.) « Ein elendes Machwerk, meist nach des Floridus Interpretation, ohne allen Geschmack. » (Ludw. Tross, *Des D. M. Ausonius Mosella*, p. xvj.) — J'aurais mauvaise grâce à médire de mon prédécesseur l'abbé Jaubert, quoique son travail m'ait peu servi : je sais trop ce qu'un premier traducteur a de difficultés à vaincre. Je ferai seulement observer que s'il a pu s'aider, comme il s'en vante (*Discours préliminaire*, p. lxxiij), des conseils et des lumières des académiciens de Boze et Souchay, il est étonnant qu'il n'ait pas mieux réussi.

AUSONE.

D. M. AUSONII
OPERA

PRÆFATIUNCULÆ'.

I. Theodosio Augusto Ausonius '.

AGRICOLAM si flava Ceres dare semina terræ,
  Gradivus jubeat si capere arma ducem,
Solvere de portu classem Neptunus inermem;
  Fidere tam fas est, quam dubitare nefas:
Insanum quamvis hiemet mare, crudaque tellus
  Seminibus, bello nec satis apta manus.
Nil dubites auctore bono: mortalia quærunt
  Consilium; certus jussa capesse Dei.
Scribere me Augustus jubet, et mea carmina poscit,
  Pæne rogans: blando vis latet imperio².
Non habeo ingenium: Cæsar sed jussit; habebo.
  Cur me posse negem, posse quod ille putat?
Invalidas vires ipse excitat; et juvat idem,
  Qui jubet: obsequium sufficit esse meum.
Non tutum renuisse Deo: laudata pudoris
  Sæpe mora est, quotiens contra parem dubites.
Quinetiam non jussa parant erumpere dudum
  Carmina: quis nolit Cæsaris esse liber,

OEUVRES
D'AUSONE

PRÉFACES.

I. Ausone à Théodose Auguste.

Si la blonde Cérès ordonne au laboureur de livrer la semence à la terre, si Mars commande au chef de prendre les armes, et Neptune de détacher du port la flotte désarmée, la confiance alors est un devoir, l'hésitation serait un crime, bien que la mer se soulève en furie, que la terre soit contraire à la semence, et que le bras du chef ne soit pas prêt pour la guerre. N'hésitons jamais avec un bon guide. Les conseils d'un homme, on les pèse ; les ordres d'un dieu, on les prend sans crainte. Auguste veut que j'écrive ; il me demande des vers ; il va presque jusqu'à la prière : la douceur est le secret de la force dans un commandement. Je n'ai point de talent ; mais César le veut, j'en aurai. Et pourquoi dirais-je impossible ce qu'il croit, lui, que je puis faire? Il réveille lui-même mes forces languissantes ; il m'aide, lui qui ordonne : je me contente d'obéir. Il n'est pas prudent de refuser un dieu. On a loué souvent l'indécision d'un esprit modeste, mais c'est quand il hésite devant un égal. Depuis longtemps, d'ailleurs, mes vers sont prêts à se lancer sans attendre l'ordre : quel livre ne voudrait être le livre de César, pour n'avoir plus

Ne ferat indignum vatem, centumque lituras,
  Mutandas semper deteriore nota?
Tu modo te jussisse, pater Romane, memento :
  Inque meis culpis da tibi tu veniam.

II[1]. Ausonius Syagrio suo[2] S.

Ausonius genitor nobis : ego nomine eodem
  Qui sim, qua secta, stirpe, lare, et patria,
Adscripsi, ut nosses, bone vir, quicunque fuissem.
  Et notum memori me coleres animo.
Vasates[3] patria est patri : gens Ædua[4] matri
  De patre; Tarbellis sed genitrix ab Aquis[5].
Ipse ego Burdigalæ[6] genitus : divisa per urbes
  Quatuor antiquas stirpis origo meæ.
Hinc late fusa est cognatio : nomina multis,
  Ex nostra, ut placitum, ducta domo, veniant,
Derivata aliis : nobis ab stemmate primo,
  Et non cognati, sed genitiva placent.
Sed redeo ad seriem. Genitor studuit medicinæ,
  Disciplinarum quæ dedit una Deum[7].
Nos ad grammaticen studium convertimus : et mox
  Rhetorices etiam quod satis attigimus.
Nec fora non celebrata mihi : sed cura docendi
  Cultior; et nomen grammatici merui :
Non tam grande quidem, quo gloria nostra subiret
  Æmilium aut Scaurum, Berytiumque Probum[8];
Sed quo nostrates, Aquitanica nomina, multos
  Collatus, non et subditus, aspicerem.

à subir les cent ratures d'un poëte indigne, qui toujours corrige et toujours plus mal? Maintenant, père des Romains, souviens-toi que tu l'as voulu : j'ai fait la faute, c'est à toi de te la pardonner.

II. Ausone à son Syagrius, salut.

Ausonius est mon père; je porte le même nom. Je vais dire qui je suis, quelle fut ma vie, mon origine, ma famille, ma patrie, afin que tu apprennes à me connaître, excellent homme, et que mon souvenir conserve une place en ton cœur. *Vasates* est la patrie de mon père. Ma mère, par son père, est Éduenne; mais sa mère était d'*Aquæ Tarbellæ*. Moi, je suis né à *Burdigala* : ainsi, quatre villes antiques se partagent l'origine de ma famille. Aussi notre parenté s'étend loin. Que beaucoup reçoivent, s'ils veulent, des noms tirés d'abord de notre maison, et passés ensuite à d'autres : ce que nous aimons, nous, c'est le nom venu de la souche même, du chef de la famille et non du parentage. Mais je reprends la suite de mon sujet. Mon père étudia la médecine, la seule de toutes les sciences d'où sortit un dieu. Mes études se sont tournées vers la grammaire, puis vers la rhétorique, et ce que j'en ai appris m'a suffi. J'ai fréquenté les tribunaux; mais j'ai cultivé de préférence l'art d'enseigner, et j'ai mérité le titre de grammairien; sans m'élever, il est vrai, au point que ma gloire atteignît celle d'Émilius, de Scaurus, et de Probus de Béryte, mais assez haut toutefois pour ne voir, dans la plupart de nos célébrités d'Aquitaine, que des égaux et non des maîtres. Trois fois dix ans se succédèrent dans les fastes, pendant que j'exerçai les fonctions de professeur dans une ville municipale. Appelé ensuite par Auguste en

Exactisque dehinc per trina decennia fastis,
 Asserui doctor municipalem operam 9.
Aurea et Augusti palatia jussus adire 10,
 Augustam sobolem grammaticus docui :
Mox etiam rhetor. Nec enim fiducia nobis
 Vana, aut non solidi gloria judicii ;
Cedo tamen fuerint fama potiore magistri,
 Dum nulli fuerit discipulus melior.
Alcides Atlantis, et Æacides Chironis,
 Pæne Jove iste satus, filius ille Jovis,
Thessaliam, Thebasque suos habuere penates :
 At meus hic toto regnat in orbe suo.
Cujus ego comes, et quæstor, et, culmen honorum,
 Præfectus Gallis, et Libyæ, et Latio :
Et prior indeptus fasces, Latiamque curulem,
 Consul, collega posteriore, fui.
Hic ego Ausonius : sed tu ne temne, quod ultro
 Patronum nostris te paro carminibus.
Pectoris ut nostri sedem colis, alme 11 Syagri,
 Communemque habitas alter ego Ausonium :
Sic etiam nostro præfatus habebere libro,
 Differat ut nihilo, sit tuus, anne meus.

III. Ausonius Latino Pacato Drepanio, filio 1.

« Cui dono lepidum novum libellum ? »
 Veronensis ait poeta 2 quondam :
 Inventoque dedit statim Nepoti.
 At nos illepidum, rudem libellum,
 Burras 3, quisquilias, ineptiasque,

ses palais dorés, j'ai enseigné au jeune Auguste, son fils, la grammaire, puis la rhétorique. Je n'ai point une fausse confiance en moi-même, et ma gloire a pour base une solide estime ; j'accorderai pourtant qu'on ait pu voir des maîtres d'une renommée préférable, si on reconnaît que pas un n'eut un meilleur disciple. Alcide, élevé par Atlas, et le descendant d'Éaque par Chiron, l'un presque fils de Jupiter, et l'autre vraiment fils de ce dieu, renfermaient leur demeure, celui-ci dans Thèbes, celui-là dans la Thessalie : mais mon élève a pour empire tout l'univers à lui. Par lui, je fus comte, et questeur, et, pour comble d'honneur, préfet des Gaules, de l'Afrique et de l'Italie. Consul, j'ai reçu le premier les faisceaux et la chaise curule du Latium; mon collègue ne fut nommé qu'après moi. Voilà qui je suis, voilà Ausone. Mais toi, ne dédaigne pas d'accorder à mes vers ton patronage que j'ambitionne; car, puisque tu as ta place en mon cœur, illustre Syagrius, puisque tu es un autre moi-même, et que tu vis comme moi en Ausone, tu dois aussi avoir ton nom en tête de mon livre, afin qu'on ne puisse distinguer s'il est de toi, ou de moi.

III. Ausone à Latinus Pacatus Drepanius, son fils.

Pour qui ces vers joyeux et nouveaux dans leur genre?

disait jadis le poëte de Vérone; et, sans chercher longtemps, il dédia son livre à Népos. Mais nous, ces vers sans grâce et sans art, ce fatras, ces rebuts, ces riens, à quelle bonne âme les confier, qui les adopte? Je l'ai

Credemus gremio cui fovendum?
Inveni, trepidae silete nugae,
Nec doctum minus, et magis benignum,
Quam quem Gallia praebuit Catullo.
Hoc nullus mihi carior meorum.
Quem pluris faciunt novem Sorores,
Quam cunctos alios, Marone dempto.
Pacatum haud dubie, poeta, dicis.
Ipse est. Intrepide volate, versus;
Et nidum in gremio fovete tuto.
Hic vos diligere, hic volet tueri.
Ignoscenda teget, probata tradet.
Post hunc judicium timete nullum.

trouvée : silence, bluettes peureuses ! C'est un homme qui, sans être moins docte, est plus indulgent que celui que la Gaule fit exprès pour Catulle; c'est le plus cher de mes amis : les neuf Sœurs en font plus de prix que de tous les autres, Virgile à part. — C'est Pacatus que tu veux dire, sans aucun doute, ô poëte. — Lui-même. Courage donc! volez vers lui, mes vers; nichez-vous en son sein, c'est un abri pour votre couvée. Celui-là voudra vous chérir, voudra vous protéger. Il cachera vos faiblesses; vos mérites, il les publiera. Après lui, vous n'avez point de juge à craindre.

EPIGRAMMATA.

I. De Augusto [1].

PHOEBE, potens numeris; præses, Tritonia, bellis;
Tu quoque ab aerio præpes, Victoria, lapsu,
Come serenatam duplici diademate frontem,
Serta ferens, quæ dona togæ, quæ præmia pugnæ.
Bellandi fandique potens, Augustus honorem
Bis meret: ut geminet titulos, qui prœlia Musis
Temperat, et Geticum moderatur Apolline Martem.
Arma inter Chunosque truces, furtoque nocentes
Sauromatas, quantum cessat de tempore belli,
Indulget Clariis tantum inter castra Camœnis.
Vix posuit volucres, stridentia tela, sagittas,
Musarum ad calamos fertur manus, otia nescit,
Et commutata meditatur arundine carmen:
Sed carmen non molle modis; bella horrida Martis
Odrysii, Thressæque viraginis arma retractat.
Exsulta, Æacide: celebraris vate superbo
Rursum, Romanusque tibi contingit Homerus [2].

II. De fera a Cæsare [1] interfecta.

CEDERE quæ lato nescit fera saucia ferro,
    Armatique urget tela cruenta viri;
Quam grandes parvo patitur sub vulnere mortes,

ÉPIGRAMMES.

I. Sur Auguste.

Phébus, dieu des nombres; Tritonienne, qui présides aux batailles; et toi, Victoire, dont l'aile agile glisse du haut des airs, orne ce front serein d'un double diadème, apporte ces guirlandes qui servent de parure à la toge et de prix à la vaillance. Puissant par les armes et par l'éloquence, Auguste mérite ce double hommage : il a deux titres à la gloire, puisqu'il tempère les combats par les Muses, et qu'il corrige, par Apollon, Mars le Gétique. Au milieu des armes, et des Huns farouches, et des Sarmates si redoutables au pillage, tout le temps où la guerre repose, il le consacre en son camp aux vierges de Claros. A peine sa main a déposé les traits ailés et les flèches sifflantes, qu'elle saisit les roseaux des Muses : impatiente du repos, elle change d'armes et médite des vers ; mais non pas des vers aux molles cadences : elle retrace les horribles guerres de Mars Odrysien, et les exploits de l'héroïne de Thrace. Réjouis-toi, Éacide, un noble poëte te célèbre encore, un Homère latin s'est rencontré pour toi.

II. Sur une bête tuée par César.

Cet animal blessé, qui ne cède point encore au fer qui le déchire, et se redresse contre les traits sanglants du chasseur en armes, quelle grande mort il reçoit d'une

Et solam leti vim probat esse manum!
Mirantur casusque novos, subitasque ruinas:
　Quæritur, et fallit lumina plaga recens.
Nec contenta ictos letaliter ire per artus,
　Conjungit mortes una sagitta duas [2].
Plurima communi pereunt si fulminis ictu,
　Hæc quoque de cœlo vulnera missa putes.

III. Danubius Augustos alloquitur.

ILLYRICIS regnator aquis, tibi, Nile, secundus,
　Danubius lætum profero fonte caput.
Salvere Augustos jubeo, natumque patremque [1],
　Armiferis alui quos ego Pannoniis.
Nuntius Euxino jam nunc volo currere ponto,
　Ut sciat hoc, Superum cura secunda, Valens:
Cæde, fuga, flammis stratos periisse Suevos [2];
　Nec Rhenum Gallis limitis esse loco.
Quod si lege maris refluus mihi curreret amnis,
　Huc possem victos inde referre Gothos [3].

IV. Idem eosdem alloquitur.

DANUBIUS penitis caput occultatus in oris,
　Totus sub vestra jam ditione fluo:
Qua gelidum fontem mediis effundo Suevis [1],
　Imperiis gravidas [2] qua seco Pannonias,
Et qua dives aquis Scythico solvo ostia ponto:
　Omnia sub vestrum flumina mitto jugum.
Augusto dabitur sed proxima palma Valenti:
　Inveniet fontes hic quoque, Nile, tuos [3].

mince blessure, et qu'il prouve bien que c'est la seule force du bras qui le tue ! On admire, et la nouveauté du coup, et la chute si prompte ; on cherche la plaie à peine ouverte, elle échappe aux regards. Et, non contente de traverser mortellement le corps qu'elle a frappé, une seule flèche donne deux fois la mort. Puisqu'un même coup de foudre atteint plusieurs victimes, c'est aussi du ciel, il faut le croire, que partent ces blessures.

III. Aux Augustes. C'est le Danube qui parle.

Le roi des ondes Illyriennes, le premier des fleuves après toi, ô Nil, le Danube lève de sa source un front joyeux. Je salue les Augustes, le fils, le père, que j'ai nourris dans la Pannonie toujours en armes. Je veux aussi porter une nouvelle jusqu'au Pont-Euxin ; je veux que Valens, cet autre favori des dieux, apprenne que les Suèves anéantis ont péri par le carnage, la déroute et la flamme, et que le Rhin ne sert plus de limite à la Gaule. Que si les lois de la mer permettaient à mon cours de refluer en arrière, je pourrais de là-bas revenir annoncer ici que les Goths sont vaincus.

IV. Aux mêmes. C'est le même qui parle.

Bien que mon front se cache en des contrées lointaines, le Danube tout entier coule aujourd'hui sous votre domination. Que j'épanche ma froide source au milieu du pays des Suèves, que je fende la Pannonie féconde en empereurs, que mon cours enrichi s'ouvre une embouchure dans la mer des Scythes, partout mes eaux passent sous votre joug. Mais Valens Auguste aura droit à la seconde palme ; car celui-là, ô Nil, trouvera bien aussi tes sources.

V. Sub Valentiniani Junioris signo marmoreo.

Nunc te marmoreum¹ pro sumptu fecimus : at quum
Augustus frater² remeaverit, aureus esto.

VI. Picturæ subditi, ubi leo una a Gratiano sagitta occisus est.

Quod leo tam tenui patitur sub arundine letum,
   Non vires ferri, sed ferientis agunt.

VII. De matre Augusti¹.

Ante omnes alias felix tamen hoc ego dicar:
   Sive Deum peperi femina, sive virum.

VIII. Exhortatio ad modestiam.

Fama est, fictilibus cœnasse Agathoclea regem,
   Atque abacum Samio sæpe onerasse luto.
Fercula gemmatis quum poneret horrida vasis,
   Et misceret opes pauperiemque simul;
Quærenti causam, respondit: Rex ego qui sum
   Sicaniæ, figulo sum genitore satus.
Fortunam reverenter habe, quicunque repente
   Dives ab exili progrediere loco.

IX. De suis poematis.

Est jocus in nostris, sunt seria multa, libellis :
   Stoicus has partes, has Epicurus agit.

V. Vers mis au bas d'une statue en marbre de Valentinien le Jeune.

Aujourd'hui, selon nos moyens, nous t'avons fait de marbre ; mais quand Auguste, ton frère, nous reviendra, tu seras d'or.

VI. Vers mis au bas d'une peinture représentant un lion tué d'une seule flèche par Gratien.

Si ce lion reçoit la mort d'une flèche aussi mince, c'est qu'il éprouve la force, non du fer, mais du bras qui le frappe.

VII. Sur la mère d'Auguste.

Heureuse entre toutes les femmes, je le suis surtout grâce à lui : qu'il soit homme ou dieu, je suis sa mère.

VIII. Exhortation à la modération.

On dit que le roi Agathocle soupait dans l'argile, et que souvent sa table était chargée de poterie de Samos. Comme il faisait servir des mets grossiers sur des plats ornés de pierreries, mêlant ainsi le luxe à la misère, on lui en demanda la cause ; il répondit : « Moi qui suis roi de la Sicile, je suis le fils d'un potier. » Use donc avec modération de la fortune, ô toi qui d'un humble lieu t'élèveras soudainement à la richesse.

IX. Sur ses poésies.

Il y a du badinage, il y a beaucoup de sérieux dans mon livre : tantôt le stoïcien, tantôt Épicure y joue son

Salva mihi veterum maneat dum regula morum,
　Ludat permixtis [1] sobria Musa jocis.

X. In Eumpinam adulteram [1].

Toxica zelotypo dedit uxor moecha marito :
　Nec satis ad mortem credidit esse datum.
Miscuit argenti letalia pondera vivi ;
　Cogeret ut celerem vis geminata necem.
Dividat hæc si quis, faciunt discreta venenum :
　Antidotum sumet, qui sociata bibet.
Ergo, inter sese dum noxia pocula certant,
　Cessit letalis noxa salutiferæ.
Protinus et vacuos alvi petiere recessus,
　Lubrica dejectis qua via nota cibis.
Quam pia cura Deum! prodest crudelior uxor ;
　Et, quum fata volunt, bina venena juvant.

XI. Echo ad pictorem.

Vane, quid affectas faciem mihi ponere, pictor,
　Ignotamque oculis sollicitare Deam?
Aeris et linguæ sum filia, mater inanis
　Indicii, vocem quæ sine mente gero.
Extremos pereunte modos a fine reducens [1],
　Ludificata sequor verba aliena meis.
Auribus in vestris habito penetrabilis Echo :
　Et, si vis similem pingere, pinge sonum.

rôle. Pourvu que je ne blesse pas les règles de la morale antique, ma muse peut mêler dans ses jeux le plaisant au sévère.

X. Contre une empoisonneuse adultère.

UNE épouse adultère donna un toxique à son mari jaloux; mais, pensant qu'elle ne lui en donnait pas assez pour le tuer, elle y mêla une dose mortelle de vif-argent, afin que la violence d'un double poison accélérât sa fin. Ces deux substances, si on les divise, forment chacune un poison; mais, qu'on les boive réunies, on prend un antidote. Aussi, ces dangereux breuvages se combattant l'un par l'autre, le principe salutaire l'emporta sur le principe nuisible, et ils s'échappèrent aussitôt par ces cavités sinueuses du ventre, route ordinaire ouverte aux excréments de l'homme. Que les dieux sont grands dans leur sollicitude! Par sa cruauté même, une femme est bonne à quelque chose; et, quand les destins le veulent, deux poisons font grand bien.

XI. L'Écho à un peintre.

POURQUOI, peintre insensé, essayer de fixer mes traits, et tenter l'image d'une déesse inconnue aux yeux? Je suis fille de l'air et de la voix, et mère d'un langage vain, car j'ai la parole sans l'intelligence. Ranimant les derniers bruits d'une phrase mourante, mon mot suit l'autre mot qu'il répète en jouant. J'habite en vos oreilles où pénètre l'écho; et, si tu veux peindre ma ressemblance, peins un son.

XII. In simulacrum Occasionis et Pœnitentiæ [1].

Cujus opus? Phidiæ : qui signum Pallados, ejus
   Quique Jovem fecit, tertia palma ego sum.
Sum Dea, quæ rara, et paucis Occasio nota.
   Quid rotulæ insistis? Stare loco nequeo.
Quid talaria habes? Volucris sum. Mercurius quæ
   Fortunare solet, tardo ego, quum volui.
Crine tegis faciem. Cognosci nolo. Sed heus tu
   Occipiti calvo es. Ne tenear fugiens.
Quæ tibi juncta comes? Dicat tibi. Dic, rogo, quæ sis.
   Sum Dea, cui nomen nec Cicero ipse dedit [2].
Sum Dea, quæ facti, non factique exigo pœnas,
   Nempe ut pœniteat : sic Metanœa [3] vocor.
Tu modo dic, quid agat tecum. Si quando volavi,
   Hæc manet : hanc retinent, quos ego præterii.
Tu quoque, dum rogitas, dum percontando moraris,
   Elapsam dices me tibi de manibus.

XIII [1]. Ad Gallam puellam jam senescentem.

Dicebam tibi : Galla, senescimus; effugit ætas;
   Utere rene tuo [2] : casta puella, anus est.
Sprevisti. Obrepsit non intellecta senectus;
   Nec revocare potes, qui periere, dies.
Nunc piget; et quereris, quod non aut ista voluntas
   Tunc fuit, aut non est nunc ea forma tibi.
Da tamen amplexus, oblitaque gaudia junge.
   Da, fruar : et, si non quod volo, quod volui.

XII. Sur une statue de l'Occasion et du Repentir.

DE qui ce travail? — De Phidias, qui a fait la statue de Pallas, puis celle de Jupiter; son troisième chef-d'œuvre, c'est moi. Je suis déesse, je suis l'Occasion, rare et connue de peu de mortels. — Pourquoi te tiens-tu sur une roue? — Je ne puis rester en place. — Pourquoi ces talonnières? — Je vole comme l'oiseau. Les coups heureux que Mercure favorise, je les retarde quand je veux. — Des cheveux couvrent ton visage. — Je ne veux pas être connue. — Oui, mais tu es chauve par derrière. — Pour qu'on ne me retienne pas dans ma fuite. — Quelle est la compagne qu'on t'a donnée là? — Qu'elle te le dise elle-même. — Dis-moi, je te prie, qui tu es. — Je suis une déesse à qui Cicéron lui-même n'a pas donné de nom. Je suis la déesse qui punit le fait parce qu'il est accompli, et parce qu'il n'est pas accompli, afin qu'on se repente. Aussi je m'appelle la Repentance. — Toi, maintenant, dis-moi ce qu'elle fait là avec toi. — Si parfois je m'envole, elle reste : on la retient, si on me laisse échapper. Toi-même, qui nous questionnes, pendant que tu t'amuses à m'interroger, tu diras que je t'ai glissé des mains.

XIII. A Galla, toujours fille, et qui se fait vieille.

JE te disais : « Galla, nous vieillissons. L'âge fuit. Exerce tes reins : une fille sans les amours, est une vieille fille. » Tu m'as laissé dire. La vieillesse s'est glissée à ton insu, et tu ne peux rattraper les jours perdus. Tu les regrettes à cette heure : tu te plains de n'avoir pas eu la volonté alors, ou de n'avoir plus la beauté aujourd'hui. Donne-moi toujours un baiser; joins-y ces plaisirs que tu as négligés; donne, et que j'obtienne enfin, sinon ce que je veux, du moins ce que j'ai voulu.

XIV[1]. De lepore capto a cane marino.

Trinacrii quondam currentem in litoris ora
  Ante canes leporem cæruleus rapuit.
At lepus : In me omnis terræ pelagique rapina est,
  Forsitan et cœli, si canis astra tenet[2].

XV. De Pergamo scriptore fugitivo, qui captus fuerat.

Tam segnis scriptor, quam lentus, Pergame, cursor,
  Fugisti; et primo captus es in stadio.
Ergo notas scripto tolerasti, Pergame, vultu :
  Et quas neglexit dextera, frons patitur[1].

XVI[1]. In eumdem Pergamum.

Pergame, non recte punitus, fronte subisti
  Supplicium, lentæ quod meruere manus.
At tu, qui dominus, peccantia membra coerce :
  Injustum, falsos excruciare reos.
Aut inscribe istam, quæ non vult scribere, dextram :
  Aut profugos ferri pondere necte pedes.

XVII. De Myrone et Laide.

Canus rogabat Laidis noctem Myron :
  Tulit repulsam protinus.
Causamque sensit : et caput fuligine
  Fucavit atra candidum.
Idemque vultu, crine non idem Myron,
  Orabat oratum prius.

ÉPIGRAMMES.

XIV. Sur un lièvre pris par un chien marin.

Un jour, sur la côte de Sicile, devant les chiens fuyait un lièvre : il fut pris par un chien marin. « Tout conspire ma perte, dit-il, la terre et la mer, et peut-être le ciel même, s'il est un chien dans les cieux. »

XV. Sur Pergamus le copiste, qui s'était enfui et qu'on avait arrêté.

Aussi lent écrivain que lourd coureur, Pergamus, tu te sauvais, et tu t'es laissé prendre dans le premier stade. Aussi ton visage porte l'empreinte écrite de ta honte, et ces lettres que ta main négligeait, c'est ton front qui s'en charge.

XVI. Contre le même.

Pergamus, tu n'as pas été bien puni : c'est ton front qui a subi la peine due à tes mains paresseuses. Et toi, maître de cet esclave, apprends à ne châtier que les membres coupables : il est injuste de torturer un innocent. Stigmatise cette main qui refuse d'écrire, ou charge d'une chaîne de fer ces pieds fugitifs.

XVII. Sur Myron et Laïs.

Myron en cheveux blancs demandait une nuit à Laïs : il reçut aussitôt un refus. Il en sentit la cause, et s'avisa d'enduire sa tête blanche d'une teinte d'un beau noir. Mais, en changeant ses cheveux, il n'avait pas changé son visage, et quand il vint redemander ce qu'il avait demandé déjà, Laïs compara les cheveux avec la figure, et pensant, ou que c'était un autre qui lui res-

Sed illa, formam cum capillo comparans,
 Similemque, non ipsum rata,
Fortasse et ipsum, sed volens ludo frui,
 Sic est adorta callidum:
Inepte, quid me, quod recusavi, rogas?
 Patri negavi jam tuo [1].

XVIII. De se, et uxore.

Laidas, et Glyceras, lascivæ nomina famæ,
 Conjux in nostro carmine quum legeret;
Ludere me dixit, falsoque in amore jocari.
 Tanta illi nostra est de probitate fides.

XIX. Ad uxorem suam.

Uxor, vivamus, quod viximus: et teneamus
 Nomina, quæ primo sumpsimus in thalamo:
Nec ferat ulla dies, ut commutemur in ævo;
 Quin tibi sim juvenis, tuque puella mihi.
Nestore sim quamvis provectior, æmulaque annis
 Vincas Cumanam tu quoque Deiphoben;
Nos ignoremus, quid sit matura senectus.
 Scire ævi meritum [1], non numerare decet.

XX. In Meroen anum ebriosam.

Qui primus, Meroe [1], nomen tibi condidit, ille
 Thesidæ nomen condidit Hippolyto [2].
Nam divinare est, nomen componere, quod sit
 Fortunæ, morum, vel necis indicium.

semblait, ou peut-être que c'était toujours lui, mais voulant rire à ses dépens, elle apostropha ainsi ce mauvais plaisant : « Imbécile, pourquoi me demander ce que je ne puis t'accorder? Je l'ai déjà refusé à ton père. »

XVIII. Sur lui et sa femme.

En voyant dans mes vers des Laïs, des Glycères, et tous ces noms de réputation équivoque, ma femme dit que je veux rire, et que je badine avec des amours imaginaires. Ma femme croit tant à ma vertu !

XIX. A sa femme.

Vivons, femme, comme nous avons vécu, et ne quittons pas les noms que nous avions pris en nos premiers amours. Que les progrès de l'âge ne puissent nous changer avec le temps; que pour toi je sois toujours jeune, et toi toujours belle pour moi. Quoique mes jours soient plus avancés que ceux de Nestor, que tes années surpassent en nombre celles de Déiphobé la sibylle, ignorons ce que c'est que la mûre vieillesse. Il est bien de savoir le prix des années, il n'en faut pas savoir le compte.

XX. Contre Méroé, vieille ivrognesse.

Celui qui le premier t'appliqua ce nom, Méroé, donna aussi, sans doute, le nom d'Hippolyte au fils de Thésée. Car il faut être devin, pour composer ainsi un nom qui soit le symbole de la condition, des penchants ou de la mort de celui qu'il désigne. Ainsi, Protésilas,

Protesilae[3], tibi nomen sic fata dederunt :
  Victima quod Trojæ prima futurus eras.
Idmona[4] quod vatem, medicum quod Iapida[5] dicunt :
  Discendas artes nomina præveniunt.
Et tu sic, Meroe : non quod sis atra colore,
  Ut quæ Niliaca[6] nascitur in Meroe;
Infusum sed quod vinum non diluis undis,
  Potare immixtum sueta merumque merum.

XXI[1]. Nemesis, e græco.

Me lapidem quondam Persæ advexere, tropæum
  Ut fierem bello : nunc ego sum Nemesis.
At sicut Græcis victoribus adsto tropæum,
  Punio sic Persas vaniloquos Nemesis[2].

XXII[1]. De varietate fortunæ, e græco.

Thesauro invento, qui limina mortis inibat,
  Liquit ovans laqueum, quo periturus erat.
At qui, quod terræ abdiderat, non repperit aurum,
  Quem laqueum invenit, nexuit : et periit.

XXIII. Idem aliter.

Qui laqueum collo nectebat, repperit aurum :
  Thesaurique loco deposuit laqueum.
At qui condiderat, postquam non repperit aurum,
  Aptavit collo, quem reperit laqueum.

c'est la destinée qui te donna ton nom ; car tu devais être la première victime des Troyens. On appela un devin Idmon, et un médecin Iapis : ces noms présageaient les arts que chacun d'eux devait apprendre. Et toi, si on te nomme Méroé, ce n'est pas parce que tu as le teint noir comme les filles de Méroé qu'arrose le Nil, c'est parce que tu ne trempes pas d'eau le vin qu'on te verse, que tu aimes un breuvage sans mélange, et que tu bois pur le vin pur.

XXI. Némésis. Traduit du grec.

Je n'étais qu'une pierre quand les Perses m'apportèrent autrefois pour être un trophée de leur victoire : aujourd'hui je suis Némésis. Mais comme je sers de trophée aux Grecs vainqueurs, je punis la jactance des Perses, car je suis Némésis.

XXII. Un caprice de la fortune. Traduit du grec.

Un homme allait quitter la vie, quand il trouva un trésor. Il laissa là tout joyeux la corde qui devait le pendre. Mais celui qui avait enterré son or, ne le trouvant plus, et ne voyant que la corde, se l'attacha au cou et mourut.

XXIII. Autre sur le même sujet.

Un homme qui s'allait pendre, trouva de l'or : il déposa la corde à la place du trésor. Mais celui qui avait caché là son or, ne le retrouvant plus, se passa au cou la corde qu'il avait trouvée.

XXIV [1]. De Thrasybulo Lacedæmonio.

Excipis adverso quod pectore vulnera septem ;
  Arma super veheris quod, Thrasybule, tua ;
Non dolor hic patris, Pitanæ [2] sed gloria major :
  Rarum, tam pulchro funere posse frui.
Quem postquam mœsto socii posuere feretro,
  Talia magnanimus edidit orsa pater [3] :
Flete alios ; natus lacrymis non indiget ullis,
  Et meus, et talis, et Lacedæmonius [4].

XXV. De Lacæna matre.

Mater Lacæna clypeo obarmans filium,
  Cum hoc, inquit, aut in hoc redi.

XXVI. In divitem quemdam.

Quidam superbus opibus, et fastu tumens,
  Tantumque verbis nobilis,
Spernit vigentis clara sæcli nomina,
  Antiqua captans stemmata,
Martem, Remumque, et conditorem Romulum,
  Primos parentes nuncupans.
Hos ille Serum veste contexi jubet ;
  Hos cælat argento gravi,
Ceris inurens januarum limina,
  Et atriorum pegmata [1].
Credo, quod illi nec pater certus fuit,
  Et mater est vere lupa [2].

XXIV. Sur Thrasybule le Lacédémonien.

Tu reçois par devant et dans la poitrine sept blessures ; on te rapporte, Thrasybule, étendu sur tes armes : ce n'est point un sujet de douleur pour ton père ; mais pour Pitana c'est un surcroît de gloire. Il est rare de pouvoir jouir d'un aussi beau trépas. Quand ses compagnons l'eurent déposé dans le triste cercueil, son magnanime père leur adressa ces mots : « Pleurez-en d'autres : mon fils n'a pas besoin de vos larmes, un des miens, un tel mort, un Lacédémonien ! »

XXV. Sur une mère Lacédémonienne.

Une mère lacédémonienne armait son fils du bouclier : « Reviens avec ou dessus ! » lui dit-elle.

XXVI. Contre un certain riche.

Fier de ses richesses, bouffi de sa magnificence, un homme qui n'a de la noblesse qu'en paroles, méprisant les noms célèbres de notre âge, s'est mis à la piste d'une illustration antique : il appelle Mars, et Rémus, et notre fondateur Romulus, ses premiers pères. Il les habille de tissus de soie, les fait sculpter en argent massif, les fait couler en cire au seuil de ses portes et dans les casiers de ses galeries. Aussi, je crois qu'il n'est pas bien sûr de son père, et que sa mère est une vraie louve.

XXVII. Antisthenes cynicus philosophus.

Inventor primus Cynices ego. Quæ ratio istæc?
  Alcides multo dicitur esse prior.
Alcida quondam fueram doctore secundus [1]:
  Nunc ego sum Cynices primus, et ille Deus.

XXVIII. Idem.

Discipulus nulli melior, meliorve magister,
  Εἰς ἀρετὴν συνέβη, καὶ Κυνικὴν σοφίην.
Dicere me verum novit, qui novit utrumque,
  Καὶ θεὸν Ἀλκείδην, καὶ κύνα Διογένην.

XXIX. Libero Patri [1].

Αἰγύπτου μὲν Ὄσιρις ἐγώ, Μυσῶν δὲ Φανάκης,
Βάκχος ἐνὶ ζωοῖσιν, ἐνὶ φθιμένοις Ἀϊδωνεύς,
Πυρογενής, Δίκερως, Τιτανολέτης, Διόνυσσος.

XXX. Myobarbum Liberi Patris [1], signo marmoreo in villa nostra omnium Deorum argumenta habentis.

Ogygia me Bacchum vocat.
Osirin Ægyptus putat.
Mysi Phanacen nominant.
Dionyson Indi existimant,
Romana sacra Liberum,
Arabica gens Adoneum,
Lucaniacus Pantheum [2].

XXVII. Antisthènes, philosophe cynique.

Je suis le premier fondateur de la secte des Cyniques. — Comment cela? Alcide, dit-on, l'avait fondée longtemps avant toi. — Du temps d'Alcide, mon maître, j'étais le second des Cyniques : aujourd'hui je suis le premier, puisqu'il est dieu.

XXVIII. Même sujet.

Nul autre que moi n'eut un disciple meilleur ou un meilleur maître, dans la pratique de la vertu, et de la sagesse cynique. Celui-là sait que je dis vrai, qui les a connus l'un et l'autre, Alcide le dieu et Diogène le chien.

XXIX. A Liber, père.

Je suis Osiris en Égypte, Phanacès en Mysie, Bacchus parmi les vivants, Aïdonée chez les morts, Pyrogène, Dicéros, Titanolétès, Dionysos.

XXX. Vers pour une statue en marbre de notre villa, où Liber père est représenté avec les attributs de toutes les divinités dont il porte le nom.

L'Ogygie m'appelle Bacchus, l'Égypte me croit Osiris, les Mysiens me nomment Phanacès ; je suis pour les Indiens Dionysos, dans la religion des Romains Liber, Adonis chez les peuples de l'Arabie, et Panthée à Lucaniacus.

XXXI. In Corydonem marmoreum.

Αἴξ, χίμαρος, πήρη, ποιμὴν, ῥαβδοῦχος, ἐλαίη,
Εἷς λίθος· ἐκ πάντων λιτὸς¹ ἐγὼ Κορύδων.

XXXII. In simulacrum Sapphus.

Lesbia Pieriis Sappho soror addita Musis,
Εἴμ᾽ ἐνάτη Λυρικῶν¹, Ἀονίδων δεκάτη.

XXXIII. Deae Veneris.

Orta salo, suscepta solo, patre edita Cœlo,
Æneadum genitrix, hic habito alma Venus.

XXXIV. Ad libellum suum de Proculo¹.

Si tineas cariemque pati te, charta, necesse est,
  Incipe versiculis ante perire meis.
Malo, inquis, tineis. Sapis, ærumnose libelle,
  Perfungi mavis qui leviore malo.
Ast ego damnosæ nolo otia perdere Musæ,
  Jacturam somni quæ parit, atque olei.
Utilius dormire fuit, quam perdere somnum
  Atque oleum. Bene ais: causa sed ista mihi est.
Irascor Proculo, cujus facundia tanta est,
  Quantus honor: scripsit plurima, quæ cohibet.
Hunc studeo ulcisci; et prompta est hæc ultio vati:
  Qui sua non edit carmina, nostra legat.

XXXI. Sur un Corydon en marbre.

Chèvre, bouc, besace, berger, houlette, olivier, une seule pierre est tout cela, et avec tout cela je ne suis qu'un maigre Corydon.

XXXII. Sur une statue de Sapho.

Moi, Sapho la Lesbienne, donnée comme une autre sœur aux Piérides, je suis la neuvième parmi les poëtes lyriques, et la dixième des Muses.

XXXIII. Sur une statue de la déesse Vénus.

Sortie de l'onde amère, élevée sur la terre, j'ai eu Cœlus pour père, des Romains je suis mère, et j'habite ces lieux : je suis Vénus la Belle.

XXXIV. A son livre, sur Proculus.

S'il faut, ô papier, que tu subisses l'outrage des vers et de la pourriture, autant commencer par mourir sous mes poésies. — J'aime mieux être mangé des vers, dis-tu. — Tu as raison, pauvre livre ; de deux maux tu préfères le moindre. Moi, d'ailleurs, je ne veux pas gaspiller mes loisirs avec une muse qui me ruine, et qui me coûte la perte de mon sommeil et de mon huile. — Il y a plus de profit à dormir qu'à dépenser ainsi ton sommeil et ton huile. — C'est vrai, mais j'ai un motif que voici. J'en veux à Proculus, aussi grand par son mérite que par ses dignités. Il écrit beaucoup, mais il cache ce qu'il écrit. J'ai à cœur de me venger, et j'ai une vengeance facile, la vengeance du poëte : puisqu'il ne veut pas montrer ses vers, il lira les miens. Il est le maître ou de

Hujus in arbitrio est, seu te juvenescere cedro,
    Seu jubeat duri● vermibus esse cibum.
Huic ego, quod nobis superest ignobilis oti,
    Deputo : sive legat, quæ dabo, sive tegat.

XXXV. De nomine cujusdam Lucii, sculpto in marmore.

Lucius una quidem, geminis sed dissita punctis
    Littera ; prænomen sic **L.**. nota sola facit.
Post, **M** incisum est, puto, sic, **M**; non tota videtur.
    Dissiluit saxi fragmine læsus apex.
Nec quisquam, Marius, seu Martius, anne Metellus
    Hic jaceat, certis noverit indiciis.
Truncatis convulsa jacent elementa figuris,
    Omnia [1] confusis interiere notis.
Miremur periisse homines? monumenta fatiscunt;
    Mors etiam saxis nominibusque venit.

XXXVI. De Sabina uxore.

Sive probas Tyrio textam subtegmine vestem,
    Seu placet inscripti commoditas tituli [1] :
Ipsius hoc dominæ concinnat utrumque venustas;
    Has geminas artes una Sabina [2] colit.

XXXVII. De eadem Sabina.

Laudet Achæmenias Orientis gloria telas ;
    Molle aurum pallis, Græcia, texe tuis ;
Non minus Ausoniam [1] celebret dum fama Sabinam,
    Parcentem magnis sumptibus, arte parem.

te conserver jeune dans le cèdre, ou de te livrer en pâture aux insectes rongeurs. Je lui envoie tout ce qui me reste des travaux d'un obscur loisir : à lui de les lire ou de les mettre à l'écart.

XXXV. Sur le nom d'un Lucius, gravé dans le marbre.

Une seule lettre, que deux points séparent ainsi, **L..**, désigne le prénom *Lucius*. Ensuite est gravée une **M**, je crois, comme ici : **M**; on ne la voit pas tout entière; une pointe a disparu avec un fragment de la pierre qui s'est brisée; et personne ne pourrait reconnaître à de sûrs indices si c'est Marius, Martius ou Metellus qui repose en ce lieu. Les lettres, dont les traits sont mutilés, gisent détachées de la pierre, et au milieu de ces signes confus le nom a péri. Et nous nous étonnons que les hommes meurent ! quand les monuments s'écroulent ! quand une pierre, un nom même trouvent aussi la mort !

XXXVI. Sur Sabina, sa femme.

Soit que tu loues la broderie de pourpre de ce vêtement, ou que tu aimes l'élégance de l'inscription qui s'y dessine, l'une et l'autre sont l'œuvre de la gracieuse maîtresse qui le porte : à elle seule, Sabina cultive les deux arts.

XXXVII. Sur la même.

Que l'Orient dans son orgueil se glorifie de ses toiles d'Achéménie; que la Grèce broche ses manteaux d'un flexible tissu d'or : la renommée n'en célèbrera pas moins la Sabina d'Ausone, qui évite leurs grandes dépenses, et les égale en talent.

XXXVIII. De eadem Sabina.

Licia qui texunt et carmina; carmina Musis,
  Licia contribuunt, casta Minerva, tibi.
Ast ego rem sociam non dissociabo Sabina,
  Versibus inscripsi quæ mea texta meis.

XXXIX. Qualem velit amicam.

Hanc volo[1], quæ non volt; illam quæ volt, ego nolo.
  Vincere volt animos, non satiare Venus.
Oblatas sperno illecebras, detrecto negatas.
  Nec satiare animum, nec cruciare volo.
Nec bis cincta Diana placet, nec nuda Cythere:
  Illa voluptatis nil habet, hæc nimium.
Callida sed mediæ Veneris mihi venditet artem
  Femina, cui jungar; quod volo, nolo vocet.

XL. De Chresto et Acindyno fratribus.

Χρῆστος, Ἀκίνδυνος, εἰσὶν ἀδελφεοὶ, οἰκτρὰ δὲ τέκνα,
  Moribus ambo malis nomina falsa gerunt.
Οὐδ᾽ οὗτος χρηστὸς, οὐδ᾽ οὗτος ἀκίνδυνός ἐστιν.
  Una potest ambos littera corrigere.
Αἴκεν Χρῆστος ἔλῃ, καὶ Ἀκίνδυνος ἄλφ᾽ ἀπολέσσῃ·
  Κίνδυνος hic fiet, frater Ἄχρηστος erit.

XLI. De iisdem.

Germani fratres sunt, Chrestos, Acindynos alter.
Falsum nomen utrique[1]; sed ut verum sit utrique,

ÉPIGRAMMES.

XXXVIII. Sur la même.

Ceux qui brochent des étoffes et des vers, offrent leurs vers aux Muses, et leurs étoffes à toi, chaste Minerve. Moi, Sabina, je ne séparerai pas deux choses inséparables, puisque c'est dans mes tissus mêmes que j'écris mes vers.

XXXIX. La maîtresse comme il en veut une.

Je veux de celle qui ne veut pas, je ne veux pas de celle qui veut : Vénus aime la lutte et non la satiété. Je dédaigne des faveurs qu'on m'étale, je renonce à celles qu'on me refuse : je ne veux ni me blaser ni me torturer l'esprit. Je n'aime ni Diane avec sa double ceinture, ni Cythérée toute nue : celle-ci a trop, celle-là trop peu pour séduire. Qu'une femme adroite ait l'art de ménager un milieu en amours, à tout prix je suis à elle ; mais, quand je veux, je ne veux pas qu'elle me provoque.

XL. Sur les deux frères Chrestos et Akindynos.

Chrestos et Akindynos sont frères, mais ce sont deux enfants bien malheureux; car, avec leurs mauvais penchants, ils sont tous deux mal nommés. L'un n'est pas un *homme utile*, l'autre n'est pas *peu dangereux*. Une seule lettre peut les corriger l'un et l'autre. Que Chrestos prenne un alpha, et qu'Akindynos perde le sien, ce dernier deviendra Kindynos (*dangereux*), et son frère Achrestos (*bon à rien*).

XLI. Même sujet.

Il existe deux frères germains nommés Chrestos et Akindynos, et tous les deux mal nommés. Pour bien

Alpha suum Chresto det Acindynos, ipse sine alpha
  Permaneat; verum nomen uterque geret.

XLII. De Pallade, et Venere armata¹.

Armatam vidit Venerem Lacedæmone Pallas.
  Nunc certemus, ait, judice vel Paride.
Cui Venus : Armatam tu me, temeraria, temnis;
  Quæ, quo te vici tempore, nuda fui?

XLIII. Idem aliter.

Armatam Pallas Venerem Lacedæmone visens :
  Visne, ut judicium sic ineamus? ait.
Cui Venus arridens : Quid me, galeata, lacessis?
  Vincere si possum nuda, quid arma gerens?

XLIV. Ad Philomusum grammaticum.

Emptis quod libris tibi bibliotheca referta est,
  Doctum, et grammaticum te, Philomuse, putas?
Hoc genere et chordas, et plectra, et barbita conde;
  Omnia mercatus, cras citharœdus eris.

XLV. In statuam Rufi rhetoris¹ semiviri et elinguis.

Rhetoris hæc Rufi statua est : nil verius; ipsa est.
  Ipsa adeo linguam non habet, et cerebrum;
Et riget, et surda est, et non videt : omnia Rufi.
  Unum dissimile est : mollior ille fuit.

faire, qu'Akindynos donne son alpha à Chrestos, et qu'il reste lui-même sans alpha : l'un et l'autre aura son vrai nom.

XLII. Sur Pallas et Vénus armée.

Pallas aperçut dans Lacédémone Vénus armée. « Recommençons la lutte, lui dit-elle, et j'accepte encore Pâris pour juge. — Téméraire! lui répondit Vénus ; je suis armée, et tu me braves! moi qui t'ai vaincue jadis, étant nue! »

XLIII. Autre, sur le même sujet.

Pallas, voyant dans Lacédémone Vénus armée : « Veux-tu, lui dit-elle, entrer en lice aujourd'hui? » Vénus sourit. « Pourquoi me provoquer ainsi, rivale casquée? Si je puis vaincre étant nue, que ne ferais-je pas avec des armes? »

XLIV. A Philomusus le grammairien.

Parce que ta bibliothèque est bien garnie de livres achetés, tu te crois un savant et un grammairien, Philomusus! A ce compte, fais-moi provision de cordes, d'archets, d'instruments, et, tout cela payé, demain te voilà musicien.

XLV. Sur une statue de Rufus le rhéteur, peu éloquent et peu mâle.

Voici la statue de Rufus. — Oui, vraiment, c'est elle, c'est bien elle : sans langue, sans cervelle, et roide, et sourde, et aveugle : c'est tout Rufus. Sur un seul point la ressemblance n'est pas parfaite : il était plus mou que cela.

XLVI. In tabulam ubi erat picta imago Rufi rhetoris.

Elinguem quis te dicentis imagine pinxit?
  Dic mihi, Rufe. Taces? nil tibi tam simile est.

XLVII. De eadem tabula.

Hæc Rufi tabula est: nil verius. Ipse ubi Rufus?
  In cathedra. Quid agit? Hoc, quod et in tabula[1].

XLVIII. De eodem Rufo.

Reminisco Rufus dixit in versu suo.
Cor ergo versus, immo Rufus non habet.

XLIX. Idem.

Qui Reminisco putat se dicere posse Latine,
Hic, ubi Co scriptum est, legeret Cor, si cor haberet.

L. De eodem Rufo.

Rufus vocatus rhetor olim ad nuptias,
  Celebri (fit ut) convivio,
Grammaticæ ut artis se peritum ostenderet,
  Hæc vota dixit nuptiis:
Et masculini; et feminini gignite,
  Generisque neutri filios.

LI. Imago Rufi rhetoris.

Ore pulchro, et ore muto, scire vis quæ sim? Volo.
  Imago Rufi rhetoris Pictavici[1].

XLVI. Sur un portrait de Rufus le rhéteur.

Toi qui ne sus jamais parler, qui t'a ainsi représenté sous les traits d'un orateur? Conte-moi cela, Rufus. Tu ne dis mot? le portrait est fidèle.

XLVII. Sur le même portrait.

Voici le portrait de Rufus. — C'est vrai. Mais Rufus, où est-il? — Dans sa chaire. — Qu'y fait-il? — Ce qu'il fait dans ce tableau.

XLVIII. Sur le même Rufus.

Rufus a dit, dans un de ses vers, *reminisco*. Ainsi, ce vers n'a pas de *cor* (de bon sens), et Rufus pas plus que son vers.

XLIX. Même sujet.

Celui qui croit pouvoir dire en latin *reminisco*, au lieu de *co*, lirait *cor*, s'il avait du *cor* (du bon sens).

L. Sur le même Rufus.

Rufus le rhéteur fut un jour invité à une noce : nombreux étaient les convives, comme toujours. Voulant donner un bel échantillon de sa science grammaticale, il adressa ce souhait aux époux : « Faites-nous des enfants du genre masculin, du féminin et du neutre! »

LI. Le portrait de Rufus le rhéteur.

Avec ma belle tête et ma bouche muette, veux-tu savoir qui je suis? — Oui. — Je suis le portrait de Rufus,

Diceret sed ipse, vellem, rhetor hoc mi. Non potest.
    Cur? Ipse rhetor est imago imaginis.

LII. De eadem Rufi statua.

Rhetoris hæc Rufi statua est. Si saxea, Rufi.
    Cur id ais? Semper saxeus ipse fuit.

LIII. De Diogene Cynico philosopho.

Pera, polenta, tribon, baculus, scyphus, arcta supellex
    Ista fuit Cynici : sed putat hanc nimiam.
Namque cavis manibus cernens potare bubulcum :
    Cur, scyphe, te, dixit, gesto supervacuum?

LIV. De Crœso et eodem Diogene.

Effigiem, rex Crœse, tuam, ditissime regum,
    Vidit apud manes Diogenes Cynicus.
Constitit utque procul, solito majore cachinno
    Concussus, dixit : Quid tibi divitiæ
Nunc prosunt, regum rex o ditissime, quum sis
    Sicut ego solus, me quoque pauperior?
Nam quæcunque habui, mecum fero : quum nihil ipse
    Ex tantis tecum, Crœse, feras opibus.

LV. Lais dicans Veneri speculum suum.

Lais anus Veneri speculum dico : dignum habeat se
    Æterna æternum forma ministerium.

le rhéteur pictave. — Mais je voudrais que le rhéteur lui-même me dît cela. — Impossible. — Pourquoi? — C'est que le rhéteur est tout le portrait de son portrait.

LII. Sur la statue de Rufus.

Voici la statue de Rufus le rhéteur. — Si c'est un marbre, c'est bien elle. — Pourquoi cela? — C'est que Rufus lui-même n'a jamais été qu'un marbre.

LIII. Sur Diogène le philosophe cynique.

Une besace, un peu de farine, un manteau, un bâton et une tasse, tel était le mince bagage du Cynique; mais pour lui c'était trop encore. Car, voyant un bouvier qui buvait dans le creux de sa main, « Pourquoi, dit-il, me charger de toi, tasse inutile? »

LIV. Sur Crésus et Diogène.

En voyant ton ombre chez les mânes, ô roi Crésus, le plus riche des rois, Diogène le Cynique s'arrêta de loin; et, poussant un éclat de rire d'une violence inaccoutumée, il s'écria : « A quoi te servent aujourd'hui tes richesses, ô roi, des rois le plus riche? Te voilà, comme moi, seul, et plus pauvre même que moi. Car, ce que je possédais, je le porte avec moi; et toi, Crésus, de tant d'opulence, qu'as-tu conservé? rien ! »

LV. Laïs consacre son miroir à Vénus.

Laïs vieillie consacre ce miroir à Vénus; à l'immuable beauté ce serviteur immuable et digne d'elle ! Pour moi,

At mihi nullus in hoc usus, quia cernere talem
  Qualis sum, nolo : qualis eram, nequeo.

LVI. De Castore, Polluce et Helena.

Istos, tergemino nasci quos cernis ab ovo,
Patribus ambiguis et matribus assere natos.
Hos genuit Nemesis : sed Leda puerpera fovit.
Tyndareus pater his, et Jupiter. Hic putat ; hic scit.

LVII. De imagine Veneris sculpta a Praxitele.

Vera Venus ' Gnidiam quum vidit Cyprida, dixit :
  Vidisti nudam me, puto, Praxitele.
Non vidi, nec fas : sed ferro opus omne polimus.
  Ferrum Gradivi Martis in arbitrio.
Qualem igitur domino scierant placuisse Cytheren,
  Talem fecerunt ferrea cæla Deam.

LVIII. In buculam æream Myronis.

Bucula sum, cælo genitoris facta Myronis
  Ærea : nec factam me puto, sed genitam.
Sic me taurus init, sic proxima bucula mugit,
  Sic vitulus sitiens ubera nostra petit.
Miraris, quod fallo gregem? gregis ipse magister
  Inter pascentes me numerare solet.

LIX. De eadem bucula.

Ubera quid pulsas frigentia matris ahenæ,
  O vitule, et succum lactis ab ære petis?

je n'en ai plus que faire : car je ne veux point me voir telle que je suis; telle que j'étais, je ne le puis.

LVI. Sur Castor, Pollux et Hélène.

Ces enfants que tu vois éclore de trois œufs, tu peux affirmer qu'ils sont nés de pères doubles et de doubles mères. Némésis les a engendrés, mais Léda fécondée les a couvés. Tyndare est leur père et Jupiter aussi : l'un croit l'être, l'autre sait l'être.

LVII. Sur la statue de Vénus sculptée par Praxitèle.

Quand la véritable Vénus aperçut la Vénus de Gnide, elle dit : « Tu m'as vue toute nue, j'imagine, Praxitèle? — Non, je ne t'ai point vue, et cela ne m'était pas permis. Mais c'est avec le fer que toutes nos œuvres se façonnent, et le fer est au service de Mars Gradivus. Or, telle ils savaient que Cythérée avait plu à leur maître, telle mes ciseaux de fer ont formé la déesse. »

LVIII. Sur la génisse d'airain de Myron.

Je suis la génisse que le ciseau créateur de Myron sculpta en airain; et je ne crois pas qu'il m'ait sculptée, il m'a créée vivante. Car le taureau me poursuit, la génisse s'approche et mugit, et le veau que presse la soif s'en vient à nos mamelles. Tu t'étonnes que le troupeau s'y trompe? mais le maître du troupeau lui-même me compte souvent au nombre des génisses qui paissent.

LIX. Sur la même génisse.

Pourquoi, jeune veau, tourmenter les froides mamelles d'une mère d'airain, et demander au métal un

Hunc quoque præstarem, si me pro parte parasset
Exteriore Myron, interiore Deus.

LX. Ad Dædalum, de eadem bucula.

DÆDALE, cur vana consumis in arte laborem?
Me potius clausæ subjice Pasiphaæ.
Illecebras veræ si vis dare, Dædale, vaccæ,
Viva tibi species vacca Myronis erit.

LXI. Eadem de se.

ERRASTI[1], attendens hæc ilia nostra, juvence.
Non manus artificis lac dedit uberibus.

LXII. Eadem.

PASCE greges[1] procul hinc, ne, quæso, bubulce, Myronis
Æs, veluti spirans, cum bubus exagites.

LXIII. Eadem.

ME vitulus cernens[1], immugiet; irruet in me
Taurus amans; pastor cum grege mittet agens.

LXIV. De eadem Myronis bucula.

ÆREA mugitum poterat dare vacca Myronis:
Sed timet artificis deterere ingenium.
Fingere nam similem vivæ, quam vivere, plus est;
Nec sunt facta Dei mira, sed artificis.

lait savoureux ? Du lait, je pourrais t'en donner, si Dieu eût préparé le dedans de mon corps comme Myron en a disposé le dehors.

LX. Même sujet. A Dédale.

POURQUOI, Dédale, épuiser ton art à façonner une vaine image? C'est en mon sein plutôt qu'il faut enfermer Pasiphaé. Si tu veux lui donner les attraits d'une vache véritable, la vache de Myron t'offre un vivant modèle.

LXI. Même sujet. C'est la génisse qui parle.

TU t'abuses, jeune veau, qui explores ainsi nos flancs. La main de l'artiste n'a point donné de lait à ces mamelles.

LXII. Même sujet.

BOUVIER, fais paître plus loin tes troupeaux, je t'en conjure; tu pourrais emmener avec tes bœufs l'airain de Myron, comme s'il était en vie.

LXIII. Même sujet.

EN me voyant, le veau mugira de joie; le taureau amoureux se jettera sur moi, et le pâtre me poussera devant lui avec son troupeau.

LXIV. Sur la même génisse.

LA vache d'airain de Myron pourrait mugir; mais elle craint d'atténuer le mérite de l'artiste. Car il est plus difficile de donner l'apparence de la vie que la vie elle-même; et ce ne sont point les œuvres de Dieu qui étonnent, mais les œuvres de l'artiste.

LXV. Eadem bucula de se.

Ærea bos steteram; mactata est vacca Minervæ :
 Sed Dea proflatam transtulit huc animam.
Et modo sum duplex : pars ærea, pars animata.
 Hæc manus artificis dicitur, illa Deæ.

LXVI. Ad taurum eadem bucula.

Quid me, taure, paras, specie deceptus, inire?
 Non sum ego Minoæ machina Pasiphaæ.

LXVII. De eadem Myronis bucula.

Nec dum caduco sole, jam sub vespere,
 Ageret juvencas quum domum pastor suas,
Suam relinquens, me minabat', ut suam.

LXVIII. De eadem bucula.

Unam juvencam pastor forte amiserat;
 Numerumque jussus reddere,
Me defuisse conquerebatur, sequi
 Quæ noluissem ceteras.

LXIX. Quæ sexum mutarint.

Vallebanæ' (nova res, et vix credenda poetis;
 Sed quæ de vera promitur historia)
Femineam in speciem convertit masculus ales;
 Pavaque de pavo constitit ante oculos.

ÉPIGRAMMES.

LXV. Même sujet. C'est la génisse qui parle.

Je n'étais qu'une vache d'airain ; mais une génisse fut immolée à Minerve, et la déesse fit passer en moi le souffle qu'avait exhalé la victime. Et maintenant je suis double : en partie d'airain, en partie animée ; on reconnaît la main de l'artiste, et la main de la déesse.

LXVI. A un taureau. C'est la génisse qui parle.

Pourquoi, taureau, te préparer à l'amour ? L'apparence te trompe : je ne suis pas la machine de Pasiphaé.

LXVII. Sur la même génisse du sculpteur Myron.

Avant le coucher du soleil, mais déjà vers le soir, un pâtre reconduisait ses vaches au logis : comme il en oubliait une, il voulait m'emmener, me croyant des siennes.

LXVIII. Même sujet.

Un pâtre un jour perdit une génisse. Forcé de rendre le compte, il se lamentait en disant que c'était moi qui manquais, et que je n'avais pas voulu suivre les autres.

LXIX. Les changements de sexe.

A Vallebana (l'aventure est neuve ; les poëtes eux-mêmes l'admettraient avec peine, mais elle est tirée pourtant d'une histoire véridique), un oiseau mâle se changea en femelle, et, au lieu d'un paon, ce fut une paonne qui se présenta aux regards. Chacun d'admirer le

Cuncti admirantur monstrum : sed mollior agna
  Adstitit in tenerum de grege versa marem.
Quid, stolidi, ad speciem notæ novitatis hebetis?
  An vos Nasonis carmina non legitis?
Cænida convertit, proles Saturnia, Consus [2];
  Ambiguoque fuit corpore Tiresias [3].
Vidit semivirum fons Salmacis Hermaphroditum [4];
  Vidit nubentem Plinius androgynum [5].
Nec satis antiquum, quod Campana in Benevento
  Unus epheborum virgo repente fuit.
Nolo tamen veteris documenta arcessere famæ :
  Ecce ego sum factus femina de puero [6].

LXX. Ad Pythagoram de Marco.

Pythagora Euphorbi, reparas qui semina rerum,
  Corporibusque novis das reduces animas,
Dic, quid erit Marcus jam fata novissima functus,
  Si redeat vitam rursus in aeriam.
Quis Marcus? Feles nuper pullaria dictus,
  Corrupit totum qui puerile secus,
Perversæ Veneris postico vulnere fossor,
  Lucili vatis subulo pulliprema [1].
Non taurus, non mulus erit, non hippocamelus,
  Non caper, aut aries, sed scarabæus erit.

LXXI. Subscriptum picturæ Crispæ mulieris impudicæ.

Præter legitimi genitalia fœdera cœtus,
Repperit obscenas Veneres vitiosa libido.
Herculis heredi quam Lemnia suasit egestas,

prodige ; quand soudain paraît une tendre brebis changée en un jeune agneau. Pourquoi, sots que vous êtes, rester interdits à la vue d'une nouveauté déjà connue? Ne lisez-vous jamais les poésies d'Ovide? Un fils de Saturne, Consus, changea le sexe de Cénis, et Tirésias eut tour à tour deux corps. La fontaine Salmacis a vu Hermaphrodite à demi mâle ; Pline a vu une jeune épousée devenir androgyne. Il n'y a pas si longtemps déjà qu'à Bénévent, dans la Campanie, une vierge se transforma soudain en bel adolescent. Mais je ne veux pas aller chercher des exemples d'ancienne date : moi-même j'étais garçon tout à l'heure, et me voilà fille.

LXX. A Pythagore, à propos de Marcus.

PYTHAGORE Euphorbus, qui rends aux choses le germe de la vie, et fais rentrer les âmes en des corps nouveaux, dis-moi, que sera Marcus, qui vient d'exhaler son dernier soupir, s'il reprend encore le souffle et la vie? — Quel était ce Marcus? — Un matou friand de garçons, et qui corrompit toute la jeune espèce mâle. Fossoyeur d'une Vénus à l'envers, il bêchait par derrière : c'était l'*embrocheur grippe-fesse* du poëte Lucilius. — Il ne sera ni taureau, ni mulet, ni chameau, ni bouc, ni bélier : il sera fouille-merde.

LXXI. Vers mis au bas du portrait de Crispa l'impudique.

NON contente de la fécondité régulière d'une union légitime, sa lubricité dépravée rechercha d'obscènes voluptés. Et l'amour que la disette inspira dans Lemnos à

Quam toga facundi scenis agitavit Afrani [2],
Et quam Nolanis capitalis luxus inussit [3] :
Crispa tamen cunctas exercet corpore in uno.
Deglubit, fellat, molitur per utramque cavernam ;
Ne quid inexpertum frustra moritura relinquat [4].

LXXII. De Achilla, qui dissecuit calvariam.

Abjecta in triviis [1] inhumati glabra jacebat
   Testa hominis, nudum jam cute calvitium.
Fleverunt alii : fletu non motus Achillas,
   Insuper et silicis verbere dissecuit.
Eminus ergo icto rediit lapis ultor ab osse,
   Auctorisque sui frontem oculosque petit.
Sic utinam certos manus impia dirigat ictus,
   Auctorem ut feriant tela retorta suum.

LXXIII. De Alcone medico, et Diodoro haruspice.

Languenti Marco [1] dixit Diodorus haruspex,
   Ad vitam non plus sex superesse dies.
Sed medicus Divis fatisque potentior Alcon,
   Falsum convicit illico haruspicium :
Tractavitque manum victuri, ni tetigisset.
   Illico nam Marco sex periere dies.

LXXIV. De signo Jovis et Alcone medico.

Alcon hesterno [1] signum Jovis attigit : ille,
   Quamvis marmoreus, vim patitur medici.
Ecce hodie jussus transferri ex æde vetusta,
   Effertur [2] : quamvis sit Deus, atque lapis.

ÉPIGRAMMES.

l'héritier d'Hercule, et celui que la toge de l'harmonieux Afranius traîna sur la scène, et celui que la luxure mit en tête aux habitants de Nola, Crispa les essaye tous sur un même corps. Les doigts, la langue et l'une et l'autre fente sont en jeu chez elle : elle veut tâter de tout avant de mourir.

LXXII. Sur Achillas, qui brisa un crâne.

Dans un carrefour gisait à l'abandon la tête pelée d'un homme sans sépulture. A la vue de ce crâne dépouillé de sa peau, on pleurait : peu touché de ces larmes, Achillas lance un caillou qui fait voler le crâne en éclats. Mais, repoussé de loin par l'os qu'il a heurté, le caillou vengeur revient frapper le front et les yeux de son maître. Puisse ainsi toujours la main de l'impie diriger ses coups avec assez d'adresse pour que les traits renvoyés en arrière reviennent à leur maître !

LXXIII. Le médecin Alcon et l'aruspice Diodorus.

Marcus était mourant : l'aruspice Diodorus lui dit qu'il ne lui restait plus que six jours à vivre. Mais le médecin Alcon, plus puissant que les dieux et les destins, fit au même instant mentir l'aruspice. Il tâta le pouls du malade, qui aurait vécu, s'il ne l'eût touché : car cet instant suffit pour tuer les six jours de Marcus.

LXXIV. La statue de Jupiter et le médecin Alcon.

Hier Alcon toucha la statue de Jupiter ; et, tout marbre qu'il est, Jupiter a éprouvé l'influence du médecin. Voici qu'aujourd'hui on ordonne de le tirer de son vieux temple, et on va l'enterrer, quoiqu'il soit dieu et pierre.

LXXV. In Eunomum medicum.

Languentem Caium moriturum dixerat olim
  Eunomus : evasit fati ope, non medici.
Paulo post ipsum videt, aut vidisse putavit
  Pallentem, et multa mortis in effigie.
Quis tu? Caius, ait. Vivisne? Hic abnuit. At quid
  Nunc agis hic? Jussu Ditis, ait, venio;
Ut, quia notitiam rerumque hominumque tenerem,
  Accirem medicos. Eunomus obriguit.
Tum Caius : Metuas nihil, Eunome; dixi ego et omnes,
  Nullum, qui saperet, dicere te medicum.

LXXVI. In hominem vocis absonae.

Latratus catulorum, hinnitus fingis equorum;
  Caprigenumque pecus, lanigerosque greges
Balatu adsimilas; asinos quoque rudere dicas,
  Quum vis Arcadicum fingere, Marce, pecus.
Gallorum cantus, et ovantes gutture corvos,
  Et quidquid vocum bellua et ales habet.
Omnia quum simules ita vere, ut ficta negentur;
  Non potes humanæ vocis habere sonum.

LXXVII. Ad Crispam.

Deformem quidam te dicunt, Crispa; at ego istud
  Nescio : mî pulchra es; judice me satis est.
Quin etiam cupio, junctus quia zelus amori est,
  Ut videare aliis fœda, decora mihi.

ÉPIGRAMMES.

LXXV. Contre Eunomus le médecin.

Caïus était malade : Eunomus assura que c'était un homme mort. Caïus en réchappa, grâce au hasard et non au médecin. Quelque temps après, Eunomus le vit ou pensa le voir, pâle et dans tout l'appareil d'un trépassé. « Qui es-tu? — Caïus. — Es-tu en vie? — Non. — Mais que viens-tu faire ici? — C'est Pluton qui m'envoie; comme j'ai gardé mémoire des hommes et des choses, je viens chercher les médecins. » Eunomus devint roide de peur. « Ne crains rien, Eunomus, reprend Caïus; nous lui avons dit, moi et les autres, que pas un homme de bon sens ne pouvait t'appeler un médecin. »

LXXVI. Contre un homme qui avait la voix fausse.

Tu imites les aboiements des chiens, le hennissement des chevaux; tu bêles à la manière des chèvres et des bêtes à laine; on croirait entendre les ânes braire, quand tu t'avises, Marcus, d'imiter la pécore d'Arcadie : tu reproduis le chant du coq, le croassement joyeux du corbeau, et toutes les voix enfin de bêtes et d'oiseaux. Mais si tu contrefais tous ces cris avec tant de vérité qu'on les croirait naturels, ta voix ne peut être la voix d'un homme.

LXXVII. A Crispa.

On te dit laide, Crispa; si tu l'es, je l'ignore. Pour moi tu es belle, et mon sentiment me suffit. Je désire même, car un peu de jalousie se mêle à mon amour, que tu paraisses hideuse à tous les autres, et charmante à moi seul.

LXXVIII. Qualem velit habere amicam.

Sit mihi talis amica, velim [1],
Jurgia quæ temere incipiat,
Nec studeat quasi casta loqui.
Pulchra, procax, petulante manu;
Verbera quæ ferat, et regerat;
Cæsaque ad oscula confugiat.
Nam nisi moribus his fuerit :
Casta, modesta, pudenter agens,
(Dicere abominor) uxor erit.

LXXIX. Ad Cupidinem, ex græco.

Hoc, quod amare vocant [1], misce, aut dissolve, Cupido.
Aut neutrum flammis ure, vel ure duos.

LXXX. Ad Dionen, de amore suo.

Aut restingue ignem, quo torreor, alma Dione,
Aut transire jube : vel face utrinque parem.

LXXXI. Ex græco, Ἀρχὴ τὸ ἥμισυ παντός.

Incipe : dimidium facti est, cœpisse [1]. Supersit
Dimidium : rursum hoc incipe; et efficies.

LXXXII. Ex græco, Ἁ χάρις ἁ βραδύπους ἄχαρις χάρις

Gratia, quæ tarda est, ingrata est [1]; gratia namque
Quum fieri properat, gratia grata magis.

LXXVIII. La maîtresse selon son goût.

Je veux une maîtresse ainsi faite : qui, sans raison, cherche querelle; qui n'affecte pas de s'exprimer comme une innocente; qui soit gentille, agaçante, la main leste, reçoive les coups, me les rende, et, battue, implore un baiser. Car, si elle n'est pas de ce caractère, si elle est honnête, prude, sage.... Malédiction ! autant qu'elle soit ma femme !

LXXIX. A Cupidon. Traduit du grec.

Ce qu'on appelle amour, ô Cupidon, si tu ne le fais partager, détruis-le. Ou ne brûle point un cœur, ou brûles-en deux.

LXXX. A Dioné, sur son amour.

Éteins le feu qui m'embrase, bienfaisante Dioné, fais-le passer, ou qu'une autre le partage.

LXXXI. Sur cette pensée grecque : *Le commencement est la moitié du tout.*

Commence ! l'œuvre commencée est à moitié faite. Une moitié te reste : commence encore, et tu achèveras.

LXXXII. Sur cette autre pensée grecque: *Un bienfait lent à venir est un bienfait mal fait.*

Un bienfait qui tarde n'est pas un bien fait. Car, si le bienfait arrive vite, le bien fait fait mieux.

LXXXIII. Idem.

Si bene quid facias, facias cito : nam cito factum
  Gratum erit : ingratum gratia tarda facit.

LXXXIV. In saltatorem ineptum.

Deceptæ felix casus se miscuit arti.
  Histrio, saltavit¹ qui Capanea, ruit.
Idem, qui Nioben saltavit, saxeus, ut tum
  Spectator veram crediderit Nioben.
In Canace, visus multo felicior² ipsa :
  Quod non hic gladio viscera dissecuit.

LXXXV. De eodem.

Daphnen et Nioben saltavit simius¹ idem;
  Ligneus ut Daphne, saxeus ut Niobe.

LXXXVI. Dodralis potio¹.

Dodra ex dodrante est; sic collige : jus, aqua, vinum,
  Sal, oleum, panis, mel, piper, herba : novem.

LXXXVII. De eadem.

Dodra vocor. Quæ causa? Novem species gero. Quæ sunt?
  Jus, aqua, mel, vinum, panis, piper, herba, oleum, sal.

LXXXVIII. De eadem dodra potione.

Δόδρα πότος καὶ ἀριθμός, ἔχω μέλι, οἶνον, ἔλαιον,
  Ἄρτον, ἅλας, βοτάνην, ζωμὸν, ὕδωρ, πέπερι.

LXXXIII. Même sujet.

Si tu fais le bien, fais-le vite. En effet, fait vite, il fait bien ; si on l'attend, le bien fait est mal fait.

LXXXIV. Contre un mime maladroit.

Un heureux hasard a sauvé la maladresse de l'artiste. En représentant Capanée, notre histrion se laisse tomber. Il représente Niobé, et sa froideur lui donne si bien l'air d'un marbre, que le spectateur crut voir Niobé elle-même. Dans le rôle de Canacé, il fut beaucoup plus heureux qu'elle ; car son glaive ne lui a pas percé le ventre.

LXXXV. Sur le même.

Le même singe a représenté Daphné et Niobé : c'était une bûche comme Daphné, une pierre comme Niobé.

LXXXVI. La potion *dodra*.

Dodra vient de *dodrans*; comptez plutôt : jus, eau, vin, sel, huile, pain, miel, poivre, herbe. Total : neuf.

LXXXVII. Même sujet.

Je m'appelle *dodra*. — Pourquoi ? — Je suis composée de neuf parties. — Qui sont ?... — Jus, eau, miel, vin, pain, poivre, herbe, huile, sel.

LXXXVIII. Même sujet.

Je suis *dodra*, un breuvage et un nombre ; j'ai miel, vin, huile, pain, sel, herbe, jus, eau, poivre.

LXXXIX. De jurisconsulto, qui uxorem habebat adulteram.

Jurisconsulto, cui vivit adultera conjux,
　Papia lex placuit, Julia displicuit.
Quæritis, unde hæc sit distantia? Semivir ipse
　Scatiniam metuens, non metuit Titiam [r].

XC. Ad Zoilum, qui uxorem mœcham duxerat.

Semivir uxorem duxisti, Zoile, mœcham.
　O quantus fiet quæstus utrinque domi!
Quum dabit uxori molitor tuus, et tibi adulter,
　Quantum deprensi damna pudoris ement!
Sed modo quæ vobis lucrosa libido videtur,
　Jacturam, senio mox subeunte, feret.
Incipient operas conducti vendere mœchi,
　Quos modo munificos lena juventa tenet.

XCI. Ad Venerem δύσερως.

Hanc amo, quæ me odit: contra, hanc, quoniam me amat; odi
　Compone inter nos, si potes, alma Venus.
Perfacile id faciam: mores mutabo, et amores.
　Oderit hæc, amet hæc. Rursus idem patiar.
Vis ambas ut ames? Si diligat utraque, vellem.
　Hoc tibi tu præsta, Marce; ut ameris, ama [s].

XCII. Ad eamdem.

Suasisti, Venus, ecce, duas dyseros ut amarem.
　Odit utraque: aliud da modo consilium.

ÉPIGRAMMES.

LXXXIX. Sur un jurisconsulte qui avait une femme adultère.

Ce jurisconsulte, qui a pour vivre une femme adultère, aime la loi Papia, mais la loi Julia lui déplaît. Vous demandez pourquoi cette distinction? Il n'est lui-même qu'à demi de son sexe; et, s'il n'a rien à craindre de la loi Titia, la loi Scatinia lui fait peur.

XC. A Zoïle, qui avait épousé une prostituée.

Toi qui ne fais pas toujours le mâle, Zoïle, tu as épousé une courtisane. Quels profits l'un et l'autre vous ferez en ménage! Ta femme recevra de ton amant et toi du sien : pris sur le fait, ils paieront cher votre pudeur perdue! Mais ce commerce, qui vous paraît aujourd'hui si lucratif, quand viendra l'âge, vous apportera quelque mécompte. Les galants alors vous vendront leurs services, après avoir si généreusement acheté votre séduisante jeunesse.

XCI. A Vénus, un amant bien à plaindre.

J'aime l'une qui me hait; l'autre, au contraire, je la hais parce qu'elle m'aime. Mets-nous d'accord, si tu peux, bonne Vénus. — C'est très-facile à faire. Je changerai leurs goûts et leurs amours. Celle-ci haïra, l'autre aimera. — Mais je souffrirai les mêmes tourments. — Veux-tu les aimer toutes les deux? — Si toutes les deux m'aiment, je veux bien. — Arrange-toi pour cela. Pour être aimé, Marcus, aime toi-même.

XCII. Le même à la même.

Tu viens de conseiller à un amant en peine, ô Vénus, d'aimer ces deux femmes; mais l'une et l'autre me

Vince datis ambas. Cupio : verum arcta domi res.
　　Pellice promissis. Nulla fides inopi.
Attestare Deos. Nec fas mihi fallere Divos.
　　Pervigila ante fores. Nocte capi metuo.
Scribe elegos. Nequeo, Musarum et Apollinis expers.
　　Frange fores. Pœnas judicii metuo.
Stulte, ab amore mori pateris, non vis ob amorem.
　　Malo miser dici, quam miser atque reus.
Suasi, quod potui : tu alios modo consule. Dic quos?
　　Quod sibi suaserunt, Phædra et Elissa dabunt,
Quod Canace, Phyllisque, et fastidita Phaoni.
　　Hoc das consilium? Tale datur miseris.

XCIII. Pulchrum Dei responsum [1].

Doctus Hylas cæstu, Phegeus catus arte palæstræ,
　　Clarus Olympiacis et Lycus in stadiis,
An possent omnes venturo vincere agone,
　　Hammonem Libyæ consuluere Deum.
Sed Deus, ut sapiens : Dabitur victoria vobis
　　Indubitata quidem, si caveatis, ait,
Ne quis Hylam cæstu, ne quis certamine luctæ
　　Phegea, ne cursu te, Lyce, prætereat.

XCIV. De Hermiones zona.

Punica turgentes redimibat zona papillas
　　Hermiones [1]; zonæ textum elegeion erat :
Qui legis hunc titulum, Paphie tibi mandat, ames me;
　　Exemploque tuo neminem amare vetes.

hait : donne-moi donc un autre conseil. — Subjugue-les toutes deux par des présents. — Je le voudrais ; mais ma fortune est si bornée ! — Flatte-les par des promesses. — On ne croit pas aux malheureux. — Prends les dieux à témoin. — Puis-je sans crime tromper les dieux? — Passe les nuits devant leurs portes. — La nuit, j'ai peur qu'on ne m'arrête. — Écris des élégies. — Impossible ; Apollon et les Muses me sont étrangers. — Brise leurs portes. — Je crains le juge et ses arrêts. — Insensé ! tu consens à mourir de ton amour, et non pour ton amour ! — J'aime mieux être malheureux, que malheureux et coupable. — Je t'ai conseillé comme j'ai pu. Maintenant consultes-en d'autres. — Qui? dis-moi. — Phèdre et Didon te conseilleront le parti qu'elles ont pris elles-mêmes, ainsi que Canacé, Phyllis, et l'amante dédaignée de Phaon. — C'est là le conseil que tu me donnes ? — On n'en donne pas d'autre aux malheureux.

XCIII. Belle réponse d'un oracle.

Hylas savant à manier le ceste, Phegéus adroit dans l'art de la lutte, et Lycus célèbre dans les stades d'Olympie, curieux de savoir s'ils seraient tous trois vainqueurs aux prochaines solennités, consultèrent Ammon, l'oracle de Libye. Mais, en dieu avisé, « Vous obtiendrez la victoire sans aucun doute, leur dit-il, si vous prenez soin que personne ne surpasse Hylas au ceste, Phegéus à la lutte, et toi, Lycus, à la course. »

XCIV. Sur la ceinture d'Hermione.

Une ceinture de pourpre enlaçait les mamelles rebondies d'Hermione ; sur la ceinture étaient brodés ces deux vers : « Toi qui lis cette inscription, Vénus te l'ordonne, aime-moi, et n'empêche personne de m'aimer à ton exemple. »

XCV. De Hyla[1], quem Naiades rapuerunt.

Aspice, quam blandæ necis ambitione fruatur,
  Letifera experiens gaudia, pulcher Hylas!
Oscula et infestos inter moriturus amores,
  Ancipites patitur Naiadas, Eumenidas.

XCVI. Ad Nymphas Narcissum persequentes.

Furitis, procaces Naiades,
Amore sævo et irrito.
Ephebus iste flos erit.

XCVII. De Narcisso, qui sui ipsius amore captus erat.

Si cuperes alium, posses, Narcisse[1], potiri.
  Nunc tibi amoris adest copia, fructus abest.

XCVIII. De eodem.

Quid non ex hujus forma pateretur amator,
  Ipse suam qui sic deperit effigiem?

XCIX. In Echo dolentem propter mortem Narcissi.

Commoritur, Narcisse, tibi resonabilis Echo,
  Vocis ad extremos exanimata modos:
Et pereuntis adhuc gemitum resecuta querelis,
  Ultima nunc etiam verba loquentis amat.

ÉPIGRAMMES.

XCV. Sur Hylas entraîné par les Naïades.

Vois comme le bel Hylas aspire aux voluptés d'un trépas si doux, comme il savoure de mortelles délices! Il va périr au milieu des baisers, des amours qui le tuent, sans savoir s'il est victime des Naïades ou des Euménides.

XCVI. Aux Nymphes qui poursuivent Narcisse.

Vous brûlez, Naïades lubriques, d'un amour funeste et sans espoir : l'enfant deviendra fleur.

XCVII. Sur Narcisse amoureux de lui-même.

Si tu soupirais pour un autre, Narcisse, tu pourrais être heureux ; mais tu as la possession de l'objet aimé, et tu n'en as pas la jouissance.

XCVIII. Sur le même.

Quels tourments ne ferait pas endurer à un amant la beauté d'un enfant qui meurt ainsi d'amour pour son image !

XCIX. Sur Echo pleurant la mort de Narcisse.

Écho meurt avec toi, Narcisse, en répétant tes sanglots dans les derniers accents de sa voix expirante. Et sa plainte aujourd'hui rappelant toujours les plaintes d'un mourant, elle aime encore à redire les derniers mots de celui qui parle.

C. De Hermaphrodito.

Mercurio genitore satus, genitrice Cythere,
Nominis ut mixti, sic corporis Hermaphroditus,
Concretus sexu, sed non perfectus, utroque:
Ambiguæ Veneris, neutro potiundus amori.

CI. De conjunctione Salmacis cum Hermaphrodito.

Salmacis[1] optato concreta est nympha marito.
  Felix virgo. sibi si scit inesse virum.
Et tu formosæ, juvenis, permixte puellæ,
  Bis felix, unum si licet esse duos.

CII. Ad Apollinem, de Daphne puella fugiente.

Pone arcum, Pæan[1], celeresque reconde sagittas:
  Non te virgo fugit, sed tua tela timet.

CIII. Ad corticem, quo Daphne tegebatur.

Invide, cur properas, cortex, operire puellam?
Laurea debetur Phœbo, si virgo negatur.

CIV. In duas sorores diversorum morum.

Delia, vos miramur: et est mirabile, quod tam
  Dissimiles estis, tuque sororque tua.
Hæc habitu casto, quum non sit, casta videtur;
  Tu, præter cultum, nil meretricis habes.
Quum casti mores tibi sint, huic cultus honestus;
  Te tamen et cultus damnat, et actus eam.

C. Sur Hermaphrodite.

Mercure est son père, et Cythérée sa mère. Hermaphrodite, nom mixte comme sa nature, est un composé, mais un composé incomplet, de l'un et de l'autre sexe ; homme et femme tout ensemble, il ne peut contenter ni l'un ni l'autre.

CI. Sur l'union de Salmacis avec Hermaphrodite.

La nymphe Salmacis est attachée au mari qu'elle a désiré : heureuse vierge, si elle sent qu'elle a un homme en elle ! Et toi, jeune homme, enchaîné à cette belle fille, tu es doublement heureux, si un seul corps peut en faire deux pour toi.

CII. A Apollon, sur la fuite de Daphné.

Pose ton arc, Péan, et rentre tes flèches rapides : ce n'est pas toi que fuit cette vierge, mais tes armes qui lui font peur.

CIII. A l'écorce qui allait recouvrir Daphné.

Jalouse écorce, pourquoi recouvrir si vite cette jeune fille? — Si la vierge lui échappe, Phébus veut avoir le laurier.

CIV. Contre deux sœurs de mœurs différentes.

Délia, vous nous surprenez, et c'est chose surprenante en effet que la différence qui existe entre ta sœur et toi. Elle, avec sa mise honnête, a l'air sage, et ne l'est pas; toi, hors la parure, tu n'as rien de la courtisane. Ainsi, bien que tes mœurs soient pures, et que sa mise soit décente, ta parure te condamne, comme elle sa conduite.

CV. Ad Gallam.

Vado, sed sine me, quia te sine : nec, nisi tecum,
  Totus ero ; pars quum sim altera, Galla, tui.
Vado tamen, sed dimidius ; vado minor ipso
  Dimidio : nec me jam locus unus habet ;
Nam tecum fere totus ero, quocumque recedam.
  Pars veniet mecum quantulacumque mei.
Separor unus ego : sed partem sumo minorem
  Ipse mei ; tecum pars mea major abit.
Si redeam, tibi totus ero : pars nulla vacabit,
  Quæ mox non redeat in tua jura. Vale.

CVI. In Venerem Anadyomenen[1].

Emersam pelagi nuper genitalibus undis
  Cyprin Apellei cerne laboris opus :
Ut complexa manu madidos salis æquore crines
  Humidulis spumas stringit utraque comis.
Jam tibi nos, Cypri, Juno inquit et innuba Pallas,
  Cedimus, et formæ præmia deferimus.

CVII. In puerum formosum.

Dum dubitat natura, marem, faceretne puellam :
  Factus es, o pulcher, pæne puella, puer[1].

CVIII. In scabiosum Polygitonem.

Thermarum in solio[1] si quis Polygitona vidit
Ulcera membrorum scabie putrefacta foventem,
Præposuit cunctis spectacula talia ludis.

ÉPIGRAMMES.

CV. A Galla.

Je m'en vais, mais sans moi, parce que c'est sans toi, et je ne serai tout moi qu'avec toi, puisque je suis, Galla, l'autre moitié de toi-même. Je m'en vais pourtant, mais par moitié, moins même que par moitié; et je ne suis plus en un seul endroit : car je serai presque tout entier avec toi partout où j'irai, et c'est la plus mince partie de moi qui viendra avec moi. Je me sépare en deux; mais je prends pour moi la moindre part : la plus forte portion de moi retourne avec toi. Si je reviens, je serai tout entier à toi, et il ne restera pas une seule partie de moi qui ne rentre en ta possession. Adieu.

CVI. Sur la Vénus Anadyomène.

Vois cette Vénus qui s'élève du sein de l'onde maternelle : c'est l'œuvre du génie d'Apelle. Comme elle presse de l'une et de l'autre main sa chevelure d'où l'eau salée ruisselle; comme elle essuie l'écume de ses tresses humides! « Cypris, nous te cédons la palme, s'écrient Junon et la vierge Pallas; à toi le prix de la beauté. »

CVII. Sur un beau garçon.

Comme la nature balançait à faire un garçon ou une fille, elle te fit, bel enfant, et fit presque une fille.

CVIII. Contre le galeux Polygiton.

Quand on a vu, assis dans la baignoire, Polygiton bassiner les ulcères de ses membres pourris de gale, on préfère à tous les divertissements un pareil spectacle.

Principio tremulis gannitibus aera pulsat,
Verbaque lascivos meretricum imitantia coetus
Vibrat, et obscenæ numeros pruriginis implet.
Brachia deinde rotat, velut enthea dæmone Mænas,
Pectus, crura, latus, ventrem, femora, inguina, suras.
Tergum, colla, humeros, luteæ Symplegadis antrum [2] :
Tam diversa locis vaga carnificina pererrat,
Donec marcentem calidi fervore lavacri
Blandus letali solvat dulcedine morbus.
Desectos sic fama viros, ubi cassa libido
Femineos coetus, et non sua bella lacessit,
Irrita vexato consumere gaudia lecto :
Titillata brevi quum jam sub fine voluptas
Fervet, et ingesto peragit ludibria morsu.
Turpia non aliter Polygiton membra resolvit.
Et quia debentur suprema piacula vitæ,
Ad Phlegethonteas sese jam præparat undas.

CIX. De quodam Silvio Bono, qui erat Brito.

Silvius ille Bonus, qui carmina nostra lacessit,
  Nostra magis meruit disticha Brito Bonus.

CX. De eodem.

Silvius hic Bonus est. Quis Silvius? Iste Britannus.
  Aut Brito hic non est Silvius, aut malus est.

CXI. De eodem.

Silvius iste Bonus fertur, ferturque Britannus :
  Quis credat civem degenerasse bonum?

D'abord il frappe l'air de glapissements saccadés ; il lance des mots pareils aux cris que le plaisir arrache aux courtisanes ; il parcourt tous les tons de l'obscène pâmoison. Puis, comme la Ménade pleine du dieu qui l'agite, il roule en tous sens ses bras, sa poitrine, ses jambes, ses flancs, son ventre, ses cuisses, son aine, ses mollets, son dos, son cou, ses épaules, et l'antre embrené de sa Symplégade : car le mal promène ses tortures en tous ces endroits divers, jusqu'à ce qu'enfin la tiède chaleur du bain l'engourdisse, et qu'un doux assoupissement l'enchaîne de sa langueur mortelle. Il ressemble à ces hommes châtrés, que d'impuissants désirs rapprochent de la femme, et qui essayent des luttes pour lesquelles ils n'ont plus d'armes : on dit qu'ils s'épuisent en vaines jouissances sur la couche qu'ils tourmentent, quand, à force de chatouillements, l'ardeur qui les embrase est près de s'éteindre, et que ce jeu ridicule s'achève par de folles morsures. Ainsi Polygiton laisse retomber ses membres hideux ; et comme il doit finir par expier sa vie, il se prépare d'avance aux eaux du Phlégéthon.

CIX. Sur un certain Silvius Bon, qui était Breton.

Ce Silvius Bon attaque nos poésies : il a bien mérité nos distiques le Breton Bon.

CX. Même sujet.

Ce Silvius est Bon. — Quel Silvius ? — Ce Breton. — Ou ce Silvius n'est pas Breton, ou il n'est pas bon.

CXI. Même sujet.

On dit que ce Silvius est Bon, on dit aussi qu'il est Breton. Qui croira qu'un citoyen bon ait pu dégénérer ainsi ?

CXII. De eodem.

Nemo bonus Brito est : si simplex Silvius esse
Incipiat, simplex desinet esse Bonus [1].

CXIII. De eodem.

Silvius hic Bonus est ; sed Brito est Silvius idem.
Simplicior res est, credite, Brito malus.

CXIV. De eodem.

Silvi, Brito, Bonus : quamvis homo non bonus esse
Ferris; nec se quit jungere Brito Bono.

CXV. In Furippum.

Pars te Fūrippum [1] vocitat, pars vero Fŭrippum ;
Altera producens, altera corripiens.
Elige, utrum malis; aut tende, aut corripe nomen :
Conveniet quodvis, fur, furiose, tibi.

CXVI. Epicuri opinio.

Quod est beatum [1], morte et æternum carens,
Nec sibi parit negotium, nec alteri.

CXVII. De homine pigro.

Sanus piger [1] febriente multo est nequior.
Potat duplum, dapesque duplices devorat.

CXII. Même sujet.

Aucun Breton n'est bon. Si Silvius veut être Silvius tout simple, avec ce simple nom il cessera d'être Bon.

CXIII. Même sujet.

Ce Silvius est Bon; mais le même Silvius est Breton. Il est une chose bien plus simple, on peut m'en croire, c'est un Breton mauvais.

CXIV. Même sujet.

Silvius, tu es Breton et Bon; bien que tu ne passes pas pour un homme bon, et que Bon et Breton n'aillent pas ensemble.

CXV. Contre Furippus.

Les uns t'appellent Fūrippus avec une longue, les autres Fŭrippus avec une brève : choisis celle que tu préfères, ou la longue ou la brève. Elles te conviennent l'une et l'autre, fripon et furieux que tu es.

CXVI. Pensée d'Épicure.

L'être heureux et immortel n'a point de peine et n'en fait point aux autres.

CXVII. Sur le paresseux.

Le paresseux bien portant est cent fois pire que le malade qui a la fièvre : il boit le double, et il dévore le double.

CXVIII. In Didus imaginem.

Illa ego sum Dido vultu, quem conspicis, hospes,
　Adsimilata modis pulchraque mirificis.
Talis eram : sed non, Maro quam mihi finxit, erat mens;
　Vita nec incestis laeta cupidinibus.
Namque nec Aeneas vidit me Troius unquam,
　Nec Libyam advenit classibus Iliacis.
Sed furias fugiens atque arma procacis Iarbae,
　Servavi, fateor, morte pudicitiam,
Pectore transfixo; castus quod perculit ensis,
　Non furor, aut laeso crudus amore dolor.
Sic cecidisse juvat. Vixi sine vulnere famae :
　Ulta virum, positis moenibus, oppetii.
Invida, cur in me stimulasti, Musa, Maronem,
　Fingeret ut nostrae damna pudicitiae?
Vos magis historicis, lectores, credite de me,
　Quam qui furta Deum concubitusque canunt,
Falsidici vates, temerant qui carmine verum,
　Humanisque Deos adsimilant vitiis.

CXIX. De tribus incestis.

Tres uno in lecto : stuprum duo perpetiuntur,
　Et duo committunt; quatuor esse reor.
Falleris : extremis da singula crimina; et illum
　Bis numeres medium, qui facit et patitur.

CXX. In Castorem.

Lambere quum vellet mediorum membra virorum
　Castor, nec posset vulgus habere domi,

ÉPIGRAMMES.

CXVIII. Sur un portrait de Didon.

Je suis Didon : ce portrait que tu contemples, étranger, reproduit avec un art merveilleux la beauté de mon visage. J'étais ainsi ; mais je n'eus jamais les penchants que m'a prêtés Virgile, et je n'ai point cherché le bonheur de ma vie dans des amours adultères. Car jamais Énée le Troyen ne m'a vue, jamais les vaisseaux d'Ilion n'abordèrent en Libye. Mais, fuyant la rage et les armes de l'impur Iarbas, je suis morte, je l'avoue, pour sauver mon honneur. Je me suis percé le cœur, mais c'est la pudeur qui dirigea mon glaive, et non le délire ou le brutal désespoir d'un amour trahi. Et ce trépas, j'en suis fière. J'ai vécu sans blesser la gloire de mon nom : mon époux vengé, ma ville debout, j'ai quitté la vie. Pourquoi, Muse jalouse, avoir animé Virgile contre moi, pour qu'il m'accusât faussement d'avoir perdu l'honneur? Vous, lecteurs, croyez-en l'histoire, plutôt que ces chantres des larcins et des incestes des dieux; poëtes menteurs, dont les fictions outragent la vérité, et prêtent aux dieux les vices des mortels.

CXIX. Sur trois libertins.

Ils sont trois dans un lit: deux subissent la violence et deux la commettent.—Ils sont donc quatre?—Non : il ne faut compter que pour un chacun des deux coupables de droite et de gauche, mais compte pour deux celui du milieu, acteur et patient tout ensemble.

CXX. Contre Cas***.

Castor voulait lécher des membres virils, et il ne pouvait avoir d'amateurs chez lu[i]. Mais notre suceur a

Repperit, ut nullum fellator perderet inguen :
Uxoris cœpit lingere membra suæ [1].

CXXI. De amissa puella.

Tres fuerant Charites ; sed dum mea Lesbia vixit,
Quatuor : ut periit, tres numerantur item.

CXXII. In Faustulum staturæ brevis Anicii Probini.

Faustulus insidens formicæ [1], ut magno elephanto,
Decidit, et terræ terga supina dedit.
Moxque idem ad mortem est mulctatus calcibus ejus,
Perditus ut posset vix retinere animam.
Vix tamen est fatus : Quid rides, improbe Livor,
Quod cecidi? cecidit non aliter Phaethon.

CXXIII. In Eunum liguritorem [.]

Eune, quid affectas vendentem Phyllida odores?
Diceris hanc mediam lambere, non molere.
Perspice, ne mercis fallant te nomina : vel, ne
Aere Seplasiæ [2] decipiare, cave,
Dum custon costonque [3] putas communis odoris,
Et nardum et sardas esse sapore pari.

CXXIV. In eumdem.

Diversa infelix et lambit et olfacit Eunus.
Dissimilem olfactum naris et oris habet.

trouvé encore engin à sa langue : pour ne rien perdre, il s'est mis à laper le membre de sa femme.

CXXI. Sur la perte de son amie.

Il y avait trois Grâces : mais tant que ma Lesbie a vécu, il y en eut quatre. Elle est morte ; on n'en compte plus que trois comme devant.

CXXII. Contre Faustinus, le nain d'Anicius Probinus.

Faustulus, à cheval sur une fourmi comme sur un gros éléphant, se laisse choir et tombe le nez contre terre. Puis, meurtri et mourant sous le talon de l'animal, l'infortuné put à peine retenir assez de souffle pour exhaler ces paroles : « Pourquoi ris-tu, méchant envieux? parce que je suis tombé? Phaéthon n'est pas tombé autrement. »

CXXIII. Contre Eunus, le lécheur.

Eunus, pourquoi tourmenter ainsi Phyllis, la vendeuse de parfums? on dit que tu la lèches et que tu ne la baises pas. Prends garde de confondre le nom des marchandises, et d'être dupe des parfums de Séplasia, qui pourraient te faire croire que le *cystos* et le *costos* ont la même odeur, et que le nard et la sardine ont saveur pareille.

CXXIV. Contre le même.

Eunus, le malheureux! lèche et flaire à deux trous : son nez et sa bouche ne sentent pas de même.

CXXV. In eumdem Eunum.

Salgama non hoc sunt, quod balsama¹ : cedite odores
Nec male olere mihi, nec bene olere placet.

CXXVI. In eumdem Eunum.

Λαῖς, Ἔρως, et Ἴτυς, Χείρων, et Ἔρως, Ἴτυς alter,
Nomina si scribis, prima elementa adime :
Ut facias verbum, quod tu facis¹, Eune magister.
Dicere me Latium non decet opprobrium.

CXXVII. In eumdem.

Eune, quod uxoris gravidae putria inguina lambis,
Festinas glossas non natis tradere natis.

CXXVIII. Ad eumdem paedagogum liguritorem.

Eunus Syriscus¹ inguinum liguritor,
Opicus magister² (sic eum docet Phyllis)
Muliebre membrum quadriangulum cernit :
Triquetro coactu Δ litteram ducit.
De valle femorum altrinsecus pares rugas,
Mediumque, fissi rima qua patet, callem
Ψ dicit esse : nam trifissilis forma est.
Cui ipse linguam quum dedit suam, Λ est³.
Veramque in illis esse Φ notam sentit⁴.
Quid, imperite, φ putas ibi scriptum,
Ubi locari I convenit longum⁵?
Miselle doctor, ꝟ tibi sit obsceno⁶,
Tuumque nomen Θ sectilis signet⁷.

ÉPIGRAMMES.

CXXV. Contre le même.

Des flueurs ne sont pas des fleurs : arrière toutes les odeurs ! je ne veux sentir ni bon ni mauvais.

CXXVI. Contre le même.

Λαΐς, Ἔρως, et Ἴτυς, Χείρων, et Ἔρως et encore Ἴτυς : enlève, en écrivant, la première lettre de chacun de ces noms, et tu auras le mot que tu mets en action, maître Eunus : la décence me défend de dire cette infamie en latin.

CXXVII. Contre le même.

Eunus, tu lèches le puant vagin de ta femme enceinte : tu te presses bien de donner des leçons de langue à tes enfants avant l'enfantement !

CXXVIII. Contre le même, pédagogue et lécheur.

Eunus, le petit Syrien, qui lèche les vagins, docteur opique, grâce aux leçons de Phyllis, voit la partie de la femme sous quatre faces. En l'écartant sur trois coins, il dessine un Δ. Les rides égales de chaque côté de la vallée des cuisses, et le sentier qui les coupe par le milieu quand la fissure du vagin s'ouvre, ont, à l'entendre, la forme d'un Ψ, car on dirait trois fentes. Quand il y fourre sa langue, le λ y est, et il y reconnaît à l'odeur un vrai φ. Eh quoi ! ignorant, tu crois qu'un φ est écrit là où il convient de planter un I dans toute sa longueur ! Misérable docteur ! que le ϑ récompense tes turpitudes, et que le θ barré marque ton nom.

CXXIX. In Medeæ imaginem.

Medeam vellet quum pingere[1] Timomachi mens[2],
 Volventem in natos crudum animo facinus;
Immanem exhausit rerum in diversa laborem,
 Fingeret affectum matris ut ambiguum.
Ira subest lacrymis, miseratio non caret ira :
 Alterutrum videas, ut sit in alterutro.
Cunctantem satis est : nam digna est sanguine mater
 Natorum; tua non dextera, Timomache.

CXXX. In eamdem.

Quis te pictorum[1] simulavit, pessima Colchis,
 In natos crudum volvere mente nefas?
Usque adeone sitis puerorum haurire cruorem,
 Ut ne picta quidem parcere cæde velis?
Numnam te pellex stimulat? numne alter Iason,
 Altera vel Glauce, sunt tibi causa necis?
Quin ne picta quidem sis barbara : namque tui vim
 Cera tenax[2] zeli concipit immodicam.
Laudo Timomachum, matrem quod pinxit in ense
 Cunctantem, prolis sanguine ne maculet.

CXXXI. In quemdam, qui lævia sibi inguina faciebat.

Inguina quod calido lævas tibi dropace[1], causa est :
 Irritant volsas lævia membra lupas[2].
Sed quod et elixo plantaria podice vellis,
 Et teris incusas pumice Clazomenas[3],
Causa latet : bimarem nisi quod patientia morbum
 Appetit; et tergo femina, pube vir es.

CXXIX. Sur un portrait de Médée.

Au moment de peindre Médée roulant en son esprit l'horrible meurtre de ses fils, Timomachus puisa dans son génie d'immenses ressources pour exprimer les deux passions contraires qui se partageaient le cœur de cette mère. La colère paraît sous les larmes, et la pitié même n'est pas sans colère. Il faut voir comme ces deux sentiments se confondent l'un dans l'autre. Elle hésite : le peintre s'en tient là ; car c'est au bras de cette digne mère, et non au tien, Timomachus, à verser le sang de ces enfants.

CXXX. Même sujet.

Quel est le peintre qui te représenta ainsi, fille exécrable de la Colchide, roulant dans ton esprit l'horrible meurtre de tes enfants? Es-tu donc si altérée du sang de tes fils, que tu ne puisses, même en peinture, t'épargner ce crime? Est-ce une rivale qui t'irrite? Est-ce encore Jason, est-ce encore Glaucé qui te forcent de tuer? — Non, même en peinture, tu ne seras pas cruelle : car la violence immodérée de ta jalousie s'arrête sur la cire où elle se grave. Gloire à Timomachus, qui nous a montré cette mère indécise avant de frapper, et n'a pas voulu la souiller du sang de ses enfants!

CXXXI. Contre un homme qui se polissait l'engin.

Tu polis ton engin en le frottant de dropax tiède ; j'en sais la cause : c'est qu'un membre poli allèche les louves sans poils. Mais de ton anus échaudé tu arraches les herbes, et tu uses avec la ponce les aspérités de tes Clazomènes. Pourquoi? je l'ignore ; à moins que ton tempérament n'aspire à une double épreuve, et que tu ne sois femelle par derrière et mâle par devant.

CXXXII. In cæcum, et claudum.

Insidens cæco graditur pede claudus utroque [1].
  Quo caret alteruter, sumit ab alterutro.
Cæcus namque pedes claudo gressumque ministrat :
  At claudus cæco lumina pro pedibus.

CXXXIII. Idem.

Ambulat, insidens cæco, pede captus utroque :
  Atque alterna subit munia debilitas.
Nam cæcus claudo pede commodat : ille vicissim
  Mutua dat cæco lumina pro pedibus.

CXXXIV. De divite et paupere.

Non est dives opum dives, nec pauper inopsque
  Infelix : alio nec magis alter eget.
Dives eget gemmis, Cereali munere pauper.
  Sed quum egeant ambo, pauper egens minus est.

CXXXV. De Penelope.

Intemerata procis [1], et tot servata per annos
  Oscula, vix ipsi cognita Telemacho.
Hinc mea virginitas facibus tibi luxit adultis :
  Arsit et invidia principe [2] verus amor.
Sæpe ego mentitis tremui nova femina somnis;
  Lapsaque non merito sunt mihi verba sono.
Et tamen ignotos sensi experrecta dolores,
  Strataque tentavi sicca pavente manu.

ÉPIGRAMMES.

CXXXII. L'aveugle et le boiteux.

Un boiteux des deux pieds marche porté par un aveugle, et l'un emprunte à l'autre le secours qui lui manque. Car l'aveugle prête au boiteux des pieds pour marcher, et le boiteux a des yeux pour l'aveugle.

CXXXIII. Même sujet.

Un homme privé de ses deux pieds chemine porté par un aveugle, et leur infirmité se prête un mutuel secours. Car l'aveugle aide de ses pieds le boiteux, et celui-ci à son tour donne des yeux à l'aveugle qui marche pour lui.

CXXXIV. Sur le riche et le pauvre.

Le riche n'est pas vraiment riche, et le pauvre ou l'indigent n'est pas malheureux. L'un n'a pas plus de besoins que l'autre. Le riche a besoin de pierreries, le pauvre des dons de Cérès : ainsi tous deux ils ont des besoins, mais ceux du pauvre sont encore les moindres.

CXXXV. Sur Pénélope.

.... Les amants n'ont point souillé sa pureté, et les baisers qu'elle lui réserva si longtemps, étaient à peine connus de Télémaque lui-même. Aussi, ma virginité put briller à tes yeux quand l'hymen, avec l'âge, alluma ses flambeaux ; et, malgré mon aversion première, je brûlai d'un sincère amour. Souvent, épouse novice encore, des songes menteurs me firent trembler, et des reproches que tu ne méritais pas sont tombés de ma bouche. Et pourtant, éveillée, je sentais des douleurs inconnues, et d'une

Nam tibi anhelanti, supremaque bella moventi
  Paruit indulgens et sine voce dolor,
Dente nihil violare fero, nihil unguibus ausa;
  Fœdera nam tacita pace peregit amor.
Denique non aviam tremulo clamore vocavi:
  Nec prior obsequio serva cucurrit anus.
Ipsa verecundo tetigi pallore puellas,
  Impositum teneri fassa pudoris opus.

CXXXVI. In grammaticum.

Felix grammaticus non est: sed nec fuit unquam;
  Nec quisquam est felix nomine grammaticus.
At si quis felix præter fatum exstitit unquam,
  Is demum excessit grammaticos canonas.

CXXXVII. De infausto matrimonio grammatici.

Arma virumque docens, atque *Arma virumque* peritus
  Non duxi uxorem, sed magis arma, domum.
Namque dies totos, totasque ex ordine noctes,
  Litibus oppugnat meque meumque larem;
Atque, ut perpetuis dotata a Marte duellis,
  Arma in me tollit, nec datur ulla quies.
Jamque repugnanti dedam me, ut denique victum
  Jurget ob hoc solum, jurgia quod fugiam.

CXXXVIII. De Auxilio, grammatico.

Emendata potest quænam vox esse magistri,
  Nomen qui proprium cum vitio loquitur?

main peureuse j'interrogeais ma couche brûlante. Puis quand, haletant d'amour, tu livras à ma pudeur un dernier assaut, obéissante et résignée, j'étouffai le cri de ma douleur; ni ma dent cruelle, ni mes ongles n'osèrent te combattre; car entre nous tout bas l'amour faisait la paix. Je n'ai point d'une voix craintive appelé mon aïeule, ou ma vieille esclave si empressée d'accourir. Mais ma timide pâleur a frappé mes compagnes, et leur a seule appris que ma tendre pudeur avait fait son devoir.

CXXXVI. Contre un grammairien.

FORTUNÉ n'est pas un grammairien; il ne le fut même jamais, et jamais grammairien ne porta le nom de Fortuné. Mais si, en dépit du destin, il en exista jamais un fortuné, celui-là, sans doute, a passé par-dessus les règles de la grammaire.

CXXXVII. Le grammairien malheureux en ménage.

MOI qui enseigne *La guerre et le héros*, et qui sais par cœur *La guerre et le héros*, ce n'est pas une femme, c'est la guerre que j'ai épousée. Car, pendant tout le jour et toute la nuit, sans interruption, la disputeuse nous bat en brèche, mon lare et moi; et, comme si Mars l'eût dotée d'un arsenal inépuisable, elle lève sans cesse les armes contre moi, et ne me laisse aucun repos. Je vais me rendre à cette batailleuse; je m'avouerai vaincu, pour qu'elle n'ait plus à me quereller que parce que je fuis les querelles.

CXXXVIII. Sur Auxilius, le grammairien.

COMMENT ce maître pourrait-il parler un langage correct? son propre nom, il ne le prononce pas sans

Auxilium te nempe vocas. Inscite magister,
　Da rectum casum; jam solecismus eris [1].

CXXXIX. De fratribus Thebanis.

Nec Stygiis lucis ineunt sua fœdera fratres
　OEdipodionidæ [1], de misero, ah! miseri!
Namque etiam ex uno surgentes aggere flammæ
　In diversa sui dissiliunt cineris.
Infandos juvenes! quos nec discordia cassos
　Luce, nec in semet linquit atrox animus.
Atque utinam et Thebas quissent partirier ipsas,
　Regnorum et metas, ut cinerum nebulas!

CXL. De ingratis, ex Menandro.

Nil homine terra pejus ingrato creat [1].
Vicinus, hospes, notus, ignotus, cliens,
Et si qua genera civium sunt id genus,
Si quid petenti promptus opis impertias,
Ut misereare, gratia actutum perit.

CXLI. De Demosthene [1].

Discere si cupis, a doctis quam multa licebit.
Quæ nosti, meditando velis inolescere menti.
Quæ didicisti haud dum, discendo adsumere tendas [2]

CXLII. De uxore deformi.

Deformis uxor cui sit, ancilla elegans,
Uxorem habere, subigere ancillam velit.

faute. En effet, tu t'appelles Auxilius. Mais, ignare pédant, avec ce nominatif, te voilà solécisme.

CXXXIX. Sur les frères thébains.

MÊME dans les forêts du Styx, la paix n'a pu réunir ces deux frères, ces fils d'OEdipe, ces malheureux enfants d'un père malheureux! Car les flammes qui s'élèvent de leur bûcher commun se divisent et séparent leurs cendres. Princes maudits, que, même après la vie, la discorde n'abandonne pas encore, et qu'une haine mutuelle anime toujours! Plût au ciel qu'ils eussent pu partager Thèbes et les limites de leur empire, comme ces nuages de cendre!

CXL. Sur les ingrats, d'après Ménandre.

LA terre n'a point de pire créature que l'homme ingrat. Voisin, hôte, connaissance ou non, client, citoyen de toute condition enfin, si tu lui donnes avec empressement le secours qu'il demande, ta pitié aura beau faire, c'est un bienfait perdu.

CXLI. Sur Démosthène.

SI tu veux de l'instruction, c'est auprès des savants qu'elle est surtout facile. Ce que tu sais, que la méditation le grave en ton esprit : ce que tu ne sais pas encore, tâche que l'étude te l'apprenne.

CXLII. Quand on a une femme laide.

SI la femme est laide, il faut que la servante soit jolie. On a la femme, mais on caresse la servante.

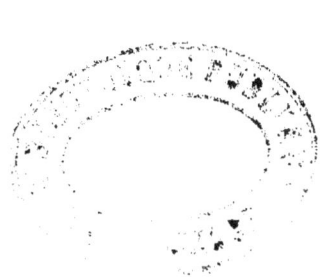

CXLIII. De fortunæ varietate.

Fortuna nunquam sistit in eodem statu.
Semper movetur : variat, et mutat vices,
Et summa in imum vertit, ac versa erigit.

CXLIV. In Stellam [1].

Stella, prius superis fulgebas Lucifer : at nunc
Extinctus, cassis lumine Vesper eris.

CXLV. Ex Menandro.

Re fruere, ut natus mortalis [1]; dilige sed rem,
Tanquam immortalis : sors est in utroque verenda.

CXLVI. Ad notarium velocissime excipientem.

Puer, notarum præpetum
Sollers minister [1], advola.
Bipatens pugillar expedi,
Cui multa fandi copia,
Punctis peracta singulis,
Ut una vox absolvitur.
Evolvo libros uberes,
Instarque densæ grandinis
Torrente lingua perstrepo.
Tibi nec aures ambigunt,
Nec occupatur pagina.
Et mota parce dextera
Volat per æquor cereum.
Quum maxime nunc proloquor
Circumloquentis ambitu,
Tu sensa nostri pectoris
Ut dicta jam ceris tenes.
Sentire tam velox mihi
Vellem dedisset mens mea.
Quam præpetis dextræ fuga
Tu me loquentem prævenis.
Quis, quæso, quis me prodidit?
Quis ista jam dixit tibi.

CXLIII. Sur l'inconstance de la fortune.

La fortune ne demeure jamais dans un même état. Toujours mobile, variable et changeante en ses retours, elle renverse les grands, elle élève les petits.

CXLIV. Sur Stella.

Stella, tu brillais auparavant en ce monde comme Lucifer; aujourd'hui que ta vie est éteinte, tu seras Vesper chez les morts.

CXLV. Extrait de Ménandre.

Jouis de ton bien en homme qui doit mourir; mais choie-le pourtant comme si tu devais vivre. Quelque parti que tu suives, le sort est à craindre.

CXLVI. A un copiste très-prompt à transcrire.

Esclave, habile ministre des notes rapides, accours! Ouvre la double page de tes tablettes, où une longue suite de phrases, exprimées chacune par des points différents, se trace aussi vite qu'un seul mot. Je parcours d'énormes volumes : comme les flots pressés de la grêle, les mots se précipitent de mes lèvres bruyantes, et ton oreille ne se trouble pas, et ta page ne peut s'emplir! Ta main, remuant à peine, vole sur la surface de cire, et si ma parole se traîne par les longs détours d'une circonlocution, tu fixes mes idées sur la cire, comme si elles étaient énoncées déjà. Je voudrais que mon esprit fût aussi prompt à concevoir que ta main est habile à devancer en courant ma parole. Qui, je te le demande, qui m'a trahi? Qui t'a révélé déjà ce que je songeais à

Quæ cogitabam dicere?
Quæ furta corde in intimo
Exercet ales dextera?
Quis ordo rerum tam novus,
Veniat in aures ut tuas,
Quod lingua nondum absol-
	verit?

Doctrina non hæc præstitit:
Nec ulla tam velox manus
Celeripedis compendii.
Natura munus hoc tibi,
Deusque donum tradidit,
Quæ loquerer ut scires prius.
Idemque velles, quod volo.

dire? Comment ta main ailée peut-elle ainsi dérober les secrets de ma pensée? Par quel nouvel ordre de choses ton oreille peut-elle connaître ce que ma langue n'a point encore exprimé? Ce n'est point un maître qui t'a enseigné cela; et nulle autre main ne serait assez légère pour ce vol rapide de l'abréviation. Non, c'est un don de la nature; c'est Dieu qui t'accorda cette faveur, de savoir d'avance ce que je dois dire, et de vouloir ce que je veux.

EPIGRAMMATA

QUIBUS FASTORUM A SE DIGESTORUM MEMINIT.

I. Ausonius Hesperio filio salutem[1].

IGNOTA æternæ ne sint tibi tempora Romæ,
  Regibus, et patrum ducta sub imperiis,
Digessi Fastos[2], et nomina perpetis ævi,
  Sparsa jacent Latiam si qua per historiam.
Sit tuus hic fructus, vigilatas accipe noctes.
  Obsequitur studio nostra lucerna tuo.
Tu quoque venturos per longum consere Janos[3],
  Ut mea congessit pagina præteritos.
Exemplum jam patris habes, ut protinus et te
  Aggreget Ausoniis purpura consulibus[4].

II. Supputatio ab Urbe condita in consulatum nostrum.

ANNIS undecies centum conjunge quaternos,
Undecies unamque super tricterida necte[1]:
Hæc erit æternæ series ab origine Romæ.

III. De eodem, ad Proculum.

URBIS ab æternæ deductam rege Quirino
  Annorum seriem quum, Procule[1], accipies,

ÉPIGRAMMES

OU IL RAPPELLE LES FASTES QU'IL AVAIT COMPOSÉS.

I. Ausone à Hesperius, son fils, salut.

Afin que tu n'ignores pas les temps que Rome, la ville éternelle, passa sous les rois et sous l'autorité du sénat, j'ai rédigé ces Fastes, et recueilli tous les noms qui, se succédant d'âge en âge, gisent épars dans l'histoire du Latium. Fais ton profit de ce travail; reçois ce labeur de mes veilles nocturnes : la lueur de ma lampe éclaire tes études. Puisses-tu recueillir aussi une longue suite des années à venir, comme j'ai accumulé dans ces pages celles du passé! Enfin, suis l'exemple de ton père, et que bientôt la pourpre te range au nombre des consuls romains.

II. Calcul du temps écoulé depuis la fondation de Rome jusqu'à mon consulat.

A onze cents ans, ajoutes-en quatre, puis onze, auxquels tu joindras une triétéride, et tu auras le nombre d'années écoulé depuis la fondation de la ville éternelle.

III. Même sujet. A Proculus.

A mesure que tu dérouleras, Proculus, la suite des temps, depuis Quirinus, premier roi de la ville éternelle,

Mille annos, centumque, et bis fluxisse novenos
  Consulis Ausonii nomen adusque leges.
Fors erit, ut, lustrum quum se cumulaverit istis,
  Confectam Proculus signet olympiadem ².

IV. In fine ejusdem libri additi.

Hactenus adscripsi Fastos. Si sors volet, ultra
  Adjiciam : si non, qui legis, adjicies.
Scire cupis, qui sim? titulum, qui quartus ab imo est ¹,
  Quære; leges nomen consulis Ausonii.

ÉPIGRAMMES. 109

mille ans, puis cent, puis deux fois neuf, auront passé avant que tu ne lises le nom du consul Ausone. Peut-être qu'après un lustre encore ajouté à ce nombre, Proculus marquera de son nom la fin de l'olympiade.

IV. Conclusion du même ouvrage.

J'ai rédigé ces Fastes jusqu'à nos jours. Si le sort le permet, j'irai plus loin : sinon, lecteur, ce soin te regarde. Veux-tu savoir qui je suis? Cherche le quatrième titre avant le dernier, et tu liras le nom du consul Ausone.

EPHEMERIS

ID EST

TOTIUS DIEI NEGOTIUM[1].

Mane jam clarum reserat fenestras ;
Jam strepit nidis vigilax hirundo :
Tu, velut primam mediamque noctem,
    Parmeno, dormis.

Dormiunt glires hiemem perennem,
Sed cibo parcunt : tibi causa somni,
Multa quod potas, nimiaque tendis
    Mole saginam.

Inde nec flexas sonus intrat aures ;
Et locum mentis sopor altus urget,
Nec coruscantis oculos lacessunt
    Fulgura lucis.

Annuam quondam juveni quietem,
Noctis et lucis vicibus manentem,
Fabulæ fingunt, cui Luna somnos
    Continuarit[2].

Surge, nugator lacerande virgis :
Surge ; ne longus tibi somnus, unde
Non times, detur[3] : rape membra molli,
    Parmeno, lecto.

L'ÉPHÉMÉRIDE

ou

L'EMPLOI DE LA JOURNÉE.

Déjà la clarté du matin perce tes fenêtres, déjà gazouille au nid l'hirondelle éveillée; et toi, comme au commencement et au milieu de la nuit, Parménon, tu dors !

Les loirs dorment l'hiver entier, mais ils s'abstiennent de nourriture. Tu ne dors ainsi, toi, que parce que tu bois beaucoup, et que tu engraisses ta panse outre mesure.

Aussi la voix n'entre plus dans les replis de ton oreille; le siége de ton intelligence est accablé d'un épais sommeil, et l'éclat de la lumière étincelante ne peut dessiller tes yeux.

Un jeune homme autrefois dormit des années entières, et ce sommeil qui durait et le jour et la nuit, dit la fable, c'est la Lune qui le prolongeait.

Lève-toi, paresseux à déchirer de verges; lève-toi, de peur qu'une main que tu ne soupçonnes pas ne te donne le long sommeil; arrache tes membres de cette molle couche, Parménon.

Fors et hæc somnum tibi cantilena
Sapphico suadet modulata versu.
Lesbiæ depelle modum quietis,
    Acer iambe.

ITEM PARECBASIS.

Puer, cia, surge: et calceos,
Et linteam da sindonem.
Da, quidquid est, amictui
Quod jam parasti, ut prodeam.
Da rore fontano abluam
Manus, et os, et lumina.
Pateatque, fac, sacrarium
Nullo paratu extrinsecus.
Pia verba, vota innoxia,
Rei divinæ copia est.
Nec tus cremandum postulo.
Nec liba crusti mellei:
Foculumque vivi cespitis
Vanis relinquo altaribus.
Deus precandus est mihi,
Ac filius summi Dei,
Majestas uniusmodi,
Sociata sacro Spiritui.
Et ecce jam vota ordior:
Et cogitatio numinis
Præsentiam sentit pavens [4].

ORATIO.

Omnipotens [5], solo mentis mihi cognite cultu,
Ignorate malis, et nulli ignote piorum;
Principio, extremoque carens; antiquior ævo,
Quod fuit, aut veniet; cujus formamque modumque
Nec mens complecti poterit, nec lingua profari;
Cernere quem solus, coramque audire jubentem
Fas habet, et patriam propter considere dextram;
Ipse opifex rerum, rebus causa ipse creandis,
Ipse Dei verbum, verbum Deus; anticipator
Mundi, quem facturus erat; generatus in illo
Tempore, quo tempus nondum fuit; editus ante
Quam jubar, et rutilus cœlum illustraret Eous;

Peut-être aussi que ce chant mesuré sur le mètre saphique t'invite au sommeil. Chasse ce mode lesbien qui endort, ardent ïambe !

AVANT-PROPOS.

Enfant, debout ! Donne-moi ma chaussure et ma tunique de lin : donne-moi tous les vêtements que tu m'as préparés, pour que je sorte. Donne-moi de l'eau de fontaine pour me laver les mains, la bouche et les yeux. Ouvre-moi la chapelle, mais sans aucun apprêt extérieur. De pieuses paroles, des vœux innocents suffisent quand on s'adresse à Dieu. Je ne demande point d'encens à brûler, ni de gâteaux de miel ; et le foyer sur l'herbe vive, je le laisse aux autels païens. J'ai à prier Dieu, et le Fils du Dieu très-haut, majesté de même essence, associée au Saint-Esprit. Me voici prêt à commencer ma prière : mon esprit ressent la présence du Seigneur et tremble.

LA PRIÈRE.

Dieu tout-puissant, que je ne connais qu'en esprit et en adoration ; ignoré des méchants, mais que nulle âme pieuse n'ignore ; qui n'as ni commencement ni fin ; plus ancien que le temps qui fut et sera ; toi dont notre âme ne peut comprendre ou notre langue définir la forme et la grandeur : il n'est donné de te contempler, d'entendre les commandements de ta bouche, qu'à celui-là seul qui est assis à la droite de son père, qu'à l'auteur de toutes choses, cause lui-même de toute création, Verbe de Dieu et Verbe Dieu, antérieur au monde qu'il devait créer ; engendré dans le temps où le temps n'était pas encore ; mis au jour avant que le jour, avant que l'aurore vermeille n'illuminât le ciel ; sans qui rien

Quo sine nil actum, per quem facta omnia; cujus
In cœlo solium; cui subdita terra sedenti,
Et mare, et obscuræ chaos insuperabile noctis;
Irrequies, cuncta ipse movens, vegetator inertum;
Non genito ex genitore Deus, qui fraude superbi
Offensus populi, gentes in regna vocavit,
Stirpis adoptivæ meliore propage colendus [6];
Cernere quem licuit proavis; quo numine viso,
Et patrem vidisse datum [7]; contagia nostra
Qui tulit, et diri passus ludibria leti,
Esse iter æternæ docuit remeabile vitæ,
Nec solam remeare animam, sed corpore toto
Cœlestes intrare plagas, et inane sepulcri
Arcanum vacuis adopertum linquere terris.
NATE Patris summi, nostroque salutifer ævo,
Virtutes patrias genitor cui tradidit omnes,
Nil ex invidia retinens, plenusque datorum,
Pande viam precibus, patriasque hæc perfer ad aures.

DA, Pater, invictam contra omnia crimina mentem.
Vipereumque nefas nocituri averte veneni.
Sit satis, antiquam serpens quod perdidit Evam,
Deceptumque adjunxit Adam : nos sera nepotum
Semina, veridicis ætas prædicta prophetis,
Vitemus laqueos, quos letifer implicat anguis.
Pande viam, quæ me post vincula corporis ægri
In sublime ferat; puri qua lactea cœli
Semita ventosæ superat vaga lumina Lunæ;
Qua proceres abiere pii, quaque integer olim
Raptus quadrijugo penetrat super æthera curru
Helias [8], et solido cum corpore prævius Enoch [9].

n'eût existé, par qui tout existe; dont le trône est au ciel ;
qui siége au-dessus de la terre, de la mer et de l'impénétrable chaos de la nuit obscure ; qui, toujours à l'œuvre,
donne le mouvement à toute chose, la vie à la matière ;
Dieu engendré d'un père non engendré; qui, pour punir
l'astuce d'un peuple orgueilleux, appela les nations en
son royaume, et en fit une branche adoptive, dont les
rejetons meilleurs lui seraient fidèles; qui permit à nos
aïeux de contempler sa divinité, et ceux qui l'avaient vu
virent aussi son père; qui, chargé de nos iniquités,
subit les outrages d'une mort douloureuse, voulant nous
apprendre ainsi qu'il est un chemin pour retourner à la
vie éternelle, et que l'âme n'y retourne pas seule, mais
que le corps tout entier remonte aux régions célestes, et
ne laisse à la terre, où il n'est plus, qu'un cercueil vide
enfermé dans le sépulcre.

Fils du Très-Haut, qui apportas le salut au monde,
qui reçus du Père toutes ses vertus paternelles, qui ne
ménages point tes dons comme un dieu jaloux, et qui
pourtant n'en épuises jamais la source, ouvre un accès à
mes prières, et porte-les aux oreilles de ton père.

Donne-moi, ô mon père, une âme invincible contre
tous les vices, et détourne de moi la malice et le venin
nuisible de la vipère. Qu'il suffise au serpent d'avoir autrefois perdu Ève, et trompé Adam avec elle : mais nous,
tardifs rejetons de leur postérité, nous, race prédite par
la bouche véridique des prophètes, donne-nous le pouvoir d'éviter les piéges mortels dressés par le démon.
Ouvre-moi la route où, libre des liens de ce corps souffrant, je m'élèverai vers ces régions sublimes, vers cette
voie lactée qui brille dans le ciel, au delà du globe errant
de la lune et du séjour des vents : route suivie par les
saints patriarches, par Élie, emporté autrefois tout entier
sur un quadrige à travers les airs, et avant lui par Énoch.
qui disparut aussi avec son corps entier.

Da. Pater, æterni speratam luminis auram,
Si lapides non juro Deos, unumque verendi
Suscipiens altare sacri, libamina vitæ
Intemerata fero; si te Dominique Deique
Unigenæ cognosco Patrem, missumque duobus,
Qui super æquoreas volitabat Spiritus undas [10].
Da, genitor, veniam, cruciataque pectora purga,
Si te non pecudum fibris, non sanguine fuso
Quæro, nec arcanis numen conjecto sub extis;
Si scelere abstineo, errori ipse obnoxius, et si
Opto magis, quam fido, bonus purusque probari.
Confessam dignare animam, si membra caduca
Exsecror, et tacitum si pœnitet; altaque sensus
Formido excruciat, tormentaque sera gehennæ
Anticipat, patiturque suos mens saucia manes.

Da, Pater, hæc nostro fieri rata vota precatu:
Nil metuam, cupiamque nihil; satis hoc rear esse,
Quod satis est; nil turpe velim, nec causa pudoris
Sim mihi; non faciam cuiquam, quæ tempore eodem
Nolim facta mihi; nec vero crimine lædar,
Nec maculer dubio: paulum distare videtur
Suspectus vereque reus; male posse facultas
Nulla sit, et bene posse adsit tranquilla potestas.
Sim tenui victu atque habitu; sim carus amicis;
Et semper genitor, sine vulnere nominis hujus [11];
Non animo doleam, non corpore; cuncta quietis
Fungantur membra officiis, nec saucius ullis
Partibus amissum quidquam desideret usus.
Pace fruar; securus agam; miracula terræ
Nulla putem; suprema mihi quum venerit hora,

Donne-moi, ô mon père, la lumière tant désirée de la vie éternelle, si je ne jure point par les dieux de pierre, si je n'embrasse que l'autel témoin de l'auguste sacrifice, si j'y dépose l'offrande d'une vie sans tache, si je vous confesse publiquement, toi le Père, lui le Seigneur, le Dieu ton Fils unique, et celui qui procède de l'un et de l'autre, l'Esprit qui volait sur les eaux de la mer.

Pardonne-moi, ô mon père; purifie mon cœur déchiré d'angoisses, si je ne cherche ta divinité ni dans les fibres, ni dans le sang répandu des victimes; si je ne suppose pas ta présence dans le secret de leurs entrailles; si je m'abstiens du péché, malgré mon penchant à l'erreur, et si je désire, plutôt que je ne réponds, d'être trouvé bon et pur. Aie pitié de mon âme repentie, si je déteste ces membres fragiles, si je m'accuse au fond du cœur, si une profonde terreur tourmente mes sens, et devance les tardives tortures de l'enfer, et si mon âme déchirée endure déjà les supplices de son autre vie.

Accorde à nos prières, ô mon père, l'accomplissement de ces vœux : ne rien craindre, n'ambitionner rien; trouver suffisant ce qui peut me suffire; ne point vouloir le mal, et n'être point un sujet de honte pour moi-même; ne faire à personne ce qu'au même instant je ne voudrais pas qu'on me fît à moi-même; éviter la souillure d'une faute avérée, et la tache même du soupçon; car la différence paraît bien faible entre l'accusé et le vrai coupable : n'avoir aucun moyen de pouvoir le mal, et rencontrer la tranquille occasion de pouvoir le bien; être sobre en mes repas, simple en mes vêtements, cher à mes amis, et posséder toujours intact le titre de père : ne souffrir ni du corps ni de l'âme; conserver à tous mes membres le libre exercice de leurs fonctions, sans que jamais une blessure ou la perte de quelques parties ne m'en fasse regretter l'usage : goûter le repos, vivre en paix, n'attacher aucun prix aux merveilles de

Nec timeat mortem bene conscia vita, nec optet [12].
Purus ab occultis quum, te indulgente, videbor,
Omnia despiciam; fuerit quum sola voluptas
Judicium sperare tuum : quod dum sua differt
Tempora, cunctaturque dies, procul exige sævum
Insidiatorem blandis erroribus anguem.

Hæc pia, sed mœsto trepidantia vota reatu,
Christe, apud æternum placabilis adsere patrem,
Salvator, Deus, ac Dominus, mens, gloria, verbum,
Filius, ex vero verus, de lumine lumen,
Æterno cum patre manens, in sæcula regnans;
Consona quem celebrant modulati carmina David :
Et responsuris ferit aera vocibus Amen [13].

EGRESSIO.

Satis precum datum Deo;
Quamvis satis nunquam reis
Fiat precatu numinis.
Habitum forensem da, puer.
Dicendum amicis est Ave
Valeque, quod fit mutuum.
Quod quum per horas quatuor
Inclinet ad meridiem,
Monendus est jam Sosias.

LOCUS INVITATIONIS.

Tempus vocandis namque amicis appetit.
Ne nos, vel illi, demoremur prandium.
Propere per ædes curre vicinas, puer.
Scis ipse, qui sint : jamque, dum loquor, redi.
Quinque advocavi : sex enim convivium

la terre ; et quand ma dernière heure sera venue, être assez fort de ma conscience pour ne désirer la mort ni la craindre : enfin, quand ta grâce m'aura lavé de mes fautes cachées, mépriser tout ici-bas, et n'avoir d'autre joie alors que d'espérer ton jugement : tant qu'il tarde à venir et qu'il diffère son heure, écarte loin de moi le serpent cruel dont les caresses trompeuses ne sont qu'un piége.

Ces vœux d'une âme pieuse, qui tremble de douleur pour ses péchés, appuie-les, par ton intercession, auprès du Père éternel, ô Christ, Sauveur, Dieu et Seigneur, esprit, gloire, Verbe, vrai fils du vrai Dieu, lumière de lumière, qui habites avec ton père dans l'éternité, et qui règnes dans les siècles ; toi que célèbrent en chœurs harmonieux les cantiques de David et les voix qui ébranlent les airs en répondant Amen !

LA SORTIE.

Assez de prières données à Dieu, quoique jamais le pécheur ne puisse assez adresser de prières au Seigneur. Esclave, donne-moi mon vêtement de ville. Je vais souhaiter à mes amis un bonjour et une bonne santé : c'est un usage réciproque entre nous. Comme je ne reviendrai que dans quatre heures, et qu'il sera près de midi, il est temps d'avertir Sosie.

L'HEURE DES INVITATIONS.

Voici l'heure de prévenir les amis ; il ne faut pas, par notre faute ou la leur, retarder le dîner. Vite, esclave, cours chez nos voisins : tu sais lesquels ; pendant que je parle, va et reviens. J'en ai invité cinq ; le roi de la table fera le sixième ; c'est le compte juste pour tout

Cum rege justum; si super, convicium est.
Abiit; relicti nos sumus cum Sosia.

LOCUS ORDINANDI COQUI.

Sosia, prandendum est : quartam jam totus in horam
    Sol calet; ad quintam flectitur umbra notam [14].
An vegeto madeant condita obsonia gustu
    (Fallere namque solent) experiundo proba.
Concute ferventes palmis volventibus ollas;
    Tinge celer digitos jure calente tuos,
Vibranti lambat quos humida lingua recursu.

. . . .

[Desunt multa [15].]

. . . .

Quadrupedum et volucrum, vel quum terrena marinis
Monstra admiscentur : donec purgantibus Euris
Difflatæ liquidum tenuentur in aera nubes.
Nunc fora, nunc lites, lati modo pompa theatri
Visitur : et turmas equitum, cædesque latronum
Perpetior : lacerat nostros fera bellua vultus;
Aut in sanguinea gladio grassamur arena.
Per mare navifragum gradior pedes, et freta cursu
Transilio, et subitis volito super aera pennis.
Infandas etiam Veneres, incestaque noctis
Dedecora, et tragicos patimur per somnia cœtus.
Perfugium tamen est, quoties portenta soporum
Solvit rupta pudore quies, et imagine fœda
Libera mens vigilat : totum bene conscia lectum
Pertractat secura manus : probrosa recedit
Culpa tori, et profugi minuiscunt crimina somni

repas ; au delà de ce nombre, c'est une cohue. Il est parti : nous voilà seuls avec Sosie.

LE MOMENT DE SURVEILLER LE CUISINIER.

Sosie, le dîner! Tout entier sur la quatrième heure, le soleil brûle, et l'ombre incline déjà vers la cinquième. Vois si la sauce et les assaisonnements relèvent la saveur de tes ragoûts, car on y est souvent trompé : goûte-les pour t'en assurer. Que tes mains retournent et agitent les bouillantes casseroles ; plonge vivement tes doigts dans la sauce brûlante, et que ta langue humectée les suce en vibrant à plusieurs reprises. . . . .
. . . .

[Lacune de plusieurs vers.]

. . . .
. . . . . De quadrupèdes et d'oiseaux, ou des monstres marins accolés à des animaux terrestres, jusqu'à ce qu'enfin, balayées par les Eurus, les nuées se dissipent dans l'espace limpide où elles s'évaporent. Tantôt je vois le forum et les procès, tantôt les magnificences d'un vaste théâtre ; ou bien je suis aux prises avec des escadrons de cavaliers, ou des brigands qui m'égorgent. Une bête féroce nous déchire le visage, ou nous parcourons, le glaive à la main, l'arène ensanglantée. Je marche à pied sur la mer qui a brisé mon navire, je franchis les vagues à la course, ou tout à coup j'ai des ailes et je vole dans les airs. Les songes nous exposent encore à d'infâmes amours, aux voluptés honteuses de la nuit, à tous les incestes de la tragédie. Ce qui me sauve alors, c'est ma pudeur, qui interrompt le sommeil et dissipe les prestiges des songes : délivré de ces visions hideuses, mon esprit veille ; ma main, que ma conscience rassure, parcourt tout le lit avec sécurité ; l'opprobre disparaît

Cerno, triumphantes inter, me plaudere : rursum
Inter captivos trahor exarmatus Alanos.
Templa Deum, sanctasque fores, palatiaque aurea
Specto, et Sarrano videor discumbere in ostro;
Et mox fumosis conviva accumbo popinis.

Divinum perhibent vatem [6], sub frondibus ulmi
Vana ignavorum simulacra locasse soporum,
Et geminas numero portas : quæ fornice eburno,
Semper fallaces glomerat super aera formas;
Altera, quæ veros emittit cornea visus.
Quod si de dubiis conceditur optio nobis.
Deesse fidem lætis melius, quam vana timeri;
Ecce ego jam malim falli : nam, dum modo semper
Tristia vanescant, potius caruisse fruendis,
Quam trepidare malis : satis est bene, si metus absit.
Sunt et qui fletus et gaudia controversa
Conjectent, varioque trahant eventa relatu.
Ite per obliquos cœli, mala somnia, mundos,
Irrequieta vagi qua difflant nubila nimbi;
Lunares habitate polos : quid nostra subitis
Limina, et angusti tenebrosa cubilia tecti?
Me sinite ignavas placidum traducere noctes,
Dum redeat roseo mihi Lucifer aureus ortu.
Quod si me nullis vexatum nocte figuris
Mollis tranquillo permulserit aere somnus;
Hunc lucum, nostro viridis qui frondet in agro
Ulmeus, excubiis habitandum dedico vestris.

de ma couche, et le crime s'évanouit avec le rêve qui s'envole. Je me vois applaudir au milieu des triomphateurs, et puis soudain on m'entraîne désarmé au nombre des Alains captifs. Les temples des dieux, les saints portiques, les palais dorés frappent mes regards, ou je crois m'étendre sur la pourpre de Sarra, et bientôt je m'attable en convive dans les tavernes enfumées.

Un divin poëte plaça, dit-on, sur les branches d'un orme les vains fantômes des songes engourdis; il imagina deux portes : l'une, de sa voûte d'ivoire, chasse en foule dans les airs les images toujours trompeuses; l'autre, de corne, ouvre passage aux visions vraies. Que si, dans le doute, on me laisse le choix, je préfère la riante illusion qui m'abuse, aux songes vains qui m'épouvantent : oui, j'aime mieux être trompé; car, bien que toujours les tristes images s'évanouissent, il vaut mieux perdre un bonheur espéré, que de redouter un malheur : c'est déjà un bien pour moi que de n'avoir point à craindre. Il est des gens aussi qui conjecturent la douleur et la joie à l'encontre des songes, et tirent d'une vision des événements qui la démentent. Fuyez, songes funestes, vers ces mondes obliques des cieux, où le souffle de l'ouragan promène dans l'espace les nuées errantes, habitez les pôles lunaires; pourquoi vous glisser en nos logis, et jusque sur la couche obscure de nos étroites demeures? Laissez-moi passer en paix mes nuits paresseuses, jusqu'au retour de Lucifer aux rayons d'or et de rose. Que si vous ne tourmentez pas mon repos de vos prestiges, si un doux sommeil me caresse de sa muette haleine, nous avons à la campagne tout un bois d'ormes au vert feuillage, je vous le donnerai pour y loger vos insomnies.

PARENTALIA.

PRÆFATIO.

Scio versiculis meis evenire, ut fastidiose legantur: quippe sic meritum est eorum. Sed quosdam solet commendare materia; et aliquotiens fortasse lectorem solum lemma sollicitat tituli, ut festivitate persuasus, et ineptiam ferre contentus sit. Hoc opusculum nec materia amœnum est, nec appellatione jucundum. Habet mœstam religionem, qua carorum meorum obitus tristi affectione commemoro. Titulus libelli est, *Parentalia*. Antiquæ appellationis hic dies, et jam inde ab Numa cognatorum inferiis institutus[1] : nec quidquam sanctius habet reverentia superstitum, quam ut amissos venerabiliter recordetur.

ITEM PRÆFATIO VERSIBUS ADNOTATA.

Nomina carorum jam condita funere justo,
    Fleta prius lacrymis, nunc memorabo modis.
Nuda, sine ornatu, fandique carentia cultu :
    Sufficit inferiis exsequialis honos.
Nænia[1] funereis satis officiosa querelis,
    Annua ne tacitus munera prætereas;
Quæ Numa cognatis sollemnia dedicat umbris,
    Ut gradus aut mortis postulat, aut generis.

LES PARENTALES.

PRÉFACE.

Je sais qu'il arrive à mes vers d'ennuyer le lecteur : ils l'ont bien mérité. Il en est pourtant dont le sujet relève la valeur ; et parfois il se peut que la seule ligne du titre attire le lecteur, et que, séduit d'abord par une idée gracieuse, il supporte ensuite assez volontiers des inepties. Cet opuscule n'a pour lui ni l'agrément du sujet, ni l'attrait du titre : c'est l'inspiration d'une piété douloureuse, un souvenir d'affection à tous ceux qui m'étaient chers et dont je pleure la perte. Ce livre est intitulé *Les Parentales,* d'après l'antique dénomination de ce jour consacré par Numa aux mânes des familles ; le plus saint devoir de ceux qui survivent est d'honorer la mémoire de ceux qui ne sont plus.

AUTRE PRÉFACE, EN VERS.

Les noms de ceux que j'aimais et que les lois du trépas ont enfermés dans la tombe, ont reçu déjà le culte de mes larmes; aujourd'hui je les célèbre dans mes vers. Mon langage sera simple, sans ornement, sans recherche : l'hommage de la douleur suffit pour honorer les morts. La nénie aux complaintes funèbres est une offrande trop convenable, pour qu'on ne néglige pas dans le silence ces devoirs annuels, ces solennités que Numa consacre aux mânes des familles, en observant le degré de parenté et

Hoc satis et tumulis, satis et telluris egenis:
  Voce ciere animas funeris instar habet.
Gaudent compositi cineres sua nomina dici²:
  Frontibus hoc scriptis et monumenta jubent.
Ille etiam, mœsti cui defuit urna sepulcri,
  Nomine ter dicto pæne sepultus erit.
At tu, quicumque es, lector, qui fata meorum
  Dignaris mœstis commemorare elegis,
Inconcussa tuæ percurras tempora vitæ,
  Et præter justum funera nulla fleas.

I. Julius Ausonius, pater.

Primus in his pater Ausonius¹; quem ponere primum,
  Etsi cunctetur filius, ordo jubet.
Cura Dei, placidæ functus quod honore senectæ,
  Undecies binas vixit olympiadas².
Omnia quæ voluit, qui prospera vidit; et idem
  Optavit quidquid, contigit, ut voluit:
Non quia fatorum nimia indulgentia, sed quod
  Tam moderata illi vota fuere viro.
Quem sua contendit septem Sapientibus ætas,
  Quorum doctrinam moribus excoluit :
Viveret ut potius, quam diceret arte sophorum,
  Quanquam et facundo non rudis ingenio.
Præditus et vitas hominum ratione medendi
  Porrigere, et fatis amplificare moras.
Inde et perfunctæ manet hæc reverentia vitæ;
  Ætas nostra illi quod dedit hunc titulum:
Ut nullum Ausonius, quem sectaretur, habebat;
  Sic nullum, qui se nunc imitetur, habet.

la date de la mort. Cette pratique suffit aux tombeaux comme aux cadavres sans sépulture : la voix qui appelle les âmes vaut des funérailles. Les cendres recueillies se plaisent à entendre leurs noms, et une inscription gravée au front des monuments prescrit cet usage. A celui qui n'a pu avoir l'urne du triste sépulcre, le triple appel de son nom est presque une sépulture. Mais toi, lecteur, qui daignes repasser ces douloureux souvenirs de la destinée des miens, puisses-tu parcourir sans secousses la carrière de cette vie, et ne pleurer d'autres morts que des morts naturelles !

I. Julius Ausonius, mon père.

Je commence par Ausonius, mon père : son fils hésitait à lui donner la première place, mais l'ordre le veut ainsi. Aimé de Dieu, il arriva au terme d'une vieillesse tranquille et honorable, après avoir vécu deux fois onze olympiades. Tous ses projets, il les vit réussir, et chacun de ses vœux s'accomplit selon son gré : ce qu'il dut, non pas à une excessive faveur de la fortune, mais à la modération de ses désirs. Son siècle le comparait aux sept Sages, dont il pratiqua la doctrine : mais il s'appliqua plus à vivre qu'à discourir à la manière de ces philosophes, bien que son esprit disert ne fût pas sans culture. Il eut le don de prolonger la vie de l'homme par le secours de la médecine, et de reculer le terme fatal. De là vient cette vénération qui s'est attachée à sa mémoire, si bien que notre âge lui a décerné cet éloge : Ausonius n'eut point de modèle, il n'aura pas d'imitateur.

II. Æmilia Æonia, mater.

PROXIMA tu, genitrix Æonia[1], sanguine mixto
  Tarbellæ matris, patris et Æduici[2] :
Morigeræ uxoris virtus cui contigit omnis,
  Fama pudicitiæ, lanificæque manus,
Conjugiique fides, et natos cura regendi,
  Et gravitas comis, lætaque serietas.
Æternum placidos Manes complexa mariti,
  Viva torum quondam, functa fove tumulum.

III. Æmilius Magnus Arborius, avunculus.

CULTA mihi est pietas, patre primum et matre vocatis :
  Dicere sed rea fit, tertius Arborius[1].
Quem primum memorare nefas mihi, patre secundo ;
  Rursum non primum ponere, pæne nefas.
Temperies adhibenda. . . . .
  Ante alios : quanquam patre secundus erit.
Tu frater genitricis, et unanimis genitoris :
  Et mihi qui fueris, quod pater, et genitrix :
Qui me lactentem, puerum, juvenemque, virumque
  Artibus ornasti, quas didicisse juvat.
Te sibi Palladiæ antetulit toga docta Tolosæ[2] ;
  Te Narbonensis Gallia præposuit,
Ornasti cujus Latio sermone tribunal,
  Et fora Hiberorum, quæque Novempopulis.
Hinc, tenus Europam fama crescente, perito
  Constantinopolis rhetore te viguit.
Tu per mille modos, per mille oracula fandi
  Doctus, facundus, tum celer, atque memor.

II. Æmilia Éonia, ma mère.

A toi le second rang, Éonia, ma mère, qui naquis de l'union d'une Tarbelle et d'un Éduen. Toutes les vertus d'une épouse débonnaire furent ton partage : chasteté renommée, mains filandières, foi conjugale, souci de l'éducation de tes enfants, gravité mêlée de douceur, et sérieuse avec enjouement. Puisque tu embrasses pour toujours les mânes paisibles de ton époux, si vivante autrefois tu réchauffais sa couche, morte aujourd'hui réchauffe son tombeau.

III. Æmilius Magnus Arborius, mon oncle.

C'était un pieux devoir pour moi de nommer d'abord mon père et ma mère ; mais je me reproche de ne parler qu'en troisième lieu d'Arborius. Je ne pouvais sans crime lui donner le premier rang et le second à mon père ; et d'un autre côté c'est presque un crime de ne l'avoir pas placé le premier. Il faut prendre un milieu. . . . .
. . . . avant les autres, quoiqu'il ne vienne qu'après mon père. Frère de ma mère et ami de mon père, tu fus pour moi un père et une mère tout ensemble. Mon berceau, mon enfance, ma jeunesse, mon âge mûr, te doivent les bienfaits de cette instruction qui a tant de charmes et de prix. Tolosa la Palladienne te plaçait au-dessus de ses doctes toges ; la Gaule Narbonnaise te préférait à ses maîtres ; ton éloquence latine fit la gloire de son forum et des tribunaux de l'Ibérie et de la Novempopulanie. De là ta renommée s'étendit aussi loin que l'Europe, et Constantinople s'illustra des lumières de ta rhétorique. A travers les mille formes, les mille ressources de ta parole, brillaient ton savoir, ton éloquence, ta verve et ta mémoire. Remis entre tes mains dès mon premier âge, je

Tu, postquam primis placui tibi traditus annis,
   Dixisti, nato me, satis esse tibi.
Me tibi, me patribus clarum decus esse professus,
   Dictasti fatis verba notanda meis [3].
Ergo vale, Elysiam sortitus, avuncule, sedem.
   Hæc tibi de Musis carmina libo tuis.

IV. Cæcilius Argicius Arborius, avus.

Officiosa, pium ne desere, pagina, munus.
   Maternum post hos commemoremus avum
Arborium [1], Æduico ductum de stemmate nomen,
   Complexum multas nobilitate domus,
Qua Lugdunensis provincia, quaque potentes
   Ædues, Alpino quaque Vienna jugo.
Invida sed nimium, generique opibusque superbis
   Ærumna incubuit : namque avus et genitor
Proscripti, regnum quum Victorinus haberet
   Victor, et in Tetricos recidit imperium [2].
Tum profugum in terris, per quas erumpit Aturrus,
   Tarbellique furor perstrepit Oceani,
Grassantis dudum fortunæ tela paventem
   Pauperis Æmiliæ conditio implicuit.
Mox tenuis multo quæsita pecunia nisu,
   Solamen fesso, non et opes tribuit.
Tu cœli numeros, et conscia sidera fati
   Callebas, studium dissimulanter agens [3].
Non ignota tibi nostræ quoque formula vitæ,
   Signatis quam tu condideras tabulis;
Prodita non unquam : sed matris cura retexit,
   Sedula quam timidi cura tegebat avi.

te plaisais déjà ; tu disais, en m'appelant ton fils, que tu ne souhaitais rien de plus; tu répétais que je serais ta gloire et l'orgueil de mes parents ; et tu dictais, en parlant ainsi, pour le livre de mes destins. Adieu, oncle chéri, qui occupes une place dans l'Élysée : ces vers, dont je t'offre l'hommage, je les dois à tes Muses.

IV. Cecilius Argicius Arborius, mon aïeul.

Poursuis ton œuvre pieuse, page reconnaissante. Après eux, rappelons mon aïeul maternel, Arborius, illustre nom d'origine Éduenne, dont la noblesse embrassait plusieurs familles, et dans la province Lugdunaise, et dans la puissante cité des Éduens, et dans la Viennaise aux cimes alpestres. Mais des revers jaloux ruinèrent notre maison et son opulente magnificence. Mon aïeul et son père furent proscrits lorsque Victorinus vainqueur eut l'empire, et que le pouvoir retomba ensuite aux mains des Tetricus. Il s'enfuit dans ces contrées où l'Adour s'échappe vers la mer, où l'océan des Tarbelles mugit en fureur, et, redoutant toujours les traits de la fortune qui le poursuivait depuis si longtemps, il s'attacha au sort de la pauvre Émilia. Alors un peu d'argent gagné à grand'peine soulagea sa détresse, sans lui apporter l'opulence. Tu connaissais les nombres célestes, et les astres arbitres de nos destinées ; mais tu pratiquais cette science en secret. Tu n'ignorais point l'avenir de ma vie, tu l'avais tracé d'avance sur des tablettes scellées, et tu ne le révélas jamais : mais la curiosité d'une mère sut découvrir ce que la timide prudence de l'aïeul cachait avec tant de soin. Après avoir traîné quatre-vingt-dix ans une vie ainsi exposée aux redoutables traits de la déesse Fortune, tu pleuras la perte d'un fils enlevé à sa trentième année. Blessé au cœur, et privé ainsi d'une des

Tu novies denos vitam quum duxeris annos,
    Expertus Fortis tela cavenda Deæ,
Amissum flesti post trina decennia natum,
    Saucius, atque uno lumine cassus eras [4];
Dicebas sed te solatia longa fovere,
    Quod mea præcipuus fata maneret honos.
Et modo conciliis animarum mixte piorum
    Fata tui certe nota nepotis habes :
Sentis, quod quæstor, quod te præfectus, et idem
    Consul, honorifico munere commemoro.

V. Æmilia Corinthia Maura, avia.

ÆMILIAM nunc fare aviam [1], pia cura nepotis,
    Conjux prædicto quæ fuit Arborio.
Nomen huic joculare datum : cute fusca quod, olim
    Æquales inter Maura vocata fuit :
Sed non atra animo; qui clarior esset olore,
    Et non calcata qui nive candidior.
Hæc non deliciis ignoscere prompta pudendis,
    Ad perpendiculum seque suosque habuit.
Hæc me præreptum cunis, et ab ubere matris,
    Blanda sub austeris imbuit imperiis.
Tranquillos aviæ cineres præstate quieti
    Æternum, Manes, si pia verba loquor.

VI. Æmilia Hilaria, matertera, virgo devota [1].

TUQUE gradu generis matertera, sed vice matris,
    Affectu nati commemoranda pio,
Æmilia, in cunis Hilari cognomen adepta,
    Quod læta, et pueri comis ad effigiem,

lumières de ton âme, tu te consolais en te flattant du lointain espoir de cet honneur suprême que me réservait le destin. Et maintenant que tu fais partie de l'assemblée des saintes âmes, tu sais que la destinée promise à ton petit-fils s'est accomplie : tu sais que c'est un questeur, un préfet, un consul même qui t'adresse ici l'hommage d'un honorable souvenir.

V. Émilia Corinthia la Maure, mon aïeule.

CÉLÉBRONS maintenant, tendre affection d'un petit-fils, notre aïeule, Émilia, qui fut l'épouse d'Arborius dont nous venons de parler. Un surnom lui avait été donné par plaisanterie : comme elle avait la peau brune, ses compagnes autrefois l'avaient appelée *la Maure*. Mais son âme, loin d'être noire, surpassait la blancheur du cygne, la pureté de la neige que les pieds n'ont point foulée encore. Peu portée à l'indulgence pour les penchants honteux, elle soumit sa vie et celle des siens à un juste niveau. Elle me tira du berceau et de la mamelle de ma mère pour me nourrir de ses préceptes dont ses caresses tempéraient l'austérité. Mânes paisibles, si ma parole est pieuse, donnez un repos éternel aux cendres de mon aïeule.

VI. Émilia Hilaria, ma tante maternelle, qui s'était vouée à la virginité.

ET toi, qui fus la sœur de ma mère par les degrés du sang, mais ma mère par le cœur, c'est avec la pieuse affection d'un fils que je te consacre un souvenir : Émilia, tu reçus au berceau le surnom d'Hilarius, parce que ta mine

Reddebas verum non dissimulanter ephebum,
  More virum medicis artibus experiens.
Feminei sexus odium tibi semper : et inde
  Crevit devotæ virginitatis amor;
Quæ tibi septenos novies est culta per annos.
  Quique ævi finis, ipse pudicitiæ.
Hæc, quia uti mater monitis et amore fovebas.
  Supremis reddo filius exsequiis.

VII. Cl. Contentus, et Julius Calippio, patrui.

Et patruos [1], elegea, meos reminiscere cantu :
  Contentum, tellus quem Rutupina [2] tegit;
Magna cui et variæ quæsita pecunia sortis,
  Heredis nullo nomine tuta perit.
Raptus enim lætis et adhuc florentibus annis,
  Trans mare, et ignaris fratribus oppetiit.
Julius in longam produxit fata senectam,
  Affectus damnis innumerabilibus;
Qui comis, blandusque, et mensa commodus uncta,
  Heredes solo nomine nos habuit.
Ambo pii, vultu similes, joca seria mixti,
  Ævi fortunam non habuere parem.
Discreti quanquam tumulis et honore jacetis,
  Commune hoc verbi munus habete. Vale.

VIII. Attusius Lucanus Talisius, socer.

Qui proceres, veteremque volet celebrare senatum,
  Claraque ab exortu stemmata Burdigalæ;
Teque, tuumque genus memoret, Lucane Talisi.
  Moribus ornasti qui veteres proavos.

rieuse, et ta grâce un peu mâle, te donnaient, à vrai dire, l'apparence d'un garçon. Tu t'essayas, comme eût fait un homme, dans l'art de la médecine. L'aversion qui t'éloigna toujours des penchants de ton sexe, t'inspira l'amour et le vœu de la virginité, que tu conservas jusqu'à l'âge de soixante-trois ans; et le terme de ta vie fut celui de ta chasteté. Comme tu m'entouras toujours des avis et de la tendresse d'une mère, je te rends aujourd'hui les derniers devoirs d'un fils.

VII. Cl. Contentus et Julius Calippio, mes oncles paternels.

RAPPELLE encore en tes chants, élégie, mes oncles paternels. Contentus, que recouvre la terre de Rutupies, avait amassé, par différentes voies, de grandes richesses, qui périrent, faute d'un héritier présent pour les recueillir. Enlevé à la fleur de ses belles années, il mourut par-delà l'océan, à l'insu de ses frères. Julius eut de longs jours et une vieillesse avancée; mais il fut affligé de pertes sans nombre. Doux, affable, faisant bon accueil et bonne chère, il nous laissa ses héritiers, mais de nom seulement. Ces deux tendres frères avaient les mêmes traits mêlés d'enjouement et de gravité, mais ils n'eurent pas le même sort en cette vie. Bien que vous reposiez séparés, sans avoir eu les honneurs d'une commune sépulture, recevez du moins en commun l'hommage de mes adieux.

VIII. Attusius Lucanus Talisius, mon beau-père.

ON ne peut célébrer la noblesse, l'antique sénat et les premières illustrations de Burdigala, sans parler de toi et de ta maison, Lucanus Talisius, qui rehaussas par tes vertus la vieille gloire de tes ancêtres. Remarquable par

Pulcher honore oris, tranquillo pectore, comis,
  Facundo civis major ab ingenio:
Venatu, et ruris cultu, victusque nitore,
  Omne ævum peragens; publica despiciens;
Nosci inter primos cupiens, prior esse recusans,
  Ipse tuo vivens segregus arbitrio.
Optabas tu me generum florente juventa :
  Optare hoc tantum, non et habere datum.
Vota probant Superi, meritisque faventia sanctis
  Implent fata, viri quod voluere boni.
Et nunc perpetui sentis sub honore sepulcri,
  Quam reverens natæ, quamque tui maneam.
Cælebs namque gener nunc hæc pia munera solvo :
  Nam et cælebs nunquam desinet esse gener.

IX. Attusia Lucana Sabina, uxor.

Hactenus ut caros, ita justo funere fletos
  Functa piis cecinit nænia nostra modis.
Nunc dolor, atque cruces, nec contrectabile fulmen,
  Conjugis ereptæ mors memoranda mihi.
Nobilis a proavis, et origine clara senatus,
  Moribus usque bonis clara Sabina magis.
Te juvenis primis luxi deceptus in annis,
  Perque novem cælebs te fleo olympiadas.
Nec licet obductum senio sopire dolorem :
  Semper crudescit nam mihi pœna recens.
Admittunt alii solatia temporis ægri :
  Hæc graviora facit vulnera longa dies.
Torqueo deceptos ego vita cælibe canos;

la noblesse de ton visage, la sérénité de ton âme, la grâce de tes manières, tu brillais plus encore par la verve de ton éloquence. La chasse, la culture des champs, la recherche des goûts les plus simples, occupèrent tous les moments de ta vie. Tu méprisas les honneurs publics : jaloux d'être compté au premier rang, tu refusas d'être le premier, et tu vécus à ta guise loin de la foule. Ton désir était de voir fleurir ma jeunesse pour m'appeler ton gendre : tu as pu former ce désir, tu n'as pu le réaliser. Mais les dieux approuvent les vœux des mortels ; les destins secondent les volontés saintes, et accomplissent les projets de l'homme de bien. Et maintenant, au fond du tombeau qui renferme à jamais tes restes honorés, tu sais quel respectueux souvenir je conserve pour ta fille et pour toi. Ton gendre est veuf encore aujourd'hui qu'il te rend ce pieux hommage, et jamais ton gendre ne cessera d'être fidèle à son veuvage.

IX. Attusia Lucana Sabina, ma femme.

Jusqu'ici ma nénie a chanté des parents bien chers et bien dignes des pleurs versés à leurs funérailles ; ses pieux accents m'ont acquitté envers leur mémoire. Maintenant, ô douleur ! ô tortures ! ô foudre qui me brûle ! il faut que je rappelle la mort de l'épouse que j'ai perdue. Illustre par ses nobles ancêtres et par son origine sénatoriale, Sabina s'illustra plus encore par ses rares et constantes vertus. Déçu bien jeune encore, je t'ai pleurée dès les premières années de notre union, et, depuis neuf olympiades, je te pleure dans le veuvage. La vieillesse même ne peut assoupir ma douleur que rien n'a su distraire : chaque jour irrite et renouvelle mon chagrin. D'autres reçoivent du temps un soulagement à leurs peines : le temps par sa durée aggrave ma blessure. La solitude de ma vie est un tourment pour ma vieillesse délaissée, et

Quoque magis solus, hoc mage mœstus ago.
Vulnus alit, quod muta domus silet, et torus alget ;
　Quod mala non cuiquam, non bona participo.
Mœreo, si conjux alii bona; mœreo contra,
　Si mala : ad exemplum tu mihi semper ades.
Tu mihi crux ab utraque venis : sive est mala, quod tu
　Dissimilis fueris; seu bona, quod similis.
Non ego opes cassas, et inania gaudia plango :
　Sed juvenis juveni quod mihi rapta viro :
Læta, pudica, gravis, genus inclyta, et inclyta forma,
　Et dolor, atque decus conjugis Ausonii.
Quæ modo septenos quater impletura Decembres,
　Liquisti natos, pignora nostra, duos[1].
Illa favore Dei, sicut tua vota fuerunt,
　Florent, optatis accumulata bonis.
Et precor, ut vigeant; tandemque, superstite utroque,
　Nuntiet hoc cineri nostra favilla tuo.

X. Ausonius parvulus, filius.

Non ego te infletum memori fraudabo querela.
　Primus, nate, meo nomine dicte puer :
Murmura quem primis meditantem absolvere verbis,
　Indolis ut plenæ, planximus exsequiis.
Tu gremio in proavi funus commune locatus,
　Invidiam tumuli ne paterere tui.

XI. Pastor, nepos ex filio.

Tu quoque maturos, puer immature, dolores
　Irrumpis, mœsti luctus acerbus avi.

plus mon isolement se prolonge, plus ma tristesse est grande. Ce qui alimente ma douleur, c'est que ma maison est muette et silencieuse, que ma couche est froide, et que personne n'est là pour partager ma peine ou mon bonheur. Je souffre si je vois à un autre une bonne épouse, je souffre de même si j'en vois une mauvaise; tu es toujours là devant moi pour la comparaison, et ton souvenir fait mon supplice à la vue de ces deux femmes : de la mauvaise, parce que tu ne lui ressemblas jamais; de la bonne, parce qu'elle est ton image. Je ne regrette point de frivoles richesses et de vaines jouissances : je m'afflige que tu aies été ravie si jeune à moi si jeune encore ! Enjouée, sage, réfléchie, distinguée par la naissance, non moins distinguée par la beauté, tu fais la douleur et la gloire d'Ausone ton époux. Tu allais achever quatre fois sept années, et tu me laissas deux enfants, gages de nos amours. Grâce à Dieu, tes vœux sont accomplis : ces enfants prospèrent, comblés des biens que tu leur avais souhaités; et je prie le ciel de les conserver, et de permettre à ma cendre d'annoncer un jour à la tienne qu'ils nous survivent l'un et l'autre.

X. Le petit Ausonius, mon fils.

Je ne te refuserai point les larmes et le chant du souvenir, ô mon fils, premier enfant appelé de mon nom. Tu cherchais encore à bégayer les premiers sons du langage, et nous t'avons pleuré comme un enfant d'un âge accompli. Nous t'avons placé auprès de ton bisaïeul; tu partages sa sépulture : un tombeau pour toi seul eût excité l'envie.

XI. Pastor, mon petit-fils, enfant de mon fils.

Et toi aussi, victime prématurée, tu prends de force ta place en ces mûres douleurs, enfant, deuil si amer au

Pastor, care nepos, spes cujus certa fuit res,
  Hesperii patris tertia progenies [1],
Nomine, quod casus dederat; quia fistula primum
  Pastorale melos concinuit genito.
Sero intellectum vitæ brevis argumentum :
  Spiritus afflatis quod fugit e calamis.
Occidis emissæ percussus pondere testæ,
  Abjecit tecto quam manus artificis.
Non fuit artificis manus hæc : manus illa cruenti
  Certa fuit fati, suppositura reum.
Heu! quæ vota mihi, quæ rumpis gaudia, Pastor !
  Illa meum petiit tegula missa caput [2].
Dignior o, nostræ gemeres qui fata senectæ,
  Et quererere meas mœstus ad exsequias !

XII. Julia Dryadia, soror.

Si qua fuit virtus, cuperet quam femina prudens
  Esse suam, soror hac Dryadia enituit.
Quin etiam multas habuit, quas sexus habere
  Fortior optaret, nobilitasque virum.
Docta satis vitamque colo, famamque tueri;
  Docta bonos mores ipsa, suosque docens.
Et verum vita cui carius; unaque cura
  Nosse Deum, et fratrem diligere ante alios
Conjuge adhuc juvenis caruit [1]; sed seria vitam
  Moribus austeras æquiparavit anus.
Produxit celerem per sena decennia vitam,
  Inque domo, ac tecto, quo pater, oppetiit

cœur affligé de ton aïeul! Pastor, cher petit-fils, troisième enfant d'Hesperius, tu nous donnais déjà de si sûres espérances! Ton nom, tu le devais au hasard, aux accents d'une flûte pastorale qui avait chanté ta naissance. On comprit trop tard ce présage de la brièveté de ta vie, qui s'envola comme le souffle échappé du roseau qu'il anime. Tu péris frappé d'une tuile, que laissa tomber du haut d'un toit la main d'un ouvrier. Non, ce n'était point la main d'un ouvrier, c'était la main du sort, qui voulait ton sang, et qui supposa un coupable. Hélas! que de projets, que de bonheur tu me détruis là, ô Pastor! C'est ma tête que cette tuile en tombant a brisée! N'était-ce pas à toi plutôt de pleurer le terme de ma vieillesse, et de gémir tristement à mes funérailles?

XII. Julia Dryadia, ma sœur.

S'IL est quelque vertu qu'une femme sage pût désirer en partage, ma sœur Dryadia la vit briller en elle. Elle en eut plusieurs même qui pouvaient faire envie à un sexe moins faible, au noble cœur de l'homme. Elle en savait assez pour mettre, à l'aide du fuseau, sa vie et son honneur à l'abri; elle savait ce qui fait les bonnes mœurs, et l'enseignait aux autres. La vérité lui fut plus chère que la vie; son unique souci était de connaître Dieu et d'aimer son frère par-dessus tout. Elle était jeune quand elle perdit son mari; mais son esprit sérieux s'éleva sans peine jusqu'à l'austère morale de la vieillesse. Elle prolongea durant soixante ans sa vie trop rapide encore, et mourut dans la même maison et sous le même toit que son père.

XIII. Avitianus, frater.

Avitianum, Musa, germanum meum
    Dona querela funebri.
Minor iste natu me, sed ingenio prior
    Artes paternas imbibit.
Verum juventæ flore læto perfrui,
    Ævique supra puberis
Exire metas vetuit infesta Atropos.
    Heu! quem dolorem sauciis!
Heu! quanta vitæ decora, quem cultum spei,
    Germane pubes, deseris!
Germane, carnis lege et ortu sanguinis,
    Amore pæne filius.

XIV. Val. Latinus Euromius, gener.

O generis clari decus, o mihi funus acerbum,
    Euromi[1], e juvenum lecte cohorte gener,
Occidis in primæ raptus mihi flore juventæ,
    Lactentis nati vix bene note pater.
Tu procerum de stirpe satus, prægressus et ipsos,
    Unde genus claræ nobilitatis erat :
Ore decens, bonus ingenio, facundus, et omni
    Dexteritate vigens, præcipuusque fide.
Hoc Præfecturæ sedes, hoc Illyris ora
    Præside te experta est, fiscus et ipse cliens.
Nil ævi brevitate tamen tibi laudis ademptum :
    Indole maturus, funere acerbus obis.

XIII. Avitianus, mon frère.

Muse, honore d'une funèbre complainte mon frère Avitianus. Il m'était inférieur en âge, mais supérieur pour les qualités de l'esprit : mon père le nourrit des leçons de son art. Mais il ne put jouir de la riante fleur de la jeunesse, et la cruelle Atropos lui défendit de passer l'âge de la puberté. Pour nous, hélas! quelle douloureuse blessure! Quelle vie glorieuse, quelles riches espérances tu perds, hélas! ô mon jeune frère! Mon frère! oui, par les lois de la chair et les degrés du sang, mais presque mon fils par l'affection!

XIV. Val. Latinus Euromius, mon gendre.

O gloire d'une illustre famille! ô perte amère pour mon cœur! Euromius, toi que j'avais choisi pour gendre dans la foule de tes jeunes rivaux, tu meurs, ravi à mon amour dans la fleur de ta première jeunesse, père d'un enfant à la mamelle, et qui te connaît à peine encore! Issu d'une de nos grandes familles, tu fus plus grand que ceux-là même à qui tu devais la splendeur de ta noble origine. Des traits imposants, un cœur généreux, de l'éloquence, toutes les ressources d'un esprit ferme et habile, et surtout la foi au devoir, telles sont les qualités dont tu fis preuve au siége de ta préfecture, sur les rives de l'Illyrie où tu fus gouverneur, et au profit du fisc lui-même qui fut ton client. Toutefois la courte durée de ta vie ne t'a rien ôté de ta gloire : ta mort fut prématurée, mais ton génie était dans sa maturité.

XV. Pomponius Maximus, affinis.

Et te germanum, non sanguine, sed vice fratris,
    Maxime, devinctum nænia nostra canet.
Conjux namque meæ tu consociate sorori,
    Ævi fruge tui destituis viduam.
Non domus hoc tantum sensit tua : sensit acerbum
    Saucia, proh! casum curia Burdigalæ.
Te primore vigens, te deficiente relabens,
    Inque Valentinum te moriente cadens.
Heu! quare nato[1], cur fruge et flore nepotum[2],
    Ereptus nobis, Maxime, non frueris?
Sed frueris : divina habitat si portio Manes;
    Quæque futura olim gaudia, nosse datur.
Longior hic etiam lætorum fructus habetur,
    Anticipasse diu, quæ modo participas.

XVI. Veria Liceria, uxor Arborii sororis filii.

Tu quoque vel nuruis mihi nomine, vel vice natæ,
    Veria, supremi carmen honoris habe.
Cujus si probitas, si forma et fama, fidesque
    Morigeræ uxoris, lanificæque manus,
Nunc laudanda forent; procul et de Manibus imis
    Arcessenda esset vox proavi Eusebii[1] :
Qui quoniam, functo jam pridem conditus ævo,
    Transcripsit partes in mea verba suas;
Accipe funereas, neptis defleta, querelas,
    Conjux Arborii commemoranda mei ;
Cui parva ingentis luctus solatia linquens
    Destituis natum, quo magis excrucias.

XV. Pomponius Maximus, mon beau-frère.

Et toi, qui fus mon frère, sinon par le sang, du moins par alliance, notre nénie, Maximus, doit te chanter aussi. Uni à ma sœur par les liens du mariage, tu la laisses veuve, tu la prives des fruits de ton avenir. Et ce coup n'a pas frappé ta maison seule; il a frappé le sénat de Burdigala, blessé cruellement, hélas! de cette perte amère. Tu étais son chef et sa force; tu succombes, il chancelle, et retombe par ta mort aux mains de Valentinus. Ravi à notre amour, hélas! que ne peux-tu, Maximus, jouir de ton fils, et de tes petits-enfants, fruits et fleurs de ta race? Mais tu en jouis, si une divine parcelle de nous-mêmes habite chez les Mânes, et s'il est permis d'y connaître le bonheur qui doit venir un jour. Et alors pour toi la jouissance d'un tel bonheur aura été d'autant plus longue, que tu auras pu prévoir d'avance les joies que tu partages avec nous aujourd'hui.

XVI. Veria Liceria, femme d'Arborius, fils de ma sœur.

Toi aussi, que j'aimais à appeler ma bru, à regarder comme ma fille, Veria, reçois l'hommage suprême de mes chants. Si ta probité, ta beauté, ton honneur, ta fidélité à tous tes devoirs d'épouse, et tes mains filandières, avaient aujourd'hui besoin d'éloges, il faudrait rappeler du lointain séjour des Mânes la voix de ton bisaïeul Eusebius. Mais comme depuis longtemps il a fini sa tâche en cette vie, il m'a transmis le soin de parler à sa place. Reçois donc ma funèbre complainte, nièce tant pleurée, épouse à jamais regrettable de mon Arborius. Tu lui laisses un fils comme un faible soulagement à son immense douleur; mais ce fils, tu l'abandonnes lui-même, et tu ajoutes ainsi aux tourments de son père. Pour que ses tendres soins ne te manquent jamais, cet époux que

At tibi dilecti ne desit cura mariti,
 Juncta colis thalamo nunc monumenta tuo.
Hic ubi primus hymen, sedes ibi mœsta sepulcri :
 Nupta magis dici, quam tumulata potes.

XVII. Pomponius Maximus Herculanus, sororis filius.

Nec Herculanum genitum germana mea,
Modulamine nænia tristi
Tacitum sine honore relinquat :
Super indole cujus adulti
Magnæ bona copia laudis.
Verum memorare magis, quam
Functum laudare decebit.
Decus hoc matrisque, meumque,
In tempore puberis ævi
Vis perculit invida fati.
Eheu ! quem, Maxime, fructum ?
Facunde, et musice, et acer,
Mente bonus, ingenio ingens,
Volucer pede, corpore pulcher,
Lingua catus, ore canorus,
Cape munus triste parentum,
Lacrymabilis orsa querelæ ;
Quæ funereum modulatus
Tibi mœstus avunculus offert.

XVIII. Fl. Sanctus, maritus Pudentillæ, quæ soror Sabinæ meæ.

Qui joca lætitiamque colis, qui tristia damnas,
 Nec metuis quemquam, nec metuendus agis;

tu chérissais a placé près de ta couche le sépulcre que tu habites. Les lieux témoins de tes premiers amours sont les tristes gardiens de ta cendre; et c'est là pour toi un nouvel hymen plutôt qu'une sépulture.

XVII. Pomponius Maximus Herculanus, fils de ma sœur.

HERCULANUS, le fils de ma sœur, a droit aussi aux honneurs de la nénie, et ses tristes accents ne peuvent le laisser dans l'oubli. L'heureux naturel de ce jeune homme est une source abondante de brillants éloges; mais un simple souvenir sied mieux que l'éloge à sa cendre. Il faisait l'orgueil de sa mère et le mien, lorsque aux jours de son adolescence il succomba sous les coups d'un destin jaloux. Hélas! Maximus, à quoi nous ont servi ta verve, tes talents en musique, ta vivacité, la bonté de ton cœur, l'étendue de ton esprit, ta légèreté à la course, les grâces de ta personne, les finesses de ton langage, et le charme de ta voix mélodieuse? Reçois ce triste hommage de ta famille, ces essais plaintifs d'une muse éplorée, ces lamentables accents que t'adresse un oncle désolé.

XVIII. Fl. Sanctus, mari de Pudentilla, sœur de ma Sabina.

Toi qui aimes la joie et le plaisir, qui nargues la tristesse, qui vis sans ressentir et sans inspirer la crainte,

Qui nullum insidiis captas, nec lite lacessis,
  Sed justam et clemens vitam agis, et sapiens:
Tranquillos Manes, supremaque mitia Sancti
  Ore pio, et verbis advenerare bonis :
Militiam nullo qui turbine sedulus egit;
  Præside lætatus quo Rutupinus ager [1].
Octoginta annos cujus tranquilla senectus
  Nullo mutavit deteriore die.
Ergo precare favens, ut qualia tempora vitæ,
  Talia et ad Manes otia Sanctus agat.

XIX. Namia Pudentilla, affinis.

Tuque Pudentillam verbis affare supremis,
  Quæ famæ curam, quæ probitatis habes.
Nobilis hæc, frugi, proba, læta, pudica, decora,
  Conjugium Sancti jugiter hæc habuit.
Inviolata tuens castæ præconia vitæ,
  Rexit opes proprias, otia agente viro :
Non ideo exprobrans, aut fronte obducta, marito,
  Quod gereret totam femina sola domum.
Heu! nimium juvenis, sed læta superstite nato,
  Atque viro, patiens fata suprema obiit :
Unanimis nostræ et quondam germana Sabinæ,
  Et mihi inoffenso nomine dicta soror.
Nunc etiam Manes placidos pia cura retractat;
  Atque Pudentillam fantis [1] honore colit.

XX. Lucanus Talisius... curam. filii [1].

Nec jam tu, matris spes unica [2], ephebe Talisi
  Consobrine, meis immemoratus eris.

qui ne dresses de piéges et n'intentes de procès à personne, mais qui mènes, indulgent et sage, une vie irréprochable, viens, et que ta bouche pieuse honore de paroles favorables les mânes paisibles et les calmes restes de Sanctus. Guerrier, nul revers ne mit sa vigilance en défaut ; gouverneur de la province de Rutupies, il sut la rendre heureuse. A quatre-vingts ans, la vieillesse n'avait point encore altéré d'un seul mauvais jour la tranquillité de sa vie. Prie donc, afin que, grâce à toi, Sanctus retrouve chez les Mânes le repos qu'il goûta sur la terre.

XIX. Namia Pudentilla, ma belle-sœur.

Et toi, femme, qui as souci de l'honneur et de la vertu, adresse à Pudentilla les paroles suprêmes. Noble par sa naissance, économe, probe, enjouée, pudique et belle, elle fut l'épouse fidèle de Sanctus. Elle conserva sans atteinte la chasteté qui faisait sa gloire. Elle administra ses biens elle-même, à défaut de son époux ami du loisir ; et jamais un reproche, jamais un nuage de son front n'accusa son mari de laisser ainsi à sa femme seule tout le poids de la maison. Elle mourut trop jeune, hélas ! mais, contente de voir un fils et son époux lui survivre, elle subit avec résignation son destin suprême. Elle était l'amie et la sœur de ma Sabina, et je lui donnais aussi le nom sacré de sœur. Aujourd'hui encore ma pieuse sollicitude aime à se reporter vers ses mânes paisibles pour honorer Pudentilla du culte de la muse.

XX. Lucanus Talisius, fils d'Att. Lucanus.

Toi non plus, unique espoir d'une mère, jeune Talisius, mon cousin, je ne t'oublierai pas dans mes vers. Tu

Ereptus primis ævi florentis in annis;
　Jam tamen et conjux, jam properate pater.
Festinasse putes fatum, ne funus acerbum
　Duceret hoc genitor, tam cito factus avus.

XXI. Attusia Lucana Talisia. Erminiscius Regulus, affinis.

Notitia exilis nobis, Attusia, tecum,
　Cumque tuo plane conjuge nulla fuit.
Verum tu nostræ soror es germana Sabinæ;
　Affinis quoque tu, Regule, nomen habes.
Sortitos igitur tam cara vocabula nobis,
　Stringamus mœsti carminis obsequio.
Quamvis Santonica procul in tellure jacentes,
　Pervenit ad Manes exsequialis honos.

XXII. Severus Censor Julianus, consocer.

Desinite, o veteres, Calpurnia nomina, Frugi,
　Ut proprium hoc vestræ gentis habere decus.
Nec solus semper Censor Cato, nec sibi solus
　Justus Aristides, his placeant titulis.
Nam sapiens quicumque fuit, verumque fidemque
　Qui coluit, comitem se tibi, Censor, agat.
Tu gravis, et comis, cum justitiaque remissus,
　Austeris doctus jungere temperiem.
Tu non adscito tibi me, nec sanguine juncto,
　Optasti nostras consociare domos.
Nempe aliqua in nobis morum simulacra tuorum
　Effigies nostri præbuit ingenii:

nous fus ravi dans les premières années de ta jeunesse en fleur ; mais tu étais époux déjà, déjà tu t'étais hâté d'être père. On dirait que la destinée n'allait si vite que pour que ta mort parût moins prématurée à ton père, devenu si tôt grand-père.

XXI. Attusia Lucana Talisia, et Erminiscius Regulus, mes beau-frère et belle-sœur.

Nous t'avons peu connue, Attusia, et nous n'avons jamais connu ton époux ; mais tu es la sœur de notre Sabina, et toi, Regulus, tu as pour nous le titre de beau-frère. Puisque le sort leur a donné ces noms qui nous sont si chers, honorons-les en quelques vers d'un triste souvenir. Bien qu'ils reposent au loin dans les plaines de la Saintonge, cet hommage funèbre arrivera jusqu'à leurs mânes.

XXII. Severus Censor Julianus, père de ma bru.

Cessez, antiques Calpurnius, de revendiquer comme un patrimoine de votre famille le nom de *Frugi*. Que Caton ne se vante pas seul du titre de *Censeur*, ni le seul Aristide du nom de *Juste*. Car tout homme sage, ami de la vérité, de la bonne foi, doit t'admettre comme son égal, ô Censor. Grave, mais affable, indulgent quoique juste, tu savais joindre la douceur à la sévérité. Nulle affinité, nuls liens du sang, n'existaient entre nous, et pourtant tu désiras réunir nos deux familles : sans doute parce que la nature de mon esprit t'offrait en moi comme une image de ton caractère, ou que la roue de la Fortune tournait alors de manière à donner quelque poids à des vœux si purs dans la balance du Destin. S'il te reste quelque sentiment chez les Mânes, ton âme doit

Aut jam Fortunæ sic se vertigo rotabat,
  Ut pondus fatis tam bona vota darent.
Si quid apud Manes sentis, fovet hoc tibi mentem,
  Quod fieri optaras, id voluisse Deum.

XXIII. Paulinus et Dryadia, filii Paulini et Megentiræ sororis filiæ.

Qui nomen vultumque patris, Pauline, gerebas,
  Amissi specimen qui genitoris eras :
Propter quem luctus miseræ decedere matris
  Cœperat, offerret quum tua forma patrem;
Redderet et mores, et moribus adderet illud,
  Paulinus caruit quo pater, eloquium :
Eriperis lætis et pubescentibus annis,
  Crudaque adhuc matris pectora sollicitas.
Flemus enim raptam thalami de sede sororem,
  Heu ! non maturo funere, Dryadiam.
Flemus : ego in primis, qui matris avunculus, et vos
  Natorum tanquam diligo progeniem.
Illa manus inter genitricis, et oscula patris
  Occidit, Hispana tum regione procul [1].
Quam tener, et primo, nove flos, decerperis ævo,
  Nondum purpureas cinctus, ephebe, genas !
Quatuor ediderat nunc facta puerpera partus :
  Funera sed tumulis jam geminata dedit.
Sit satis hoc, Pauline pater; divisio facta est [2] :
  Debetur matri cetera progenies.

XXIV. Paulinus, sororis gener.

Qui lætum ingenium, mores qui diligit æquos,
  Quique fidem sancta cum pietate colit;

être heureuse de voir que la volonté de Dieu a réalisé tes désirs.

XXIII. Paulinus et Dryadia, enfants de Paulinus et de Megentira, fille de ma sœur.

Toi qui avais le nom et les traits de ton père, ô Paulinus, tu étais le vivant portrait de ce père expiré ; grâce à toi, le deuil s'éloignait déjà du cœur de ta malheureuse mère, car tu lui rendais l'image et tu lui rappelais toutes les qualités d'un époux, et tu ajoutais à ces qualités cette facilité d'élocution qui manqua toujours à Paulinus ton père : mais tu nous es ravi aux plus belles années de ton adolescence, et tu déchires le cœur de ta mère, tout saignant encore. Car nous pleurons aussi Dryadia, ta sœur, qu'une mort prématurée, hélas! enleva au lit nuptial; nous pleurons, moi surtout, moi l'oncle de votre mère, et qui vous chéris comme le sang de mes enfants. Ta sœur est morte entre les bras de sa mère, sous les baisers de son père, dans une lointaine contrée d'Espagne. Et toi, tendre et nouvelle fleur, te voilà cueillie en ton printemps, et le duvet du jeune âge n'entourait pas encore la pourpre de tes joues. Leur féconde mère avait mis quatre enfants au jour, et deux de ces enfants déjà sont descendus au tombeau. Que cela te suffise, à toi leur père, ô Paulinus; ta part est faite : les deux autres doivent rester à leur mère.

XXIV. Paulinus, gendre de ma sœur.

Celui qui aime un esprit enjoué, des mœurs régulières, celui qui honore la bonne foi et la piété sainte,

Paulini Manes mecum veneratus, amicis
  Irroret lacrymis, annua liba ferens.
Æquævus, Pauline, mihi; natamque sororis
  Indeptus thalamo : sic mihi pæne gener.
Stirpis Aquitanæ mater tibi : nam genitori
  Cossio Vasatum [1], municipale genus.
Scrinia Præfecti meritus, rationibus inde
  Præpositus Libycis, præmia opima capis.
Nam Correcturæ [2] tibi Tarraco Hibera tribunal
  Præbuit, affectans esse clienta tibi.
Tu socrum pro matre colens, affinis haberi
  Non poteras, nati quum fruerere loco.
Inter concordes vixisti fidus amicos,
  Duodeviginti functus olympiadas.

XXV. Æmilia Dryadia, matertera.

Te quoque Dryadiam materteram,
  Flebilibus modulis,
Germana genitus, prope filius,
  Ore pio veneror.
Quam thalamo, tædisque jugalibus
  Invida mors rapuit;
Mutavitque torum feretri vice
  Exsequialis honor.
Discebas in me, matertera,
  Mater uti fieres.
Unde modo hoc mœstum tibi defero
  Filius officium.

celui-là doit vénérer avec moi les mânes de Paulinus, et les arroser de larmes amies, en leur offrant les gâteaux annuels. Tu étais de mon âge, ô Paulinus ; ma sœur t'accorda la main de sa fille, et tu devins ainsi presque mon gendre. Ta mère était d'une famille d'Aquitaine : ton père tirait son origine de Cossio, municipe des Vasates. La préfecture des Archives, l'intendance du Trésor de la Libye, furent autant de magnifiques récompenses accordées à ton mérite. L'Espagnole Tarraco t'offrit le tribunal de Correcteur, jalouse d'être ainsi ta cliente. Tu adorais ta belle-mère comme une mère, et l'on ne pouvait te considérer comme un gendre puisqu'on te gâtait à l'égal d'un fils. Toujours d'accord avec tes amis, tu leur restas fidèle toute ta vie, qui dura dix-huit olympiades.

XXV. Émilia Dryadia, ma tante maternelle.

A toi aussi, Dryadia, sœur de ma mère, à toi les pieux accents de ma bouche plaintive : enfant de ta sœur, j'étais presque ton fils. La mort jalouse t'a ravie au lit nuptial, aux flambeaux d'hyménée ; elle a remplacé la couche des amours par les funèbres honneurs du cercueil. Tu t'essayais sur moi, tante chérie, aux devoirs d'une mère, et ma douleur aujourd'hui acquitte envers toi les devoirs d'un fils.

XXVI. Julia Cataphronia, amita.

Quin et funereis amitam impartire querelis,
　　Musa, Cataphroniam.
Innuba devotæ quæ virginitatis amorem [1],
　　Parcaque anus coluit :
Et mihi, quod potuit, quamvis de paupere summa
　　Mater uti, attribuit.
Ergo commemorata, Ave; mœstumque vocata
　　Pro genitrice, Vale.

XXVII. Julia Veneria, amita.

Et amita Veneria properiter obiit :
Cui brevia mela modifica recino ;
Cinis uti placidula supera vigeat,
Loca tacita celeripes adeat Erebi.

XXVIII. Julia Idalia, consobrina.

Parva etiam fuit Idalia,
Nomine prædita quæ Paphiæ,
Et speciem meruit Veneris ;
Quæ genita est mihi pæne soror :
Filia nam fuit hæc amitæ,
Quam celebrat sub honore pio
Nænia, carmine funereo.

XXIX. Æmilia Melania, soror.

Æmilia, hos, vix nota mihi soror, accipe questus
　　Debent quos cineri mœsta elegea tuo.

LES PARENTALES.

XXVI. Julia Cataphronia, ma tante paternelle.

Que la sœur de mon père, que Cataphronia, Muse, ait aussi sa part de tes chants funèbres. Vouée au culte de la virginité, son seul amour, elle vieillit sans connaître l'hymen, ménagea son bien, et me laissa, comme une mère, tout ce qu'elle put épargner de son pauvre revenu. Aussi j'ai réveillé ton souvenir, et je te salue, et ma triste voix te dit comme à une mère : Adieu.

XXVII. Julia Veneria, ma tante paternelle.

Mon autre tante, Veneria fut leste à mourir : chantons-lui des vers brefs sur un mode rapide, afin que sa cendre repose douillettement sur la terre, et que son ombre gagne d'un pied léger les retraites silencieuses de l'Érèbe.

XXVIII. Julia Idalia, ma cousine.

Elle a vécu aussi, la petite Idalia, qui, parée du nom de Vénus, le justifiait par sa beauté. C'était pour moi presque une sœur, car elle était fille de ma tante, et ma nénie aime à l'honorer ici du pieux hommage d'un funèbre cantique.

XXIX. Émilia Mélania, ma sœur.

Émilia, ma sœur, toi que j'ai connue à peine, reçois les regrets que ma muse plaintive devait à tes cendres.

Conjunxit nostras æquæva infantia cunas :
  Uno quamvis tu consule major eras.
Invida sed nimium Lachesis properata peregit
  Tempora, et ad Manes funera acerba dedit.
Præmissa ergo vale, Manesque verere parentum,
  Qui majore ævo, quique minore venit.

XXX. Pomponia Urbica, consocrus, uxor Juliani Censoris.

Ut generis clari, veterum sic femina morum
  Urbica, Censoris nobilitata toro;
Ingenitis pollens virtutibus, auctaque et illis
  Quas docuit conjux, quas pater, et genitrix :
Quas habuit Tanaquil, quas Pythagorea Theano [1],
  Quæque sine exemplo est in nece functa viri [2].
Et tibi si fatum sic permutare dedisset,
  Viveret hoc nostro tempore Censor adhuc.
Sed neque tu viduo longum cruciata sub ævo,
  Protinus optato fine secuta virum.
Annua nunc mœstis ferimus tibi justa querelis,
  Cum genero et natis consocer Ausonius.

L'enfance qui réunit nos berceaux, nous donnait le même âge, bien que tu fusses d'un an plus âgée que moi. Mais l'envieuse Lachésis précipita ton heure, et une mort précoce t'envoya chez les Mânes. Puisque tu m'as devancé, reçois mes adieux, et honore les mânes de nos parents qui, l'un plus tôt, l'autre plus tard, sont allés te rejoindre.

XXX. Pomponia Urbica, mère de ma bru, et femme de Julianus Censor.

O FEMME d'une illustre origine et de mœurs antiques, Urbica, toi que Censor ennoblit de son alliance ; toi qui, riche déjà de tant de vertus naturelles, en recueillis tant d'autres aux leçons d'un époux, d'un père et d'une mère, tu nous rappelais Tanaquil, et Théano la Pythagoricienne, et cette épouse sans modèle qui subit la mort destinée à son mari. Si le sort eût voulu te permettre un pareil échange, Censor vivrait encore aujourd'hui. D'ailleurs, tu n'eus pas à souffrir longtemps des tourments du veuvage : la mort vint au gré de tes désirs, et tu ne tardas pas à suivre ton époux. Aujourd'hui nous t'apportons l'offrande annuelle de nos douleurs et de nos larmes, au nom de ton gendre et de ses enfants, nous leur père commun, Ausone.

COMMEMORATIO
PROFESSORUM
BURDIGALENSIUM.

PRÆFATIO.

Vos etiam, quos nulla mihi cognatio junxit,
  Sed fama, et caræ relligio patriæ,
Et studium in libris, et sedula cura docendi,
  Commemorabo, viros morte obita celebres.
Fors erit, ut nostros Manes sic adserat olim,
  Exemplo cupiet qui pius esse meo.

I. Tiberius Victor Minervius, orator.

Primus, Burdigalæ columen, dicere, Minervi[1],
  Alter rhetoricæ Quintiliane togæ.
Illustres quondam quo præceptore fuerunt
  Constantinopolis, Roma[2], dehinc patria.
Non equidem certans cum majestate duarum,
  Solo sed potior nomine, quod patria.

SOUVENIRS

AUX PROFESSEURS

DE BORDEAUX.

PRÉFACE.

Vous aussi, vous à qui je tenais, non par les liens du sang, mais par la gloire, par l'amour sacré de notre chère patrie, par le goût des lettres, et par les laborieux devoirs de l'enseignement, hommes célèbres que la mort a ravis, vous aurez place en mes souvenirs. Un jour viendra peut-être où quelqu'un réveillera ainsi mes mânes, et voudra faire œuvre pieuse à mon exemple.

I. Tiberius Victor Minervius, orateur.

A toi mes premiers chants, orgueil de Burdigala, Minervius, autre Quintilien de la toge des rhéteurs, toi dont les leçons jetèrent tant d'éclat autrefois sur Constantinople et sur Rome, sur ta patrie aussi, qui ne peut lutter, il est vrai, pour la majesté du rang avec les deux autres, mais que son nom seul nous rend plus chère, parce que c'est la patrie. Que Calagurris

Adserat usque licet Fabium Calagurris[3] alumnum :
    Non sit Burdigalæ dum cathedra inferior.
Mille foro dedit hæc juvenes; bis mille senatus
    Adjecit numero, purpureisque togis;
Me quoque : sed quoniam multa est prætexta, silebo,
    Teque canam de te, non ab honore meo[4].
Sive panegyricos placeat contendere libros,
    In Panathenaicis tu numerandus eris :
Seu libeat fictas ludorum evolvere lites,
    Ancipitem palmam Quintilianus habet.
Dicendi torrens tibi copia, quæ tamen aurum,
    Non etiam luteam volveret illuviem.
Et Demosthenicum, quod ter primum ille vocavit[5],
    In te sic viguit, cedat ut ipse tibi.
Anne et divini bona naturalia doni
    Adjiciam? memori quam fueris animo?
Audita ut, vel lecta semel, ceu fixa teneres;
    Auribus et libris esset ut una fides?
Vidimus et quondam tabulæ certamine longo,
    Omnes qui fuerant, enumerasse bolos[6],
Alternis vicibus quos præcipitante rotatu
    Fundunt excisi per cava buxa gradus[7];
Narrantem fido per singula puncta recursu,
    Quæ data, per longas quæ revocata moras.
Nullo felle tibi mens livida; tum sale multo
    Lingua dicax, blandis et sine lite jocis.
Mensa nitens, quam non censoria regula culpet,
    Nec nolit Frugi Piso vocare suam :
Nonnunquam pollens natalibus, et dape festa:
    Non tamen angustas ut tenuaret opes.

se glorifie de Fabius qu'elle a vu naître; il suffit que la chaire de Burdigala ne soit pas inférieure. Cette chaire a formé mille disciples pour le forum, deux mille pour les bancs du sénat, et pour ● toges de pourpre, moi entre autres ; mais je tairai les gloires nombreuses de ma prétexte : je te chanterai pour tes propres mérites, et non pour mes honneurs. Veut-on te comparer à des panégyristes, on ne peut te placer que parmi les orateurs des Panathénées. Si tu développes en te jouant les controverses fictives de nos écoles, tu disputes la palme à Quintilien. Ta parole est comme un torrent qui déborde, mais qui roule de l'or, et non de la fange dans ses ondes. Et ce talent que Démosthène appela trois fois la première qualité d'un orateur, il était chez toi d'une force à surpasser Démosthène lui-même. Parlerai-je d'un autre don de ta nature, du divin bienfait de ta mémoire? Il te suffisait d'entendre ou de lire une seule fois ce que tu voulais graver dans ton souvenir ; et on pouvait s'en rapporter à ton oreille comme à un livre. Nous t'avons vu un jour, après une partie longtemps disputée, rappeler un à un tous les coups du jeu, tous les dés qui tour à tour étaient sortis en roulant précipitamment sur les gradins échelonnés dans les cavités du buis, et redire sans te tromper chacun des points qui avaient été joués ou recommencés dans ces longues luttes. Aucun fiel n'a jamais noirci ton âme ; ton langage piquant et plein de sel aimait à plaisanter, mais avec douceur et sans mordre. Ta table avait cette recherche que la règle des censeurs n'aurait point condamnée, et Pison Frugi ne l'eût point désavouée pour la sienne. Quelquefois, à l'anniversaire de ta naissance, ou aux jours de fête, elle se parait avec plus de luxe, mais jamais assez pour affaiblir tes modiques revenus. Tu ne laissais point d'héritier, tu mourais à soixante ans, et pourtant nous t'avons pleuré comme notre père, comme un ami

Quanquam heredis egens, bis sex quinquennia functus,
 Fletus es a nobis, ut pater, et juvenis.
Et nunc, sive aliquid post fata extrema supersit,
 Vivis adhuc, ævi, quod periit, meminens :
Sive nihil superest, nec habent longa otia sensus,
 Tu tibi vixisti : nos tua fama juvat.

II. Latinus Alcimus Alethius, rhetor.

Nec me nepotes impii silentii
 Reum ciebunt, Alcime [1] :
Minusque dignum, non et oblitum ferent
 Tuæ ministrum memoriæ;
Opponit unum quem viris prioribus
 Ætas recentis temporis;
 Palmæ forensis, et Camœnarum decus,
 Exemplar unum in litteris,
Quas aut Athenis docta coluit Græcia,
 Aut Roma per Latium colit.
Moresne fabor, et tenorem regulæ,
 Adusque vitæ terminum?
Quod laude clarus, quod paratus litteris,
 Omnem refugisti ambitum?
Te nemo gravior, vel fuit comis magis,
 Aut liberalis indigis :
Danda salute, si forum res posceret;
 Studio docendi, si scholam.
Vivent per omnem posterorum memoriam,
 Quos tu sacros famæ dabas.

jeune encore. Et maintenant, s'il reste quelque chose de nous après l'heure suprême, tu vis encore avec le souvenir de la vie qui n'est plus; ou, s'il ne reste rien, si nul sentiment ne subsiste en ce long repos de la mort, tu as du moins vécu pour toi, et nous avons ta gloire qui nous console.

II. Latinus Alcimus Alethius, rhéteur.

La voix de la postérité ne m'accusera pas d'un silence impie, Alcimus; elle dira que j'étais peu digne peut-être de célébrer ta mémoire, mais non que j'ai oublié celui-là seul que notre âge moderne oppose aux génies antiques, le vainqueur du forum, l'orgueil des Muses, modèle unique dans les lettres que la docte Grèce cultivait dans Athènes, ou que Rome cultive dans le Latium. Parlerai-je de tes mœurs, de cette conduite si régulière jusqu'au terme de la vie? Malgré l'éclat de ta gloire et ton aptitude littéraire, tu refusas toujours de briguer les emplois. Nul n'eut plus de gravité, ni en même temps plus d'enjouement; nul ne fut plus libéral envers les malheureux, à qui tu donnais la vie, s'ils étaient cités au forum, ou de doctes leçons, s'ils venaient aux écoles. Ils vivront éternellement dans la mémoire des hommes, ceux dont tu consacras la renommée. Julianus recevra par toi plus de célébrité que par le sceptre qui lui échappa si vite. Tes livres feront plus pour le nom de Sallustius, que n'a pu faire le consulat. Tes vertus, ta gloire, ton éloquence, voilà de beaux exemples donnés à tes fils. Pardonne, si mon style te blesse en voulant te plaire; c'est la faute de l'amour que j'ai pour toi : je ne puis m'exprimer dignement, et pourtant je veux te rendre hom-

Et Julianum tu magis famæ dabis²,
  Quam sceptra, quæ tenuit brevi.
Sallustio plus conferent libri tui,
  Quam consulatus addidit.
Morum tuorum, decoris, et facundiæ
  Formam dedisti filiis.
Ignosce, nostri læsus obsequio stili :
  Amoris hoc crimen tui est;
Quod digna nequiens promere, officium colo,
  Injuriose sedulus.
Quiesce placidus, et caduci corporis
  Damnum repende gloria.

III. Luciolus, rhetor.

Rhetora Luciolum, condiscipulum atque magistrum,
  Collegamque dehinc, nænia mœsta, refer;
Facundum, doctumque virum, seu lege metrorum
  Condita, seu prosis solveret orsa modis :
Eripuit patriæ Lachesis quem funere acerbo,
  Linquentem natos sexu in utroque¹ duos :
Nequaquam meritis cujus responderit heres,
  Obscuros quamvis nunc tua fama juvet.
Mitis amice, bonus frater, fidissime conjux,
  Nate pius; genitor, pœnitet, ut fueris.
Comis convivis, nunquam inclamare clientes,
  Ad famulos nunquam tristia verba loqui.
Ut placidos mores, tranquillos sic cole Manes;
  Et cape ab Ausonio munus, amice, Vale.

IV. Attius Patera (Pater), rhetor.

Ætate quanquam viceris dictos prius,
  Patera¹, fandi nobilis :

mage, et je fais mal par envie de bien faire. Repose en paix, et rachète à force de gloire la perte d'un corps périssable.

III. Luciolus, rhéteur.

Au rhéteur Luciolus, mon condisciple, mon maître, puis mon collègue, nénie plaintive, un souvenir. C'était un homme éloquent, et qui savait plier aussi facilement sa pensée aux lois du mètre, que l'abandonner aux libres allures de la prose. Par une mort prématurée, Lachésis le ravit à sa patrie, laissant après lui deux enfants de l'un et de l'autre sexe. Mais ces héritiers n'ont point répondu à tes mérites, bien que ta gloire aujourd'hui profite à leur obscurité. Tendre ami, bon frère, époux fidèle, fils soumis, père.... je regrette que tu aies pu l'être. Aimable avec tes convives, tu ne cherchais jamais querelle à tes clients, tu ne parlais jamais avec humeur à tes esclaves. Puisque tu vécus en paix, que tes mânes aussi trouvent le repos, et reçois d'Ausone, ami, cet hommage d'un adieu.

IV. Attius Patéra, ou Pater, rhéteur.

Bien que tu aies précédé en cette vie ceux dont je viens de parler, cependant, Patéra, comme ta parole cé-

Tamen, quod ævo floruisti proximo,
   Juvenisque te vidi senem,
Honore mœstæ non carebis næniæ,
   Doctor potentum rhetorum.
Tu Baiocassis [2], stirpe Druidarum satus,
   Si fama non fallit fidem,
Beleni sacratum ducis e templo genus;
   Et inde vobis nomina:
Tibi Pateræ; sic ministros nuncupant
   Apollinares mystici.
Fratri, patrique nomen a Phœbo datum [3]:
   Natoque de Delphis tuo [4].
Doctrina nulli tanta in illo tempore,
   Cursusque tot fandi et rotæ.
Memor, disertus, lucida facundia,
   Canore, cultu præditus,
Salibus modestus, felle nullo perlitus,
   Vini, cibique abstemius,
Lætus, pudicus, pulcher; in senio quoque, ut
   Aquilæ senectus, aut equi.

V. Attius Tiro Delphidius, rhetor.

Facunde, docte, lingua et ingenio celer,
   Jocis amœne, Delphidi,
Subtextus esto flebili threno patris,
   Laudi ut subibas æmulus.
Tu pæne ab ipsis orsus incunabulis
   Dei poeta nobilis,
Sertum coronæ præferens Olympiæ,
   Puer celebrasti Jovem.

lèbre était florissante encore en ces derniers temps, et
que tout jeune je t'ai vu vieillard, je ne te priverai pas des
honneurs de la nénie plaintive, maître de nos puissants
rhéteurs. Tu étais Baiocasse, et issu de la race des Druides,
si la renommée n'est point trompeuse : ta famille tirait
son origine sacrée du temple de Belenus ; de là vos noms :
le tien, Patéra, qui, dans le langage des initiés, désigne
les ministres d'Apollon ; celui de ton frère et de ton père,
qu'ils doivent à Phébus ; et celui de ton fils, qui lui vient
de Delphes. Nul en ce siècle n'eut autant de lumières,
et nul ne sut varier comme toi la marche et les tournures
du discours. Doué d'une mémoire heureuse, d'une élocution facile, claire, harmonieuse, élégante, peu prodigue du sel de la raillerie, exempt de fiel, fuyant les
excès de la chère et du vin, tu vécus chaste, enjoué,
brillant de santé jusqu'en ta vieillesse même, qui fut la
vieillesse de l'aigle ou du coursier.

V. Attius Tiro Delphidius, rhéteur.

ÉLOQUENT, éclairé, aussi prompt à exprimer qu'à concevoir, Delphidius, esprit agréable et enjoué, ton éloge
suivra le funèbre éloge de ton père, comme ta gloire rivale
suivait la sienne. Tu sortais à peine du berceau, que tu
te fis connaître : chantre d'un dieu, et le front couronné
de la guirlande olympique, enfant, tu célébras Jupiter.
Et bientôt ta verve épique, emportée comme le torrent
qui roule, courait sous les liens du mètre avec plus d'aisance que la parole de l'orateur dégagée des lois de la

Mox inde cursim more torrentis freti,
 Epos ligasti metricum;
Ut nullus æqua lege liber carminum
 Orationem texeret.
Celebrata varie cujus eloquentia
 Domi forisque claruit:
Seu tu cohortis præsulem prætoriæ,
 Provinciarum aut judices
Coleres, tuendis addictus clientibus,
 Famæ et salutis sauciis.
Felix, quietis si maneres litteris,
 Opus Camœnarum colens;
Nec odia magnis concitata litibus [1]
 Armaret ultor impetus;
Nec inquieto temporis tyrannici [2]
 Palatio te attolleres.
Dum spem remotam semper arcessis tibi,
 Fastidiosus obviæ,
Tuumque mavis esse, quam fati, bonum;
 Desiderasti plurima,
Vagus per omnes dignitatum formulas,
 Meritusque plura, quam gerens.
Unde insecuto criminum motu gravi,
 Donatus ærumnis patris:
Mox inde rhetor [3], nec docendi pertinax,
 Curam fefellisti patrum;
Minus malorum munere expertus Dei,
 Medio quod ævi raptus es:
Errore quod non deviantis filiæ,
 Pœnaque læsus conjugis [4].

mesure. Ton éloquence, célèbre en plus d'un lieu, brilla dans la ville et hors des murs, quand tu parus, tantôt devant le chef de la cohorte prétorienne, tantôt devant les juges des provinces, pour te vouer à la défense de tes clients dont le nom ou la vie était en danger. Heureux, quand tu te livrais à la culture des lettres, aux paisibles travaux des Muses; quand de grands procès ne soulevaient pas encore contre toi la haine et les armes forcenées de la vengeance; quand tu ne cherchais pas encore à t'élever à la cour aux jours de désordre et de tyrannie ! Mais, sans cesse attiré par un espoir qui s'éloignait toujours, tu négligeas ce qui était sous ta main, et, voulant devoir ton bonheur à toi-même plutôt qu'à la fortune, tu ambitionnas beaucoup, passant par tous les titres et toutes les dignités, et méritant plus encore que tu n'obtins. De là surgirent les graves accusations qui suivirent ; mais on t'acquitta par pitié pour ton malheureux père. Ensuite, tu devins rhéteur ; et, peu assidu aux devoirs de l'enseignement, tu trompas l'attente des familles. La bonté de Dieu abrégea tes maux; enlevé au milieu de ta carrière, tu n'as pas eu la douleur de voir les erreurs de ta fille égarée, et le châtiment de sa mère.

VI. Alethio Minervio, filio, rhetori.

O flos juvenum,
Spes læta patris,
Nec certa tuæ
Data res patriæ,
Rhetor Alethi [1].
Tu primævis
Doctor in annis,
Et præceptor
Tempore, quo te
Discere adultum
Non turpe foret.
Prætextate,
Jam genitori
Collatus eras.
Ille superbæ
Mœnia Romæ
Fama et meritis
Inclytus auxit.
Tu Burdigalæ
Lætus patriæ,
Clara cohortis
Vexilla regens,
Post Nazarium [2],
Postque Pateram;
Major utroque,
Non sine morsu
Gravis invidiæ,
Cuncta habuisti
Commoda fati.
Non mansuris
Ornate bonis;
Omnia præcox
Fortuna tibi
Dedit, et rapuit.
Solstitialis
Velut herba solet,
Ostentatus
Raptusque simul,
Pubere in ævo
Deseruisti
Vota tuorum,
Et rhetoricam
Floris adulti
Fruge carentem;
Et connubium
Nobile soceri,
Sine pace patris;
Et divitias
Utriusque domus,
Sine herede tuo.
Quam fatiloquo
Dicte profatu,
Versus Horati [3] :
« Nihil est ab omni
Parte beatum ! »

VI. A Alethius Minervius le fils, rhéteur.

Fleur de notre jeunesse, riant espoir d'un père, trésor incertain donné à ta patrie, rhéteur Alethius, tu enseignas dès tes premières années, et tu fus professeur à un âge où sans rougir tu pouvais être disciple encore. Tu n'avais pas quitté la prétexte que déjà on te comparait à ton père. Les remparts de la superbe Rome ont brillé de l'éclat de sa gloire et de ses mérites. Toi, tu' te contentas de Burdigala, ta patrie; tu portas l'étendard de la docte cohorte, après Nazarius, après Patera, et tu les surpassas l'un et l'autre. Malgré l'envie et ses rudes morsures, tu possédas tous les dons de la fortune. Mais la destinée ne t'avait enrichi que de biens périssables; elle te les donna vite, et te les enleva de même. Comme l'herbe du solstice, montré au monde et ravi aussitôt, tu disparus aux jours de ta puberté, abandonnant tes amis et leurs vœux stériles, et la rhétorique privée des fruits qu'elle attendait de ta fleur, et ton beau-père, et cette noble alliance que ton père n'eut pas le temps de te pardonner, et les richesses de tes deux familles que tu laissais sans héritier. Quel oracle véridique que ce vers d'Horace :

Il n'est point de parfait bonheur!

VII. Leontius, grammaticus, cognomento *Lascivus*.

Qui colis lætos, hilarosque mores,
Qui dies festos, joca, vota, ludum,
Annuum functi memora Leonti
    Nomine threnum.

Iste Lascivus [1] patiens vocari,
Nomen indignum probitate vitæ
Abnuit nunquam, quia gratum ad aures
    Esset amicas.

Litteris tantum titulum assecutus,
Quantus exili satis est cathedræ;
Posset insertus numero ut videri
    Grammaticorum.

Tu meæ semper socius juventæ,
Pluribus quamvis cumulatus annis,
Nunc quoque in nostris recales medullis,
    Blande Leonti!

Et juvat tristi celebrare cura
Flebilem cantum memoris querelæ:
Munus ingratum, tibi debitumque
    Carmine nostro.

VIII. Grammaticis Græcis, Burdigalensibus.

Romulum post hos prius [1], an Corinthi,
Anne Sperchei, pariterque nati
Atticas Musas memorem Menesthei
    Grammaticorum?

VII. Leontius, grammairien, surnommé *le Lascif*.

Toi qui aimes la joie, le plaisir, les jours de fête, les divertissements, les vœux et les jeux, n'oublie pas de rappeler tous les ans dans un chant funèbre le nom de Leontius.

Il se laissait appeler le Lascif, et ce surnom, si contraire à la pureté de sa vie, il ne le repoussa jamais, parce qu'il plaisait aux oreilles de ses amis.

Il s'était élevé, dans l'étude des lettres, juste assez haut pour atteindre à une modeste chaire, et pouvoir se faire inscrire au nombre des grammairiens.

Tu fus toujours le compagnon de ma jeunesse, bien que chargé de plus d'années que moi, et aujourd'hui ta place est chaude encore en mon cœur, ô doux Leontius !

Et je me plais au triste soin d'honorer ta mémoire d'un chant plaintif et lamentable : c'est un devoir ingrat, mais une dette sacrée pour ma muse.

VIII. Aux grammairiens grecs à Burdigala.

Après eux rappellerai-je un Latin, ou Corinthius, ou Sperchéus, ou son fils Menesthéus, ces grammairiens des Muses de l'Attique ?

Sedulum cunctis studium docendi;
Fructus exilis[2], tenuisque sermo :
Sed, quia nostro docuere in ævo,
  Commemorandi.

Tertius horum mihi non magister;
Ceteri primis docuere in annis,
Ne forem vocum rudis, aut loquendi;
  Sed sine cultu.

Obstitit nostræ quia, credo, mentis
Tardior sensus; neque disciplinis
Appulit Græcis puerilis ævi
  Noxius error.

Vos levis cespes tegat, et sepulcri
Tecta defendant cineres opertos :
Ac meæ vocis titulus supremum
  Reddat honorem.

IX. Jucundo, grammatico Burdigalensi, fratri Leontii.

Et te, quem cathedram temere usurpasse loquuntur,
  Nomen grammatici nec meruisse putant;
Voce ciebo tamen, simplex, bone, amice, sodalis;
  Jucunde, hoc ipso care magis studio;
Quod, quamvis impar, nomen tam nobile amasti,
  Es meritos inter commemorande viros.

Ils s'adonnaient tous aux travaux de l'enseignement, avec maigre profit, et mince gloire; mais comme ils ont professé de notre temps, je leur dois un souvenir.

Le troisième n'a point été mon maître; les autres m'ont appris en mes premières années à connaître le sens et la prononciation des mots grecs; mais cette science resta chez moi sans culture.

L'obstacle vint, je pense, de la conception trop lente de mon intelligence, et du funeste aveuglement de mon jeune âge, qui m'éloignait des études grecques.

Qu'un léger gazon vous recouvre, que le toit du sépulcre protége vos cendres qu'il renferme, et que mes paroles s'y gravent pour vous rendre un dernier hommage.

IX. A Jucundus, grammairien de Burdigala, frère de Leontius.

ET toi qu'ils accusent d'avoir sans titre usurpé ta chaire, toi qui, à les en croire, ne méritais pas le nom de grammairien, ma voix te chantera pourtant, simple et bon Jucundus, mon ami et mon compagnon, que tes efforts mêmes me rendent plus cher encore : puisque, malgré ton impuissance, un si noble nom t'avait séduit, certes, parmi les hommes qui en étaient dignes, tu as droit à un souvenir.

X. Grammaticis Latinis Burdigalensibus, philologis, Macrino, Phœbicio, Concordio, Sucuroni, Ammonio Anastasio, grammatico Pictaviorum.

Nunc, ut quemque mihi
Flebilis officii
Relligiosus honor
Suggeret, expediam.
Qui, quamvis humili
Stirpe, loco, ac merito,
Introtulere tamen
Grammatices studium
Ingeniis hominum
Burdigalæ rudibus.
Permaneat series.
Sit Macrinus in his,
Sobrius et puerorum
Utilis ingeniis.
Huic mea principio
Credita puerities.
Nec reticebo senem
Nomine Phœbicium[1],
Qui Beleni ædituus[2]
Nil opis inde tulit;
Sed tamen, ut placitum,
Stirpe satus Druidum
Gentis Aremoricæ,
Burdigalæ cathedram
Nati opera obtinuit.
Et tu, Concordi,
Qui, profugus patria,
Mutasti sterilem

Urbe alia cathedram.
Et libertina,
Sucuro, progenies;
Qui rudibus pueris
Prima elementa dabas.
Pange et Anastasio
Flebile, Musa, melum;
Et memora tenuem,
Nænia, grammaticum.
Burdigalæ hunc genitum
Transtulit ambitio,
Pictonicæque dedit;
Pauper ubi, et tenuem
Victum habitumque colens,
Gloriolam exilem
Et patriæ et cathedræ
Perdidit in senio:
Doctrina exiguus,
Moribus implacidis,
Proinde, ut erat meritum.
Famam habuit tenuem[3].
Sed tamen hunc noster
Commemoravit honos.
Relligiosum etenim
Commemorare meæ
Grammaticum patriæ;
Ne pariter tumulus
Nomen et ossa tegat.

X. Aux grammairiens latins de Burdigala; aux philologues Macrinus, Phébicius, Concordius, Sucuro, et Ammonius Anastasius, grammairien chez les Pictaves.

MAINTENANT, à mesure qu'ils reparaîtront dans mon souvenir, j'accorderai le pieux hommage de ma douleur à chacun de ces hommes, humbles d'origine, de condition et de mérite, qui ont su introduire pourtant l'étude de la grammaire dans les rudes esprits des habitants de Burdigala. Suivons par ordre. Citons Macrinus d'abord : homme sobre et très-propre à former de jeunes intelligences; on lui confia ma première enfance. Je ne tairai point le nom du vieux Phébicius : gardien du temple de Belenus, il n'en était pas plus riche; mais issu, comme on se plaît à le dire, de la race des Druides chez les peuples de l'Armorique, il obtint, par les soins de son fils, une chaire à Burdigala. Quant à toi, Concordius, exilé de ta patrie, tu quittas pour une autre ta chaire improductive; mais tu ne fis que changer de ville. Et toi, Sucuro, fils d'affranchi, tu donnas à l'enfance ignorante les premiers éléments de la grammaire. Muse, chante aussi, en l'honneur d'Anastasius, une mélodie plaintive; rappelle, ô ma nénie, ce modeste grammairien. Il naquit à Burdigala, d'où l'ambition l'enleva pour le donner aux Pictaves. Et là, pauvre, faisant maigre chère et maigre figure, il vit s'éteindre en vieillissant la pâle lueur de gloire qu'il avait eue de sa patrie et de sa classe. Avec son mince savoir et son humeur inquiète, il eut, ce qu'il méritait, une réputation médiocre. Cependant j'ai dû lui consacrer un souvenir. Car c'est un pieux devoir pour moi de réveiller la mémoire d'un grammairien de ma patrie, et d'empêcher que le tombeau ne recouvre son nom et ses os tout ensemble.

XI. Herculano, sororis filio, grammatico Burdigalensi.

HERCULANE, qui profectus gremio de nostro et schola,
Spem magis, quam rem fruendam præbuisti avunculo.
Particeps scholæ, et cathedræ pæne successor meæ;
Lubricæ nisi te juventæ præcipitem flexus daret,
Pythagorei non tenentem tramitis rectam viam :
Esto placidus, et quietis Manibus sedem fove,
Jam mihi cognata dudum inter memoratus nomina [1].

XII. Thalasso, grammatico Latino, Burdigalensi.

OFFICIUM, nomenque tuum, primæve Thalasse,
    Parvulus audivi : vix etiam memini,
Qua forma, aut merito fueris, qua stirpe parentum.
    Ætas nil de te posterior celebrat.
Grammaticum juvenem tantum te fama ferebat,
    Tum quoque tam tenuis, quam modo nulla manet.
Sed quicumque tamen, nostro quia doctor in ævo
    Vixisti, hoc nostrum munus habeto, Vale.

XIII. Citario, Siculo Syracusano, grammatico Burdigalensi Græco.

ET, Citari dilecte [1], mihi memorabere, dignus
    Grammaticos inter qui celebrere bonos.
Esset Aristarchi tibi gloria, Zenodotique,
    Graiorum antiquus si sequeretur honos.
Carminibus, quæ prima tuis sunt condita in annis,
    Concedit Cei Musa Simonidei.
Urbe satus Sicula, nostram peregrinus adisti;
    Excultam studiis quam prope reddideras.

XI. A Herculanus, fils de ma sœur, et grammairien de Burdigala.

HERCULANUS, tu sortis de notre sein et de notre école, mais tu donnas à ton oncle une espérance plutôt qu'une réalité. Tu partageais les travaux de mon école, et tu m'allais succéder dans la chaire, si ta jeunesse, entraînée sur une pente glissante, n'eût dévié du droit chemin tracé par Pythagore. Sois en repos désormais, et que tes mânes habitent en paix leur dernière demeure : j'ai rappelé ton nom déjà parmi ceux de ma famille.

XII. A Thalassus, grammairien latin de Burdigala.

J'ÉTAIS bien petit quand j'entendis parler de tes leçons et de ton nom, précoce Thalassus ; aussi j'ai de la peine à me rappeler encore ta figure, ton mérite et ton origine. L'âge qui t'a suivi ne dit rien de toi. Seulement la renommée parlait alors d'un jeune grammairien, mais si bas vraiment, qu'on n'en a rien retenu. Quoi qu'il en soit pourtant, comme tu as vécu et professé de mon temps, reçois de moi cet hommage : Adieu.

XIII. A Citarius, Sicilien, né à Syracuse, grammairien grec à Burdigala.

CITARIUS bien aimé, je célébrerai aussi ta mémoire, car tu es digne d'être chanté parmi les bons grammairiens. La gloire d'Aristarque et de Zénodote serait la tienne aujourd'hui, si, pour honorer le mérite, on suivait l'exemple de la Grèce antique. Les vers que tu composas dans ton premier âge l'emportent sur les chants de Simonide de Céos. Né dans une ville de la Sicile, tu vins, étranger, dans la nôtre, et tes travaux l'ont presque rendue savante. Tu y trouvas bientôt une noble et riche

Conjugium nactus cito nobilis et locupletis,
 Invidia fati non genitor moreris.
At nos defunctum memori celebramus honore,
 Fovimus ut vivum munere amicitiæ.

XIV. Censorio Attico Agricio, rhetori.

Eloquii merito primis æquande, fuisti,
 Agrici[1], hic positus posteriore loco :
Ævo qui quoniam genitus functusque recenti,
 Dilatus nobis, non et omissus eras.
Quocumque in numero, tristi memorabere threno :
 Unus honos tumuli serus, et ante datus.
Tam generis tibi celsus apex, quam gloria fandi :
 Gloria Athenæi cognita sede loci,
Nazario[2] et claro quondam delata Pateræ,
 Egregie multos excoluit juvenes.
Conjuge nunc, natisque superstitibus, generoque,
 Majorum Manes, et monumenta foves.

XV. Nepotiano grammatico, eidem rhetori.

Facete, comis, animo juvenali senex,
 Cui felle nullo, melle multo mens madens,
Ævum per omne nil amarum miscuit :
 Nostri medela, Nepotiane[1], pectoris;
Tam seriorum quam jocorum particeps,
 Taciturne, Amyclas qui silendo viceris.
Te fabulantem non Ulixes linqueret,
 Liquit canentes qui melodas virgines.
Probe, et pudice, parce, frugi, abstemie,

alliance, et le destin jaloux te laissa mourir sans enfants. Mais nous, nous t'honorons mort du culte de nos souvenirs, comme nous t'avons entouré vivant des hommages de notre amitié.

XIV. A Censorius Atticus Agricius, rhéteur.

Quoique le mérite de ton éloquence te portât au premier rang, Agricius, je te place en dernière ligne dans mes vers. La date de ta naissance et de ta mort est si récente, que j'ai pu différer ton éloge, mais je ne l'aurais point oublié. Quel que soit le rang que je te donne, ma triste muse rappellera ta mémoire : ou plus tôt, ou plus tard, l'hommage est le même pour ta tombe. La noblesse de ton origine n'était pas moins haute que la gloire de ton éloquence; cette gloire athénienne si connue, qui inspira autrefois Nazarius et le célèbre Patéra, et forma au génie tant de jeunes orateurs. Maintenant tu as laissé sur terre ta femme, tes enfants et ton gendre, et tu honores au tombeau les mânes de tes aïeux.

XV. A Nepotianus, grammairien et rhéteur.

Vieillard facétieux, enjoué, jeune d'humeur, dont le cœur ne fut jamais trempé de fiel, mais, toute la vie, abreuvé de miel sans aucun mélange d'amertume, Nepotianus, tu fus le médecin de mon âme, l'associé de mes travaux et de mes plaisirs, parfois si taciturne, que tu aurais vaincu la silencieuse Amyclée. Mais quand tu devisais, Ulysse n'eût pu se détacher de tes entretiens, lui qui avait fui les chants des vierges mélodieuses. Honnête et chaste, économe, frugal, sobre, éloquent, tu ne le cédais pour le style à aucun rhéteur; comparable à Cléanthe le Stoï-

Facunde, nulli rhetorum cedens stilo,
Et disputator ad Cleanthen Stoicon :
Scaurum, Probumque corde callens intimo :
Et Epirote Cinea memor magis.
Sodalis, et convictor, hospes jugiter :
Parum quod hospes ; mentis agitator meæ :
Consilia nullus mente tam pura dedit,
Vel altiore conditu texit data.
Honore gesti præsidatus inclytus², ;
Decies novenas functus annorum vices,
Duos relinquens liberos, mortem oppetis,
Dolore multo, tam tuorum, quam meo.

XVI. Æmilius Magnus Arborius, rhetor Tolosæ.

Inter cognatos jam fletus¹, avuncule, Manes,
　Inter rhetoricos nunc memorandus eris.
Illud opus pietas, istud reverenda virorum
　Nomina, pro patriæ relligione, habeant.
Bis meritum duplici celebremus honore parentem
　Arborium, Arborio patre, et avo Argicio².
Stemma tibi patris Ædüici; Tarbellica Mauræ
　Matris origo fuit : ambo genus procerum.
Nobilis et dotata uxor, domus, et schola, cultæ
　Principum amicitiæ contigerunt juveni ;
Dum Constantini fratres opulenta Tolosa
　Exsilii specie sepositos cohibet³.
Byzanti inde arcem, Thressæque Propontidis urbem
　Constantinopolim fama tui pepulit.
Illic dives opum, doctoque ibi Cæsare honorus⁴,
　Occumbis, patribus, Magne, superstitibus,

cien pour la dialectique, tu possédais à fond tout Scaurus et tout Probus, et tu surpassais pour la mémoire l'Épirote Cinéas. Tu fus mon compagnon inséparable, mon commensal, mon hôte; mon hôte, mieux encore; tu fus le guide de mes pensées : nul ne donna de plus purs conseils, nul ne les couvrit, en les donnant, d'un plus profond mystère. Honoré des nobles fonctions d'une présidence, après avoir parcouru les quatre-vingt-dix années de ta longue carrière, tu mourus, laissant deux fils, et d'immenses regrets à ta famille, et à moi.

XVI. Émilius Magnus Arborius, rhéteur à Tolosa.

JE t'ai pleuré déjà, ô mon oncle, au nombre de mes parents ; je vais te célébrer, à présent, au nombre des rhéteurs. C'était une pieuse tendresse qui m'inspirait alors, c'est le saint amour de la patrie qui me dicte aujourd'hui cet hommage à la gloire de ces hommes vénérables. Honorons donc d'un double culte, et à double titre, comme il le mérite, mon parent Arborius. Il eut Arborius pour père, et pour aïeul Argicius. Ton père était d'origine éduenne; ta mère, la Maure, était née chez les Tarbelles : tous deux d'un sang illustre. Une épouse riche et de noble famille, une chaire, et l'amitié des grands que tu cultivais déjà, firent d'heureux jours à ta jeunesse, au temps où la puissante Tolosa retenait relégués dans une espèce d'exil les frères de Constantin. Ta renommée poussa ensuite jusqu'aux remparts de Byzance, jusqu'en cette cité de la Propontide de Thrace, jusqu'à Constantinople. C'est là qu'au sein de l'opulence, et après avoir eu la gloire d'instruire un César, tu mourus, ô Magnus, quand

In patriam sed te sedem ac monumenta tuorum
 Principis Augusti restituit pietas.
Hinc renovat causam lacrymis, et flebile munus,
 Annuus ingrata relligione dies.

XVII. Exuperius, rhetor Tolosæ.

Exuperi, memorande mihi, facunde sine arte,
Incessu gravis, et verbis ingentibus, ore
Pulcher, et ad summam motuque habituque venusto :
Copia cui fandi longe pulcherrima ; quam si
Auditu tenus acciperes, deflata placeret ;
Discussam, scires solidi nihil edere sensus.
Palladiæ primum toga te venerata Tolosæ[1],
Mox pepulit levitate pari. Narbo inde recepit[2].
Illic Dalmatio genitos[3], fatalia regum
Nomina, tum pueros, grandi mercede docendi
Formasti rhetor, metam prope puberis ævi.
Cæsareum qui mox indepti nomen, honorem
Præsidis, Hispanumque tibi tribuere tribunal.
Decedens, placidos mores, tranquillaque vitæ
Tempora prædives finisti sede Cadurca[4].
Sed patriæ te jura vocant, et origo parentum,
Burdigalæ ut rursum nomen de rhetore reddas.

XVIII. Marcello, Marcelli filio, grammatico Narbonensi.

Nec te Marcello genitum, Marcelle[1], silebo ;
 Aspera quem genitrix urbe, domo, pepulit :
Sed fortuna potens cito reddidit omnia, et auxit.
 Amissam primum Narbo dedit patriam.

ton père et ta mère vivaient encore. Mais la pieuse affection d'un prince auguste daigna te rendre à ta patrie, aux tombeaux de ta famille. Ainsi, l'ingrate et sainte solennité de cet anniversaire sera toujours pour moi un nouveau sujet de larmes et de tristes hommages.

XVII. Exuperius, rhéteur à Tolosa.

JE dois rappeler, Exuperius, ton éloquence sans apprêt, ta démarche imposante, ta parole majestueuse, ton beau visage, la convenance parfaite, en un mot, de tes gestes et de ton maintien. Tes discours étaient admirables de verve et d'abondance : à les entendre, ces souffles sonores plaisaient à l'oreille; mais, à la lecture, ils ne présentaient rien de solide dans les idées. La toge de Tolosa la Palladienne te prit en vénération d'abord, et te chassa ensuite avec la même légèreté. Alors Narbo te recueillit. C'est là que les fils de Dalmatius (nom royal et funeste!), enfants encore, achetèrent à grand prix tes leçons, et se formèrent à la rhétorique, jusqu'au terme environ de leur puberté. Revêtus bientôt après du titre de Césars, ils te confièrent la dignité de la présidence et un tribunal en Espagne. La mort te surprit comblé de richesses, et mit un terme à tes paisibles travaux, aux calmes loisirs de ta vie, dans la capitale des Cadurques. Mais ta patrie, ta famille, te revendiquent à bon droit pour te compter au nombre des rhéteurs de Burdigala.

XVIII. A Marcellus, fils de Marcellus, grammairien à Narbo.

JE ne t'oublierai point, fils de Marcellus, ô Marcellus! Une mère cruelle te chassa du logis et de la ville; mais la puissante fortune ne tarda pas à te rendre tout, et plus encore. Narbo remplaça d'abord la patrie que tu avais perdue. C'est là que ton hôte, l'illustre Clarentius,

Nobilis hic hospes Clarentius, indole motus,
    Egregiam natam conjugio attribuit.
Mox schola, et auditor multus prætextaque pubes,
    Grammatici nomen, divitiasque dedit [2].
Sed nunquam jugem cursum fortuna secundat,
    Præsertim pravi nacta virum ingenii.
Verum oneranda mihi non sunt : memoranda recepi
    Fata. Sat est dictum, cuncta perisse simul :
Non tamen et nomen, quo te non fraudo, receptum
    Inter grammaticos prætenuis meriti.

XIX. Sedatus, rhetor Tolosanus.

Relligio est, tacitum si te, Sedate, relinquam,
    Quamvis docendi munus indepte es foris.
Communis patria est tecum mihi : sorte potentis
    Fati Tolosam nactus es sedem scholæ.
Illic conjugium, natique, opulensque senectus,
    Et fama, magno qualis est par rhetori.
Quamvis externa tamen a regione reducit
    Te patria, et civem morte obita repetit [1] :
Quumque vagantem operam divisæ impenderis urbi,
    Arbitrium de te sumit origo suum.
Est tua nunc soboles, moremque secuta parentis,
    Narbonem, ac Romam nobilitat studiis.
. . . . sed
    Fama, velit nolit, Burdigalam referet.

XX. Staphylius, rhetor, civis Auscius [1].

Hactenus observata mihi lex commemorandi
    Cives, sive domi, seu docuere foris.

par un mouvement du cœur, t'accorda en mariage sa noble fille. Puis tes leçons, tes nombreux auditeurs, et tes jeunes élèves en prétexte, te donnèrent le nom de grammairien et la richesse. Mais la fortune ne prête jamais un constant appui dans la carrière, surtout si elle rencontre un homme d'un mauvais naturel. Cependant je ne chargerai point ta mémoire, je dois seulement rappeler ta destinée. Il suffit de dire que tu perdis tout à la fois, hormis ton nom pourtant, dont je ne veux point te dépouiller, et qui est reçu parmi ceux des grammairiens du plus faible mérite.

XIX. Sedatus, rhéteur à Tolosa.

JE me reprocherais, Sedatus, de te passer sous silence, quoique tu aies exercé hors de nos murs les fonctions de l'enseignement. La même patrie tous deux nous a vus naître : les hasards d'une destinée puissante t'ont donné une chaire à Tolosa, puis une femme, des enfants, une vieillesse opulente, et une réputation digne en tout d'un aussi grand rhéteur. Cependant, ta patrie te redemande à cette ville étrangère, et réclame son enfant qui n'est plus. Une autre cité a recueilli tes leçons voyageuses, mais ton pays reprend ses droits sur toi. Tes fils vivent encore, et, suivant l'exemple de leur père, ennoblissent Narbo et Rome de leurs travaux. . . . .
. . . . . Mais, bon gré, mal gré, la renommée te rendra toujours à Burdigala.

XX. Staphylius, rhéteur, citoyen d'Ausci.

JUSQU'ICI je me suis imposé la loi de rappeler tous ceux de mes concitoyens qui ont enseigné dans la ville

Externum sed fas conjungere civibus unum
  Te, Staphyli, genitum stirpe Novempopulis.
Tu mihi, quod genitor, quod avunculus; unus utrumque:
  Alter ut Ausonius, alter ut Arborius.
Grammatice ad Scaurum atque Probum, promptissime rhetor,
  Historiam callens Livii et Herodoti;
Omnis doctrinæ ratio tibi cognita, quantam
  Condit sexcentis Varro voluminibus.
Aurea mens, vox suada tibi, tum sermo quietus,
  Nec cunctator eras, nec properante sono.
Pulchra senecta, nitens habitus; procul ira, dolusque;
  Et placidæ vitæ congrua meta fuit.

XXI. Crispus et Urbicus, grammatici Latini et Græci.

Tu quoque in ævum, Crispe, futurum
  Mœsti venies commemoratus
    Munere threni;

Qui primævos, fandique rudes,
  Elementorum prima docebas
    Signa novorum.

Creditus olim fervere mero,
  Ut Virgilii Flaccique locis
    Æmula ferres.

Et tibi Latiis posthabite orsis,
  Urbice, Graiis celebris, carmen
    Sic ἐλελίσω [1].

Nam tu, Crispo conjuncte tuo,
  Prosa solebas, et versu loqui
    Impete eodem.

ou hors des murs. Qu'il me soit permis de joindre à ces concitoyens un étranger, toi, Staphylius, enfant de la Novempopulanie. Tu étais pour moi un père, un oncle, l'un et l'autre à la fois : un autre Ausonius, un autre Arborius. Grammairien comme Scaurus et Probus, rhéteur des plus habiles, profondément versé dans l'histoire de Tite-Live et d'Hérodote, tu connaissais toutes les parties de la science, tous les trésors entassés dans les six cents volumes de Varron. Ton âme était pure comme l'or, ta voix persuasive, ta parole calme; tu n'hésitais jamais, tu ne précipitais jamais ton débit. Ta belle vieillesse brillait de santé ; inaccessible à la haine et à la fourberie, ta vie paisible eut une fin digne d'elle.

XXI. Crispus et Urbicus, grammairiens latin et grec.

Et toi aussi, Crispus, grâce à mes funèbres éloges, ta mémoire vivra dans les âges futurs.

A l'enfance, inhabile encore à s'exprimer, tu enseignais les premiers signes d'éléments nouveaux pour elle.

On pensa autrefois que les fumées du vin t'inspiraient souvent à l'égal de Virgile et d'Horace.

Toi, Urbicus, tu préférais au latin les lettres grecques qui firent ta gloire. Je te chanterai donc un ἐλελεῦ.

Inséparable ami de ton Crispus, tu parlais en prose et en vers avec la même verve.

Priscos ut et heroes olim
Carmine Homeri commemoratos
Fando referres:

Dulcem in paucis ut Plistheniden [2],
Et torrentis ceu Dulichii
Ninguida dicta,

Et mellitæ nectare vocis
Dulcia fatu verba canentem
Nestora regem.

Ambo loqui faciles, ambo omnia carmina docti,
Callentes mython plasmata, et historiam.
Liberi et ambo genus : sed quos meruisse deceret
Nancisci, ut cluerent patribus ingenuis [3].

XXII. Victorio subdoctori, sive proscholo.

VICTORI studiose, memor, celer, ignoratis
Assidue in libris, nec nisi operta legens;
Exesas tineis, opicasque evolvere chartas,
Major quam promptis cura tibi in studiis.
Quod jus pontificum, quæ fœdera, stemma quod olim
Ante Numam fuerat sacrificis Curibus;
Quod Castor cunctis de regibus ambiguis [1], quod
Conjugis e libris ediderat Rhodope [2];
Quod jus pontificum, veterum quæ scita Quiritum,
Quæ consulta Patrum; quid Draco, quidve Solon
Sanxerit; et Locris dederit quæ jura Zaleucus;
Sub Jove quæ Minos, quid Themis ante Jovem :
Nota tibi potius, quam Tullius et Maro nostri,
Et quidquid Latia conditur historia.

Tu nous rappelais l'éloquence de ces anciens héros chantés autrefois par Homère :

L'agréable concision du fils de Plisthène, les paroles qui roulaient de la bouche d'Ulysse comme des flocons de neige,

Et cette voix de miel et de nectar d'où s'écoulaient en doux langage les accents du roi Nestor.

Vous aviez tous deux une élocution facile ; vous étiez instruits tous deux des secrets de la poésie, et vous connaissiez à fond les fictions de la fable et l'histoire. Nés libres tous deux, vous méritiez bien d'en trouver des preuves, afin de vous faire honneur de la libre condition de vos pères.

XXII. A Victorius, sous-maître ou suppléant.

Studieux Victorius, doué de mémoire et de facilité, tu t'attachais aux livres inconnus, tu ne lisais que des textes ignorés, et tu avais plus de goût pour débrouiller ces feuillets poudreux et rongés des vers, que pour des études plus familières. Le droit pontifical, les traités et l'origine, antérieure à Numa, de Cures, la ville aux sacrifices ; les recherches de Castor sur tous les rois mal connus ; ce que Rhodopé publia des écrits de son mari ; notre droit pontifical, les décrets des anciens Quirites, les décisions du sénat ; les codes de Dracon et de Solon ; les lois que Zaleucus donna aux Locriens ; celles de Minos sous le règne de Jupiter, et celles de Thémis avant ce dieu : tu avais étudié tout cela plutôt que notre Tullius, que notre Virgile, que tous les faits contenus dans l'histoire du Latium. Peut-être qu'une plus longue lecture t'aurait

Fors istos etiam tibi lectio longa dedisset,
  Supremum Lachesis ni celerasset iter.
Exili nostræ fucatus honore cathedræ,
  Libato tenuis nomine grammatici [3];
Longinquis posthac Romæ defunctus in oris,
  Ad quas de Siculo litore transieras.
Sed modo nobilium memoratus in agmine, gaude.
  Pervenit ad Manes si pia cura tuos.

XXIII. Dynamio Burdigalensi, qui in Hispania docuit, et obiit.

SED neque te mœsta, Dynami [1], fraudabo querela.
  Municipem patriæ causidicumque meæ,
Crimine adulterii quem saucia fama fugavit,
  Parvula quem latebris fovit Ilerda suis [2],
Quem locupletavit conjux Hispana latentem;
  Namque ibi mutato nomine rhetor eras:
Rhetor Flavinii cognomine dissimulatus,
  Ne posset profugum prodere culpa suum.
Reddiderat quamvis patriæ te sera voluptas,
  Mox residem rursum traxit Ilerda domus.
Qualiscumque tuæ fuerit fuga, famaque vitæ;
  Jungeris antiqua tu mihi amicitia.
Officiumque meum, sensus si Manibus ullus,
  Accipe jam verus morte obita, Dynami [3].
Diversis quamvis jaceas defunctus in oris,
  Commemorat mœstis te pia cura elegis.

permis aussi de les connaître, si Lachésis n'eût avancé
ton départ et ta fin. Tu n'eus que le faible vernis des honneurs de notre chaire, comme tu n'avais eu qu'un léger
avant-goût du nom de grammairien. Tu mourus ensuite
à Rome, sur ces bords lointains où tu passas des rivages
de la Sicile. Mais à présent que je t'ai compté dans les
rangs des maîtres célèbres, réjouis-toi, si ce pieux hommage parvient jusqu'à tes mânes.

XXIII. A Dynamius de Burdigala, qui professa en Espagne, et y mourut.

Je ne te priverai point de ma funèbre complainte,
Dynamius, citoyen et avocat de ma patrie. Une accusation d'adultère, qui blessait ta réputation, te força de
fuir : la petite Ilerda te cacha dans son sein. Une épouse
espagnole t'apporta l'opulence en cette retraite, où, sous
un nom d'emprunt, tu te fis rhéteur. Le rhéteur s'était
déguisé sous le surnom de Flavinius, de peur que le bruit
de sa faute ne trahît le fugitif. L'amour de la patrie te
ramena plus tard parmi nous ; mais le besoin du repos
te rappela bientôt dans Ilerda, dans ta famille. Malgré
ta fuite, malgré ta réputation en cette vie, une vieille
amitié nous unit l'un à l'autre ; et s'il reste quelque
sentiment à tes mânes, reçois mon hommage, aujour-
d'hui que la mort nous a rendu le vrai Dynamius. Quoique ta cendre repose sur la terre étrangère, ma pieuse
sollicitude consacre ces tristes vers à ton souvenir.

XXIV. Acilio Glabrioni, grammatico, jun. Burdigalensi.

Doctrinæ vitæque pari brevitate caducum,
  Glabrio¹, te mœstis commemorabo elegis.
Stemmate nobilium deductum nomen avorum,
  Glabrio, Aquilini Dardana progenies :
Tu quondam puero compar mihi discipulus; mox,
  Me dehinc facto rhetore, grammaticus.
Inque foro tutela reis, et cultor in agris,
  Digne, diu partis qui fruerere bonis.
Commode, læte, benigne, abstemie, tam bone dandis
  Semper consiliis, quam taciturne datis :
Tam decus omne tuis, quam mox dolor, omnia acerbo
  Funere præreptus, Glabrio, destituis :
Uxore et natis, genitore et matre relictis,
  Eheu! quam multis perdite nominibus!
Flete diu nobis, nunquam satis, accipe acerbum,
  Glabrio in æternum commemorate, Vale.

XXV. Coronis.

Quos legis a prima deductos menide libri,
  Doctores patriæ scito fuisse meæ,
Grammatici in studio, vel rhetoris, aut in utroque,
  Quos memorasse mihi, morte obita, satis est.
Viventum illecebra est laudatio : nomina tantum
  Voce ciere, suis sufficiet tumulis.
Ergo, qui nostræ legis otia tristia chartæ,
  Eloquium tu ne quære, sed officium,
Quo claris doctisque viris pia cura parentat,
  Dum decora egregiæ commeminit patriæ.

XXIV. A Acilius Glabrio, le jeune, grammairien de Burdigala.

Toi dont l'enseignement et la vie eurent si courte durée, Glabrio, ma plaintive élégie rappellera ton souvenir. Ton noble nom descend d'une illustre origine ; Glabrio, tu étais du sang troyen d'Aquilinus. Aux jours de mon enfance, tu fus mon condisciple ; et quand je me fis rhéteur, tu devins grammairien. Au forum, tu défendais les accusés ; aux champs, tu cultivais la terre ; et tu méritais bien de jouir longtemps du fruit de tes travaux. Affable, enjoué, bienveillant, sobre, conseiller non moins discret que sage, tu faisais le bonheur de tes amis, comme tu fis bientôt leur désespoir, quand une mort prématurée, te dépouillant de tout, Glabrio, vint t'enlever à ta femme, à tes enfants, à ton père, à ta mère qui vivaient encore : que de noms, hélas ! en deuil de ta perte ! O toi, que nous avons longtemps pleuré, que nous ne pleurerons jamais assez, Glabrio, dont le souvenir doit être éternel, reçois ce pénible adieu.

XXV. Conclusion.

Tous ces noms qui se suivent, lecteur, depuis le croissant qui commence mon livre, sont les noms des maîtres qui ont professé dans ma patrie ou la grammaire, ou la rhétorique, ou l'une et l'autre. Ils sont morts, il me suffisait de rappeler leur souvenir. Les vivants aiment l'appât de la louange : mais, une fois au tombeau, c'est assez que la voix proclame leurs noms. Toi donc, en parcourant ces tristes inspirations de nos loisirs, n'y cherche pas l'éloquence, mais la simple expression de la douleur, qui rend un pieux et dernier devoir à de doctes et illustres hommes, en consacrant un souvenir à toutes les gloires de notre belle patrie.

XXVI. Poeta.

Valete, Manes inclytorum rhetorum :
　Valete, doctores probi :
Historia si quos, vel poeticus stilus,
　Forumve fecit nobiles :
Medicæ vel artis, dogma vel Platonicum,
　Dedit perenni gloriæ :
Et si qua functis [1] cura viventum placet,
　Juvatque honor superstitum ;
Accipite mœstum carminis cultum mei,
　Textum querela flebili.
Sedem sepulcris servet immotus cinis ;
　Memoria vivat nominum ;
Dum remeat illud, judicis dono Dei,
　Commune cum Dis sæculum.

XXVI. Le poëte.

Adieu, mânes des illustres rhéteurs; adieu, maîtres éprouvés, que l'histoire, la poésie ou le forum a rendus célèbres; que l'art de la médecine ou la doctrine de Platon a dotés d'une gloire immortelle ! Et si les soins des vivants peuvent plaire aux morts, si les hommages d'un successeur ont des attraits pour vous, recevez ce triste culte de ma muse, cette série de lamentables cantiques. Que votre cendre conserve une place invariable dans le sépulcre; que vos noms vivent dans la mémoire, jusqu'au retour de cette autre vie, qui, par un don de Dieu, notre juge, nous sera commune avec les bienheureux !

EPITAPHIA

HEROUM

QUI BELLO TROICO INTERFUERUNT.

AUSONIUS LECTORI SUO S.

Ad rem pertinere existimavi, ut vel vanum opusculum materiæ congruentis absolverem, et libello, qui commemorationem habet eorum, qui vel peregrini Burdigalæ, vel qui Burdigalenses peregre docuerunt, epitaphia subnecterem, scilicet titulos sepulcrales heroum, qui bello Troico interfuerunt. Quæ antiqua quum apud philologum quemdam reperissem, Latino sermone converti, non ut inservirent ordini persequendi, sed ut cohærerent libere, nec aberrarent.

I. Agamemnoni.

Rex regum Atrides, fraternæ conjugis ultor,
  Oppetii manibus conjugis ipse meæ.
Quid prodest Helenes raptum punisse dolentem,
  Vindicem adulterii quum Clytemnestra necet?

II. Menelao.

Felix o Menelae, Deum cui debita sedes,
  Decretumque piis Manibus Elysium.

ÉPITAPHES

DES HÉROS

QUI ONT PRIS PART A LA GUERRE DE TROIE.

AUSONE A SON LECTEUR, SALUT.

J'ai pensé qu'il ne serait pas hors de propos d'ajouter ici un opuscule, dépourvu d'intérêt, mais d'un sujet analogue; et de rattacher à ce livre, consacré à la mémoire des étrangers qui ont enseigné à Burdigala, et des maîtres de Burdigala qui ont professé à l'étranger, les épitaphes, c'est-à-dire les inscriptions tumulaires des héros qui ont pris part à la guerre de Troie. J'ai trouvé ces vers antiques chez un philologue, et je les ai traduits en latin, non pour les enchaîner ici comme un complément nécessaire, mais pour les faire suivre par un rapprochement naturel, et ne point les perdre en les détachant.

I. Agamemnon.

Roi des rois, fils d'Atrée, j'ai vengé la femme de mon frère, et je meurs des mains de la mienne. Que m'a servi de punir dans ma douleur le ravisseur d'Hélène, si Clytemnestre tue le vengeur de l'adultère?

II. Ménélas.

Heureux Ménélas, tu es digne de la demeure des dieux et de l'Élysée promis à ton ombre pieuse. Gendre

Tyndareo dilecte gener, dilecte Tonanti :
  Conjugii vindex, ultor adulterii :
Æterno pollens ævo, æternaque juventa.
  Nec leti passus tempora, nec senii.

III. Ajaci¹.

Ajacis tumulo pariter tegor obruta Virtus,
  Illacrymans bustis funeris ipsa mei :
Incomptas lacerata comas, quod pravus Atrides
  Cedere me structis compulit insidiis.
Jam dabo purpureum claro de sanguine florem,
  Testantem gemitu crimina judicii².

IV. Achilli¹.

Non una Æaciden tellus habet, ossa teguntur
Litore Sigeo, crinem Larissa cremavit.
Pars tumuli. . . . .
Orbe sed in toto. . . . Homer. . . .

V. Ulixi.

Conditur hoc tumulo Laerta natus Ulixes.
  Perlege Odyssean, omnia nosse volens.

VI. Diomedi.

Conditur hic genitore bono melior Diomedes ;
Crimen ob uxoris pulsus dotalibus Argis,
Argyripam, clarosque viris qui condidit Arpos :
Clarior urbe nova, patriæ quam sede vetusta.

bien-aimé de Tyndare, bien-aimé de Jupiter, tu venges l'hyménée, tu punis l'adultère ; doué d'une éternelle vie et d'une jeunesse éternelle, tu ne subis l'outrage ni de la mort ni de la vieillesse.

III. Ajax.

On me plonge avec Ajax sous la pierre du sépulcre, moi la vertu guerrière, et je pleure au tombeau mes propres funérailles. J'arrache mes cheveux en désordre, parce que l'injuste Atride me força de céder aux complots de la ruse. Mais je ferai naître de cet illustre sang une fleur de pourpre, qui attestera par un cri de douleur l'iniquité de ce jugement.

IV. Achille.

Une même terre ne possède pas toutes les dépouilles d'Éacide : le rivage de Sigée recouvre ses os, et Larisse a brûlé sa chevelure. Une partie de son tombeau. . . . . . Mais dans tout l'univers. . . . Homèr. . . .

V. Ulysse.

Ce tombeau renferme Ulysse, fils de Laërte. Parcours l'*Odyssée*, si tu veux tout connaître.

VI. Diomède.

Ici repose Diomède, plus vaillant que son vaillant père. Le crime de sa femme le chassa d'Argos, sa ville dotale. Fondateur d'Argyripa, et d'Arpos célèbre par ses grands hommes, sa ville nouvelle lui fit plus de gloire que son antique patrie.

VII. Antilocho.

Consiliis, belloque bonus, quæ copula rara est,
    Carus et Atridis, carus et Æacidis:
Præmia virtutis simul et pietatis adeptus,
    Servato Antilochus Nestore patre, obii.
Non hic ordo fuit : sed justius ille superstes,
    Troja capi sine quo perfida non poterat.

VIII. Nestori.

Hoc tegor in tumulo, quarti jam prodigus ævi
    Nestor, consilio clarus, et eloquio.
Objecit sese cujus pro morte peremptus
    Filius : et nati vulnere vivo pater.
Eheu! cur fatis disponer sic placet ævum,
    Tam longum, ut nobis; tam breve, ut Antilocho?

IX. Pyrrho.

Orbe tegor medio [1], major virtute paterna,
    Quod puer, et regis Pyrrhus opima tuli.
Impius ante aras quem fraude peremit Orestes,
    Quid mirum? cæsa jam genitrice furens.

X. Euryalo.

Nec me non dignum titulo Pleuronia [1] credit;
    Cui communis erat cum Diomede domus,
Euryalo, et Sthenelo : nam tertius hoc ego regnum
    Possedi, de quo nunc satis est tumulus.

VII. Antilochus.

Bon au conseil et sous les armes, deux qualités qui vont rarement ensemble, je suis Antilochus, cher aux Atrides et cher aux Éacides. J'avais mérité du même coup le prix du courage et de la piété, je venais de sauver Nestor, mon père, quand je mourus. Ce n'était point dans l'ordre de la nature; mais il était plus juste que celui-là survécût, sans qui la perfide Troie ne pouvait être prise.

VIII. Nestor.

Renfermé dans ce tombeau, après avoir prodigué ma vie au quatrième âge de sa durée, je suis Nestor, célèbre par la sagesse et l'éloquence. Mon fils marcha, pour me sauver, au-devant de la mort qui le frappa lui-même, et le père vécut du trépas de l'enfant. Hélas! pourquoi la destinée qui dispose de nos jours, prit-elle ainsi plaisir à faire la vie si longue pour moi, et si courte pour Antilochus?

IX. Pyrrhus.

Enseveli au centre du monde, je suis Pyrrhus, plus grand que mon valeureux père, parce qu'enfant encore, j'ai remporté les dépouilles d'un roi. L'impie Oreste m'égorgea par surprise au pied des autels. Pourquoi s'en étonner? il avait tué sa mère, et sa furie l'égarait encore.

X. Euryalus.

La Pleuronie ne me croit pas non plus indigne d'un souvenir; car Euryalus, Diomède et Sthenelus étaient de la même famille; et je fus le troisième possesseur de ce royaume, où je me contente aujourd'hui d'un tombeau.

XI. Guneo.

Gunea pontus habet, tumulus sine corpore nomen;
  Fama homines inter; coelum animus repetit.
Cuncta elementa duci tanto commune sepulcrum.
  Quae? coelum, et tellus, et mare, et ora virum.

XII. Protesilao.

Fatale adscriptum nomen mihi Protesilao.
  Nam primus Danaum bello obii Phrygio,
Audaci ingressus Sigeia litora saltu,
  Captus pellacis Laertiadae insidiis;
Qui, ne Trojanae premeret pede litora terrae,
  Ipse super proprium desiliit clypeum.
Quid queror? hoc letum jam tum mea fata canebant,
  Tale mihi nomen quum pater imposuit.

XIII. Deiphobo.

Proditus ad poenam, sceleratae fraude Lacaenae,
  Et deformato corpore Deiphobus,
Non habeo tumulum, nisi quem mihi voce vocantis
  Et pius Æneas, et Maro composuit[1].

XIV. Hectori[1].

Hectoris hic tumulus : cum quo sua Troja sepulta est.
  Conduntur pariter, qui periere simul.

XV. Astyanacti.

Flos Asiae, tantaque unus de gente superstes,
Parvulus, Argivis sed jam de patre timendus.

XI. Gunéus.

La mer possède le corps de Gunéus, le tombeau n'a que son nom : sa gloire vit parmi les hommes, son âme est retournée au ciel. Tous les éléments forment un commun sépulcre à cet illustre chef. Quels éléments? le ciel, la terre, la mer et la voix de l'homme.

XII. Protésilas.

Protésilas ! nom fatal qu'on m'avait donné là ! car je mourus le premier de tous les Grecs dans la guerre phrygienne. Je m'étais élancé avec audace sur le rivage de Sigée, me laissant prendre ainsi aux piéges trompeurs du fils de Laërte, qui, pour ne pas toucher du pied le sol du rivage troyen, descendit en sautant sur son bouclier. Pourquoi me plaindre ? la destinée m'avait prédit ce trépas, quand mon père m'imposa un pareil nom.

XIII. Déiphobus.

Livré au supplice par la criminelle trahison d'une Lacédémonienne, je suis Déiphobus. Mon cadavre mutilé n'eut d'autre tombeau que celui que le pieux Énée, que Virgile m'ont élevé, en évoquant mes mânes.

XIV. Hector.

C'est ici le tombeau d'Hector : sa Troie est ensevelie avec lui. Ils reposent ensemble, puisqu'ensemble ils ont péri.

XV. Astyanax.

Fleur de l'Asie, unique débris d'une grande famille, bien jeune encore, mais déjà redoutable aux Ar-

Hic jaceo Astyanax, Scæis dejectus ab altis.
Proh dolor! Iliaci Neptunia mœnia muri
Viderunt aliquid crudelius Hectore tracto.

XVI. Sarpedoni.

Sarpedon Lycius, genitus Jove, numine patris
  Sperabam cœlum; sed tegor hoc tumulo,
Sanguineis fletus lacrymis. Proh ferrea fata!
  Et patitur luctum, qui prohibere potest!

XVII. Nasti et Amphimacho.

Nastes, Amphimachusque, Nomionis inclyta proles,
  Ductores quondam, pulvis et umbra sumus.

XVIII. Troilo.

Hectore prostrato, nec Dis, nec viribus æquis
  Congressus sævo Troilus Æacidæ,
Raptatus bigis, fratris conjungor honori;
  Cujus ob exemplum nec mihi pœna gravis.

XIX. Polydoro.

Cede procul, myrtumque istam fuge nescius, hospes;
  Telorum seges est sanguine adulta meo [1].
Confixus jaculis, et ab ipsa cæde sepultus,
  Condor in hoc tumulo bis Polydorus ego.
Scit pius Æneas, et tu, rex impie: quod me
  Thracia pœna premit, Troia cura tegit [2].

giens par son père, ici repose Astyanax, précipité du haut de la porte Scée. O douleur! les murs Neptuniens d'Ilion ont vu quelque chose de plus cruel que le supplice d'Hector!

XVI. Sarpédon.

SARPÉDON le Lycien, fils de Jupiter, j'espérais, grâce à la divinité de mon père, aller au ciel ; mais je suis enfermé dans ce tombeau, après avoir été pleuré avec des larmes de sang. O destins de fer! Et celui-là souffre ma perte, qui pouvait l'empêcher!

XVII. Nastès et Amphimachus.

NASTÈS et Amphimachus, nobles enfants de Nomion, nous commandions autrefois, et nous ne sommes plus qu'ombre et poussière.

XVIII. Troïlus.

APRÈS la chute d'Hector, malgré les dieux et mes forces inégales, j'osai combattre, moi Troïlus, le cruel Éacide. Traîné dans la poudre par deux coursiers, c'est un honneur que je partage avec mon frère, et son exemple allége mon supplice.

XIX. Polydorus.

ÉLOIGNE-TOI, étranger ; fuis ce myrte que tu ne connais pas : c'est une moisson de javelots qui a pris racine dans mon sang. Percé de traits, je restai enseveli sous mes propres débris, et ce tombeau est le second qui recouvre Polydorus. Le pieux Énée sait bien, et toi aussi, roi impie, que si le crime d'un Thrace écrase mon cadavre, le culte d'un Troyen lui donne un abri.

XX. Euphemo.

Euphemum Ciconum ductorem Troia tellus
  Condidit hastati Martis ad effigiem.
Nec satis est titulum saxo incidisse sepulcri;
  Insuper et frontem mole onerant statuae.
Ocius ista ruunt, quae sic cumulata locantur:
  Major ubi est cultus, magna ruina subest.

XXI. Hippothoo et Pyleo, in horto sepultis.

Hippothoum Pyleumque tenet gremio infima tellus;
  Caulibus et malvis terga superna virent.
Nec vexat cineres horti cultura quietos,
  Dum parcente manu molle olus excolitur.

XXII. Ennomo et Chromio.

Ennomus hic, Chromiusque jacent; queis Mysia regnum,
  Queis pater Alcinus, Oceanusque atavus.
Nobilitas quid tanta juvat? quo clarius istis
  Est genus, hoc mortis conditio gravior.

XXIII. Priamo.

Hic Priami non est tumulus, nec condor in ista
  Sede: caput Danai diripuere meum.
Ast ego quum lacerum sine nomine funus haberem,
  Confugi ad cineres Hectoreos genitor.
Illic et natos, Trojamque, Asiamque sepultam
  Inveni, et nostrum quidquid ubique jacet.

XX. Euphemus.

EUPHEMUS, chef des Cicones, est enseveli dans les champs de Troie, près d'une statue de Mars armé de la haste. Et l'inscription gravée sur la pierre sépulcrale ne suffit pas : une énorme statue charge encore le front de sa tombe. Ils s'écroulent bien vite, ces monuments accumulés ; et plus le faste est grand, plus grande est la ruine.

XXI. Hippothoüs et Pyléus, enterrés dans un jardin.

HIPPOTHOÜS et Pyléus sont renfermés dans le sein de cette terre ; le chou et la mauve verdoient à sa surface : et la culture du jardin ne trouble point le repos de leurs cendres ; car la main les épargne en cultivant ces plantes légères.

XXII. Ennomus et Chromius.

ICI reposent Ennomus et Chromius : la Mysie fut leur empire, Alcinus leur père, et l'Océan leur aïeul. A quoi bon cette haute noblesse? Plus leur origine est illustre, plus les lois du trépas leur pèsent.

XXIII. Priam.

CE n'est point là le tombeau de Priam ; je ne suis point enterré en ce lieu. Les Grecs ont arraché ma tête ; et moi, cadavre mutilé, sans funérailles et sans nom, je me suis réfugié près des cendres d'Hector, dont je suis le père. Là j'ai retrouvé aussi mes enfants, et Troie et l'Asie, ensevelis avec lui, et tous les débris de notre empire.

XXIV. Item Priamo.

Qui tumulum Priami quærit, legat Hectoris ante :
  Ille meus, nato quem prius ipse dedi.
Hectoris et patris simul est commune sepulcrum,
  Amborum quoniam juncta ruina fuit.

XXV. Hecubæ [1]

Quæ regina fui, quæ claro nata Dymante,
  Quæ Priami conjux, Hectora quæ genui,
Hic Hecuba injectis perii superobruta saxis;
  Sed rabie linguæ me tamen ulta prius.
Fidite ne regnis, et prole, et stirpe parentum,
  Quicumque hoc nostrum $\sigma\tilde{\eta}\mu\alpha$ $\kappa\upsilon\nu\grave{o}\varsigma$ legitis [2].

XXVI. Polyxenæ [1].

Troas Achilleo conjuncta Polyxena busto,
  Malueram nullo cespite functa tegi.
Non bene discordes tumulos miscetis, Achivi.
  Hoc violare magis, quam sepelire fuit.

ALIQUOT ALIORUM EPITAPHIA.

XXVII. Niobæ, in Sipylo monte juxta fontem sepultæ.

Thebarum regina fui, Sipyleia cautes
  Quæ modo sum : læsi numina Latoidum.
Bis septem natis genitrix læta atque superba,
  Tot duxi mater funera, quot genui.

XXIV. Même sujet.

Avant de chercher le tombeau de Priam, qu'on lise l'inscription de celui d'Hector. Ma tombe est celle que j'avais donnée d'abord à mon fils. Hector et son père ont une commune sépulture, parce qu'ils ont eu l'un et l'autre une ruine commune.

XXV. Hécube.

Moi qui fus reine, moi la fille de l'illustre Dymas, moi l'épouse de Priam, moi la mère d'Hector, Hécube, je suis morte ici écrasée sous des monceaux de pierres. Mais ma langue avait auparavant servi ma rage et ma vengeance. Ne vous fiez point à la royauté, au nombre de vos enfants, à la noblesse de votre origine, vous qui lisez notre épitaphe au Tombeau de la Chienne.

XXVI. Polyxène.

Polyxène et Troyenne, on m'enferme au tombeau d'Achille : j'aurais mieux aimé que la terre ne couvrît jamais mon cadavre. Vous faites mal, Achéens, de réunir ainsi deux tombes ennemies : c'est un outrage plutôt qu'une sépulture.

ÉPITAPHES DE QUELQUES AUTRES.

XXVII. Niobé, enterrée sur le mont Sipyle, près d'une fontaine.

Je fus reine de Thèbes, moi qui ne suis aujourd'hui qu'un rocher du Sipyle. J'ai outragé la divinité des Latoïdes. Mère de quatorze enfants, ma joie et mon orgueil, j'ai mené le deuil de chacun de ceux que j'avais engen-

Nec satis hoc Divis : duro circumdata saxo,
    Amisi humani corporis effigiem.
Sed dolor, obstructis quanquam vitalibus, hæret;
    Perpetuasque rigat fonte pio lacrymas.
Proh facinus! tantæne animis cœlestibus iræ?
    Durat adhuc luctus, matris imago perit.

XXVIII. Eidem.

Vivebam : sum facta silex[1], quæ deinde polita
    Praxitelis manibus[2], vivo iterum Niobe.
Reddidit artificis manus omnia, sed sine sensu.
    Hunc ego, quum læsi numina, non habui.

XXIX. Eidem.

Habet sepulcrum non id intus mortuum;
Habet nec ipse mortuus bustum super :
Sibi sed est ipse hic sepulcrum, et mortuus.

XXX. Didoni [1].

Infelix Dido, nulli bene nupta marito :
    Hoc pereunte fugis, hoc fugiente peris.

XXXI. Diogeni Cynico [1], in cujus sepulcro, pro titulo, canis signum est.

Dic, canis, hic cujus tumulus? Canis. At canis hic quis?
    Diogenes. Obiit? Non obiit, sed abit [2].
Diogenes, cui pera penus, cui dolia sedes,
    Ad Manes abiit? Cerberus ire vetat.
Quonam igitur? Clari flagrat qua stella Leonis.
    Additus est justæ nunc canis Erigonæ.

drés. Et ce n'était point assez pour les dieux : enveloppée de la dure écorce du marbre, j'ai perdu la forme d'un corps humain. Mais si ma vie est étouffée, la douleur me reste, et m'arrache éternellement de pieux ruisseaux de larmes. O forfait! les dieux ont-ils dans l'âme tant de haines? La douleur de la mère dure encore, quand la forme a péri.

XXVIII. Même sujet.

JE vivais, je suis devenue pierre : façonnée des mains de Praxitèle, je revis, je suis encore Niobé. La main de l'artiste m'a tout rendu, hors l'intelligence. Je n'en avais point quand j'offensai les dieux.

XXIX. Même sujet.

CE sépulcre n'a point au dedans de cadavre, et le cadavre n'a point de sépulcre au dehors. Sépulcre et cadavre, ici, ne font qu'un.

XXX. Didon.

PAUVRE Didon, nul époux ne t'a donné le bonheur. Celui-ci meurt, tu fuis; celui-là fuit, tu meurs.

XXXI. Diogène le Cynique, sur le tombeau duquel le nom est remplacé par une statue de chien.

DIS, chien, à qui ce tombeau? — Au chien. — Mais quel chien? — Diogène. — La vie l'a donc quitté? — Non, mais il a quitté la vie. — Quoi! Diogène, qui avait toute sa pitance dans une besace, et son gîte dans un tonneau, s'en est allé chez les Mânes? — Non, Cerbère lui défend d'entrer. — Où donc est-il? — Où brille du Lion l'étoile étincelante : le chien s'est placé près de la juste Érigone.

XXXII. In tumulum sedecennis matronæ.

Omnia quæ longo vitæ cupiuntur in ævo,
Ante quater plenum consumpsit Anicia lustrum.
Infans lactavit, pubes et virgo adolevit,
Nupsit, concepit, peperit, jam mater obivit.
Quis mortem accuset? quis non accuset in ista?
Ætatis meritis anus est, ætate puella.

XXXIII. Glauciæ immatura morte prævento.

Læta bis octono tibi jam sub consule pubes
   Cingebat teneras, Glaucia adulte, genas.
Et jam desieras puer, anne puella, videri:
   Quum properata dies abstulit omne decus.
Sed neque functorum socius miscebere vulgo,
   Nec metues Stygios flebilis umbra lacus.
Verum aut Persephonæ Cinyreius ibis Adonis.
   Aut Jovis Elysii tu catamitus eris.

XXXIV. Callicrateæ.

Viginti atque novem genitrici Callicrateæ [1]
   Nullius sexus mors mihi visa fuit.
Sed centum et quinque explevi bene messibus annos,
   Intremulam baculo non subeunte manum.

XXXV. Equo admirabili, jussu Augusti.

Phosphore, clamosi spatiosa per æquora Circi [1]
   Septenas solitus victor obire vias,

ÉPITAPHES.

XXXII. Au tombeau d'une mère de famille, morte à seize ans.

Tous les biens qu'on peut désirer dans le cours d'une longue vie, Anicia les avait épuisés avant d'avoir accompli son quatrième lustre. Enfant, elle fut nourrie de lait; puis elle grandit vierge et pubère; elle se maria, conçut, enfanta, devint mère et mourut. Comment accuser la mort? comment aussi ne pas l'accuser? Elle avait tous les dons de l'âge mûr, elle avait l'âge d'une jeune fille encore.

XXXIII. Glaucias, mort avant l'âge.

Ta puberté fleurie, après deux fois huit consuls, jeune Glaucias, entourait déjà de son duvet tes tendres joues; sur tes traits déjà on commençait à distinguer l'homme de la jeune fille, quand le trépas, devançant l'heure, t'enleva tous ces dons. Mais tu ne seras point confondu dans la compagnie des morts vulgaires, et ton ombre plaintive n'a point à redouter les marais du Styx. Tu seras ou le fils de Cinyre, l'Adonis de Proserpine, ou le Ganymède du Jupiter de l'Élysée.

XXXIV. Callicratea.

Callicratea, mère de vingt-neuf enfants, je n'en ai pas vu mourir un seul de l'un ou de l'autre sexe. Mais j'ai compté cent cinq moissons dans le cours complet de ma vie, sans qu'un bâton ait jamais soutenu ma main tremblante.

XXXV. Pour un cheval admirable, par ordre d'Auguste.

Phosphorus, tu parcourais toujours vainqueur, aux acclamations du Cirque, les sept tours de sa vaste car-

Improperanter agens primos a carcere cursus,
  Fortis prægressis ut potereris equis:
Promptum et veloces erat anticipare quadrigas:
  Victores etiam vincere, laus potior.
Hunc titulum vani solatia sume sepulcri,
  Et gradere Elysios præpes ad alipedes.
Pegasus[2] hic dexter currat tibi; lævus Arion
  Funalis; quartum det tibi Castor equum.

XXXVI. In tumulo hominis felicis.

Sparge mero cineres, bene olentis et unguine nardi,
  Hospes, et adde rosis balsama puniceis.
Perpetuum mihi ver agit illacrymabilis urna;
  Et commutavi sæcula, non obii.
Nulla mihi veteris perierunt gaudia vitæ;
  Seu meminisse putes omnia, sive nihil.

XXXVII. Sepulcrum Cari vacuum[1].

Me sibi, et uxori, et natis commune sepulcrum
  Constituit seras Carus ad exsequias.
Jamque diu monumenta vacant: sitque ista querela
  Longior; et veniat ordine quisque suo,
Nascendi qui lege datus; placidumque per ævum
  Condatur, natu qui prior, ille prior.

XXXVIII. Ex sepulcro Latinæ viæ.

Non nomen, non quo genitus, non unde, quid egi:
  Mutus in æternum sum, cinis, ossa, nihil.
Non sum; nec fueram: genitus tamen e nihilo sum.
  Mitte, nec exprobres singula: talis eris.

rière ; tu modérais ton premier élan en sortant de la barrière, pour dépasser ensuite avec plus de vigueur les coursiers qui t'avaient précédé. Tu devançais sans peine les rapides quadriges, et tu mettais de préférence ta gloire à vaincre les vainqueurs eux-mêmes. Reçois ces vers pour te consoler de la vanité du sépulcre, et vole avec vitesse vers les coursiers ailés de l'Élysée. Là, que Pégase coure à ta droite ; à la volée, Arion à gauche : le quatrième, que Castor te le donne.

XXXVI. Pour le tombeau d'un homme heureux.

ARROSE mes cendres de vin, et de l'huile parfumée du nard, passant; mêle aussi le baume à la rose de pourpre. Les larmes ne doivent point mouiller cette urne qui me donne un printemps éternel. Je n'ai fait que changer de vie ; je ne suis point mort. Aucune des joies de mes anciens jours n'a péri pour moi, soit que tu penses que je me rappelle tout ou rien.

XXXVII. Le sépulcre vide de Carus.

CARUS m'a construit pour lui, pour sa femme et pour ses enfants ; je suis le monument destiné plus tard à leur commune sépulture. Depuis longtemps déjà mon enceinte reste vide : puissé-je m'en plaindre longtemps encore ! Que chacun d'eux ne vienne qu'à son tour, et selon les lois de leur âge ; et qu'au sein du repos éternel celui-là descende le premier qui le premier reçut le jour.

XXXVIII. Un tombeau de la voie Latine.

JE ne dis point mon nom, mon père, mon pays, mes actions. Je suis muet pour l'éternité, cendre, ossements, rien. Je ne suis pas, je n'ai pas été, et pourtant je fus engendré du néant. Passe, et ne me fais pas de reproches : tu seras comme moi.

DE
DUODECIM CÆSARIBUS
PER SUETONIUM TRANQUILLUM SCRIPTIS.

AUSONIUS HESPERIO FILIO S. D.

Cæsareos proceres, in quorum regna, secundis
Consulibus, dudum Romana potentia cessit,
Accipe bis senos : sua quemque monosticha signant,
Quorum per plenam seriem Suetonius olim
Nomina, res gestas, vitamque obitumque peregit.

MONOSTICHA DE ORDINE DUODECIM IMPERATORUM.

Primus regalem patefecit Julius aulam
Cæsar, et Augusto nomen transcripsit, et arcem.
Privignus post hunc regnat Nero Claudius, a quo
Caius, cognomen Caligæ cui castra dederunt.
Claudius hinc potitur regno; post quem Nero sævus
Ultimus Æneadum. Post hunc tres, nec tribus annis :
Galba senex, frustra socio confisus inerti;
Mollis Otho, infami per luxum degener ævo;
Nec regno dignus, nec morte Vitellius ut vir.
His decimus, fatoque accitus Vespasianus;
Et Titus imperii felix brevitate : secutus
Frater, quem Calvum dixit sua Roma Neronem.

SUR
LES DOUZE CÉSARS
DONT SUÉTONE A ÉCRIT L'HISTOIRE.

AUSONE A HESPERIUS, SON FILS, SALUT.

Reçois ces douze Césars, ces empereurs dont la domination jadis mit les consuls au second rang, et s'empara de la puissance romaine. Un monostique désigne chacun de ces princes, dont Suétone autrefois, dans une histoire complète et suivie, nous a raconté les noms, les actions, et la vie et la mort.

MONOSTIQUES SUR LE RANG DES DOUZE EMPEREURS.

Jules César ouvrit le premier la cour impériale, et il transmit à Auguste son nom et son pouvoir. Après Auguste, régna son beau-fils, Néron Claudius; puis Caïus, qui reçut de l'armée le surnom de *Caligula*. Claude ensuite posséda l'empire, et après lui le cruel Néron, le dernier de la race d'Énée. Après Néron, trois empereurs, en moins de trois ans : le vieux Galba, qui plaçait une vaine confiance en son lâche collègue; Othon l'efféminé, qui traîna dans la luxure une vie infâme et dégénérée; et Vitellius, aussi indigne de régner que de mourir en homme de cœur. Le dixième, Vespasien, fut poussé au trône par sa destinée. Après lui Titus, qui fut heureux de la brièveté de son règne : il eut pour successeur son frère, que Rome nomma son Néron à tête chauve.

TEMPUS IMPERII DUODECIM CAESARUM.

Julius, ut perhibent, divus trieteride regnat.
Augustus post lustra decem sex prorogat annos;
Et ter septenis geminos Nero Claudius addit.
Tertia finit hiems grassantia tempora Caii.
Claudius hebdomadem duplicem trahit; et Nero dirus
Tantumdem, summæ consul sed defuit unus.
Galba senex, Otho lascive, et famose Vitelli,
Tertia vos Latio regnantes nesciit æstas,
Interitus dignos vita properante probrosa.
Implet fatalem decadem sibi Vespasianus.
Ter, dominante Tito, cingit nova laurea Janum:
Quindecies, sævus potitur dum Frater habenis.

DE MORTIBUS EORUM.

Julius interiit Cæsar grassante senatu.
Addidit Augustum Divis matura senectus.
Sera senex Capreis exsul Nero fata peregit.
Exegit pœnas de Cæsare Chærea mollis.
Claudius ambiguo conclusit fata veneno.
Matricida Nero proprii vim pertulit ensis.
Galba senex periit sævo prostratus Othone;
Mox Otho famosus, clara sed morte potitus.
Prodiga succedunt perimendi sceptra Vitelli.
Laudatum imperium, mors lenis, Vespasiano.
At Titus, orbis amor, rapitur florentibus annis.
Sera gravem perimunt, sed justa piacula, fratrem.

DURÉE DU RÈGNE DES DOUZE CÉSARS.

Jules, dont l'histoire a fait un dieu, régna trois ans; Auguste dix lustres et six ans, et Néron Claudius trois fois sept ans et deux années encore. Le troisième hiver mit fin aux violences du règne de Caïus : celui de Claude se prolongea deux fois sept années, et celui du cruel Néron tout autant, moins la durée d'un consulat. Vieux Galba, voluptueux Othon, infâme Vitellius, trois étés ne vous ont pas vu régner sur le Latium : les débauches de votre vie avancèrent votre digne trépas. Vespasien accomplit ses dix ans de règne pour obéir à sa destinée. Trois fois un nouveau laurier ceignit le front de Janus sous l'empire de Titus, et quinze fois pendant que son frère inhumain garda les rênes.

LEUR GENRE DE MORT.

Jules César périt assailli par les sénateurs. Une mûre vieillesse ajouta Auguste au nombre des dieux. Néron Claudius, exilé à Caprée, finit dans un âge avancé sa lente destinée. Le mou Chéréa tira vengeance de Caïus. Le poison, versé par une main inconnue, termina les jours de Claude. Néron, qui avait tué sa mère, se perça lui-même de son épée. Le vieux Galba périt sous les coups du cruel Othon; puis Othon lui-même, l'infâme! eut pourtant un beau trépas. Le sceptre vint ensuite au prodigue Vitellius qui devait mourir massacré. Vespasien, après un règne louable, eut une douce fin. Titus, les délices de la terre, fut enlevé à la fleur de ses ans, et une expiation tardive, mais juste, frappa son frère, qui pesait sur le monde.

TETRASTICHA

A JULIO CÆSARE USQUE AD TEMPORA SUA.

Nunc et prædictos, et regni sorte sequentes
  Expediam, series quos tenet imperii.
Incipiam ab Divo, percurramque ordine cunctos,
  Novi Romanæ quos memor historiæ.

I. Julius Cæsar.

Imperium, binis fuerat sollemne quod olim
  Consulibus, Cæsar Julius obtinuit.
Sed breve jus regni, sola trieteride gestum,
  Perculit armatæ factio sæva togæ.

II. Octavianus Augustus.

Ultor, successorque dehinc Octavius, idem
  Cæsar; at Augusti nomine nobilior.
Longæva, et nunquam dubiis violata potestas,
  In terris positum credidit esse Deum.

III. Tiberius Nero.

Prænomen Tiberi nactus Nero, prima juventæ
  Tempora laudato gessit in imperio.

QUATRAINS

SUR LES EMPEREURS

DEPUIS JULES CÉSAR JUSQU'AU TEMPS D'AUSONE.

Maintenant je vais parler et de ceux que j'ai déjà nommés, et de ceux qui les ont suivis sur le trône, d'après l'ordre de leur avénement à l'empire. Je commencerai par le dieu, et je parcourrai successivement tous ces noms que l'histoire romaine m'a fait connaître et qui sont restés dans mon souvenir.

I. Jules César.

L'empire, autrefois dévolu par l'usage aux deux consuls, fut usurpé par Jules César. Mais son autorité souveraine, qui ne dura que le court espace de trois ans, tomba sous les armes ennemies de la toge conjurée.

II. Octave Auguste.

Son vengeur et son successeur fut Octave, appelé César aussi, mais plus célèbre sous le nom d'Auguste. La longue durée de sa puissance, que nulle atteinte ne mit en péril, le fit regarder comme un dieu placé sur la terre.

III. Tibère Néron.

Néron, qui reçut le prénom de Tibère, porta dignement, dans les premiers temps de sa jeunesse, le far-

Frustra dehinc solo Caprearum clausus in antro,
  Quæ prodit vitiis, credit operta locis.

IV. Cæsar Caligula.

Post hunc castrensis caligæ cognomine Cæsar
  Successit sævo sævior ingenio :
Cædibus, incestisque dehinc maculosus, et omni
  Crimine pollutum qui superavit avum.

V. Claudius Cæsar.

Claudius irrisæ privato in tempore vitæ,
  In regno specimen prodidit ingenii.
Libertina tamen, nuptarum et crimina passus,
  Non faciendo nocens, sed patiendo fuit.

VI. Nero.

Æneadum generis qui sextus et ultimus heres,
  Polluit, et clausit Julia sacra [1] Nero.
Nomina quot pietas [2], tot habet quoque crimina vitæ.
  Disce ex Tranquillo, quæ meminisse piget.

VII. Servius Galba.

Spem frustrate senex, privatus sceptra mereri
  Visus, et imperio proditus inferior.
Fama tibi melior juveni ; sed justior ordo est,
  Complacuisse dehinc, displicuisse prius.

deau de l'empire. En vain il s'enferme ensuite dans l'antre solitaire de Caprée; il croit que la retraite le met à l'abri, mais il est trahi par ses vices.

IV. César Caligula.

Après lui, et plus cruel encore que ce cruel génie, régna César, qui prit d'une chaussure militaire le surnom de Caligula. Souillé de meurtres et d'incestes, il surpassa bientôt son aïeul pollué de tous les vices.

V. César Claude.

Claude, la risée de Rome durant sa vie privée, donna sur le trône des preuves d'intelligence. Cependant il souffrit les crimes de ses affranchis et de ses femmes, et il fut coupable, non par ses actes, mais par sa tolérance.

VI. Néron.

Sixième et dernier rejeton de la race d'Énée, Néron profana l'héritage sacré des Jules, qui finirent avec lui. Autant sa piété eut de noms à révérer, autant sa vie compte de crimes. Suétone vous apprendra ce que je n'ose rappeler.

VII. Servius Galba.

Tu trompas l'espoir de Rome, ô vieillard : citoyen, tu paraissais digne du sceptre; empereur, tu révélas ton impuissance. Ta réputation fut meilleure en ta jeunesse : mais il eût été plus naturel de déplaire d'abord, et de plaire ensuite.

VIII. Marcus Otho.

Æmula polluto gesturus sceptra Neroni,
  Obruitur celeri raptus Otho exitio.
Fine tamen laudandus erit, qui morte decora
  Hoc solum fecit nobile, quod periit.

IX. Aulus Vitellius.

Vitæ ut sors, mors fœda tibi, nec digne, Vitelli,
  Qui fieres Cæsar : sic sibi fata placent.
Umbra tamen brevis imperii; quia præmia regni
  Sæpe indignus adit, non nisi dignus habet.

X. Divus Vespasianus.

Quærendi attentus, moderato commodus usu,
  Auget nec reprimit Vespasianus opes.
Olim qui dubiam privato in tempore famam,
  Rarum aliis, princeps transtulit in melius.

XI. Titus Vespasianus.

Felix imperio, felix brevitate regendi,
  Expers civilis sanguinis, orbis amor,
Unum dixisti moriens te crimen habere:
  Sed nulli de te, non tibi credidimus.

VIII. Marcus Othon.

OTHON promettait de porter le sceptre à l'exemple de l'impur Néron, mais une prompte mort entraîna sa ruine. Sa fin pourtant mérite quelque éloge : il eut un beau trépas ; et la seule noble action qu'il ait faite, c'est de se tuer.

IX. Aulus Vitellius.

COMME ta vie, ta mort fut honteuse, Vitellius : tu ne méritais pas le rang des Césars ; mais tels sont les caprices du sort. Cependant ton règne passa comme une ombre ; car souvent un homme indigne atteint aux honneurs de l'empire, mais celui-là seul les conserve, qui en est digne.

X. Le divin Vespasien.

SOIGNEUX d'amasser, libéral dans l'emploi modéré de ses biens, Vespasien accroît ses richesses et n'en est point avare. Au temps de sa vie privée, sa réputation était équivoque ; prince, il eut le talent, assez rare chez d'autres, de la rendre meilleure.

XI. Titus Vespasianus.

HEUREUX de commander, heureux du peu de durée de ton règne, pur du sang de tes concitoyens, amour du monde entier, tu disais en mourant que tu n'avais qu'une faute à te reprocher. On t'accuserait, que nous ne croirions personne : nous ne te croyons pas.

XII. Domitianus.

Hactenus edideras dominos, gens Flavia, justos.
  Cur duo quæ dederant, tertius eripuit?
Vix tanti est habuisse illos : quia dona bonorum
  Sunt brevia ; æternum, quæ nocuere, dolent.

XIII. Nerva.

Proximus exstincto moderatur sceptra tyranno
  Nerva senex, princeps nomine, mente parens.
Nulla viro soboles : imitatur adoptio prolem,
  Quam legisse juvet, quam genuisse velit.

XIV. Trajanus.

Aggreditur regimen viridi Trajanus in ævo,
  Belli laude prior, cetera patris habens.
Hic quoque prole carens, sociat sibi sorte legendi,
  Quem fateare bonum, diffiteare parem.

XV. Ælius Hadrianus.

Ælius hinc subiit mediis præsignis in actis :
  Principia et finem fama notat gravior.
Orbus et hic, sociatque virum documenta daturum.
  Adsciti quantum præmineant genitis.

XVI. Antoninus Pius.

Antoninus abhinc regimen capit : ille vocatu
  Consultisque Pius, nomen habens meriti.

XII. Domitien.

Jusque-là, famille Flavia, tu nous avais donné des maîtres justes : d'où vient que les bienfaits des deux premiers nous sont ravis par le troisième? Autant valait presque ne les point connaître : car les dons de la vertu passent vite, mais les atteintes du vice laissent une douleur éternelle.

XIII. Nerva.

Après la mort de ce tyran, le vieux Nerva gouverne le sceptre, avec le nom d'empereur, avec le cœur d'un père. Il n'avait point d'enfants : l'adoption lui donne un fils ; et il est si heureux de l'héritier qu'il a choisi, qu'il en voudrait être le père.

XIV. Trajan.

Trajan arrive au trône dans un âge encore vert. Plus célèbre, comme guerrier, que son père, il lui ressemble pour tout le reste. Comme lui sans enfants, il fit choix d'un associé, qu'on doit avouer pour un bon prince, mais désavouer pour son égal.

XV. Élius Adrien.

Élius, son successeur, illustra par de belles actions le milieu de son règne ; mais les commencements et la fin brillent d'un fâcheux éclat. Sans héritier, il associe à l'empire un homme qui devait prouver à quel point un fils adoptif l'emporte souvent sur un enfant légitime.

XVI. Antonin le Pieux.

Antonin, qui prit ensuite le pouvoir, reçut du peuple et du sénat le nom de *Pieux*, dû à ses mérites. Le sort

Filius huic fato nullus; sed lege suorum
  A patria sumpsit, qui regeret patriam.

XVII. Marcus Antoninus.

Post Marco tutela datur, qui scita Platonis
  Flexit ad imperium, patre Pio melior.
Successore suo moriens, sed principe pravo,
  Hoc solo patriæ, quod genuit, nocuit.

XVIII. Commodus.

Commodus insequitur, pugnis maculosus arenæ,
  Threcidico princeps bella movens gladio.
Eliso tandem persolvens gutture pœnas,
  Criminibus fassus matris adulterium.

XIX. Helvius Pertinax.

Helvi, judicio et consulto lecte senatus,
  Princeps decretis prodite, non studiis:
Quod doluit malefida cohors; errore probato[1].
  Curia quod castris cesserat imperio.

XX. Didius Julianus.

Di bene, quod spoliis Didius non gaudet opimis,
  Et cito perjuro præmia adempta seni.
Tuque, Severe pater, titulum ne horresce novantis:
  Non rapit imperium vis tua, sed recipit.

ne lui donna point de fils; mais, suivant la loi de ses devanciers, il tira du sein de la patrie celui qui devait gouverner la patrie.

XVII. Marc Antonin.

On donne après lui le sceptre à Marcus, qui appliqua les doctrines de Platon à l'art de régner, et fut meilleur encore que le pieux empereur son père. Il laissa en mourant un héritier, mais un méchant prince, et le seul mal qu'il ait fait à sa patrie, c'est d'avoir été père.

XVIII. Commode.

Commode lui succède : prince gladiateur, tout poudreux des combats de l'arène, et toujours armé pour la lutte. Étranglé enfin, il subit le châtiment de ses crimes, après avoir, par l'éclat de ses vices, trahi l'adultère de sa mère.

XIX. Helvius Pertinax.

Élu par jugement et par décision du sénat, Helvius, un décret te proclama empereur, et non les suffrages des soldats : ce qui blessa leur orgueil. Une cohorte infidèle prouva le vice de cette élection, car le sénat avait cédé tous ses droits à l'armée.

XX. Didius Julianus.

Les dieux sont justes! Didius ne profita pas de ces dépouilles opimes, et le parjure vieillard perdit bientôt le prix de sa trahison. Et toi, Sévère, que ton cœur paternel ne redoute pas le nom d'usurpateur : renverser cet homme, ce n'est point envahir le pouvoir, c'est le reprendre.

XXI. Severus Pertinax.

Impiger egelido movet arma Severus ab Istro,
　Ut parricidæ regna adimat Didio.
Punica origo illi : sed qui virtute probaret,
　Non obstare locum, quum valet ingenium.

XXII. Bassianus Antoninus Caracalla.

Dissimilis virtute patri, et multo magis illi,
　Cujus adoptivo nomine te perhibes;
Fratris morte nocens, punitus fine cruento,
　Irrisu populi tu, Caracalla, magis¹.

XXIII. Opilius Macrinus.

Principis hinc custos, sumptum pro Cæsare ferrum
　Vertit in auctorem cæde Macrinus iners.
Mox cum prole ruit. Gravibus pulsare querelis
　Cesset perfidiam : quæ patitur, meruit.

XXIV. Antoninus Heliogabalus.

Tune etiam Augustæ sedis penetralia fœdas,
　Antoninorum nomina falsa gerens?
. . . .

[Reliqua desiderantur.]

XXI. Sévère Pertinax.

Des bords glacés de l'Ister, Sévère accourt, entraînant son armée, pour arracher l'empire au parricide Didius. Il était d'origine punique; mais il prouva par sa vertu que la naissance n'est point un obstacle quand on a la puissance du génie.

XXII. Bassianus Antoninus Caracalla.

Bien différent de ton vertueux père, et plus encore de celui dont tu te vantais d'avoir adopté le nom, coupable du meurtre de ton frère, tu trouvas ton châtiment dans une mort sanglante, et plus encore, Caracalla, dans la risée du peuple.

XXIII. Opilius Macrinus.

Gardien de l'empereur, le fer qu'il avait pris pour la défense de César, Macrinus, lâche meurtrier, le tourne contre son maître. Et bientôt il tombe lui-même avec son fils. Qu'il cesse de se plaindre et de crier à la trahison : il a mérité son sort.

XXIV. Antoninus Héliogabale.

Tu souilles donc aussi le sanctuaire du palais des Césars, toi qui portes si indignement le nom des Antonins!. . . . .
. . . .

[La suite manque.]

ORDO
NOBILIUM URBIUM.

I. Roma.

PRIMA urbes inter, Divum domus, aurea Roma.

II. Constantinopolis et Carthago.

CONSTANTINOPOLI assurgit Carthago priori,
Non toto cessura gradu; quia tertia dici
Fastidit, non ausa locum sperare secundum,
Qui fuit ambarum : vetus hanc opulentia præfert,
Hanc fortuna recens : fuit hæc, subit ista; novisque
Excellens meritis, veterem præstringit honorem,
Et Constantino concedere cogit Elissam.
Accusat Carthago Deos jam plena pudoris,
Nunc quoque si cedat, Romam vix passa priorem.
Componat vestros fortuna antiqua tumores.
Ite pares, tandem memores, quo numine Divum
Angustas mutastis opes et nomina, tu quum
Byzantina Lygos, tu Punica Byrsa fuisti.

ORDRE
DES VILLES CÉLÈBRES.

I. Rome.

La première entre les cités, c'est le séjour des dieux, c'est Rome dorée.

II. Constantinople et Carthage.

Carthage se lève par déférence devant Constantinople, sans tout à fait lui céder le pas, parce que le troisième rang lui répugne, bien qu'elle n'ose pas aspirer seule au deuxième, qui appartient à toutes deux. L'une prévaut par son antique puissance, l'autre par sa fortune récente. L'une a été, l'autre commence; l'excellence de ses mérites nouveaux efface l'ancienne splendeur de sa rivale, et force Didon de s'incliner devant Constantin. Carthage accuse les dieux de la honte qui va la couvrir, si elle cède encore aujourd'hui, elle qui n'accorda qu'avec peine la préséance à Rome. Que le souvenir de votre antique fortune abaisse votre orgueil. Allez de pair, et rappelez-vous enfin que, sans un bienfait des dieux, vous n'auriez point changé votre puissance et vos noms si humbles autrefois, alors que vous étiez, toi Lygos la Byzantine, et toi la Punique Byrsa.

III. Antiochia et Alexandria [1].

Tertia, Phœbeæ lauri domus, Antiochia,
Vellet Alexandri si quarta colonia poni.
Ambarum locus unus : et has furor ambitionis
In certamen agit vitiorum; turbida vulgo
Utraque, et amentis populi male sana tumultu.
Hæc Nilo munita quod est, penitusque repostis
Insinuata locis, fœcunda et tuta, superbit :
Illa quod infidis opponitur æmula Persis.
Et vos ite pares, Macetumque attollite nomen.
Magnus Alexander te condidit : illa Seleucum
Nuncupat; ingenuum cujus fuit ancora signum [2],
(Qualis inusta solet) generis nota certa, per omnem
Nam sobolis seriem nativa cucurrit imago.

IV. Treveri [1].

Armipotens dudum celebrari Gallia gestit,
Trevericæque urbis solium, quæ, proxima Rheno,
Pacis ut in mediæ gremio secura quiescit;
Imperii vires quod alit, quod vestit et armat.
Lata per extentum procurrunt mœnia collem.
Largus tranquillo prælabitur amne Mosella,
Longinqua omnigenæ vectans commercia terræ.

V. Mediolanum.

Et Mediolani mira omnia, copia rerum,
Innumeræ cultæque domus, facunda virorum
Ingenia, et mores læti : tum duplice muro

III. Antioche et Alexandrie.

ANTIOCHE, où se plaît le laurier d'Apollon, serait la troisième, si la colonie d'Alexandre acceptait la quatrième place. Mais toutes deux ont le même rang ; et dans le délire de leur ambition, toutes deux luttent de vices, bouleversées sans cesse l'une et l'autre par les désordres de la multitude, par les soulèvements d'une populace forcenée. L'une, défendue par le Nil, et reculée au loin au sein des terres, est fière de sa richesse et de sa sûreté. L'autre vante sa puissance rivale qui tient tête aux Perses infidèles. Et vous aussi marchez égales, soutenez la gloire du nom macédonien : car c'est Alexandre le Grand qui éleva l'une, et l'autre eut pour fondateur Seleucus, qui portait en naissant l'image d'une ancre sur la cuisse. Telle que l'empreinte d'un fer brûlant, cette marque resta gravée dans sa famille, et passa comme un signe naturel de sa race à toute la suite de ses descendants.

IV. Trèves.

DEPUIS longtemps la Gaule guerrière réclame mes chants en faveur de *Treveri*, la ville impériale, qui, voisine du Rhin, semble au sein d'un paix profonde et repose en sûreté, parce qu'elle nourrit, habille et arme les forces de l'empire. Ses épaisses murailles s'étendent sur le revers d'une colline. A ses pieds coule la Moselle, large et tranquille fleuve qui lui apporte les commerces lointains de toutes les contrées.

V. Milan.

A MILAN, tout est merveille : abondance de biens, maisons nombreuses, élégantes, hommes distingués par le génie, l'éloquence, et la douceur de leurs mœurs. Un

Amplificata loci species, populique voluptas
Circus, et inclusi moles cuneata theatri;
Templa, Palatinæque arces, opulensque Moneta,
Et regio Herculei celebris sub honore lavacri,
Cunctaque marmoreis ornata peristyla signis,
Mœniaque in valli formam circumdata labro.
Omnia quæ magnis operum velut æmula formis
Excellunt, nec juncta premit vicinia Romæ.

VI. Capua.

Nec Capuam pelago, cultuque, penuque potentem,
Deliciis, opibus, famaque priore silebo;
Fortuna variante vices, quæ freta secundis,
Nescivit servare modum: nunc subdita Romæ,
Æmula tunc; fidei memor, anne infida, senatum
Sperneret, an coleret dubitans, sperare curules
Campanis ausa auspiciis, unoque suorum
Consule, ut imperium divisi attolleret orbis.
Quin etiam rerum dominam, Latiique parentem,
Appetiit bello, ducibus non freta togatis.
Hannibalis jurata armis, deceptaque in hostis
Servitium demens specie transivit herili.
Mox ut in occasum vitiis communibus acti
Corruerunt Pœni luxu, Campania fastu,
(Heu! nunquam stabilem sortita superbia sedem!)
Illa potens, opibusque valens, Roma altera quondam,
Comere quæ paribus potuit fastigia conis[1],
Octavum rejecta locum vix pæne tuetur.

double mur agrandit l'aspect de la ville, où s'élèvent, un cirque, les délices du peuple ; un théâtre fermé, où s'échelonnent d'immenses gradins ; puis des temples, le Palais et ses remparts, et l'opulent hôtel de Moneta, et le quartier célèbre sous le nom de Bains d'Hercule, et partout des péristyles ornés de statues de marbre, et des murailles entourées de fossés en forme de circonvallation. Tous ces ouvrages semblent, par leurs vastes formes, rivaliser de magnificence, et ne sont point écrasés par le voisinage de Rome.

VI. Capoue.

Je ne tairai point Capoue, sa puissance maritime, son élégance, ses festins, ses délices, ses richesses, toutes ses vieilles gloires. Malgré les retours de l'inconstante fortune, elle eut confiance en sa prospérité, et ne sut point garder de mesure. Aujourd'hui l'esclave de Rome, elle était jadis sa rivale. Balançant toujours à observer ou à trahir sa foi, à mépriser le sénat ou à lui rendre hommage, elle osa espérer les curules pour ses auspices de Campanie, pour un consul tiré de son sein, et s'élever assez haut pour partager l'empire du monde. Bien plus, à la cité maîtresse de l'univers, à la mère du Latium, elle déclara la guerre : elle se fiait à ses généraux sans toge. Elle jura fidélité aux armes d'Annibal, et, bientôt déçue, elle passa, l'insensée ! sous le joug de cet ennemi, avec des airs de souveraine. Puis, entraînés à leur ruine par leurs vices communs, les Carthaginois se perdirent par la luxure, et la Campanie par le faste (jamais l'orgueil, hélas ! ne rencontre de solides fondements !) ; et cette ville, autrefois si puissante par sa force et par ses richesses, cette autre Rome, qui pouvait orner son cimier d'une aigrette rivale, la voilà reléguée au huitième rang, où encore elle se soutient à peine.

VII. Aquileia.

Non erat iste locus : merito tamen aucta recenti,
Nona inter claras, Aquileia, cieberis urbes,
Itala ad Illyricos objecta colonia montes,
Mœnibus et portu celeberrima : sed magis illud
Eminet, extremo quod te sub tempore legit,
Solveret exacto cui sera piacula lustro,
Maximus[1], armigeri quondam sub nomine lixæ[2].
Felix, quæ tanti spectatrix læta triumphi,
Punisti Ausonio Rutupinum Marte latronem[3].

VIII. Arelas.

Pande, duplex Arelate, tuos blanda hospita portus,
Gallula Roma Arelas[1], quam Narbo Martius, et quam
Accolit Alpinis opulenta Vienna colonis;
Præcipitis Rhodani sic intercisa fluentis,
Ut mediam facias navali ponte plateam.
Per quem Romani commercia suscipis orbis,
Nec cohibes; populosque alios, et mœnia ditas[2],
Gallia queis fruitur, gremioque Aquitania lato.

IX. Emerita.

Clara mihi post has memorabere, nomen Iberum,
Emerita[1], æquoreus quam præterlabitur amnis,
Submittit cui tota suos Hispania fasces.
Corduba[2] non, non arce potens tibi Tarraco[3] certat,
Quæque sinu pelagi jactat se Bracara[4] dives.

VII. Aquilée.

Ce n'était point ici ta place : cependant un surcroît d'éclat récent te range la neuvième, Aquilée, parmi les villes célèbres. Colonie italienne, assise en face des montagnes d'Illyrie, on vante ton port et tes remparts ; mais ton plus beau titre de gloire, c'est d'avoir été choisie par Maximus en ses derniers jours pour être témoin de l'expiation tardive, après un lustre entier, des crimes de cet ancien goujat de nos armées. Heureuse d'avoir pu contempler l'agréable spectacle d'un si grand triomphe, tu as vu punir par un guerrier de l'Ausonie ce bandit de la Bretagne.

VIII. Arles.

Ouvre, double Arélas, ouvre tes ports, aimable hôtesse, Arélas, petite Rome des Gaules, voisine de Narbo Martius, et de Vienna qui doit sa puissance aux colons des Alpes. Le cours rapide du Rhône te divise en deux parts si égales, que le pont de bateaux qui réunit les deux rives forme une place au milieu de ton enceinte. Par ce fleuve, tu reçois le commerce du monde romain, et tu le transmets à d'autres, et tu enrichis les peuples et les cités que la Gaule, que l'Aquitaine enferme en son large sein.

IX. Mérida.

Je dois te chanter après ces villes, Emerita, illustre cité des Ibères, qu'un fleuve arrose en courant à la mer, et devant laquelle toute l'Espagne abaisse ses faisceaux. Corduba ne peut te disputer ton rang, ni Tarraco avec sa puissante forteresse, ni Bracara si fière des trésors qu'elle puise au sein de l'océan.

X. Athenæ.

Nunc et terrigenis patribus memoremus Athenas[1],
Pallados et Consi quondam certaminis arcem;
Paciferæ primum cui contigit arbor olivæ;
Attica facundæ cujus mera gloria linguæ;
Unde, per Ioniæ populos et nomen Achæum
Versa, Graia manus centum se effudit in urbes.

XI. Catina et Syracusæ.

Quis Catinam sileat? quis quadruplices Syracusas?
Hanc ambustorum fratrum pietate celebrem;
Illam complexam miracula fontis et amnis :
Qua maris Ionii subter vada salsa meantes
Consociant dulces placita sibi sede liquores,
Incorruptarum miscentes oscula aquarum[1].

XII. Tolosa.

Non unquam altricem nostri reticebo Tolosam,
Coctilibus muris quam circuit ambitus ingens,
Perque latus pulchro prælabitur amne Garumna;
Innumeris cultam populis, confinia propter
Ninguida Pyrenes, et pinea Cebennarum,
Inter Aquitanas gentes et nomen Iberum.
Quæ modo quadruplices ex se quum effuderit urbes[1],
Non ulla exhaustæ sentit dispendia plebis,
Quos genuit cunctos gremio complexa colonos.

X. Athènes.

Il est temps de chanter Athènes, fondée par des enfants de son sol, et qui fut autrefois le sujet d'un débat entre Pallas et Consus. La première elle vit naître l'olivier, symbole de la paix; seule elle recueille toute la gloire de l'éloquence attique; et de ses murs se répandirent, chez les peuples d'Ionie et de nom achéen, ces colonies grecques qui se dispersèrent au loin dans cent villes.

XI. Catane et Syracuse.

Qui pourrait oublier Catane et la quadruple Syracuse? l'une célèbre par la piété de deux frères au milieu des flammes; l'autre par les merveilles de sa fontaine et de son fleuve, qui, glissant tous deux sous les vagues salées de la mer Ionienne, se réunissent dans un lieu qu'ils préfèrent, et, joignant leurs flots doux encore, échangent les baisers de leurs eaux sans mélange.

XII. Toulouse.

Je ne laisserai jamais dans l'oubli Tolosa, ma nourrice. Un rempart de briques l'enveloppe de ses vastes contours : à ses côtés coule le beau fleuve de la Garonne. Des peuples sans nombre répandent la vie dans cette cité, voisine des Pyrénées chargées de neige, et des Cévennes couvertes de pins, assise entre les villes de l'Aquitaine et les nations de l'Ibérie. Elle a donné naissance à quatre villes, sans s'épuiser ou perdre un seul de ses habitants; les colonies qu'elle a créées, elle les embrasse toutes en son sein.

XIII. Narbo.

Nec tu, Martie Narbo ¹, silebere, nomine cujus
Fusa per immensum quondam provincia regnum,
Obtinuit multos dominandi jure colonos.
Insinuant qua se Sequanis Allobroges oris;
Excluduntque Italos Alpina cacumina fines;
Qua Pyrenaicis nivibus dirimuntur Iberi;
Qua rapitur præceps Rhodanus genitore Lemanno,
Interiusque premunt Aquitanica rura Cebennæ,
Usque in Tectosagos primævo nomine Volcas ².
Totum Narbo fuit. Tu Gallia prima togati
Nominis attollis Latio proconsule fasces.
Quis memoret portusque tuos, montesque, lacusque?
Quis populos vario discrimine vestis et oris?
Quodque tibi quondam Pario de marmore templum
Tantæ molis erat, quantam non sperneret olim
Tarquinius, Catulusque iterum, postremus et ille
Aurea qui statuit Capitoli culmina Cæsar?
Te maris Eoi merces, et Iberica ditant
Æquora; te classes Libyci Siculique profundi:
Et quidquid vario per flumina, per freta, cursu
Advehitur, toto tibi navigat orbe κατάπλους.

XIV. Burdigala ¹.

Impia jamdudum condemno silentia, quod te,
O patria, insignem Baccho, fluviisque, virisque,
Moribus, ingeniisque hominum, procerumque senatu,
Non inter primas memorem; quasi, conscius urbis
Exiguæ, immeritas dubitem contingere laudes.

XIII. Narbonne.

Je ne tairai point ta gloire, Narbo Martius. Sous ton nom, une province étendue au loin dans un immense royaume imposa les lois de son autorité à des peuplades nombreuses. Et la contrée où les Allobroges se mêlent aux Séquanes, et celles où les cimes alpestres arrêtent les limites de l'Italie, où les neiges des Pyrénées bornent l'Ibérie, où le Léman donne naissance au cours impétueux du Rhône, où les Cévennes enferment et resserrent les champs de l'Aquitaine, jusqu'aux Tectosages qui portent l'antique nom de Volces : tout cela fut Narbo. Tu arboras la première, dans les Gaules, le nom romain, et les faisceaux d'un proconsul du Latium. Qui rappellera tes ports, tes montagnes, tes lacs? tes peuples divers, si différents de costume et de langage? et ce temple antique de marbre de Paros, d'une si imposante magnificence, et que n'auraient méprisé autrefois, ni Tarquin, ni Catulus, ni enfin celui des Césars qui releva les combles dorés du Capitole? C'est à toi que les mers de l'Orient et l'océan des Ibères versent leurs marchandises et leurs trésors; c'est pour toi que voguent les flottes sur les eaux de la Libye et de la Sicile : et tous les vaisseaux chargés qui parcourent en tous sens les fleuves et les mers, tout ce qui navigue dans l'univers entier vient aborder à tes rives.

XIV. Bordeaux.

Depuis longtemps je me reproche un impie silence, ô ma patrie! Toi, célèbre par tes vins, tes fleuves, tes grands hommes, les mœurs et l'esprit de tes citoyens, et la noblesse de ton sénat, je ne t'ai point chantée des premières! comme si, convaincu de la faiblesse d'une pauvre cité, j'hésitais à essayer un éloge non mérité! Ce

Non pudor hinc nobis : nec enim mihi barbara Rheni
Ora, nec Arctoo domus est glacialis in Hæmo.
Burdigala est natale solum : clementia cœli
Mitis ubi, et riguæ larga indulgentia terræ;
Ver longum, brumæque breves, juga frondea subsunt.
Fervent æquoreos imitata fluenta meatus.
Quadrua murorum species, sic turribus altis
Ardua, ut aerias intrent fastigia nubes.
Distinctas interne vias mirere, domorum
Dispositum, et latas nomen servare plateas [2],
Tum respondentes directa in compita portas,
Per mediumque urbis fontani fluminis alveum :
Quem pater Oceanus refluo quum impleverit æstu,
Allabi totum spectabis classibus æquor.
Quid memorem Pario contectum marmore fontem
Euripi fervere freto? quanta umbra profundi!
Quantus in amne tumor! quanto ruit agmine præceps
Margine contenti bis sena per ostia cursus,
Innumeros populi non unquam exhaustus ad usus!
Hunc cuperes, rex Mede, tuis contingere castris,
Flumina consumpto quum defecere meatu [3];
Hujus fontis aquas peregrinas ferre per urbes,
Unum per cunctas solitus portare Choaspem [4].

Salve, fons ignote ortu, sacer, alme, perennis,
Vitree, glauce, profunde, sonore, illimis, opace.
Salve, urbis genius, medico potabilis haustu,
Divona Celtarum lingua, fons addite Divis.
Non Aponus potu, vitrea non luce Nemausus
Purior, æquoreo non plenior amne Timavus.

n'est point là le sujet de ma retenue : car je n'habite point les rives sauvages du Rhin, ou les sommets de l'Hémus et ses glaces arctiques. Burdigala est le lieu qui m'a vu naître : Burdigala où le ciel est clément et doux ; où le sol, que l'humidité féconde, prodigue ses largesses ; où sont les longs printemps, les rapides hivers, et les coteaux chargés de feuillage. Son fleuve qui bouillonne imite le reflux des mers. L'enceinte carrée de ses murailles élève si haut ses tours superbes, que leurs sommets aériens percent les nues. On admire au dedans les rues qui se croisent, l'alignement des maisons, et la largeur des places fidèles à leur nom ; puis les portes qui répondent en droite ligne aux carrefours, et, au milieu de la ville, le lit d'un fleuve alimenté par des fontaines ; lorsque l'Océan, père des eaux, l'emplit du reflux de ses ondes, on voit la mer tout entière qui s'avance avec ses flottes.

Parlerai-je de cette fontaine couverte de marbre de Paros, et qui bouillonne comme l'Euripe ? Qu'elle est sombre en sa profondeur ! comme elle enfle ses vagues ! quels larges et rapides torrents elle roule par les douze embouchures ouvertes à son cours captif dans la margelle, et qui pour les nombreux besoins du peuple ne s'épuise jamais ! Tu aurais bien voulu, roi des Mèdes, rencontrer pour ton armée cette fontaine, quand les fleuves desséchés te firent faute ; et promener ses eaux par les villes étrangères, toi qui ne portais partout et toujours avec toi que l'eau du Choaspès.

Salut, fontaine dont on ignore la source, fontaine sainte, bienfaisante, intarissable, cristalline, azurée, profonde, murmurante, limpide, ombragée. Salut, génie de la ville, qui nous verses un breuvage salutaire, fontaine appelée *Divona* par les Celtes, et consacrée comme une divinité. L'Apone ne donne pas un plus sain breuvage, le Nemausus un cristal plus pur, le Timave et ses vagues marines une onde plus abondante.

Hic labor extremus celebres collegerit urbes.
Utque caput numeri Roma inclyta, sic capite isto
Burdigala ancipiti confirmet vertice sedem.
Hæc patria est; patrias sed Roma supervenit omnes.
Diligo Burdigalam; Romam colo : civis in hac sum,
Consul in ambabus [5] : cunæ hic, ibi sella curulis.

Que ce dernier chant ferme le cercle des villes célèbres. Si Rome brille à l'autre extrémité, que Burdigala fixe sa place à celle-ci, et partage ainsi le faîte des honneurs. Burdigala est ma patrie ; mais Rome passe avant toutes les patries. Burdigala a mon amour, Rome a mon culte ; citoyen dans l'une, consul dans toutes les deux, mon berceau est ici, et là ma chaise curule.

LUDUS
SEPTEM SAPIENTUM.

AUSONIUS CONSUL LATINO DREPANIO PACATO PROCONSULI.

IGNOSCENDA istæc, an cognoscenda rearis
 Attento, Drepani [1], perlege judicio.
Æquanimus fiam te judice : sive legenda,
 Sive tegenda putes carmina, quæ dedimus.
Nam primum est meruisse tuum, Pacate, favorem.
 Proxima defensi cura pudoris erit.
Possum ego censuram lectoris ferre severi :
 Et possum modica laude placere mihi.
Novit equus plausæ sonitum cervicis amare :
 Novit et intrepidus verbera lenta pati.
Mæonio qualem cultum quæsivit Homero
 Censor Aristarchus, normaque Zenodoti :
Pone obelos igitur, spuriorum stigmata vatum :
 Palmas, non culpas esse putabo meas :
Et correcta magis, quam condemnata vocabo,
 Apponet docti quæ mihi lima viri.
Interea arbitrii subiturus pondera tanti,
 Optabo, ut placeam : sin minus, ut taceam.

PROLOGUS.

SEPTEM Sapientes, nomen quibus istud dedit
Superior ætas, nec secuta sustulit,

LE JEU
DES SEPT SAGES.

AUSONE, CONSUL, A LATINUS DREPANIUS PACATUS, PROCONSUL.

Dois-je me faire pardonner ces vers, dois-je les publier? C'est ce que tu décideras, Drepanius, après une lecture attentive. J'accepte également ton arrêt, soit que tu juges digne du jour ou digne d'oubli le poëme que je t'envoie. Avant tout, Pacatus, je veux mériter ton suffrage; le soin de ménager mon amour-propre ne vient qu'après. Je puis supporter la censure du lecteur sévère, je puis me contenter du plus mince éloge. Le coursier qui se plaît au bruit de la main qui le caresse, sait aussi endurer sans s'effrayer la verge flexible qui le fouette. Imite la critique d'Aristarque et la règle de Zénodote, qui mirent tant de recherche autrefois à châtier Homère le Méonien; marque mes vers de ces traits, stigmates des mauvais poëtes; je les regarderai comme des palmes, et non comme des reproches; j'appellerai des corrections, et non des condamnations, les traces que laissera sur mon œuvre la lime du savant homme. Toutefois, puisque je dois subir l'épreuve d'une sentence d'un si grand poids, ce que je souhaite, c'est de te plaire; sinon, il faut me taire.

PROLOGUE.

Les sept Sages, auxquels les âges précédents ont donné ce nom, que les suivants ne leur ont pas retiré, parais-

Hodie in orchestram palliati prodeunt.
Quid erubescis tu, togate Romule,
Scenam quod introibunt tam clari viri?
Nobis pudendum hoc, non et Atticis quoque[2],
Quibus theatrum curiæ præbet vicem.
Nostris negotiis sua loca sortito data:
Campus comitiis, ut conscriptis Curia;
Forum, atque Rostra separatis civium.
Una est Athenis, atque in omni Græcia,
Ad consulendum publici sedes loci:
Quam in urbe nostra sero luxus condidit.
Ædilis olim scenam tabulatam dabat
Subito excitatam nulla mole saxea.
Muræna sic, et Gallius: nota eloquar.
Postquam potentes, nec verentes sumptuum,
Nomen perenne crediderunt, si semel
Constructa moles saxeo fundamine
In omne tempus conderet ludis locum;
Cuneata crevit hæc theatri immanitas.
Pompeius hanc, et Balbus, et Cæsar dedit
Octavianus, concertantes sumptibus.
Sed ego quid istæc? non hac causa huc prodii,
Ut expedirem, quis theatra, quis forum,
Quis condidisset privas partes mœnium:
Sed ut verendos, Diisque laudatos viros,
Prægrederer, ac referrem quid vellent sibi.
Pronuntiare suas solent sententias,
Quas quisque providentium anteverterit.
Scitis profecto, quæ sint; sed si memoria
Rebus vetustis cludit; veniet ludius
Edisserator harum, quas teneo minus.

sent aujourd'hui sur le théâtre en pallium. Pourquoi rougis-tu, Romain qui portes la toge, de voir introduire sur la scène ces illustres hommes ? C'est une honte pour nous, mais non pour des Grecs, à qui le théâtre tient lieu de curie. Nous avons des endroits désignés pour traiter nos affaires : le Champ de Mars est destiné aux comices, la Curie aux sénateurs, le Forum et les Rostres au débat des intérêts privés. Un seul lieu dans Athènes et dans toute la Grèce est consacré aux délibérations publiques, c'est le théâtre, que le luxe éleva si tard dans notre ville. L'édile autrefois fournissait un théâtre de planches construit à la hâte et sans que la pierre en assurât la base : ainsi firent Muréna et Gallius. Ce que je dis là, tout le monde le sait. Puis quand des citoyens puissants, qui ne craignaient pas la dépense, crurent éterniser leur nom en élevant une fois sur des fondements de pierre un monument qui resterait en tout temps ouvert aux jeux de la scène, alors surgirent ces immenses amphithéâtres donnés par Pompée, par Balbus, par César Octavianus, qui rivalisèrent de magnificence. Mais pourquoi tout cela ? je ne suis pas venu ici pour vous raconter qui fonda le théâtre, qui le forum, qui chacune des parties de nos remparts ; mais pour vous annoncer ces vénérables personnages, aimés des dieux, et vous expliquer d'avance ce qu'ils veulent faire. Ils vont, suivant leur usage, prononcer les sentences que chacun, dans sa pénétration, a trouvées le premier. Elles vous sont connues sans doute ; mais si votre mémoire cloche sur ces vieilleries, un acteur va venir vous les débiter à la file, car je ne suis pas bien sûr de les savoir moi-même.

LUDIUS.

Delphis Solonem scripse fama est Atticum,
Γνῶθι σεαυτόν· quod Latinum est, Nosce te.
Multi hoc Laconis esse Chilonis putant.
Spartane Chilon, sit tuum, necne, ambigunt.
Quod introfertur, Ὅρα τέλος μακροῦ βίου,
Finem intueri longæ vitæ[3] quo jubes.
Multi hoc Solonem dixe Crœso existimant.
Et Pittacum dixisse fama est Lesbium,
Γίγνωσκε καιρόν· tempus ut noris, jubet;
Sed καιρὸς iste, tempestivum tempus est.
Bias Prieneus dixit, Οἱ πλεῖστοι κακοί·
Quod est Latinum, Plures hominum sunt mali;
Sed imperitos scito, quos dixit malos.
Μελέτη τὸ πᾶν, Periandri est Corinthii
Esse meditationem totum qui putat.
Ἄριστον μέτρον esse dixit Lindius
Cleobulus; hoc est, Optimus cunctis modus.
Thales, Ἐγγύα, πάρεστι δ' ἄτη, protulit;
Spondere qui nos, noxa quod præs est[4], vetat.
Hoc nos monere, fœneratis non placet.
Dixi; recedam: legifer venit Solon.

SOLON.

De more Græco prodeo in scenam Solon,
Septem Sapientum fama cui palmam dedit.
Sed fama non est judicii severitas:
Neque me esse primum horum nec imum existimo;
Æqualitas quod ordinem nescit pati.
Recte olim ineptum Delphicus jussit Deus
Quærentem, quisnam primus Sapientum foret,

UN ACTEUR.

On dit que Solon l'Athénien écrivit à Delphes : Γνῶθι σεαυτὸν, ce qui en latin signifie : *Connais-toi toi-même.* Plusieurs attribuent ce mot à Chilon de Lacédémone. Spartiate Chilon, on ne sait trop si c'est toi ou non qui as trouvé cet autre fort répandu par le monde : Ὅρα τέλος μακροῦ βίου, qui nous recommande de toujours *Considérer la fin de cette longue vie.* Plusieurs pensent qu'il fut adressé par Solon à Crésus. On attribue à Pittacus le Lesbien : Γίγνωσκε καιρὸν, *Connais le temps;* or, ce καιρὸς, c'est le temps opportun, l'occasion. Bias de Priène a dit : Οἱ πλεῖστοι κακοί· ce qui en latin signifie : *Les méchants sont en majorité;* mais tu sauras qu'ici les méchants, ce sont les ignorants. Μελέτη τὸ πᾶν, est de Périandre de Corinthe, qui pense que *Méditer est tout.* Cléobule de Linde a dit : Ἄριστον μέτρον, c'est-à-dire, *En tout la mesure est une très-bonne chose.* Thalès a trouvé Ἐγγύα, πάρεστι δ᾽ἄτη, pour nous défendre de nous porter cautions, parce qu'il y a du danger à répondre ainsi pour d'autres. Nous donnons-là un avis qui ne plaira pas beaucoup aux emprunteurs.

J'ai dit ; je me retire. Voici le législateur Solon.

SOLON.

Suivant l'usage des Grecs, je parais sur la scène. Je suis Solon, celui des sept Sages auquel l'opinion a donné la palme; mais l'opinion n'est pas un juge sévère; je ne pense pas plus être le premier que le dernier d'entre eux : l'égalité ne souffre pas ces distinctions. Et le dieu de Delphes eut bien raison autrefois, quand un sot s'avisa de lui demander quel était le premier des sept Sages, de lui ordonner d'écrire leurs noms sur une boule, pour

Ut in orbe tereti nomina eorum incideret;
Ne primus esset, ne vel imus quispiam.
Eorum e medio prodeo gyro Solon,
Ut quod dixisse Crœso regi existimor,
Id omnis hominum secta sibi dictum putet.
Græce coactum : Ὅρα τέλος μακροῦ βίου·
Quod longius sit, si Latine edisseras :
« Spectare vitæ jubeo cunctos terminum. »
Proinde miseros, aut beatos dicere
Evita, quod sunt semper ancipiti statu.
Id adeo sic est : si queam, paucis loquar.
REX, an tyrannus, Lydiæ Crœsus fuit
His in beatis, dives insanum in modum,
Lateribus aureis templa qui Divis dabat.
Is me evocavit. Venio dicto obediens,
Meliore ut uti rege possint Lydii.
Rogat, beatum prodam, si quem noverim.
Telana dico civem non ignobilem :
Pro patria pugnans iste vitam objecerat.
Despexit : alium quærit. Inveni Aglaum,
Fines qui agelli proprii nunquam excesserat.
At ille ridens : Quo dein me ponis loco,
Beatus orbe toto qui solus vocor ?
Spectandum dico terminum vitæ prius;
Tum judicandum, si manet felicitas.
Dictum moleste Crœsus accepit : at ego
Relinquo regem. Bellum ille in Persas parat.
Profectus, victus, vinctus, regi deditus....
. . . .
At ille captus, funeris ipse instar sui,
. . . .

que nul ne fût le premier ni le dernier. Je sors du milieu de leur cercle pour vous apprendre que le mot adressé, dit-on, par moi au roi Crésus, s'applique aux hommes de toute condition. Le grec est fort concis : Ὅρα τέλος μακροῦ βίου. L'explication latine est plus prolixe : *Je veux que toujours on considère le terme de la vie.* Ainsi, évitez de vous prononcer sur le malheur ou le bonheur des hommes, parce qu'ils sont toujours, tant qu'ils vivent, dans une position douteuse. Ceci est une vérité, et je vais vous le prouver en peu de mots, si c'est possible.

Roi ou tyran de la Lydie, Crésus était un de ces heureux, riche à la folie, et qui donnait aux dieux des temples en briques d'or. Il m'appelle auprès de lui. J'obéis et j'accours, espérant laisser aux Lydiens leur roi meilleur. Il m'invite à lui citer un homme heureux, si j'en connais un. Je lui nomme Télanès; c'était un citoyen qui n'était pas sans gloire, et qui avait perdu la vie en combattant pour sa patrie. Il n'en veut pas, il en demande un autre. Je lui trouve Aglaüs, qui n'était jamais sorti des limites de son petit domaine. Le roi sourit : « Mais à quel rang me places-tu donc, moi qui seul dans tout l'univers ai le nom d'heureux ? » Je lui réponds qu'il faut attendre auparavant la fin de sa vie, et qu'alors on pourra juger si le bonheur lui est resté fidèle. Ce langage fut mal accueilli de Crésus, et je pris congé de lui. Il déclare la guerre aux Perses, il part, il est vaincu, enchaîné, livré au roi. . . . .
. . . .
. . . .
. . . .
Cette captivité, c'était la mort pour lui. . . . .
. . . .

Quin flamma totum se per ambitum dabat,
Volvens in altum fumidos æstu globos.
At pæne sero Crœsus ingenti sono :
O vere vates, inquit; o Solon, Solon!
Clamore magno ter Solonem nuncupat.
Qua voce Cyrus motus, exstingui jubet
Gyrum per omnem, et destrui ardentem pyram :
Et commodum profusus imber nubibus
Repressit ignem. Crœsus ad regem illico
Deductus lectam per ministrorum manum,
Interrogatus, quem Solonem diceret,
Et quam ciendi causam haberet nominis,
Seriem per omnem cuncta regi edisserit.
Miseratur ille : vimque fortunæ videns,
Laudat Solonem; Crœsum in amicis habet;
Vinctumque pedicis aureis secum jubet
Reliquum quod esset vitæ, totum degere.
Ego duorum regum testimonio
Laudatus, et probatus ambobus fui.
Quodque uni dictum est, quisque sibi dictum putet.
Ego jam peregi, qua de causa huc prodii.
Venit ecce Chilon. Vos valete, et plaudite.

CHILON.

Lumbi sedendo, oculique spectando dolent[5],
Manendo Solonem quoad sese recipiat.
Hui! quam pauca quam diu loquuntur Attici!
Unam trecentis versibus sententiam
Tandem peregit, meque respectans abit.
Spartanus ego sum Chilo, qui nunc prodeo.
Brevitate nota, qua Lacones utimur,

LE JEU DES SEPT SAGES. 261

La flamme serpente et l'enveloppe, en déroulant dans les airs des tourbillons de fumée. Alors, à haute voix, mais un peu tard, Crésus s'écrie : « Oh! que tu disais vrai! ô Solon! Solon! » et trois fois à grands cris il répéta : « Solon! » Touché de ses gémissements, Cyrus ordonne qu'on éteigne les feux qui l'entourent, qu'on renverse l'ardent bûcher; et une pluie abondante tombée du ciel vint à propos abattre la flamme. Crésus fut aussitôt conduit, par une troupe de gardes d'élite, devant le roi, qui lui demanda quel était celui qu'il appelait Solon, et quel motif il avait de crier ainsi ce nom. Il raconta au roi tous les détails de son histoire. Cyrus, ému de pitié, et reconnaissant les coups de la fortune, approuve Solon, prend Crésus en amitié, lui fait mettre aux pieds des liens dorés, et veut qu'il passe avec lui tout le reste de sa vie. Ainsi deux rois me témoignèrent leur admiration, et je fus approuvé de l'un et de l'autre. Que chacun se tienne donc pour dit, ce qui ne fut dit qu'à un seul.

J'ai rempli le dessein qui m'amenait ici. Voici Chilon qui vient. Portez-vous bien et applaudissez.

CHILON.

J'AI mal aux reins de rester assis, mal aux yeux de regarder, en attendant que Solon se retire. Ouf! que ces Athéniens sont longs pour deux mots qu'ils ont à dire! Une sentence en trois cents vers! enfin il en est venu à bout; il m'a vu et s'en est allé. Je suis le Spartiate Chilon, moi qui me présente à mon tour; connu pour parler bref, comme c'est notre usage à nous, je vous recommande notre Γνῶθι σεαυτὸν, *Connais-toi toi-même*,

Commendo nostrum Γνῶθι σεαυτὸν, « Nosce te, »
Quod in columna jam tenetur Delphica[6].
Labor molestus iste, fructi est optimi,
Quid ferre possis, quidve non, dignoscere;
Noctu diuque, quæ geras, quæ gesseris,
Adusque puncti tenuis instar, quærere.
Officia cuncta, pudor, honor, constantia,
In hoc, et illa spreta nobis gloria.
Dixi. Valete memores. Plausum non moror.

CLEOBULUS.

Cleobulus ego sum, parvæ civis insulæ[7],
Magnæ sed auctor, qua cluo, sententiæ:
Ἄριστον μέτρον quem dixisse existimant.
Interpretare tu, qui orchestræ proximus,
Gradibus propinquis in quatuordecim sedes:
Ἄριστον μέτρον, an sit « Optimus modus, »
Dic. Annuisti; gratiam habeo : persequar
Per ordinem. Poeta dixe istoc loco
Afer videtur vester[8], « Ut ne quid nimis; »
Et noster quidam, Μηδὲν ἄγαν. Huc pertinet
Uterque sensus, Italus, seu Dorius.
Fandi, tacendi, somni, vigiliæ est modus;
Beneficiorum, gratiarum, injuriæ,
Studii, laborum, vita in omni quidquid est,
Istum requirit optimæ pausæ modum.
Dixi. Recedam, ut sit modus. Venit Thales.

THALES.

Milesius Thales sum, aquam qui principem
Rebus creandis dixi, ut vates Pindarus.
. . . .

que Delphes conserve encore sur sa colonne. C'est une étude difficile, mais bien profitable, que d'apprendre à connaître ce qui est ou ce qui n'est pas à ta portée, que d'examiner jour et nuit de point en point ce que tu as fait, ce que tu feras. Nos devoirs, la pureté, l'honneur, la constance : tout est là; cette gloire aussi, que nous méprisons nous autres.

J'ai dit. Bonne santé et bonne mémoire : vos applaudissements, je ne m'en soucie guère.

CLÉOBULE.

JE suis Cléobule, citoyen d'une petite île, mais auteur d'une grande maxime qui fait ma gloire, de cet Ἄριστον μέτρον qu'on m'attribue, et que tu vas nous traduire, toi qui es assis là près de l'orchestre, sur un des quatorze gradins voisins de nous. Ἄριστον μέτρον ne signifie-t-il pas : *La mesure est une très-bonne chose ?* Réponds.... Oui ? merci. Je reprends et je poursuis. Votre poëte africain a dit, ce me semble, à cette même place : *Rien de trop !* et un des nôtres, Μηδὲν ἄγαν. Ces deux sentences, latine et grecque, se rapportent à la mienne. Il faut de la mesure dans le langage, dans le silence, dans le sommeil, dans les veilles. Tout ce qui est bienfait, reconnaissance, injure, étude et travail en cette vie, exige cette mesure qui s'arrête à propos.

J'ai dit. Je me retire pour garder la mesure. Voici Thalès.

THALÈS.

JE suis Thalès de Milet; j'ai dit, comme le poëte Pindare, que l'eau est le principe de toute chose.....
. . . .

Dedere piscatores extractum mari.
Namque hi, jubente Delio, me legerant,
Quod ille munus hoc sapienti miserat.
Ergo recusans non recepi; at reddidi
Ferendum ad alios, quos priores crederem.
Dein per omnes septem sapientes viros
Missum, ac remissum, rursus ad me referunt.
Ego receptum consecravi Apollini.
Nam, si sapientem deligi Phœbus jubet,
Non hominem quemquam, sed Deum credi decet.
Is igitur ego sum. Causa sed in scenam fuit
Mihi prodeundi, quæ duobus ante me,
Assertor ut sententiæ fierem meæ.
Ea displicebit; non tamen prudentibus,
Quos docuit usus, et peritos reddidit.
Nos Ἐγγύα, πάρεστι δ' ἄτη, dicimus:
Latinum est, « Sponde : noxia est præsto » tibi.
Per mille possum currere exempla, ut probem
Prædes vadesque pœnitudinis reos:
Sed nolo quemquam nominatim dicere.
Sibi quisque vestrum dicat, et secum putet,
Spondere quantis damno fuerit, et malo.
Gratum hoc officium maneat ambobus tamen.
PARS plaudite ergo : pars offensi explaudite.

BIAS.

BIAS Prieneus dixi, Οἱ πλεῖστοι κακοί.
Latine dictum suspicor, « Plures mali. »
Dixisse nollem; « veritas odium parit[9]. »
Malos sed imperitos dixi, et barbaros[10],
Qui jus, et æquum, et sacros mores negligunt.

C'est à moi que des pêcheurs donnèrent autrefois [un trépied d'or] qu'ils avaient tiré de la mer : ils m'avaient choisi pour obéir au dieu de Délos, qui envoyait ce présent à un sage. Je refusai de le recevoir, je le leur rendis pour le porter à d'autres que je croyais plus dignes. Envoyé à tous les sept Sages, et renvoyé par eux, il me fut rapporté. Je le reçus alors pour le consacrer à Apollon : car si Phébus a voulu qu'on choisît un sage, ce n'était pas d'un homme, mais d'un dieu qu'il fallait l'entendre. Je suis donc ce Thalès : mais un motif m'amène sur la scène. Comme les deux sages qui m'ont précédé, je viens défendre la sentence dont je suis l'auteur. Elle déplaira, mais non certes aux esprits prudents que l'expérience a instruits et rendus plus avisés. Nous avons dit : Ἐγγύα, πάρεστι δ' ἄτη, ou, en latin : *Cautionne, mais tu t'en trouveras mal.* Je pourrais parcourir mille exemples pour vous montrer des cautions et des répondants bien et dûment convaincus de repentir. Mais je ne veux nommer personne. Que chacun de vous réfléchisse, et compte en lui-même combien de gens ont perdu ou souffert de s'être ainsi portés cautions pour d'autres. Toutefois, si un pareil service a du charme pour vous, n'y renoncez ni les uns ni les autres.

Alors que les uns applaudissent, et que les autres, si je les blesse, me sifflent.

BIAS.

Je suis Bias de Priène ; j'ai dit : Οἱ πλεῖστοι κακοί ; c'est-à-dire, en latin, à ce que je suppose : *Les méchants sont en majorité.* Je voudrais ne pas l'avoir dit ; « la vérité se fait des ennemis ; » mais je n'ai appelé méchants que ces êtres mal-appris et barbares qui n'ont souci ni de la justice, ni de l'équité, ni des saintes pratiques.

Nam populus iste, quo theatrum cingitur,
Totus bonorum est : hostium tellus habet,
Dixisse quos me creditis, plures malos.
Sed nemo quisquam tam malus judex fuat,
Qui non bonorum partibus se copulet,
Sive ille vere bonus est, seu dici studet.
Jam fugit illud nomen invisum mali.

ABEO. Valete, et plaudite, plures boni.

PITTACUS.

MITYLENA oriundus Pittacus sum Lesbius,
Γίγνωσκε καιρὸν qui dixi sententiam.
Sed iste καιρὸς, tempus ut noris, monet ;
Et esse καιρὸν, tempestivum quod vocant.
Romana sic est vox, « Venito in tempore [1]. »
Vester quoque ille comicus Terentius
Rerum omnium primum esse tempus autumat,
Ad Antiphilam quo venerat servus Dromo [2]
Nullo impeditam, temporis servans vicem.
Reputate cuncti, quotiens offensam incidat,
Spectata cui non fuerit opportunitas.
TEMPUS me abire, ne molestus. Plaudite.

PERIANDER.

EPHYRA creatus huc Periander prodeo,
Μελέτη τὸ πᾶν qui dixi : et qui dictum probo,
« Meditationem id esse totum, quod geras. »
Is quippe solus rei gerendae est efficax,
Meditatur omne qui prius negotium.
Adversa rerum, vel secunda praedicat

Or, partout, dans ce peuple de spectateurs qui m'entoure, je ne vois que des honnêtes gens. C'est la terre étrangère qui possède cette majorité de coquins, que, d'après mon langage, vous auriez pu croire ici. Personne d'ailleurs ne doit être si mauvais juge de lui-même qu'il ne se range du parti des gens honnêtes, si vraiment il est un honnête homme, ou s'il cherche à le paraître. Ainsi, effaçons cet odieux nom de méchants.

Je m'en vais. Portez-vous bien, et applaudissez, majorité d'honnêtes gens.

PITTACUS.

Je suis Pittacus le Lesbien, né à Mitylène. Je suis auteur de la maxime Γίγνωσκε καιρόν. Or, ce καιρὸς signifie qu'il faut connaître le temps; et le temps ici, c'est le temps propre, qu'on appelle occasion. Tel est ce dicton romain : « Viens à temps. » Térence, votre comique, dit que le temps en tout est le point essentiel. Ainsi, quand son esclave Dromon vient chez Antiphila qui n'est pas occupée, il a saisi le temps favorable. Songez tous à combien de fautes on s'expose, quand on n'observe pas le moment opportun.

Il est temps que je m'en aille pour ne pas ennuyer. Applaudissez.

PÉRIANDRE.

Je suis Périandre, natif d'Ephyra. J'ai dit : Μελέτη τὸ πᾶν, et je viens prouver que j'ai eu raison de dire : *Méditer est tout pour agir.* Celui-là seul en effet réussit dans une entreprise, qui médite d'avance toute l'affaire. Térence le comique prévient qu'il faut méditer dans tous les cas sur les chances heureuses ou contraires. Veut-on fonder une ville, prendre ou poser les armes, essayer de

Meditanda cunctis comicus Terentius [13].
Locare sedes, bellum gerere, aut ponere;
Magnas, modicasque res etiam, parvas quoque
Agere volentem, semper meditari decet.
Nam segniores omnes in cœptis novis,
Meditatio si rei gerendæ defuit.
Nihil est, quod ampliorem curam postulet,
Quam cogitare quid gerendum sit : dehinc
Incogitantes fors, non consilium regit.
SED ego me ad partes jam recipio. Plaudite,
Meditati, ut vestram rem curetis publicam.

grandes, de moyennes ou de petites affaires? toujours il faut méditer. Car on a moins d'ardeur au début de l'entreprise si le projet n'a pas été mûri par la réflexion. Il n'est rien qui exige plus de soin que la réflexion au moment d'agir : et puis c'est le hasard, ce n'est pas la prudence qui dirige les hommes irréfléchis.

Mais je me retire. Applaudissez, et surtout méditez, pour administrer sagement vos affaires publiques.

SEPTEM SAPIENTUM
SENTENTIÆ
SEPTENIS VERSIBUS EXPLICATÆ.

BIAS PRIENEUS.

Quænam summa boni? Mens quæ sibi conscia recti.
Pernicies homini quæ maxima? Solus homo alter.
Quis dives? Qui nil cupiat. Quis pauper? Avarus.
Quæ dos matronæ pulcherrima? Vita pudica.
Quæ casta est? De qua mentiri fama veretur.
Quod prudentis opus? Quum possit, nolle nocere.
Quod stulti proprium? Non posse, et velle nocere.

PITTACUS MITYLENÆUS.

Loqui ignorabit, qui tacere nesciet.
Bono probari malo, quam multis malis.
Demens superbis invidet felicibus.
Demens dolorem ridet infelicium.
Pareto legi, quisque legem sanxeris.
Plures amicos re secunda compara.
Paucos amicos rebus adversis proba.

LES SENTENCES

DE CHACUN DES SEPT SAGES

EXPRIMÉES EN SEPT VERS.

BIAS DE PRIÈNE.

Quel est le souverain bien? une conscience pure. Quel est le plus grand fléau pour l'homme? un autre homme. Qui est riche? celui qui ne désire rien. Qui est pauvre? l'avare. Quelle est la plus belle dot d'une matrone? une vie sans tache. Quelle est la femme chaste? celle que l'opinion n'ose même pas soupçonner. Quel est le fait du sage? de ne vouloir point nuire quand il le peut. Quel est le propre d'un fou? c'est de vouloir nuire quand il ne le peut pas.

PITTACUS DE MITYLÈNE.

Celui-là ne sait point parler, qui ne sait point se taire. J'aime mieux l'estime d'un seul homme vertueux, que de plusieurs méchants. C'est folie que d'envier les grandeurs des gens heureux, c'est folie que de rire de la douleur des malheureux. Obéis à la loi, toi qui as fait la loi. Le bonheur attire beaucoup d'amis. Peu d'amis sont à l'épreuve de l'adversité.

CLEOBULUS LINDIUS.

Quanto plus liceat, tam libeat minus.
Fortunæ invidiæ est immeritus miser.
Felix criminibus nullus erit diu.
Ignoscas aliis multa; nihil tibi.
Parcit quisque malis, perdere vult bonos.
Majorum meritis gloria non datur:
Turpis sæpe datur fama minoribus.

PERIANDER CORINTHIUS.

Nunquam discrepat utile a decoro.
Plus est sollicitus, magis beatus.
Mortem optare malum, timere pejus.
Faxis, ut libeat, quod est necesse.
Multis terribilis, caveto multos[1].
Si fortuna juvat, caveto tolli.
Si fortuna tonat, caveto mergi.

SOLON ATHENIENSIS.

Dico tunc beatam vitam, quum peracta fata sint.
Par pari jugator conjux: quidquid impar, dissidet.
Non erunt honores unquam fortuiti muneris.
Clam coarguas propinquum, propalam laudaveris.
Pulchrius multo parari, quam creari nobilem.
Certa si decreta sors est, quid cavere proderit?
Sive sint incerta cuncta, quid timere convenit?

CHILO LACEDÆMONIUS.

Nolo minor me timeat, despiciatque major.
Vive memor mortis, uti sis memor et salutis,
Tristia cuncta exsuperans aut animo, aut amico.

LES SENTENCES DES SEPT SAGES.

CLÉOBULE DE LINDE.

Plus on a de pouvoir, moins on doit en user. On accuse la fortune des maux qu'on n'a point mérités. Le bonheur du méchant n'a point de durée. Passe beaucoup aux autres, rien à toi. Pardonner aux méchants, c'est vouloir la perte des bons. On ne fait point honneur à un descendant du mérite de ses ancêtres, mais on lui fait honte souvent de leur mauvais renom.

PÉRIANDRE DE CORINTHE.

L'utile ne va jamais sans l'honnête. Plus on est fortuné, plus on a de souci. Désirer la mort est un mal, la craindre est pis encore. Fais-toi un plaisir d'accomplir ton devoir. Si tu es bien redoutable, tu as bien à redouter. La fortune sourit, ne t'élève pas ; la fortune gronde, ne te laisse point abattre.

SOLON D'ATHÈNES.

Je juge du bonheur d'un homme quand sa destinée est accomplie. Il ne faut unir que des époux qui se ressemblent : objets mal assortis ne s'accordent guère. Les honneurs ne doivent pas être un don du hasard. Blâme ton parent en secret, fais son éloge ouvertement. Il est moins glorieux de naître noble que de le devenir. Si notre sort est fixé, à quoi bon nous mettre en garde? ou, si tout est incertain, pourquoi craindre?

CHILON DE LACÉDÉMONE.

Je ne veux point que le petit me craigne, ou que le grand me méprise. Songe à la mort en cette vie, mais songe aussi à conserver tes jours : que la raison ou l'amitié

Tu bene si quid facias, non meminisse fas est.
Quæ benefacta accipias, perpetuo memento.
Grata senectus homini, quæ parilis juventæ.
Illa juventa est gravior, quæ similis senectæ.

THALES MILESIUS.

Turpe quid ausurus, te sine teste time.
Vita perit, mortis gloria non moritur.
Quod facturus eris, dicere sustuleris.
Crux est, si metuas, vincere quod nequeas.
Quum vere objurgas, sic inimice juvas :
Quum falso laudas, sic et amice noces.
Nil nimium. Satis est : ne sit et hoc nimium.

DE IISDEM SEPTEM SAPIENTIBUS
E GRÆCO.

Septenis patriam Sapientum [2], nomina, voces,
Versibus expediam ; sua quemque monosticha dicent :
Mensuram optimum, ait Cleobulus Lindius, in re.
Chilo, cui patria est Lacedæmon, Noscere seipsum.
Periander, Trepidam moderare, Corinthius, iram.
Ex Mitylenæis, Nimium nil, Pittacus oris.
Exspectare Solon finem docet, ortus Athenis.
Plures esse Bias pravos, quem clara Priene.
Mileti, fugisse Thales vadimonia, alumnus.

t'aide à surmonter tous les chagrins. Si tu fais quelque bien, tu ne dois pas t'en souvenir ; mais le bienfait que tu reçois, ne l'oublie jamais. La vieillesse plaît à l'homme si elle ressemble à sa jeunesse ; mais que la jeunesse lui pèse, si elle ressemble au vieil âge !

THALÈS DE MILET.

AVANT d'oser une mauvaise action, à défaut de témoin redoute ta conscience. La vie s'éteint, mais la gloire de la mort ne meurt point. Ce que tu veux faire, abstiens-toi de le dire. C'est un supplice de craindre ce qu'on ne peut empêcher. Si tu blâmes avec raison, ton hostilité même est profitable ; si tu loues mal à propos, ton amitié même est nuisible. Rien de trop. — Arrêtons-nous, et qu'ici même il n'y ait rien de trop.

SUR LES SEPT SAGES

TRADUIT DU GREC.

JE dirai en sept vers la patrie, les noms et les mots des sept Sages : chacun d'eux aura son monostique. Cléobule de Linde a dit : « La mesure est une très-bonne chose. » Chilon, dont Lacédémone est la patrie : « Connais-toi toi-même. » Périandre de Corinthe : « Modère les mouvements de la colère. » Pittacus, des rives de Mitylène : « Rien de trop. » Solon, qu'Athènes vit naître, veut « qu'en toute chose on attende la fin. » Bias, dont Priène est fière, nous apprend que « les méchants sont en majorité, » et Thalès, enfant de Milet, « qu'on doit éviter de se porter caution. »

NOTES

DU TOME PREMIER D'AUSONE.

PRÉFACES.

1. — PRÆFATIUNCULÆ. Ces trois Préfaces avaient été rejetées, par Scriverius, et, après lui, par Fleury et les éditeurs de *Deux-Ponts*, à la fin du volume. Nous les avons reportées en tête, avec Tollius et les autres éditeurs. C'est là, en effet, leur place naturelle.

I.

1. — *Theodosio Augusto Ausonius*. Cette Préface semble être la réponse à une lettre écrite par l'empereur Théodose à Ausone. Cette lettre existe encore. Quelques critiques, tels que M.-A. Accurse et Gasp. Barth (*Advers.*, XII, 12, et LVIII, 3), la croient supposée; mais Tillemont, Bayle et les auteurs de l'*Histoire littéraire de la France*, ne doutent pas de son authenticité. On la trouvera dans l'*Appendice*, à la page 343 de ce volume (n° I).

2. — *Blando vis latet imperio* (v. 10). Ceci rappelle le passage suivant du prologue de Laberius (MACROBE, *Saturn.*, liv. II, ch. 7) :

> Ecce in senecta ut facile labefecit loco
> Viri excellentis mente clemente edita
> Submissa placide blandiloquens oratio

II.

1. — C'est un résumé de la vie d'Ausone. On a douté qu'il fût de lui, mais à tort peut-être, car cette pièce, pour le style et l'intention qui l'a dictée, est tout à fait dans le goût d'Ausone. Elle était d'abord en deux parties : la première, de soixante-six vers, intitulée, dans le manuscrit de Lyon, *Ausonius lectori salutem*, se composait des trente-huit premiers vers et de quatorze distiques pris parmi les *Parentalia* et les *Professores*, et qui ne s'adressaient plus au lecteur, mais à Ausone lui-même. Tollius a regardé ces quatorze distiques comme une interpolation, et les a supprimés. La seconde partie, formée des six derniers vers, *Hic ego Au-*

sonius, *etc.*, était une espèce d'*envoi* à Syagrius sous ce titre : *Ausonius Suagrio*. C'est Scaliger qui a réuni les deux parties sous un même titre : *Ausonius Syagrio suo S.*

2. — *Syagrio suo.* Afranius Syagrius était né à Lyon, ou dans les environs de cette ville. En 380 et 382, il fut préfet du prétoire en Italie, en 381 dans les Gaules, et consul en 382. On l'a quelquefois confondu avec Fl. Syagrius ou Evagrius, consul en 381, mais à tort, selon la remarque de Tillemont (*Hist. des Emp.*, t. v, p. 719). Il était lié avec Symmaque, dont il existe encore quatorze lettres à Syagrius (liv. 1, lett. 94 et suiv.). C'était un poëte distingué. Sidoine Apollinaire, qui était en relations d'amitié avec son petit-fils, lui parle avec éloge du talent poétique de son aïeul (liv. v, lett. 5) : *Quum sis igitur e semine poetæ, cui procul dubio statuas dederant litteræ, si trabeæ non dedissent, quod etiam nunc auctoris culta versibus verba testantur....* Il ne nous reste rien de ces poésies. — Voir l'*Histoire littéraire de la France* par les Bénédictins, t. 1er, 2e part., p. 259, et les OEuvres de *Apollinaris Sidonius*, trad. par MM. Grégoire et Collombet, qui ont donné (t. 1er, p. 208 et suiv.) une excellente notice sur la famille de ce personnage.

3. — *Vasates* (v. 5). Bazas.

4. — *Gens Ædua* (v. 5). Autun ou ses environs.

5. — *Tarbellis.... ab Aquis* (v. 6). Aqs, puis D'Aqs, et aujourd'hui Dax, dans le département des Landes. — Voir, sur les *Tarbelli*, la *Géographie ancienne historique et comparée des Gaules*, par M. Walckenaër, t. 1er, p. 295.

6. — *Burdigalæ* (v. 7). Bordeaux.

7. — *Deum* (v. 14). Esculape.

8. — *Æmilium aut Scaurum, Berytiumque Probum* (v. 20). Émilius Magnus Arborius, oncle d'Ausone. — Voir *Parent.*, iii, et *Profess.*, xvi. — Scaurus et Probus de Béryte, en Phénicie, étaient, à ce qu'il paraît, des grammairiens célèbres. Il en parle encore, *Profess.*, xv, 12.

9. — *Doctor municipalem operam* (v. 24). La ville municipale qu'il désigne ici, c'est Bordeaux, sa patrie, où il professa la grammaire et la rhétorique.

10. — *Augusti palatia* (v. 25). Cette résidence impériale était à Trèves; il y vint en 367. — Voir, sur le séjour d'Ausone à la cour et sur les dignités dont il va parler, la *Notice* en tête de ce volume, pages 17 et suiv.

11. — *Alme Syagri* (v. 41). Ce titre d'*almus*, qu'Ausone donne à son ami, fait penser à MM. Grégoire et Collombet que ces vers ont été adressés à Syagrius avant qu'il fût préfet du prétoire, c'est-à-dire avant 379; car, disent-ils, les empereurs avaient attaché à cet emploi le titre de *vir illustris*. Je crois que cette observation, fondée sur ce dernier point, ne l'est pas sur l'autre. Il ne faut pas prendre à la lettre ces expressions du poëte, qui désigne même rarement les qualités honorifiques par le mot propre. Il est certain que ces vers ont été composés après cette époque, puisqu'Ausone y parle de son consulat, qu'il n'obtint qu'en 379.

III.

1. — *Latino Pacato Drepanio, filio*. Latinus Pacatus Drepanius était né dans les Gaules, en Aquitaine, à Bordeaux ou à Agen. Il était poëte et orateur, et il prononça, en cette dernière qualité, le panégyrique de l'empereur Théodose. Ce discours subsiste encore, et c'est le meilleur de tous ceux qu'on a réunis sous le titre de *Panegyrici veteres*. Tillemont (*Hist. des Emp.*, t. v, p. 303) croit qu'il fut proconsul d'Afrique en 390, et intendant du domaine en 393. Ausone l'appelle ici son fils par amitié, parce que Pacatus était plus jeune que lui : il en use de même avec Paulin (lett. xix), Symmaque (lett. xvii) et Gregorius (idylle vi).

2. — *Veronensis.... poeta* (v. 2). Catulle, 1.

3. — *Burras* (v. 5). C'est un mot de la basse latinité qu'on ne rencontre pas avant Ausone. En français, la *bourre* est l'épluchure de la laine. Un *bourrier*, dans Régnier (*Stances*, dans les *Poésies diverses*) :

> Et cependant tu vas dardant
> Dessus moy ton courroux ardent,
> Qui ne suis qu'un *bourrier* qui vole,

est une espèce de chardon dont la tête est couverte d'une huppe de bourre ou de duvet qu'emporte le vent. Des *bourriers*, selon Scaliger et Ménage (*Dict. étymol.*, aux mots *Bourre* et *Bourriers*), sont des balayures; et, dans ce sens, ce mot est encore en usage parmi le peuple de quelques provinces de France, à Angers, par exemple. Il n'est donc pas besoin de mettre ici *gerras*, comme le propose Fleury : *burras* s'entend fort bien.

ÉPIGRAMMES.

I.

1. — *De Augusto.* Cet Auguste peut être Valentinien ou Gratien, tous deux poëtes, tous deux orateurs, tous deux guerriers et vainqueurs.

2. — *Romanusque tibi contingit Homerus* (v. 17). L'empereur s'occupait sans doute de quelque traduction d'Homère en vers latins, et c'est peut-être pour cette traduction qu'Ausone avait composé les *Sommaires sur l'Iliade et l'Odyssée* qui se retrouvent parmi ses œuvres.

II.

1. — *A Cæsare.* Évidemment il s'agit ici de Gratien, chasseur infatigable, et qui se piquait de beaucoup d'adresse.—Voir l'*Epitome* de S. Aurelius Victor, et AMMIEN-MARCELLIN, liv. XXXI, ch. 10.

2. — *Conjungit mortes una sagitta duas* (v. 8). Sans doute parce que la bête était pleine, et que l'empereur, du même coup, avait tué la mère et le petit.

III.

1. — *Natumque patremque* (v. 3). Gratien et Valentinien.

2. — *Periisse Suevos* (v. 7). Ausone célèbre ici la victoire remportée par Valentinien sur les *Alemanni*, près de Solicinium, en 368.

3. — *Victos.... Gothos* (v. 10). Valens, qui commandait en Orient, battit de son côté les Goths en 369. C'est sans doute à cette victoire que le poëte fait allusion.

IV.

1. — *Suevis* (v. 3). « Par une confusion poétique dont s'accommoderait peu l'exactitude de l'histoire, Ausone place les Suèves sur les bords du Danube, qu'ils ne traversèrent réellement que l'an 405, avec les Vandales et les Burgundes. Le poëte donnait, par extension, le nom de *Suèves* aux nations alemaniques et franques campées entre le Rhin et le Danube. » (M. J.-C. DEMOGEOT, *Études hist. et litt. sur Ausone*, p. 14.)

2. — *Imperiis gravidas* (v. 4). Plusieurs empereurs étaient nés en Pannonie : Dèce, Jovien, Valentinien, Valens, Gratien.

3. — *Inveniet fontes hic.... Nile, tuos* (v. 8). Il est mort avant de les avoir trouvées. On sait qu'il fut défait et tué à Andrinople par les Goths, le 9 août 378.

V.

1. — *Nunc te marmoreum* (v. 1). Cette épigramme est une imitation des vers 35 et 36 de la septième églogue de Virgile : *Nunc te marmoreum*, etc.

2. — *Augustus frater* (v. 2). Gratien.

VII.

1. — *De matre Augusti.* La mère de Gratien. Elle se nommait Valeria Severa ou Marina. Valentinien l'avait répudiée pour épouser Justina, qui fut la mère de Valentinien II. Mais à la mort de son père, en 375, Gratien la rappela près de lui, et eut plusieurs fois recours à ses conseils. — Voir TILLEMONT, *Hist. des Emp.*, t. v, p. 36, 37 et 141.

IX.

1. — *Ludat permixtis* (v. 4). Quelques éditeurs, au lieu de *permixtis*, mettent ici *permissis*, que Fleury a adopté. Souchay préfère *permistis*. J'ai conservé cette dernière leçon, quoique celle de Fleury soit également bonne.

X.

1. — *In Eumpinam adulteram.* J'ai traduit d'après la leçon proposée par Tollius, *In veneficam adulteram*, pour remplacer le nom barbare de *Eumpina*. Scaliger croit qu'il faut lire *Eunapiam*.

XI.

1. — *Extremos pereunte modos a fine reducens* (v. 5). Malfilâtre a dit à peu près de même en parlant aussi d'Écho (*Narcisse*, ch. IV) :

> Le sort, vengeur des maux qu'elle avait faits,
> L'a condamnée à rendre désormais
> Des derniers mots les syllabes dernières.

XII.

1. — *In simulacrum Occasionis et Pœnitentiæ.* C'est une imitation de l'épigramme grecque de Posidippe, Τίς πόθεν ὁ πλάστης, etc., insérée au liv. IV de l'*Anthologie ;* seulement, dans le grec, la statue de l'Occasion est de Lysippe et non de Phidias ; mais Ausone s'est dit comme Martial (liv. IX, épigr. 45) :

Λυσίππου lego, Phidiæ putavi.

L'idée de donner le Repentir pour compagnon à l'Occasion est aussi d'Ausone seul.

2. — *Cui nomen nec Cicero ipse dedit* (v. 10). On ne trouve dans Cicéron ni *pœnitudo* ni *pœnitentia*.

3. — *Metanœa* (v. 12). *Pœnitentia* ne pouvant, à cause de la mesure, entrer dans son vers, Ausone a employé le mot grec Μετάνοια, que j'ai traduit par *la Repentance*, pour conserver à cette épigramme ses deux déesses.

XIII.

1. — Imitation de deux épigrammes grecques de Rufinus à Prodicé (*Anthologie,* liv. vii, épigr. 110 et 114).

2. — *Utere rene tuo* (v. 2). Fleury a adopté par pudeur la leçon de quelques manuscrits, *utere vere tuo*, « profite de ton printemps, » approuvée aussi par Vinet et Grævius.

XIV.

1. — Imitation de deux épigrammes grecques de Germanicus, insérées au liv. 1ᵉʳ de l'*Anthologie*.

2. — *Si canis astra tenet* (v. 4). Allusion aux deux signes célestes, le Lièvre et le Chien.

XV.

1. — *Frons patitur* (v. 4). Cette épigramme et la suivante prouvent que l'usage de marquer au front les esclaves fugitifs ne fut pas, comme on l'a prétendu, aboli par Constantin. Cet empereur n'en exempta que les criminels condamnés aux bêtes ou aux mines. Voici sa loi (*Cod. Théodos.*, liv. ix, tit. 40, l. 2), dont les termes sont bien remarquables :

IMP. CONSTANTINUS A. EUMELIO.

Si quis in Ludum fuerit, vel in Metallum, pro criminum deprehensorum qualitate, damnatus, minime in ejus facie scribatur : dum et in manibus et in suris possit pœna damnationis una scribtione comprehendi : quo facies, quæ ad similitudinem pulchritudinis cœlestis est figurata, minime maculetur. Dat. xii kalendas april. Cabilluno, Constantino A. iv et Licinio iv coss.

L'EMP. CONSTANTIN AUGUSTE A EUMELIUS.

« Si quelqu'un est condamné aux Jeux ou aux Mines, selon la nature de ses crimes, on n'écrira point sa condamnation sur son visage : car la transcription de la peine qu'il aura encourue peut tenir sur ses mains et sur ses jambes. Ainsi, la face, qui a été faite à l'image de la beauté céleste, ne sera point flétrie. Donné le 12 des calendes d'avril, à Châlons (ou à Cibales), sous le ivᵉ consulat de Constantin Aug. et de Licinius (21 mars 315). »

On voit qu'il n'y est nullement question des esclaves. C'est ce que fait observer Godefroy dans ses notes sur cette loi.

XVI.

1. — Cette épigramme n'en faisait qu'une avec la précédente : c'est Scaliger qui les a séparées.

XVII.

1. — *Patri negavi jam tuo* (v. 12). L'empereur Adrien fit la même réponse à un vieux solliciteur, qui s'était ainsi noirci les cheveux après un premier refus. — Voir Spartien, *Adrian*. — La Monnoie a traduit cette épigramme :

> Géronte, amoureux de Cloris,
> L'invitait au jeu d'amourette ;
> Elle, voyant ses cheveux gris,
> Paya d'un refus sa fleurette.
> Le lendemain, s'étant noirci
> Barbe, chevelure et sourci,
> Il lui fit la même prière;
> Mais Cloris, se doutant du cas :
> « Porte, dit-elle, ailleurs tes pas,
> Hier j'en dis autant à ton père. »

XIX.

1. — *Scire ævi meritum* (v. 8). Au lieu de *meritum*, l'édition de Tollius porte *incertum*, faute typographique assez grave qu'il s'est empressé de relever dans ses *Omissa commissa* ; ce qui n'a pas empêché Fleury et les éditeurs de *Deux-Ponts* de copier religieusement cette faute.

XX.

1. — *Meroe* (v. 1). De *merum*, vin. Apulée, *Métam.*, liv. 1, donne le même nom à une vieille cabaretière.

2. — *Hippolyto* (v. 2). Parce que *Hippolyte* signifie *déchiré par les chevaux*, de ἵππος, *cheval*, et λύω, *je délie, je déchire*.

3. — *Protesilae* (v. 5). Protésilas, πρῶτος τοῦ λαοῦ, *le premier du peuple* grec qui devait succomber devant Troie. Il se nommait Iolas.

4. — *Idmona* (v. 7). Idmon, de εἴδω, *je sais*.

5. — *Iapida* (v. 7). Iapis, de ἰάομαι, *je guéris*.

6. — *Ut quæ Niliaca.... Meroe* (v. 10). L'étymologie n'eût pas été moins juste, car cette île d'Éthiopie était fertile en vin :

> Indomitum Meroe cogens spumare Falernum,

a dit Lucain, *Phars.*, liv. x, v. 163.

XXI.

1. — Traduit de l'épigramme grecque de Léonidas, Καί με λίθον Πέρσαι, etc., au liv. iv de l'*Anthologie*.

2. — *Punio sic Persas.... Nemesis* (v. 4). Pausanias raconte que les Perses, se croyant sûrs de vaincre les Athéniens à Marathon, avaient apporté avec eux un bloc de marbre qu'ils se proposaient d'ériger comme un trophée de leur victoire. Mais ils furent vaincus, et de ce marbre, Phidias fit une statue de Némésis.

XXII.

1. — Cette épigramme et la suivante sont traduites de deux épigrammes grecques du liv. 1er de l'*Anthologie*, attribuées, la première : Χρυσὸν ἀνὴρ ὁ μὲν εὗρεν, etc., à Platon et à Antipater; la seconde : Χρυσὸν ἀνὴρ εὑρών, etc., à Statyllius Flaccus, par l'*Anthologie*, et à Platon, par Diogène de Laërte. — Voir les *OEuvres de Platon* trad. par M. Cousin, t. xiii, p. 211.

XXIII.

1. — Imitation d'une épigramme grecque rapportée par Plutarque dans les *Apophthegmes des Lacédémoniens*, et au liv. iii de l'*Anthologie*.

2. — *Pitanæ* (v. 3). C'était une ville de Laconie. Il y en avait une autre dans la Troade.

3. — *Pater* (v. 6). Il se nomme Tynnichus dans l'épigramme grecque.

4. — *Flete alios.... et Lacedæmonius* (v. 7 et 8). Amyot traduit ainsi ces deux derniers vers :

> C'est des couards qu'il faut plorer la mort,
> Non pas de toy, mon enfant, qui es mort
> Comme mon fils, en vray homme de bien,
> Et comme vray Lacédæmonien.

XXVI.

1. — *Atriorum pegmata* (v. 10). Les rayons ou casiers pratiqués autour des portiques. — Voir Cic. *ad Attic.*, lib. iv, epist. 8.

2. — *Lupa* (v. 12). Allusion à la louve de Romulus et à la louve du *lupanar*.

XXVII.

1. — *Alcida quondam* (v. 3). Antisthène citait l'exemple d'Hercule, pour prouver que le travail est un bien, et Diogène com-

paraît son manteau à la peau de lion du héros, et ses combats contre les voluptés aux luttes d'Hercule contre les monstres.

XXIX.

1. — *Libero Patri.* Inscription grecque pour la statue de Bacchus, dont il est question dans l'épigramme suivante. Πυρογενής (*né du feu*), Δίκερως (*à deux cornes*), Τιτανολέτης (*destructeur des Titans*), sont trois surnoms bien connus de Bacchus.

XXX.

1. — *Myobarbum Liberi Patris.* Ce mot de *Myobarbum* a beaucoup exercé les critiques. Huet, en réfutant les explications des savants qui l'ont précédé, a donné quelques conjectures curieuses sur ce mot barbare.

« Turnèbe et Scaliger, dit-il, deux des plus savants hommes du siècle passé, ont employé, après d'autres habiles gens, leur esprit et leur érudition pour chercher la signification du mot *Myobarbum*, qui est à la tête de la trentième épigramme d'Ausone. Le titre est conçu en ces termes : *Myobarbum Liberi Patris, signo marmoreo in villa nostra omnium Deorum argumenta habentis.* Ce *Myobarbum* était une statue de Bacchus, qu'Ausone avait placée dans sa maison de campagne, et il avait nommé cette statue *Pantheum*, parce qu'on donnait ce nom aux statues des dieux qui portaient des caractères appropriés à tous les dieux. Et c'est la raison du nom de *Panthéon* qu'Agrippa donna à ce temple qu'il bâtit, et qui subsiste encore à Rome, parce que, selon Dion (liv. LIII), dans les figures de Mars et de Vénus qu'il y avait placées, il contenait celles de tous les dieux. Telle était la statue de Bacchus, qu'Ausone avait fait ériger dans sa maison. L'origine de ces sortes de statues portant divers symboles, semble être venue des Assyriens, qui, au rapport de Macrobe, avaient érigé dans la ville d'Hiérapolis, à l'honneur du Soleil, un simulacre exprimant tous ses effets par ses divers caractères, et portant une longue barbe pointue. On donnait à ce simulacre le nom d'Apollon ; et Apollon est le même que Bacchus, comme l'assure le même Macrobe au chapitre suivant. Ausone, dans le titre de son épigramme, a donné à sa figure le nom de *Myobarbum*, parce que Bacchus, qu'on représentait sans barbe partout ailleurs, et comme un jeune homme, ainsi qu'Apollon, paraissait ici avec une longue barbe en pointe, comme les statues d'Apollon qu'on voyait à Hiérapolis. Et parce que la souris est pointue et par la queue et par la tête, on appliquait le nom grec de la souris, qui est μῦς,

à plusieurs choses dont la figure se terminait en pointe; et on appelait μείουρος ce qui était *pointu par le bout*, comme qui dirait *queue pointue*. De là vient le nom de *Myoparo*, qu'on donnait à une espèce de brigantin long et pointu. Par une semblable formation, Ausone a fait le mot de *Myobarbum*, pour dire *barbe pointue*. Cette exposition est si nette et si bien établie, qu'elle sert de pleine réfutation de celles de Turnèbe et de Scaliger. Le premier (*Advers.*, lib. III, c. 39) explique *Myobarbum* d'une manière assez obscure. Il veut que ce mot soit composé de μῦς, *souris*, et de βαρβὸς, qui, selon Hésychius, signifie une mesure de liqueurs, de la grandeur à peu près d'une cuillerée, de laquelle mesure on se servait dans les mystères de Cérès. De sorte que *Myobarbum* voudrait dire, selon lui, *muris cyathus*. Et comme le mot de μῦς a quelque rapport avec le verbe μύειν, qui signifie *clore*, d'où vient le mot de *mystère*, Ausone a voulu désigner par le mot de *Myobarbum* les noms et la puissance mystique de Bacchus. Tout cela est si obscur, si confus, et si fort tiré par les cheveux, qu'on n'en peut recueillir rien de certain. L'explication de Scaliger est un peu moins obscure, mais elle n'est pas moins fausse. Il dit que *Myobarbum* signifie un pot à mettre du vin; que l'on représentait ordinairement ce pot, pendant au bras droit des statues de Bacchus; que ce pot était long, et allait en s'étrécissant jusqu'à la base, qui était pointue : de sorte que ce vaisseau avait la figure d'une corne renversée, ou d'un toupin. . . . .
. . . . . Il croit que c'est cette cruche attachée au bras de la statue de Bacchus, qu'Ausone a appelée *Myobarbum*, parce qu'elle était pointue comme la souris, et comme les grandes barbes qui se terminent ordinairement en pointe. Mais si cela était ainsi, comment ce nom et ce titre pourraient-ils convenir à l'épigramme qui suit, où Ausone ne dit pas un mot de cette cruche, et où il ne parle que de la statue de Bacchus? De plus, quoiqu'il soit vrai que plusieurs statues de Bacchus portaient cette cruche pendue au bras, il n'est pas moins vrai que plusieurs autres ne la portaient point. Quelle preuve a donc Scaliger, que la statue dont parle Ausone la portait? Ç'a été à la statue même qu'Ausone a donné le nom de *Myobarbum*, c'est-à-dire *barbe pointue*, semblable en cela, comme j'ai dit, à ces statues du Soleil que l'on voyait à Hiérapolis. » (*Huetiana*, p. 310 et suiv.)

Mais Souchay fait observer que si c'est la statue qu'Ausone a voulu désigner par le mot de *Myobarbum*, la phrase alors n'a plus de sens : car *Myobarbum Liberi Patris signo marmoreo* signifierait *statue de Bacchus sur une statue*, *etc*. Il rejette donc les conjectures de Huet, et croit avec Fleury qu'il faut lire comme Lil. Gyraldi *Mixo-barbarum*, ce qui s'entendrait de l'épigramme elle-même, mélange de noms grecs, latins et barbares.

Une particularité qu'on n'a pas remarquée, c'est que les vers de cette pièce riment ensemble. On pourrait croire qu'Ausone, redevenu païen à Lucaniac, s'amusait à parodier l'hymne chrétienne de saint Hilaire de Poitiers et de saint Ambroise, ses contemporains, où la rime commençait à s'introduire.

2. — *Lucaniacus Pantheum* (v. 7). Lucaniacus était une des maisons de campagne d'Ausone. On la place généralement près de Saint-Émilion, à quelque distance de Libourne. — *Pantheum*. Les idoles qui, chez les anciens, réunissaient les attributs divers du premier Être, « étaient, dans les temples, désignées sous le nom de *signa Panthea*. Ces statues retenaient le nom de la divinité à laquelle elles étaient consacrées : ainsi, on disait *Pantheum Mercurii*, *Pantheum Jovis*, et on distinguait dans ces statues les attributs généraux de ces divinités, de leurs attributs particuliers; les attributs étrangers à leur caractère spécial étaient appelés *parerga*. » (ROLLE, *Recherches sur le culte de Bacchus*, t. II, p. 250.) Voir la note qui précède.

XXXI.

1. — Εἷς λίθος.... λιτὸς ἐγώ (v. 2). Ausone joue ici sur les mots λίθος, *pierre*, et λιτός, *petit*. Cette paronomase ne pouvait se traduire.

XXXII.

1. — Λυρικῶν (v. 2). Les huit poëtes lyriques sont Pindare, Simonide, Stésichore, Ibycus, Alcman, Bacchilide, Anacréon et Alcée.

XXXIV.

1. — *De Proculo*. On ne sait trop quel était ce Proculus, si toutefois c'est bien à un Proculus que cette épigramme s'adresse; car au vers 9, un manuscrit de Vossius et l'édition d'Ugoletti portent *Agat irascor*, et Tollius pense qu'il faudrait peut-être lire *Pacato irascor*. Selon Vinet, le Proculus dont il est ici question est celui que plusieurs rescrits de Valentinien, de Théodose et d'Arcadius qualifient de préfet du prétoire. « Il pouvait descendre, disent les Bénédictins (*Hist. littér.*, t. 1er, part. 2e, p. 249), d'Aurelius Proculus, gouverneur de la Séquanaise en 295, et compter entre les grands hommes sortis de sa famille, Procule, proconsul d'Afrique en 340, et Valerius Proculus, préfet de Rome en 350 et 352, » et sur lequel il existe trois épigrammes dans

l'*Anthologie latine* de Burmann (liv. II, épigr. 141, 142 et 146), dont une, la dernière, est de Symmaque. Souchay pense qu'il s'agit ici de Proculus, fils de Titianus, comte d'Orient en 382 et 383, et décapité en 392, après avoir été intendant des largesses en 386, et préfet de Constantinople en 389 et années suivantes. Mais alors c'est le même que celui dont parle Vinet.

XXXV.

1. — *Omnia confusis* (v. 8). Grævius propose ici *nomina confusis* au lieu de *omnia confusis*; j'ai traduit d'après cette correction.

XXXVI.

1. — *Inscripti commoditas tituli* (v. 2). Ce vers s'explique par cet autre de l'épigramme XXXVIII :

> Versibus inscripsi quæ mea texta meis.

2. — *Sabina* (v. 4). Voir la *Notice* en tête de ce volume, p. 6.

XXXVII.

1. — *Ausoniam* (v. 3). Vinet et Fleury traduisent *Ausoniam* par *Italam*, *Romanam*, et Fleury l'explique ainsi : *quoniam erat Romana civitate insignita*. L'abbé Jaubert, qui traduit d'après eux *la Sabine romaine*, ajoute en note : « Parce qu'elle demeurait à Rome. » Je ne sais où il a trouvé cela. Je crois qu'*Ausoniam* signifie simplement ici *la femme d'Ausone*.

XXXIX.

1. — *Hanc volo* (v. 1). Clément Marot, épigr. CLXVII :

DE *ouy* ET *nenni*.

Un doux *nenni*, avec un doux sousrire
Est tant honneste, il le vous faut apprendre :
Quant est d'*ouy*, si veniez à le dire,
D'avoir trop dit je voudrois vous reprendre :
Non que je sois ennuyé d'entreprendre
D'avoir le fruit, dont le desir me poinct ;
Mais je voudrois qu'en le me laissant prendre
Vous me disiez : Non, vous ne l'aurez point.

XLI.

1. — *Falsum nomen utrique* (v. 2). Scaliger regarde comme supposé ce second vers, qui devrait être pentamètre. Il va plus loin : il propose de supprimer les deux premiers vers ; l'épigramme, en effet, y gagnerait.

XLII.

1. — *De Pallade et Venere armata.* Imitation, ainsi que la pièce suivante, d'une épigramme grecque de l'*Anthologie* : Παλλὰς τὰν Κυθέρειαν ἔνοπλον ἔειπεν ἰδοῦσα, etc. Lactance (*Inst. div.*, liv. I, ch. 20) dit que les Messéniens, voyant leur ville assiégée par les Lacédémoniens, allèrent furtivement attaquer Lacédémone, mais qu'ils furent repoussés et battus par les femmes spartiates qui avaient pris les armes. C'est en mémoire de cette belle action qu'on éleva dans Lacédémone un temple et une statue à Vénus armée.

Souchay cite cette imitation française, tirée du *Ménagiana* :

> Pallas, ayant vu, l'autre jour,
> À Sparte la mère d'Amour,
> Harnois au dos et casque en tête :
> « Çà, lui dit-elle brusquement,
> Viens, combattons présentement ;
> De mon côté me voici prête !
> — Le ton, sans doute, est un peu fier,
> Lui dit Vénus sans être émue :
> Dans l'état où je suis, peux-tu me défier,
> Moi qui t'ai su vaincre étant nue ? »

Voici maintenant comment Millevoye a traité le même sujet

LA DÉFAITE.

> Pour divertir le céleste séjour,
> De son amant, Cythérée, un beau jour,
> Prit et l'armure et la marche hardie.
> Pallas rougit, croit qu'on la parodie,
> Offre cartel à la mère d'Amour,
> Et veut aux dieux donner la tragédie.
> Cyprine, alors, en ces mots l'éluda :
> « Oubliez-vous votre déconvenue ?
> Dans notre lutte au pied du mont Ida,
> Je vous vainquis, et pourtant j'étais nue ! »

XLV.

1. — *In statuam Rufi rhetoris.* Vinet croit que cette épigramme et les suivantes sont dirigées contre Sextus Rufus, l'historien, qui vivait sous Valentinien. Cette supposition, selon Souchay, est sans fondement. Ausone imitait l'*Anthologie*, et voilà tout. Il est vrai, comme dit Vinet, que l'*Anthologie* a bien pu aussi imiter Ausone.

XLVII.

1. — *Hoc quod et in tabula* (v. 2). La Monnoie a traduit ainsi cette épigramme :

> Lavardin fait en son portrait
> Ce qu'il fait en chaire : il se tait.

LI.

1. — *Pictavici* (v. 2). Les *Pictavi* ou *Pictones* sont les peuples du Poitou, de Poitiers. Cette épigramme a été traduite par Ronsard :

> L'image de Thomas médite quelque chose,
> Et Thomas au parquet se taist à bouche close :
> L'image est advocat à voir son parlant trait,
> Et Thomas n'est sinon pourtrait de son pourtrait.

LIV.

1. — *De Crœso et.... Diogene*. On trouve dans l'*Anthologie*, liv. 1ᵉʳ, cette épigramme en grec : Ἐλθὼν εἰς ἄιδην, etc. Dans un des manuscrits de Vossius, l'épigramme d'Ausone n'a que quatre vers : les deux premiers, *Effigiem, rex Crœse*, et ceux-ci :

> Nil, inquit, tibi, Crœse, tuum superat : mihi cuncta.
> Nudus eram, sic sum ; nil habui, hoc habeo.
>
> « Il ne te reste rien à toi, Crésus ; à moi, tout. J'étais nu, je le suis
> encore ; j'avais *rien*, je l'ai toujours. »

Pulmann, dans son édition, donne la réponse de Crésus à Diogène :

> Rex ait : Haud egui, quum tu, mendice, careres
> Omnibus ; et careo si modo, non egeo.
>
> « Le roi répondit : « Je n'avais nul besoin, quand toi, mendiant, tu
> « manquais de tout ; et si tout me manque à cette heure, je n'ai besoin
> « de rien. »

LV.

1. — *Laïs anus* (v. 1). L'*Anthologie*, liv. vi, contient quatre épigrammes sur le même sujet. La première, attribuée à Platon, est celle que semble avoir imitée Ausone : Ἡ σοβαρὸν γελάσασα, etc. (Voir les *OEuvres de Platon*, trad. par M. Cousin, t. xiii, p. 207.) — On a souvent essayé de traduire en français cette pièce d'Ausone. Souchay cite l'imitation suivante, tirée de l'*Anti-Baillet* de Ménage, part. iii, ch. 135 :

> Contrainte par les ans qui rident mon visage,
> Je t'offre ce miroir, ô mère des Amours.

Il sied bien à Vénus de se mirer toujours.
Mais une glace, hélas! n'est plus à mon usage :
Y voir ce que je fus, y voir ce que je suis ;
L'un je ne le veux pas, l'autre je ne le puis.

Et cette autre de Richer :

Je t'offre mon miroir, Vénus : aux Immortelles
Il est toujours utile ; elles sont toujours belles.
Pour moi, comme je suis j'ai honte de m'y voir ;
M'y voir comme je fus n'est pas en mon pouvoir.

Celle de Voltaire est beaucoup plus connue et beaucoup meilleure :

Je le donne à Vénus, puisqu'elle est toujours belle ;
Il redouble trop mes ennuis.
Je ne saurais me voir, dans ce miroir fidèle,
Ni telle que j'étais, ni telle que je suis.

LVII.

1. — *Vera Venus* (v. 1). Plusieurs épigrammes de l'*Anthologie*, liv. IV, ont aussi inspiré cette pièce ; Fleury cite particulièrement celle-ci : Ἀ Κύπρις τὰν Κύπριν, etc., et cette autre attribuée à Platon : Ἡ Παφίη Κυθέρεια, etc. (voir le *Platon* trad. par M. Cousin, t. XIII, p. 213), et imitée par Voltaire :

Oui, je me montrai toute nue
Au dieu Mars, au bel Adonis,
A Vulcain même, et j'en rougis ;
Mais Praxitèle, où m'a-t-il vue ?

LVIII.

1. — *In buculam æream Myronis*. On lit trente-six épigrammes sur la génisse de Myron dans l'*Anthologie*. C'est là, sans doute, qu'Ausone a pris l'idée des siennes.

LXI.

1. — *Errasti* (v. 1). Ronsard, dans ses traductions de l'*Anthologie* :

Veau, pourquoy viens-tu seulet
Sus mon ventre pour teter ?
L'art ne m'a voulu prester
Dans les mammelles du lait.

LXII.

1. — *Pasce greges* (v. 1). Celle-ci se retrouve parmi les épi-

grammes d'Anacréon : Βοίδιον, οὐ χοάνοις, etc. Ronsard l'a traduite ainsi :

> Pasteur, il ne faut que tu viennes
> Amener tes vaches icy,
> De peur qu'au soir, avec les tiennes,
> Tu ne remmènes ceste-cy.

M. Veïssier des Combes, qui a donné une traduction élégante et fidèle d'Anacréon en vers français, a rendu ainsi cette épigramme :

> Myron n'est pas l'auteur d'un ouvrage aussi beau ;
> Sa génisse d'airain, le temps seul l'a durcie :
> Berger, loin de ces bords dirige ton troupeau ;
> Tu pourrais l'emmener, croyant qu'elle est en vie.

LXIII.

1. — *Me vitulus cernens* (v. 1). Traduction littérale d'une épigramme de l'*Anthologie*, traduite ainsi par Ronsard :

> Si un veau m'avise, il crira ;
> Si un taureau, il m'aimera :
> Et si c'est un pasteur champestre,
> Aux champs me voudra mener paistre.

LXVII.

1. — *Me minabat* (v. 3), « il me menait. » Apulée (*Métam.*, liv. III, VII et VIII) a employé le même verbe dans le même sens — *Voyez* Festus, aux mots *Agasones*, *Agere* et *Inigere*.

LXIX.

1. — *Vallebanæ* (v. 1). Cette ville est inconnue.

2. — *Cænida convertit.... Consus* (v. 9). Ovide, *Métam.*, liv. XII, v. 189 et suiv.

3. — *Ambiguoque fuit corpore Tiresias* (v. 10). Ovide, *Métam.*, liv. III, v. 326 et suiv.

4. — *Vidit.... Salmacis Hermaphroditum* (v. 11). Ovide, *Métam.*, liv. IV, v. 288 et suiv.

5. — *Vidit nubentem Plinius androgynum* (v. 12). Pline, *Hist. Nat.*, liv. VII, ch. 4 ; Aulu-Gelle, liv. IX, ch. 4.

6. — *Sum factus femina de puero* (v. 16). Plaisanterie dégoûtante d'un giton qui cherche à justifier son penchant pour la pédérastie.

LXX.

1. — *Subulo pulliprema* (v. 8). Dans Ennius, suivant Varron et Festus, *subulo* est un mot toscan qui signifie un joueur de flûte. Ici il signifie un *perforeur*, selon Turnèbe, qui dérive ce mot de *subula*, alène. — *Pulliprema* vient de *premo* et de *pullus*, et désigne un pédéraste : les anciens appelaient *pulli* les enfants qui servaient à leurs débauches.

LXXI.

1. — *Herculis heredi* (v. 3). Cette triste ressource inspirée, suivant Ausone, à Philoctète par la nécessité, d'autres l'attribuent à Vénus, qui vengeait ainsi le meurtre de Pâris sur son meurtrier. Martial, liv. II, épigr. 84 :

> Mollis erat facilisque viris Pæantius heros,
> Vulnera sic Paridis dicitur ulta Venus.

2. — *Quam toga.... Afrani* (v. 4). Afranius vivait vers l'an 660 de Rome ou 94 avant J.-C. Il avait composé des comédies *togatæ*, c'est-à-dire dont les sujets étaient romains. C'est pour cela qu'Ausone, à l'exemple d'Horace (*Épîtres*, liv. II, ép. 1, v. 57), dit ici *toga Afrani*. Le jugement que Quintilien (liv. x, ch. 1) porte sur cet auteur peut servir de commentaire à ce vers d'Ausone : *Togatis excelluit Afranius*, dit-il, *utinamque non inquinasset argumenta puerorum fœdis amoribus, mores suos fassus*.

3. — *Et quam Nolanis capitalis luxus inussit* (v. 5). Les habitants de Nola ne se contentaient pas des moyens naturels : il paraît qu'ils employaient la bouche à de sales voluptés. C'est ce qu'Ausone a voulu dire par ce terme équivoque de *capitalis luxus*.

4. — *Ne quid inexpertum*, etc. (v. 8). C'est le vers 415 du liv. IV de l'*Énéide*. Ausone, en faisant de ce beau vers de Virgile la conclusion grotesque de son obscène épigramme, prélude déjà au *Cento nuptialis*.

Voltaire a traduit cette pièce en quatre vers :

> Crispa, pour ses amants, ne fut jamais farouche ;
> Elle offre à leurs plaisirs et sa langue et sa bouche ;
> Tous ses trous, en tout temps, furent ouverts pour eux.
> Célébrons, mes amis, des soins si généreux.

(*Dictionn. phil.*, art. *Lèpre et Vérole.*)

LXXII.

1. — *Abjecta in triviis* (v. 1). C'est encore une imitation de l'*Anthologie*, liv, 1er : Κρανίον ἐν τριόδοισι, etc.

LXXIII.

1. — *Languenti Marco* (v. 1). L'*Anthologie*, liv. 11, donne une épigramme à peu près pareille sous le nom de Lucillius : Ἑρμογένη, etc.

LXXIV.

1. — *Alcon hesterno* (v. 1). Traduit de l'*Anthologie*, liv. 11, et du même Lucillius.

2. — *Effertur* (v. 4). Ausone joue ici sur le mot *effertur*, car *efferre* signifie *emporter* et *porter en terre*. Montaigne, qui accusait les médecins de lui avoir tué un ami (Estienne de la Boëtie) « qui, dit-il, valoit mieulx que touts tant qu'ils sont, » a cité cette épigramme avec éloge (*Essais*, liv. 11, ch. 37).

LXXVIII.

1. — *Sit mihi talis amica velim* (v. 1). Souchay cite l'imitation suivante que J.-B. Rousseau (*Épigr.*, liv. 1, ép. 8) a donnée de ces vers d'Ausone :

> Je veux avoir, et je l'aimerai bien,
> Maîtresse libre et de façon gentille,
> Qui soit joyeuse et de plaisant maintien,
> De rien n'ait cure, et sans cesse frétille,
> Qui, sans raison, toujours cause et babille,
> Et n'ait de livre autre que son miroir :
> Car ne trouver, pour s'ébattre le soir,
> Qu'une matrone honnête, prude et sage,
> En vérité, ce n'est maîtresse avoir ;
> C'est prendre femme, et vivre en son ménage.

LXXIX.

1. — *Hoc quod amare vocant* (v. 1). Imitation de l'*Anthologie*, liv. 1er : Ἢ τὸ φιλεῖν περίγραφον, etc.

LXXXI.

1. — *Incipe : dimidium facti est, cœpisse* (v. 1). Horace, *Épîtres*, liv. 1, ép. 11, v. 40 :

> Dimidium facti, qui cœpit, habet........

Ausone a dit encore à peu près de même dans la *Technopégnie* (*Edyll.*, XII) :

> Incipe, quidquid agas : pro toto est prima operis pars.

LXXXII.

1. — *Gratia, quæ tarda est, ingrata est* (v. 1). J'ai tâché de rendre tous ces jeux de mots qui sont de bien mauvais goût. Nos poëtes français, qui ont tant pris aux Latins, ont aussi imité ces puérilités. Je ne citerai que ces deux pièces des *Poésies diverses* de Brébœuf :

> *Vers baillez à retourner, les paroles estant hors de leur place.*
>
> Vœux qui sont vœux constans, sont les vœux que je veux ;
> Quand vœux sont vœux légers, je ne veux point de vœux.
>
> *Autres.*
>
> Tous tes pas sont faux pas; tu ne fais pas de pas
> Que ces pas, pas à pas, ne mènent au trépas.

LXXXIV.

1. — *Histrio, saltavit* (v. 2). La *saltation*, chez les Romains, n'était pas l'art de sauter, la danse, mais l'art du geste, pris dans l'acception la plus générale. — Voir à ce sujet le traité curieux de De l'Aulnaye, intitulé *de la Saltation théâtrale*, etc. Paris, 1790.

2. — *Multo felicior ipsa* (v. 5). Souchay, avec Desposius, lit ici *infelicior*. C'est vouloir donner de l'esprit à Ausone, qui n'en a pas besoin.

LXXXV.

1. — *Simius* (v. 1). Ausone est plus méchant que l'*Anthologie*, liv. II, d'où il a tiré cette épigramme. Le grec dit seulement ὁ σιμός.

LXXXVI.

1. — *Dodralis potio*. On ignore l'usage et les qualités de cette drogue. Le *dodrans* était les neuf douzièmes ou les trois quarts de l'*as*. Ce breuvage s'appelait *dodra*, parce qu'il était composé de neuf ingrédients.

LXXXIX.

1. — *Scatiniam metuens, non metuit Titiam* (v. 4). La loi Papia était dirigée contre le célibat. La loi Julia punissait comme adultère le mari qui trafiquait des complaisances de sa femme. La loi

Scatinia ou Scantinia punissait les pédérastes et leurs complices. La loi Titia (ou Cincia, selon d'autres, d'après Tacite, *Ann.*, liv. xi, ch. 5), défendait aux avocats de recevoir pour plaider ni argent ni présent. Ces explications ne sont pas inutiles pour l'intelligence de cette épigramme.

XCI.

1. — *Marce, ut ameris, ama* (v. 6). Hémistiche emprunté à Martial, liv. vi, épigr. 11, et que le P. Bouhier a traduit ainsi :

> Comment espérer que l'on t'aime,
> Damon ? je n'y sais qu'un secret :
> Si tu veux qu'on t'aime en effet,
> Commence par aimer toi-même.

XCIII.

1. — *Pulchrum Dei responsum.* Imitation de l'*Anthologie*, liv. 11. Souchay croit qu'Ausone a voulu se rire des dieux des Gentils. C'est oublier bien vite le *Myobarbum* de Lucaniac (épigr. xxx); c'est calomnier Ausone.

XCIV.

1. — *Hermiones* (v. 2). Il s'agit ici, selon Fleury, non d'Hermione, fille de Ménélas et d'Hélène, mais d'Hermione, ou plutôt Harmonia, fille de Jupiter et d'Électre selon les uns, de Mars et de Vénus selon les autres, et femme de Cadmus.

XCV.

1. — *De Hyla.* Cette pièce rappelle une charmante idylle d'André Chénier, intitulée aussi *Hylas*, et où se lisent ces beaux vers :

> . . . . Un léger zéphyre,
> Un murmure plus doux l'avertit et l'attire :
> Il accourt. Devant lui l'herbe jette des fleurs ;
> Sa main errante suit l'éclat de leurs couleurs ;
> Il oublie, à les voir, l'emploi qui le demande,
> Et s'égare à cueillir une belle guirlande.
> Mais l'onde encor soupire et sait le rappeler.
> Sur l'immobile arène il l'admire couler,
> Se courbe, et, s'appuyant sur la rive penchante,
> Dans le cristal sonnant plonge l'urne pesante.
> De leurs roseaux touffus les trois Nymphes soudain
> Volent, fendent leurs eaux, l'entraînent par la main
> En un lit de joncs frais et de mousses nouvelles.
> Sur leur sein, dans leurs bras, assis au milieu d'elles,

Leur bouche, en mots mielleux où l'amour est vanté,
Le rassure, et le loue, et flatte sa beauté.
Leurs mains vont caressant, sur sa joue enfantine,
De la jeunesse en fleur la première étamine,
Où sèchent en riant quelques pleurs gracieux
Dont la frayeur subite avait rempli ses yeux.

XCVII.

1. — *Si cuperes alium…. Narcisse* (v. 1). Souchay cite cette traduction par Richer :

> Si tu brûlais de cette ardeur extrême
> Pour un autre que pour toi-même,
> Narcisse, tu pourrais contenter ton désir.
> Tu possèdes l'objet, sans jouir du plaisir.

CI.

1. — *Salmacis* (v. 1). Ovide, *Métam.*, liv. iv, v. 288 et suiv.

CII.

1. — *Pone arcum, Pœan* (v. 1). Tout le monde connaît le sonnet de Fontenelle :

> Je suis, criait jadis Apollon à Daphné, etc.

C'est une paraphrase de ces deux vers d'Ausone. En voici une traduction plus exacte et qui n'est pas moins connue :

> Apollon, cet objet que ta flamme poursuit,
> Sans ton arc, ton carquois, t'écouterait sans doute :
> Ce n'est point toi que Daphné fuit,
> Ce sont tes traits qu'elle redoute.

CVI.

1. — *In Venerem Anadyomenen.* Imité de l'*Anthologie*, liv. iv. Vénus Anadyomène, c'est Vénus sortant de l'onde, de ἀναδύμι. On trouve dans une des élégies de Ronsard un souvenir de cette épigramme :

> Or, toy doncques, cent fois plus belle que n'estoit
> Celle qu'aux bords de Cypre une conque portoit,
> Pressurant les cheveux de sa teste immortelle,
> Encore tout moiteux de la mer maternelle.....

Les habitants de l'île de Cos, qui achetèrent cette Vénus d'Apelle pour la placer dans le temple d'Esculape, la revendirent dans la

CVII.

1. — *Factus es, o pulcher, pæne puella puer* (v. 2). Il s'agit sans doute encore ici d'un hermaphrodite. Il est bien difficile de rendre toute la grâce et toute la délicatesse de ces deux vers. En voici une traduction burlesque par La Monnoie :

> La nature, charmant Faustin,
> S'étonna, quand tu vins au monde,
> D'avoir fait naître un beau blondin,
> Croyant faire une belle blonde.

Gasp. Barth, dans ses notes sur Stace, dit que le vieux poëte français Daurat, qui fut le précepteur de Baïf et de Ronsard, admirait tellement cette épigramme, qu'il soutenait qu'un démon en était l'auteur.

CVIII.

1. — *Thermarum in solio* (v. 1). C'est le siége de la baignoire. — Voir MARTIAL, liv. II, épigr. 42 et 70, et SUÉTONE, *Aug.*, ch. LXXXXII.

2. — *Luteæ Symplegadis antrum* (v. 9). Les Symplégades étaient deux îles vis-à-vis du Bosphore de Thrace, qui, selon les poëtes, avaient d'abord été flottantes. Dans Martial, liv. XI, épigr. 100, les deux Symplégades sont les deux fesses :

> Sic constringuntur gemina Symplegade culi,

probablement à cause de leur forme et de leurs mouvements. Ici ce mot a le même sens.

3. — *Ad Phlegethonteas sese jam præparat undas* (v. 20). Son bain brûlant lui donne un avant-goût des eaux bouillantes du Phlégéthon.

CIX.

1. — *Silvius ille Bonus* (v. 1). Cette épigramme et les cinq suivantes n'ont guère de valeur qu'en latin. Il n'était pas facile de faire passer ces jeux de mots en français. Ausone n'aimait pas la Bretagne et les Bretons, et il avait ses raisons pour cela : les Calédoniens opposaient encore une courageuse résistance aux généraux de Valentinien, et Maxime, le meurtrier de Gratien, était sorti de la Bretagne, *Rutupinus latro*.

CXII.

1. — *Si simplex.... esse Incipiat, simplex desinet esse Bonus*

(v. 2). Double jeu de mots sur *simplex* et sur *Bonus*; *simplex* signifiant aussi, comme le mot *simple* en français, un homme sans artifice et sans méchanceté.

CXV.

1. — *Pars te Fŭrippum* (v. 1). *Fūrippus*, par une longue, signifierait *grand voleur*, comme *hippocamelus* (épigr. LXX), *grand chameau*, et *Fŭrippus*, par une brève, *grand furieux* : le mot ἵππος, comme le fait remarquer Fleury, n'étant là que pour ajouter de la force au mot auquel il est joint.

CXVI.

1. — *Quod est beatum* (v. 1). Cicéron, *de Nat. Deor.*, lib. I, c. 17, rappelle cette maxime d'Épicure.

CXVII.

1. — *Sanus piger* (v. 1). C'est une pensée de Ménandre conservée par Stobée dans son chapitre Περὶ ἀργίας. On verra plus loin (*Edyll.*, IV, v. 46) que les comédies de Ménandre existaient encore au temps d'Ausone, et que les professeurs les mettaient avec l'*Iliade* entre les mains de leurs élèves.

CXVIII.

1. — *Illa ego sum Dido vultu* (v. 1). Imité de l'*Anthologie*, liv. IV : Ἀρχέτυπον Διδοῦς ἐρικυδέος, etc.

2. — *Maro quam mihi finxit* (v. 3). Voir sur cette fiction de Virgile, MACROBE, *Saturn.*, liv. V, ch. 17, et PRISCIEN, *Périég.*, v. 185.

CXX.

1. — *Uxoris.... lingere membra suæ* (v. 4). Cette épigramme n'a de sel que si l'on suppose que la femme de ce Castor était hermaphrodite.

CXXII.

1. — *Faustulus insidens formicæ* (v. 1). On retrouve l'idée de cette pièce dans une épigramme grecque de Lucillius, *Anthologie*, liv. II. Anicius Probinus était le fils de Sext. Petronius Probus, auquel Ausone a écrit sa *Lettre* XVI. Probinus fut consul en 395, tout jeune encore.

CXXIII.

1. — *In Eunum liguritorem*. L'abbé Jaubert traduit *liguritorem* par *Ligurien*. Est-ce pudeur d'abbé ou ignorance ?

2. — *Aere Seplasiæ* (v. 4). *Seplasia* était le nom d'une place de Capoue où se faisait le commerce des parfums. — Voir Cic., in Pis., c. xi, et *de Lege Agrar.*, ii, 34; Val. Max., liv. ix, ch. i, étr.; Festus, aux mots *Sentinare* et *Sterilem*.

3. — *Dum custon costonque* (v. 5). Le κύσθος des Grecs est le *cunnus* des Latins, le κίστος est un arbrisseau dont l'odeur est forte et d'où l'on tire le *ladanum*, et le κόστος est une plante odoriférante; c'est sur la ressemblance des mots κύστος et κίστος, et la différence des odeurs du κίστος et du κόστος, que joue Ausone.

CXXV.

1. — *Salgama non hoc sunt, quod balsama* (v. 1). J'ai tâché de rendre par des équivalents les jeux de mots du latin. On appelait *salgama* des fruits ou des légumes conservés dans le sel et le vinaigre.

CXXVI.

1. — *Ut facias verbum, quod tu facis* (v. 3). Ce mot est λείχει, il lèche.

CXXVIII.

1. — *Syriscus* (v. 1). Voilà le *Ligurien* de l'abbé Jaubert devenu un Syrien. Ausone surnomme ainsi son pédagogue *Syriscus*, selon Vinet, par plaisanterie et par allusion à ce Syrien nommé aussi Eunus, qui souleva en 618 la guerre des esclaves. On peut dire encore que ce nom de *Syriscus* est souvent donné, sans cette allusion, en mauvaise part. Dans Térence (*Adelph.*, acte v, sc. 1, v. 1) et dans Martial (liv. v, épigr. 70, v. 2), il est appliqué à un glouton et à un prodigue, et tout le monde connaît la *Copa Syrisca*, qui était quelque chose de plus encore.

2. — *Opicus magister* (v. 2). Les Opiques étaient un peuple d'Italie, le même que les Osques. De *Opicus* on a fait *Opscus*, *Obscus* et *Oscus*. Leur nom vient, selon Servius (*in Æneid.*, lib. vii, v. 730), de ὄφις, *serpent*, parce que la partie de la Campanie qu'ils occupaient était infestée de reptiles. Le nom d'*Opique* a signifié dans la suite un ignorant et un débauché, à cause de l'ignorante grossièreté de ces peuples, et de leur goût pour d'obscènes voluptés. — Voir Festus, au mot *Oscum*.

3. — Λ *est* (v. 8). Parce que c'est la première lettre du mot λείχειν, *lécher*.

4. — Φ *notam sentit* (v. 9). L'exclamation des anciens pour exprimer le dégoût était *phu! phui!* Dans Plaute (*Pseud.*, v. 1264),

Simon s'écrie quand Pseudolus lui a roté au nez : *Phui! in malam crucem!* Nous disons *fi!* dans le même sens.

5. — *Ubi locari I convenit* (v. 11). Cet I désigne la verge.

6. — ꙅ *tibi sit obsceno* (v. 12). Ou, avec la forme d'abréviation ȣ, figure la corde nouée au cou de l'homme qu'on vient de pendre.

7. — *Tuumque nomen* Θ *sectilis signet* (v. 13). On sait que le θ, première lettre du mot θάνατος, était le signe de la condamnation à mort. — Voir PERSE, sat. IV, v. 13; et MARTIAL, liv. VII, épigr. 37.

CXXIX.

1. — *Medeam vellet quum pingere* (v. 1). On trouve dans l'*Anthologie*, liv. IV, deux épigrammes sur le même sujet.

2. — *Timomachi mens* (v. 1). Sur Timomachus et son portrait de Médée, voir PLINE, *Hist. Nat.*, liv. XXXV, ch. 11 ou 39.

CXXX.

1. — *Quis te pictorum* (v. 1). Voir dans l'*Anthologie*, liv. IV, l'épigramme Τίς σου, Κολχὶς ἄθεσμε, συνέγραψεν, etc., et sept autres pièces sur le même sujet.

2. — *Cera tenax* (v. 8). Sur la peinture à l'encaustique, voir PLINE, *Hist. Nat.*, liv. XXI, ch. 14 ou 49, et liv. XXXV, ch. 11 ou 39. Ausone en a déjà parlé, épigr. XXVI, v. 9 :

> Ceris inureus januarum limina.

CXXXI.

1. — *Calido.... dropace* (v. 1). Espèce de pommade dépilatoire : c'est le mot grec δρώπαξ latinisé. — Voir MARTIAL, liv. III, épigr. 74, et SERENUS SAMMONICUS, v. 513.

2. — *Volsas.... lupas* (v. 2). Les courtisanes.

3. — *Clazomenas* (v. 4). Les fesses, de κλάω, ou κλάζω, *je brise, je divise*, parce qu'elles se déchiraient sous les assauts du pédéraste; peut-être aussi ce mot vient-il de Clazomènes, ville d'Ionie, dont les habitants étaient, dit Turnèbe, fort dissolus.

CXXXII.

1. — *Insidens cæco.... claudus* (v. 1). Quatre épigrammes grecques du liv. Ier de l'*Anthologie* traitent le même sujet. C'est là que Florian a puisé l'idée de sa fable intitulée : *L'Aveugle et le Paralytique*.

CXXXV.

1. — *Intemerata procis* (v. 1). Perdu au milieu des épigrammes d'Ausone, ce joli morceau n'a pas été remarqué, malgré l'élégante facture du vers et la délicatesse de la pensée et de l'expression. Il est difficile de croire que cette pièce soit d'Ausone. Quant au titre, *De Penelope*, il est on ne peut plus mal appliqué; on l'a tiré des deux premiers vers, qui renferment une allusion à Pénélope et à sa longue chasteté. Il est évident que ces seize vers ne sont qu'un fragment d'une plus longue élégie à la manière d'Ovide : une jeune femme accusée par son mari lui répond par de tendres plaintes, et lui rappelle, pour le ramener, les secrètes amours et les mystérieuses voluptés des premières nuits du lit conjugal.

2. — *Invidia principe* (v. 4). J'ai conservé ces deux mots et j'ai tâché de leur donner un sens. Fleury propose *in fida principe* : selon lui, c'est une princesse qui parle.

CXXXVIII.

1. — *Jam solicismus eris* (v. 4). Car il faudrait dire *Auxilium*, pour ne pas faire de solécisme.

CXXXIX.

1. — *Fratres OEdipodionidæ* (v. 2). Étéocle et Polynice.

CXL.

1. — *Nil homine terra pejus ingrato creat* (v. 1). Publius Syrus a dit de même, v. 379 :

Ingrato tellus homine nil pejus creat.

Voir les *Sentences de Pub. Syrus*, et l'excellente traduction qu'en a donnée M. J. Chenu, dans la *Bibliothèque Latine-Française* de M. Panckoucke.

CXLI.

1. — *De Demosthene*. Pourquoi ce titre? sans doute, dit Fleury, parce que ces trois vers rappellent les efforts tentés par Démosthène avant de parvenir à l'éloquence.

2. — *Quæ didicisti* (v. 3). J'ai suivi, pour ce troisième vers, la correction de Pulmann et de Tollius. On lisait auparavant :

Quæ didicisti, haud dum dicendo absumere tendas.

Fleury a conservé cette leçon, qu'il explique comme il peut.

CXLIV.

1. — *In Stellam.* C'est la traduction d'une des épigrammes de Platon, sur Aster : Ἀστὴρ, πρὶν μὲν ἔλαμπες, etc. — Voir les *OEuvres de Platon*, traduites par M. Cousin, t. xiii, p. 210.

CXLV.

1. — *Re fruere, ut natus mortalis* (v. 1). Nous n'avons plus les vers de Ménandre, mais on retrouve au liv. 1ᵉʳ de l'*Anthologie*, sous le nom de Lucien, une épigramme grecque qui a quelque rapport avec celle-ci : Ὡς τεθνηξόμενος, etc.

CXLVI.

1. — *Puer, notarum præpetum Sollers minister* (v. 1). La tachygraphie était connue bien longtemps avant Ausone. « On ne peut douter, dit M. J.-V. Le Clerc, que cet art, renouvelé de nos jours, n'ait été d'un grand usage chez les Romains; plusieurs auteurs en ont parlé : Suétone, *Tit.*, ch. iii; Quintilien, liv. viii, ch. 2; Pline le Jeune, liv. ix, lett. 36; Martial, liv. vii, épigr. 52, etc. Manilius en a donné une description poétique, *Astronom.*, liv. iv, v. 197 :

> Hic et scriptor erit velox, cui littera verbum est,
> Quique notis linguam superet, cursimque loquentis
> Excipiat longas nova per compendia voces.

Ceux qui l'exerçaient s'appelaient *notarii*, et Cicéron, au rapport de Plutarque dans la *Vie de Caton*, se servit de leur ministère pour recueillir les discours prononcés au sénat dans la délibération sur les conjurés. Mais il est peu probable que Cicéron, comme Plutarque l'avance, ait enseigné à ses copistes ce procédé, que l'on fait remonter jusqu'à Ennius (Isidore, *Orig.*, liv. i, ch. 22). Il l'est encore moins que le dictionnaire tachygraphique dont parle Trithème *, soit du plus grand orateur de Rome, qui devait se reposer de ces détails sur ses affranchis. Sénèque lui-même, malgré le témoignage d'Isidore, n'a certainement pas fait un recueil

---

* « Ce moine, auteur lui-même d'un Traité sur la stéganographie, ou l'art d'écrire en chiffres, raconte que, dans un voyage qu'il fit, en 1496, pour visiter les bibliothèques, il trouva, dans un monastère de son ordre, un manuscrit poudreux, négligé, qu'on était prêt à gratter pour en avoir le parchemin (*decreverant enim pergameni amore radendum*), et qu'il obtint en échange des OEuvres de saint Anselme, nouvellement imprimées. C'était, dit-il, le recueil des *notes* ou signes d'abréviation, adressé par Cicéron à son fils, et augmenté par saint Cyprien, évêque de Carthage. »

de ce genre ; car il dit, avec trop de mépris peut-être (*Epist.* xc) : *Vilissimorum mancipiorum ista commenta sunt.* Cicéron, Mécène, (Dion, liv. LV, ch. 7), pouvaient être les protecteurs d'une invention utile; mais Tiron, Aquila (Isid., Dion, *ibid.*), en rédigeaient les manuels. La *Chronique* d'Eusèbe (4ᵉ année de la 193ᵉ olympiade) attribue à Tiron un travail semblable, et ces *notes* sont même appelées par quelques-uns *Tironiennes.* Les amateurs de ce genre de recherches pourront consulter avec intérêt les anciennes Tables de Valerius Probus (*De notis Romanorum interpretandis*), de Magnon (*Notæ juris*), et de Pierre Diacre (*De notis litterarum*), qui nous offrent certainement, outre les abréviations usitées dans le droit antéjustinien et dans les inscriptions, plusieurs signes empruntés à l'art tachygraphique; J. Nicolaï, *de Siglis veterum,* Leyde, 1706; la Bibliothèque latine de Fabricius, II, 9 ; les Lettres de Juste-Lipse (*ad Belgas,* I, 27), qui n'aurait plus à regretter aujourd'hui un art qu'on n'avait pas encore retrouvé de son temps; et surtout les *Inscriptions* de Gruter, où l'on a rassemblé, à la fin du dernier tome, tout ce qui nous reste de ces anciens caractères. On se figure sans peine combien ils ont été altérés par les copistes depuis tant de siècles; il en est même qui sont plus compliqués que les mots écrits en toutes lettres. » (*OEuvres complètes de Cicéron,* trad. en français et publiées par J.-V. Le Clerc, t. XXIX, Introduction, page liv, éd. in-8°.)

M. F.-Z. Collombet a cité et traduit cette pièce d'Ausone dans son *Histoire civile et religieuse des Lettres latines au* IVᵉ *et au* Vᵉ *siècle,* p. 29.

ÉPIGRAMMES SUR LES FASTES.

I.

1. — *Ausonius Hesperio filio.* Hesperius était le second fils d'Ausone. — Voir la *Notice* en tête de ce volume, p. 6, 9 et suiv.

2. — *Digessi Fastos* (v. 3). Ce travail sur les Fastes a péri. C'est une perte à regretter peut-être, non pour la poésie, mais pour l'histoire.

3. — *Venturos per longum consere Janos* (v. 7). C'est-à-dire, « puisses-tu vivre longtemps! » suivant Fleury. Selon les Bénédictins (*Hist. littér.,* t. II, p. 48), Ausone exhorte ici son fils à continuer cet ouvrage. C'est peut-être aller un peu loin. Je crois qu'Ausone désirait surtout qu'Hesperius lui succédât dans les hon-

neurs, et qu'il s'inquiétait peu de le voir écrire la continuation de ses Fastes.

4. — *Et te Aggreget Ausoniis purpura consulibus* (v. 10). Ce vœu ne fut point rempli. Hesperius ne fut que proconsul.

II.

1. — *Annis undecies,* etc. (v. 1). C'est-à-dire 1118 ans. Les Romains, au rapport de Denys d'Halicarnasse et de Solin, étaient loin de s'entendre sur l'année de la fondation de Rome. L'opinion généralement admise aujourd'hui, et qui est contraire au calcul d'Ausone, date cette fondation de la sixième ou de la septième olympiade, d'après Varron, Verrius Flaccus, Velléius Paterculus, liv. 1, ch. 8, etc. Ce qui place, selon les Fastes consulaires qui nous restent, le consulat d'Ausone en 1132 ou 379 après J.-C.

III.

1. — *Procule* (v. 2). Il a déjà été question de ce Proculus. — Voir plus haut, p. 286, la note 1 de l'épigramme xxxiv.

2. — *Confectam Proculus signet olympiadem* (v. 6). Encore un vœu qui ne fut pas accompli. Le nom de Proculus ne se retrouve pas dans les Fastes consulaires.

IV.

1. — *Qui quartus ab imo est* (v. 3). Ainsi Ausone écrivait ces vers quatre ans après son consulat, c'est-à-dire, d'après son calcul, en 1123, ou, d'après l'autre, en 1137 ou 384 de J.-C.

L'ÉPHÉMÉRIDE.

1. — Ephemeris. D'après les Bénédictins (*Hist. littér.*, t. 1er, 2e part., p. 292), cette pièce, « qui contient toutes les actions d'une journée sainte, semble avoir été faite pour l'usage de la jeunesse, » à laquelle Ausone tâchait de donner ainsi, « les principes d'une éducation chrétienne. » Il faut avoir bien envie de faire de ce poëte un chrétien, pour voir *toutes les actions d'une journée sainte* dans ces vers, où, à part la prière, qui peut-être n'est pas d'Ausone, on ne rencontre que des allusions à la mythologie, des goûts mondains, des invitations à dîner, des détails gastronomiques, et enfin une invocation aux songes. Cette pièce a dû être composée, non pas dans les écoles de Bordeaux, mais à la cour, à Trèves, où Ausone, comblé d'honneurs et de richesses, menait grand train, et affectait forcément une ferveur de christianisme qui n'était ni dans sa conviction peut-être, ni certainement dans ses habitudes. — Voir la *Notice*, p. 8 et 12.

2. — *Cui Luna somnos Continuarit* (v. 15). Souvenir de la fable d'Endymion.

3. — *Ne longus tibi somnus*, etc. (v. 18). Parodie d'un vers d'Horace, liv. III, ode II, v. 37.

AVANT-PROPOS.

4. — *Præsentiam sentit pavens* (v 21). Quelques éditeurs, Tollius et Fleury entre autres, ajoutent ici un mauvais vers :

Pavetne quidquam spes, fides?

Cette réflexion, écrite par quelque esprit fort sur la marge d'un vieux manuscrit, avait été découverte d'abord par Vinet, qui n'avait pu en déchiffrer que ces mots : *Pavetne mequam spes fides*, dont on fit *pavet nequidquam spes, fides*, et ensuite le vers que nous venons de citer. Souchay condamne cette ridicule interpolation, et la rejette avec raison.

LA PRIÈRE.

5. — *Omnipotens* (v. 1). Cette prière se retrouve dans un manuscrit sous le nom de S. Paulin de Nole, l'élève d'Ausone, et elle a toujours été insérée parmi ses œuvres. — Voir *S. Pontii Meropii Paulini Opera*, Paris, 1685, in-4°.

Il est une autre prière qu'on a voulu aussi attribuer à Ausone, et qui a été quelquefois imprimée parmi ses œuvres sous ce titre : *Oratio consulis Ausonii versibus rhopalicis* *. Évidemment elle n'est pas de lui; cependant, comme elle a été publiée sous son nom, et que, comme tour de force, elle mérite d'être comparée au *Griphe*, à la *Technopégnie* et autres *nugæ* du même genre, nous l'avons comprise dans l'*Appendice*, à la fin de ce volume (n° II), après avoir essayé de la traduire.

---

* Les vers rhopaliques sont des hexamètres composés de cinq mots, le premier d'une syllabe, le second de deux, le troisième de trois, le quatrième de quatre, le cinquième de cinq. C'est à cette gradation ascendante des mots et des syllabes que ces vers doivent leur nom (de ῥόπαλον, *massue*, à cause de leur forme). — Voir le *Menagiana*, t. III, p. 347, édit. de 1729.

6. — *Stirpis adoptivæ meliore propage colendus* (v. 19). — Voir l'*Épître de saint Paul aux Romains*, ch. 11.

7. — *Quo numine viso, Et patrem vidisse datum* (v. 20). — Voir l'*Évangile selon saint Jean*, ch. xiv.

8. — *Integer olim Raptus.... Helias* (v. 42). *Rois*, liv. iv, ch. 2.

9. —*Enoch* (v. 42). Enoch, le père de Mathusalem. *Genèse*, ch. v.

10. — *Qui super æquoreas volitabat Spiritus undas* (v. 48). *Genèse*, ch. 1.

11. — *Et semper genitor, sine vulnere nominis hujus* (v. 67). C'est-à-dire, n'avoir à déplorer la perte d'aucun de mes enfants.

12. — *Nec timeat mortem bene conscia vita, nec optet* (v. 73). Souvenir de Martial, liv. x, épigr. 47 :

Summum nec metuas diem nec optes.

Souchay cite aussi ce quatrain célèbre, que notre vieux poëte Maynard a fait graver sur la porte de son cabinet :

Las d'espérer et de me plaindre
Des Muses, des grands et du sort,
C'est ici que j'attends la mort,
Sans la désirer ni la craindre.

13. — *Et responsuris ferit aera vocibus Amen* (v. 85). Tollius et Fleury rapprochent de ces vers un passage tout semblable d'un poëme de S. Paulin à Nicétas (*Carm.*, xvii, v. 115) :

Psallet alternis citharista toto
Æquore David.
Audient Amen tremefacta cete, etc.

Ce qui pourrait bien être un motif de plus pour attribuer cette prière à S. Paulin.

LE MOMENT DE SURVEILLER LE CUISINIER.

14. — *Ad quintam flectitur umbra notam* (v. 2). C'est-à-dire que l'ombre commence à tourner vers la cinquième heure marquée sur le cadran solaire. Cette cinquième heure répond à peu près, pour nous, à onze heures du matin.

15. — *Desunt multa*. Les passages perdus comprenaient sans doute la description du dîner, les occupations de la soirée, le souper et le coucher; car au dernier fragment le poëte demande une bonne nuit aux songes.

16. — *Divinum.... vatem* (v. 22). Virgile, *Énéide*, liv. vi.

LES PARENTALES.

PRÉFACE.

1. — *Ab Numa.... institutus.* Ce fut Énée, suivant Ovide (*Fast.*, liv. II, v. 543), qui institua cet usage.

AUTRE PRÉFACE.

1. — *Nænia* (v. 5). Festus, au mot *Nænia* : *Nænia est carmen quod in funere laudandi gratia cantatur ad tibiam.*

2. — *Gaudent compositi cineres sua nomina dici* (v. 11). Ronsard, dans l'*Avant-propos* de ses *Épitaphes de divers sujets*, s'est souvenu de ce passage :

> Le dernier honneur qu'on doit à l'homme mort,
> C'est l'épitaphe escrit tout à l'entour du bord
> Du tombeau pour mémoire. On dit que Simonide
> En fut premier autheur. Or, si le sens préside
> Encore aux trespassez comme il faisoit icy,
> Tel bien memoratif allege leur soucy,
> Et se plaisent de lire en si petit espace
> Leurs noms et leurs surnoms, leurs villes et leur race.

I.

1. — *Primus in his pater Ausonius* (v. 1). — Voir la *Notice* en tête de ce volume, p. 2 et 3.

2. — *Undecies binas.... olympiadas* (v. 4). Quatre-vingt-huit ans. Dans l'*Épicède* (*Edyll.*, II, v. 61), Ausone dit que son père vécut quatre-vingt-dix ans.

II.

1. — *Genitrix Æonia* (v. 1). — Voir la *Notice*, p. 2.

2. — *Tarbellæ matris, patris et Æduici* (v. 2). — Voir, plus haut, les notes 4 et 5 de la seconde *Préface*, p. 277.

III.

1. — *Tertius Arborius* (v. 2). — Voir la *Notice*, p. 2 et 5. Burmann (*Anthol. lat.*, liv. III, n° 275) rapporte un poëme élégiaque imité de la seconde élégie du livre 1er de Properce, et publié avant lui par André Rivinus et par Lotichius, sous le nom d'Æmilius Magnus Arborius ; mais Burmann doute qu'il soit de lui, et il cite quelques autres personnages du nom d'Arborius, mentionnés par

Valois dans ses notes sur Ammien Marcellin, liv. xv, ch. 3. Wernsdorf, qui a donné aussi ce poëme dans ses *Poetæ latini minores* (t. II, p. 272, édit. Lemaire), y reconnaît l'œuvre d'un grammairien ou d'un rhéteur, et n'hésite pas à l'attribuer à l'oncle d'Ausone plutôt qu'à aucun autre. Cette élégie, dont la versification ne manque pas d'élégance et de facilité, a été traduite par M. Héguin de Guerle avec les poésies attribuées à Pétrone (t. II, p. 260 du *Pétrone* de la *Bibliothèque Latine-Française*), et plus récemment par M. Cabaret-Dupaty (t. I, p. 368 de la 2ᵉ Série de cette collection).

2. — *Te sibi Palladiæ.... Tolosæ* (v. 11). Cette épithète de *Palladienne* a été donnée plusieurs fois à Toulouse (MARTIAL, liv. IX, épigr. 99; SID. APOLLINAIRE, *Carm.*, VII, v. 437), sans doute à cause du succès avec lequel les beaux-arts et les lettres, dont Pallas ou Minerve est la déesse, étaient cultivés dans cette ville. Athènes portait le même nom chez les Grecs, et pour la même cause. Ausone (*Edyll.*, xv, 34) a dit :

Timon *Palladiis* olim lapidatus *Athenis*.

« Toulouse est une de ces villes privilégiées et choisies du ciel, a dit Balzac (*OEuvres*, 1664, in-12, p. 389); elle produira toujours des lumières à la France; elle sera toujours juste et catholique, savante et *Palladienne*, jusqu'à la fin du monde. » — Voir à ce sujet une note de M. Breghot du Lut, dans les *OEuvres d'Apollinaris Sidonius*, trad. par MM. Grégoire et Collombet, t. III, p. 376.

3. — *Dictasti fatis verba notanda meis* (v. 22). Les anciens croyaient qu'à la naissance d'un enfant les Destins recueillaient de la bouche de Jupiter et notaient sur des tablettes l'avenir que le dieu prédisait à l'enfant. — Voir PACATUS, *Panégyr.*, ch. XVIII.

IV.

1. — *Maternum.... avum Arborium* (v. 2). — Voir la *Notice*, p. 2.

2. — *In Tetricos recidit imperium* (v. 10). — Voir TREBELLIUS POLLION, sur les *Trente tyrans*, dans les *Historiæ Augustæ scriptores*.

3. — *Studium dissimulanter agens* (v. 18). Les astrologues n'exerçaient leur art qu'en secret, à cause des lois sévères portées contre eux.

4. — *Saucius, atque uno lumine cassus eras* (v. 26). Les Bénédictins (*Hist. littér.*, t. 1ᵉʳ, part. 2ᵉ, p. 58) disent que, pour comble

de malheur, Cécilius perdit *un œil* dans sa vieillesse. Ils ont pris à la lettre l'expression d'Ausone, employée déjà par Quintilien (liv. VI, *proœm.*); mais cet œil, c'est Arborius, son fils, mort à trente ans, comme Ausone vient de le dire, et que les Bénédictins, aveuglés sur ce passage, font vivre soixante à soixante-cinq ans. — Voir la *Notice*, p. 2, note 5.

V.

1. — *Æmiliam nunc fare aviam* (v. 1). — Voir la *Notice*, p. 2.

VI.

1. — *Virgo devota*. Les commentateurs, d'après ces termes, en font une religieuse; mais Ausone dit que si elle ne s'est pas mariée, c'est qu'elle n'avait aucun des penchants de son sexe. Ce n'était pas une dévote, c'était un dragon de vertu.

VII.

1. — *Et patruos* (v. 1). — Voir la *Notice*, p. 3, note 1.

2. — *Tellus.... Rutupina* (v. 2). C'était, d'après Ptolémée, un port de la Bretagne : aujourd'hui Sandwich. — Voir Juvénal, sat. IV, v. 141; Lucain, liv. VI, v. 67.

IX.

1. — *Liquisti natos.... duos* (v. 26). Hespérius et une fille dont on ignore le nom. — Voir la *Notice*, p. 6.

XI.

1. — *Hesperii patris tertia progenies* (v. 4). Un de ces trois enfants est Paulin de Pella, surnommé depuis *le Pénitent*, et qui nous a laissé dans un poëme d'un style assez barbare, mais d'un grand intérêt pour l'histoire, un récit curieux des malheurs de sa vie. Barth prétend que ce Paulin était plutôt fils de la fille d'Ausone, que d'Hespérius; mais Tillemont (*Hist. des Emp.*, t. V, p. 620) et les Bénédictins (*Hist. littér.*, t. II, p. 363) ont prouvé le contraire. Quoi qu'il en soit, son poëme, intitulé *Eucharisticon* (Actions de grâces), renferme, outre une foule de précieux renseignements historiques que M. Fauriel a mis à profit[*], des détails curieux sur l'éducation des jeunes patriciens, et sur l'intérieur de la vie domestique gauloise à cette époque[**]. C'est un monument

---

[*] M. Fauriel, *Hist. de la Gaule méridionale*, t. I, p. 124 et suiv.

[**] M. J.-J. Ampère, *Hist. littéraire*, t. II, p. 168. Voir l'analyse qu'il en donne et le jugement qu'il en porte.

historique et littéraire qui méritait d'être plus connu*. Mais il est fort rare ; il n'a encore été, je crois, publié que trois fois en entier, par Margarin de la Bigne d'abord, dans l'*Appendice* de sa *Bibliothèque des Pères*, à Paris, en 1579; ensuite par Chrét. Daumius, avec ses notes et celles de Barth, à la suite des Poésies de Paulin de Périgueux, à Leipzig, en 1681; et enfin à Pesaro, en 1766, par l'éditeur de la *Collectio Pisaurensis* (t. VI, p. 1). Dom Bouquet, dans la collection des *Historiens des Gaules*, n'en a donné que quelques passages (t. I, p. 772). Je n'ai donc point hésité à le reproduire après en avoir corrigé le texte sur l'édition de Daumius et les notes de Barth. Mais je n'ai admis que quelques-unes des nombreuses corrections proposées par Barth; car il est évident que les fautes grossières contre la prosodie et la grammaire dont cet ouvrage fourmille, viennent, non de l'ignorance des copistes, mais de l'ignorance de l'auteur lui-même, qui s'en confesse avec humilité. L'*Eucharisticon* de Paulin fait partie, sous le n° III, de l'*Appendice*, à la fin de ce volume.

2. — *Illa meum petiit tegula missa caput* (v. 14). « Ce mot, dit M. Demogeot, me semble aussi touchant et moins recherché que celui de madame de Sévigné : *Ma chère fille, j'ai mal à votre poitrine.* »

XII.

1. — *Conjuge adhuc juvenis caruit* (v. 9). L'époux de cette sœur d'Ausone se nommait Pomponius Maximus. — Voir plus loin, *Parent.*, XV.

XIV.

1. — *Euromi* (v. 2). Plusieurs éditions portent *Euroni*, et *Euronius* dans le titre. Tollius propose *Euromius*, à cause de l'étymologie, εὖ, *bien*, et ῥώμη, *force*. C'est, d'ailleurs, la leçon d'un ancien manuscrit. Symmaque, écrivant à Ausone (liv. I, lett. 25), lui parle de son gendre Thalassius. Quelques commentateurs ont cru qu'il désignait Euromius, qui portait aussi, selon eux, le nom de Thalassius. Tillemont (*Hist. des Emp.*, t. V, p. 726) a fort bien démontré qu'ils étaient dans l'erreur, et voici comment :

« 1°. Le nom de Thalasse n'est point marqué dans le titre de l'épitaphe d'Eurome, au lieu que dans les autres titres on trouve tous les noms de ceux dont Ausone fait l'épitaphe; et le nom de Thalasse, marqué seul dans Symmaque et dans les lois comme le

---

* M. Ch. Nodier, dans sa *Bibliothèque sacrée*, n'en parle pas, non plus que M. F.-Z. Collombet, dans son *Hist. civile et religieuse des lettres latines.* Schœll l'a omis également dans son *Hist. abrégée de la littérature romaine.*

nom propre du gendre d'Ausone, devait moins être oublié que les deux autres. 2° L'épitaphe d'Eurome ne lui attribue point de charge plus éminente que celle de gouverneur d'une province de l'Illyrie, et il est certain que Thalasse a été au moins proconsul d'Afrique, ce qui était beaucoup au-dessus. Nous ne pouvons donc point douter qu'Eurome et Thalasse ne soient deux, et qu'ils n'aient tous deux été gendres d'Ausone. Ausone n'a pas néanmoins eu deux filles mariées, puisque sa femme ne lui laissa en mourant que deux enfants, Hespère et une fille; mais cette fille peut avoir été mariée deux fois, premièrement à Eurome, et puis à Thalasse, qui peut avoir survécu à son beau-père, puisqu'Ausone ne fait point son épitaphe, au lieu qu'Eurome est mort avant lui, et est mort tout jeune.

« Eurome laissa un fils qui devait donc être né avant les enfants de Thalasse; et néanmoins Ausone semble dire que le premier de ses petits-fils, *prime nepos*, était Ausone fils d'un proconsul, et par conséquent de Thalasse. Je ne sais si ce serait que le fils d'Eurome était déjà mort; ou s'il appelle ce petit Ausone le premier, parce qu'il l'était entre les enfants de Thalasse. »

Le fils d'Eurome n'était pas mort avant Ausone, car il eût été compris dans les *Parentales*, où Ausone n'a oublié aucun des parents qu'il avait perdus. Mais le poëte nomme le fils de Thalasse *prime nepos*, par amour-propre de grand-père, parce que cet enfant était le premier de ses petits-fils qui portât le nom d'Ausone, *qui nomen avi geris indole prima*, comme il le dit au vers précédent (*Edyll.*, IV, 36). Ainsi, la rectification de Tillemont subsiste, et la dernière difficulté qui l'arrêtait n'en est plus une.

XV.

1. — *Heu! quare nato* (v. 9). Ce fils était Arborius, qui épousa Veria Liceria, dont il va être question dans la pièce suivante.

2. — *Nepotum* (v. 9). Ce sont les quatre enfants de Megentira, dont deux seulement sont connus, Paulinus et Dryadia, parce qu'ils moururent avant Ausone qui les a chantés, *Parent.*, XXIII.

XVI.

1. — *Vox proavi Eusebii* (v. 6). Cet Eusebius, qu'on ne trouve cité nulle part ailleurs, était sans doute un orateur ou un poëte, qui enseignait au IIIe siècle les belles-lettres à Bordeaux.

XVII.

1. — *Eheu! quem, Maxime, fructum* (v. 11)? Gronovius propose ici une excellente correction, *quam frustra*, au lieu de la leçon vulgaire *quem fructum*. Cet Herculanus mourut au moment de succéder à Ausone dans sa chaire de rhéteur. *Profess.*, xi.

XVIII.

1. — *Rutupinus ager* (v. 8). Voir plus haut, page 309, la note 2, *Parent.*, vii.

XIX.

1. — *Fantis honore colit* (v. 14). Malgré Scaliger et Souchay, je préférerais, avec Vinet et Fleury, *fratris* à ce *fantis*, qui s'accorde moins avec ce qui précède.

XX.

1. — *Curam.... filii*. Un manuscrit porte *cura filii*; Fleury propose *cura filius*, c'est-à-dire *mon fils par l'amitié*; Scaliger, *levir, Att. filius*, c'est-à-dire *mon beau-frère, fils d'Attusius*. La conjecture de Tollius, *Att. Lucani filius*, est la plus naturelle.

2. — *Nec jam tu, matris spes unica* (v. 1). Le texte portait *nec tantum matris spes unica*. Je n'ai adopté qu'à demi la correction de Tollius, qui met *nec tu jam metris*, et de son autorité privée tue ainsi la mère de ce Talisius. Tollius dit qu'il n'était pas *l'unique espoir d'une mère*, puisque Sabina, sa sœur et la femme d'Ausone, vivait encore. Mais il oublie que Sabina était morte à vingt-huit ans, qu'elle était plus âgée que ce Talisius, appelé ici *ephebe Talisi*; il est donc probable que ce Talisius lui avait survécu, et avait pu rester ainsi *matris spes unica*. Mais on n'explique pas pourquoi Ausone le nomme *consobrine* : peut-être était-ce par sa femme, que Talisius était devenu le cousin du poëte.

XXII.

1. — *Consocer*. Le mot *consocer* désigne également le père du gendre ou le père de la bru. On s'accorde à croire que ce Julianus et Pomponia Urbica, sa femme (*Parent.*, xxx), étaient le père et la mère de la bru d'Ausone, de la femme d'Hesperius.

XXIII.

1. — *Hispana tum regione procul* (v. 14). A Tarragone. Paulinus, père de ces enfants, avait été *corrector* de la Tarragonaise. — Voir la pièce suivante.

2. — *Divisio facta est* (v. 19). Paulinus avait reçu sa part de ses quatre enfants, chez les morts, où Paulinus et Dryadia étaient allés le rejoindre.

XXIV.

1. — *Cossio Vasatum* (v. 8). Bazas.

2. — *Correcturæ* (v. 11). Selon Fleury, les corrégidors sont aujourd'hui en Espagne, par l'étymologie et par l'emploi, les successeurs des *correctores*.

XXVI.

1. — *Innuba devotæ quæ virginitatis amorem* (v. 3). Fleury, en sa qualité de chanoine, voit dans ces mots *devotæ virginitatis* la preuve qu'elle était religieuse. Pourquoi alors Ausone, qui, selon Fleury, était chrétien, lui adresse-t-il l'adieu profane institué par Numa?

XXX.

1. — *Pythagorea Theano* (v. 5). Théano était la femme ou l'élève de Pythagore.

2. — *Quæque sine exemplo est in nece functa viri* (v. 6). Arria, femme de Pétus, selon Vinet, qui se trompe; il s'agit, selon Tollius, d'Alceste, femme d'Admète. — Voir l'*Alceste* d'Euripide.

LES PROFESSEURS.

I.

1. — *Minervi* (v. 1). Il ne reste rien de ce Minervius, qui fut, à ce qu'il paraît, un des premiers orateurs de son temps.

2. — *Roma* (v. 4). Il professa à Rome en 349 ou 354, d'après la *Chronique* de saint Jérôme, qui dit : *Minervius, Burdigalensis rhetor, Romæ florentissime docet*.

3. — *Calagurris* (v. 7). Calahorra, patrie de Quintilien.

4. — *Non ab honore meo* (v. 12). Ausone avait été l'élève de Minervius, et lui devait, par conséquent, les honneurs auxquels il était parvenu.

5. — *Et Demosthenicum, quod ter primum ille vocavit* (v. 19). Cette qualité que Démosthène appela trois fois la première qualité de l'orateur, c'est l'*action*. — Voir Cic., *de Orat.*, lib. III, c. 56, et Quintilien, liv. XI, ch. 3.

6. — *Bolos* (v. 26). Voir sur les différents jeux des Romains, M. L.-C. DEZOBRY, *Rome au siècle d'Auguste*, lettre xx.

7. — *Excisi per cava buxa gradus* (v. 28). Il paraît, d'après ce passage, que les cornets, en forme de petites tours, avaient à l'intérieur des échancrures ou petits gradins sur lesquels le dé rebondissait en roulant. M. Dezobry a oublié cette particularité.

II.

1. — *Alcime* (v. 2). La *Chronique* de saint Jérôme parle de cet Alcimus comme elle a parlé de Minervius : *Alcimus et Delphidius* (voir plus loin *Prof.*, v), *rhetores, in Aquitania florentissime docent*.

2. — *Et Julianum tu magis famæ dabis* (v. 21). D'après ce passage, Scaliger pense qu'Alethius avait écrit l'histoire de l'empereur Julien. Sallustius avait été préfet des Gaules et collègue de Julien dans le consulat. —Voir AMM. MARCELLIN, liv. xxi, ch. 8, et *passim*. — Les Bénédictins (*Hist. littér.*, t. 1ᵉʳ, part. 2ᵉ, p. 138) attribuent à cet Alcimus Alethius une épigramme sur Homère et Virgile, *Mæonio vati*, etc., qui se trouve, sous le seul nom d'Alcimus, dans l'*Anthologie latine* de Burmann, t. 1ᵉʳ, p. 355.

III.

1. — *Sexu in utroque* (v. 6). J'ai rétabli, d'après Pulmann et Grævius, *sexu in utroque*, au lieu de *sexui utroque*.

IV.

1. — *Patera* (v. 2). Saint Jérôme, dans sa *Chronique*, an 339, l'appelle *Pater* : *Pater rhetor Romæ gloriosissime docet*; et Paterius dans sa lettre à Hedibia : *Majores tui Paterius atque Delphidius, quorum alter, antequam ego nascerer, Rhetoricam Romæ docuit, alter me jam adolescentulo omnes Gallias, prosa versuque, suo illustravit ingenio*.

2. — *Tu Baiocassis* (v. 7). Les Baïocasses étaient les peuples de Bayeux.

3. — *Nomen a Phœbo datum* (v. 13). Phébicius.—Voir *Prof.*, x.

4. — *Natoque de Delphis tuo* (v. 14). Delphidius.—Voir la pièce suivante. — Les renseignements que nous donne Ausone sur ces trois personnages sont fort curieux pour l'histoire du druidisme. M. A. Beugnot les a cités (*Hist. de la destruction du paganisme*, t. II, p. 150) pour prouver que ce culte était pour ses ministres une source de crédit et de puissance. Il semble qu'ils prouvent plutôt le contraire; car Ausone dit bien clairement (*Prof.*, x) que

Belenus ne nourrissait plus ses prêtres, et que le vieux Phébicius fut bien heureux de quitter son temple et son Armorique, et de se faire professeur à Bordeaux, pour vivre.

V.

1. — *Odia magnis concitata litibus* (v. 21). Le plus remarquable de ces grands procès est celui que Delphidius intenta devant Julien, en 358, contre Numerius, gouverneur de la Narbonnaise, qu'il accusait de péculat. Numerius nia les faits qu'on lui imputait, et on ne put les prouver. Delphidius, outré de ce manque de preuves, s'écria : « Et qui donc, illustre César, pourra jamais être coupable, s'il suffit de nier son crime? — Et qui donc pourra désormais être absous, lui répondit Julien, s'il suffit d'être accusé pour être coupable? » (Amm. Marcellin, liv. xviii, ch. 1.)

2. — *Temporis tyrannici* (v. 23). Ce tyran semble à Tillemont (*Hist. des Emp.*, t. iv, p. 475) ne pouvoir être que Procope, révolté contre Valens en 365.

3. — *Mox inde rhetor* (v. 33). Delphidius professa la rhétorique à Bordeaux, « plutôt sous Valentinien que sous Constance, dit Tillemont, puisque la mort, qui l'enleva vers l'âge de quarante ans, l'exempta de voir la honte de sa fille Procule, qui se laissa surprendre par les Priscillianistes, vers l'an 380, et le malheur de sa femme Eucrocie, qui, s'étant engagée dans le même parti, eut la tête tranchée, vers l'an 385. »

4. — *Errore.... deviantis filiæ, Pœnaque.... conjugis* (v. 37). Priscillien, repoussé de Bordeaux avec ses partisans par l'évêque S. Delphin, s'arrêta quelque temps dans une terre d'Euchrotia, veuve de Delphidius, où il engrossa Procula, leur fille, qui se fit avorter pour le suivre, avec sa mère, à Rome, où il allait se justifier. Mais il n'y put réussir; il fut condamné à mort, et Euchrotia fut décapitée à Trèves.—Voir Sulpice Sévère, *Hist. Sacr.*, liv. ii, vers la fin, et Fleury, *Hist. du Christianisme*, liv. xvii, ch. 56 et suiv.

VI.

1. — *Rhetor Alethi* (v. 5). Fils de Tib. Victor Minervius, et non d'Alcimus Alethius, comme le dit Fleury par erreur d'après Scaliger.

2. — *Post Nazarium* (v. 23). Il y avait ici une lacune que Tollius a comblée par ce vers *Post Nazarium*, parce qu'Ausone (*Prof.*, xiv) rapproche ainsi Nazarius de Patera.

3. — *Versus Horati* (v. 53). Horace, liv. ii, ode 16, v. 27.

VII.

1. — *Iste Lascivus* (v. 5). On retrouve ce surnom devenu un nom propre dans une inscription et dans une épitaphe citées par Burmann, *Anthol. lat.*, t. II, p. 259.

VIII.

1. — *Romulum post hos prius* (v. 1). Selon Fleury, *Romulum* est un nom propre. Je crois que ce mot signifie ici *un Romain*. Ausone, s'amusant à parodier un vers d'Horace (liv. I, ode 12, v. 33), se demande s'il doit chanter un grammairien latin avant les Grecs dont les noms suivent.

2. — *Fructus exilis* (v. 6). Les grammairiens grecs recevaient douze annones : l'annone était la paye d'un soldat romain. Un rescrit de l'empereur Gratien, du 23 mai 376, rédigé peut-être par Ausone, régla les appointements des professeurs de rhétorique et de grammaire pour les villes de la Gaule. — Voir à la fin de ce volume, *Appendice*, n° IV.

X.

1. — *Nec reticebo senem Nomine Phœbicium* (v. 17). Voir plus haut, page. 314, *Profess.*, IV, note 3 et 4.

2. — *Qui Beleni œdituus* (v. 19). « Belenus, dit M. A. Beugnot, était la divinité principale de quelques cantons gaulois, et occupait dans la mythologie celtique la place réservée au Soleil ou à Apollon dans la religion romaine; aussi trouve-t-on sur les inscriptions, *Apollini Beleno*. Sans doute le culte de ce dieu n'était pas tombé dans le mépris, puisque le vieux Phébicius exerçait les fonctions d'*œdituus Beleni*, c'est-à-dire de sacristain du temple de Belenus. » (*Hist. de la destruction du Paganisme*, t. II, p. 152.) — Voir plus haut, page 314, *Profess.*, IV, note 4.

3. — *Proinde, ut erat meritum, Famam habuit tenuem* (v. 48). Il prouva ainsi, disent les Bénédictins, la vérité de l'épigramme CXXXVI d'Ausone : *Felix grammaticus non est*, etc.

XI.

1. — *Jam mihi cognata dudum inter memoratus nomina* (v. 7). — Voir *Parent.*, XVII.

XIII.

1. — *Citari dilecte* (v. 1). Vinet, Scaliger, Burmann et Wernsdorf s'accordent pour attribuer à ce Citarius une épigramme retrouvée en Sicile sur une pierre antique, malgré la différence du nom de l'auteur, *Citerius Sidonius*, né, comme l'ami d'Ausone, à Syracuse. Cette épigramme fait partie de l'*Appendice* à la fin de ce volume, sous le n° V.

XIV.

1. — *Agrici* (v. 2). « Censorius Atticus Agricius, ou Agrœtius, ne doit pas être confondu, comme quelques savants semblent l'avoir voulu faire, avec Argicius, aïeul du rhéteur Arbore, et bisaïeul maternel du poëte Ausone.... S. Sidoine (liv. v, lett. 10), voulant relever le mérite des écrits de Sapaude, qui faisait un des plus grands ornements des Gaules pour les lettres au ve siècle, dit que l'on y voyait toute la régularité du discours que l'on avait admirée dans Agrice. Le même siècle qui avait vu naître ce rhéteur, le vit mourir. Il pouvait être né vers 315, et il paraît qu'il n'était plus au monde vers 370.... On trouve, peu après le milieu du siècle suivant, un Agrèce, évêque dans les Gaules, qui aida de ses libéralités S. Rustique, pour faire bâtir l'église de Narbonne. Il pouvait descendre de la famille de notre rhéteur. Nous avons sous le nom d'un Agrèce un traité ou fragment de traité, *de la Propriété et de la différence de la langue latine*. Cet Agrèce est sans difficulté le même que celui dont parle S. Sidoine, et il ne paraît pas y avoir lieu de douter que celui de S. Sidoine ne soit l'Agricius d'Ausone. Agrèce, dans ce traité, examine la différence qu'il y a entre les termes qui paraissent synonymes : par exemple, entre *temperantia*, *temperatio* et *temperies*. Il avertit que le premier se dit des personnes, le second des choses, et le troisième de l'air et des vents. De même entre *Percussus* et *Perculsus*. On se sert, dit-il, du premier lorsqu'il s'agit du corps, et de l'autre lorsqu'on parle de l'esprit. Il appuie ce qu'il avance de l'autorité des meilleurs auteurs latins, comme Térence, Cicéron, Horace, Tite-Live et Virgile. On voit par là combien il était versé dans la lecture des auteurs de la belle latinité. » (*Hist. littér. de la France*, par les Bénédictins, t. 1er, part. 2e, p. 202.)

Les manuscrits d'Ausone, consultés par Scaliger et Vinet, portent invariablement *Agricio* et *Agrici*, et les manuscrits de Sidoine Apollinaire, à l'endroit cité par les Bénédictins, donnent, selon Vinet, les uns *Agrocio*, les autres *Agrecio*. D'un autre côté, l'auteur du traité dont parlent les Bénédictins, commence par établir l'orthographe de son nom; il veut qu'on l'écrive *Agrœtius*, par une diphthongue, et non *Agrytius*. Il est donc permis de douter que l'Agricius d'Ausone et le grammairien Agrœtius soient le même personnage, avec d'autant plus de raison que son livre est adressé à l'évêque Eucherius. Or, S. Eucher, si c'est de l'évêque de Lyon qu'il s'agit, ne fut nommé qu'en 432 ou 434, c'est-à-dire quarante ou cinquante ans après la mort d'Agricius et d'Ausone. Aussi Agrœtius est généralement placé aujourd'hui parmi les grammairiens du ve siècle (Schoell, *Hist. abr. de la littérat. rom.*, t. III, p. 327; F.-Z. Collombet, *Hist. des Lettres latines*, p. 527); et Vinet, qui veut qu'on écrive dans le texte d'Ausone le nom d'Agricius par un œ, n'ose pourtant affirmer que ce rhéteur soit l'auteur du traité qui nous reste. Quoi qu'il en soit, comme les termes de la dédicace de cet ouvrage *Eucherio episcopo* ne désignent pas expressément l'évêque de Lyon, et que rien ne prouve d'ailleurs qu'il s'agisse ici de S. Eucher, nous avons compris ce traité ou fragment de traité dans l'*Appendice* de ce volume, sous le n° VI, d'après les éditions qu'en ont données Vulcanius, à la suite des *Origines* d'Isidore de Séville, à Bâle, en 1577, Denys Godefroy dans ses *Autores latinæ linguæ*, et surtout d'après la réimpression beaucoup plus complète et plus correcte de Putschius dans ses *Grammaticæ latinæ auctores antiqui*, Hanaw, 1605.

2. — *Nazario* (v. 9). Nazarius, orateur et rhéteur, prononça, en 321, un panégyrique à la louange de Constantin et de ses fils. Ce discours existe encore et fait partie des *Panegyrici veteres*.

XV.

1. — *Nepotiane* (v. 4). On trouve dans l'*Anthologie latine* de Burmann, liv. I, n° 72, sous le nom de Reposianus, un poëme sur les amours de Mars et de Vénus, qui pourrait bien être de ce Népotianus, rhéteur, ami d'Ausone. Wernsdorf, qui a publié aussi ce poëme (*Poetæ latini minores*, t. III, éd. Lemaire), pense, en effet, que ce nom de Reposianus est corrompu, et que ce poëte s'appelait véritablement Nepotianus. — Voir l'*Appendice*, à la fin de ce volume, n° VII.

2. — *Honore gesti præsidatus inclytus* (v. 18). L'emploi de *præses*. — Voir la *Notitia dignitatum*, et l'abrégé qu'en a donné Schœll, *Hist. abrég. de la littérat. rom.*, t. III, p. 345 et suiv.

XVI.

1. — *Inter cognatos jam fletus* (v. 1). — Voir *Parent.*, III.

2. — *Arborio patre, et avo Argicio* (v. 6). — Voir la *Notice*, p. 2, et *Parent.*, IV.

3. — *Constantini fratres.... Tolosa Exsilii specie sepositos cohibet*

(v. 11). C'est un fait historique qu'on ne trouve que dans Ausone. A quelle époque, par qui et pour quelle raison, Dalmace, Jules-Constance et Anaballien, frères de Constantin, furent-ils relégués à Toulouse? Ils le furent par Constantin, sans doute; car ils avaient plus de droit que lui à l'empire. « Maître de leur éducation, dit Tillemont (*Hist. des Emp.*, t. IV, p. 287), Constantin eut moyen de prendre les précautions que la prudence chrétienne permet, et de les faire instruire par des personnes qui les élevèrent dans un esprit de paix et de respect. »

M. Demogeot (*Études hist. et litt. sur Ausone,* p. 32) a jeté de vives lumières sur ce passage d'Ausone. « Cet exil, dit-il, ne paraît pas devoir être placé avant le règne de Constantin; car Constance Chlore n'épousa Théodora qu'après son élévation à la dignité de César, c'est-à-dire l'an 292; il mourut l'an 306. Les enfants qu'il avait eus de sa seconde femme étaient donc encore très-jeunes à l'époque de sa mort. Or, Ausone nous apprend (*Profess.*, XVII, 9) que Dalmatius, l'un de ces enfants, avait lui-même à Tolosa deux fils déjà dans l'adolescence. Leur exil est donc postérieur à la mort de Constance Chlore. D'un autre côté, il ne paraît pas pouvoir être placé plus tard que le règne de Constantin; car les deux jeunes fils de Dalmatius durent l'un et l'autre à Constantin le titre de Césars, et ils n'en jouissaient pas encore à l'époque de leur séjour à Tolosa, *Cæsareum qui mox indepti nomen....* Leur exil doit donc être placé sous le règne de Constantin, et attribué à la politique de ce prince; car, d'après les termes d'Ausone, il est probable que cet exil n'était pas un châtiment, *exsilii specie*, et qu'il était motivé par une pensée de prévoyance, *sepositos*. D'ailleurs, la fortune dont ils jouissaient, *grandi mercede*, l'empressement des courtisans autour d'eux, *cultæ principum amicitiæ*, enfin le titre de Césars que Constantin décerna bientôt à ses neveux, Dalmatius et Anaballianus, fils de Dalmatius, tout nous porte à croire que l'empereur n'avait contre le père aucun sujet de haine. Peut-être voulait-il à la fois éloigner du cœur de l'empire des frères qui, nés d'une mère plus noble (Théodora), eussent pu devenir des concurrents dangereux, et tenir en réserve, *sepositos*, des soutiens pour sa dynastie nouvelle, au cas où lui-même manquerait d'héritier. »

4. — *Doctoque ibi Cæsare honorus* (v. 15). Quel était ce César? Ce ne peut être Crispus, qui avait eu pour précepteur Lactance. Ce serait alors Constantinus, né en 316, et proclamé César en 317. Mais comment concilier cela avec l'âge d'Arborius, que les Bénédictins font naître en 270, et qui pourtant, comme nous

l'avons vu, ne vécut que trente ans? Il faut donc qu'Arborius soit né au plus tôt vers 290.

XVII.

1. — *Palladiæ.... Tolosæ* (v. 7). — Voir sur cette épithète la note 2 de la troisième pièce des *Parentales*, p. 308.

2. — *Narbo* (v. 8). Narbonne, appelée aussi *Narbo Martius*.

3. — *Dalmatio genitos* (v. 9). Dalmatius et Anaballianus, fils de Dalmatius, et neveux de l'empereur Constantin, tués tous deux après la mort de leur oncle par les soldats révoltés, vers 337. — Voir Tillemont, *Hist. des Emp.*, t. iv, p. 313.

4. — *Sede Cadurca* (v. 15). Aujourd'hui Cahors.

« Divers écrivains, disent les Bénédictins, sont tombés dans des erreurs de confusion presque impardonnables à l'égard de ce rhéteur (Exuperius). Les uns l'ont pris pour le prêtre ou œconome de l'église de Bourdeaux de même nom que lui, dont S. Paulin de Nole fait mention dans ses Lettres, et l'ont fait évêque de Toulouse. D'autres ont cru que c'est le même qu'Exupère, évêque de Cahors au iv° siècle. Mais ce sont quatre personnes réellement distinctes les unes des autres, quoique de même nom. Il est certain que notre rhéteur n'est point le même que saint Exupère, évêque de Toulouse, qui vivait encore en 409 ou même 411, comme il paraît par saint Jérôme, puisqu'il était mort lorsqu'Ausone faisait son éloge, et qu'Ausone n'était plus lui-même au monde à la fin du iv° siècle. On doit faire le même raisonnement à l'égard d'Exupère, prêtre de Bourdeaux. On ne peut pas dire non plus qu'il soit l'évêque de Cahors de même nom : car il n'est pas croyable qu'Ausone, qui était si bien instruit de l'histoire de sa vie, et qui en relève des traits qui n'en valent pas la peine, eût oublié son épiscopat dans l'éloge qu'il nous a laissé de ce rhéteur. » (*Hist. littér.*, t. 1ᵉʳ, part. 2ᵉ, p. 128.)

XVIII.

1. — *Marcello genitum*, Marcelle (v. 1). « Quelques écrivains prétendent que ce grammairien était fils de Marcel, célèbre médecin, et l'un des premiers officiers de l'empereur Théodose le Grand. Ils pouvaient, à la vérité, sortir de la même famille, puisqu'ils étaient de Bourdeaux l'un et l'autre ; mais l'opinion de ces écrivains est contre toute apparence. Ce serait plutôt le médecin qui aurait pu être fils du grammairien ; car celui-ci était déjà mort depuis quelques années lorsqu'Ausone faisait son éloge, vers 386, au lieu que Marcel le médecin n'écrivait qu'au commencement du ve siècle, et ne commença à être célèbre que vers l'an 395. » (*Hist. littér.*, t. 1, 2e part., p. 217.)

2. — *Grammatici nomen, divitiasque dedit* (v. 8). Heyne (*Opusc. Acad.*, t. VI, p. 26) demande dans ce vers une virgule après *nomen*, afin de lire : *Le nom de grammairien et des richesses*, et non pas *le nom et les richesses d'un grammairien*, ce qui serait bien peu de chose.

XIX.

1. — *Reducit Te patria, et civem morte obita repetit* (v. 7). Les commentateurs ne sont pas d'accord sur le sens de ce vers. Scaliger et Vinet prétendent que le corps de Sedatus fut rendu à Bordeaux, où on voyait encore, de leur temps, c'est-à-dire vers la fin du XVIe siècle, dans un lieu appelé le *Puy-de-Paulin*, une image en pierre tenant un livre à la main, avec cette inscription : D. M. SEDATUS. Selon Tollius, au contraire, ce monument aurait été consacré seulement à la gloire de Sedatus, dont les cendres seraient restées à Toulouse. Le dernier vers de cette pièce semble donner raison à Tollius.

XX.

1. — *Civis Auscius*. Il était né à *Ausci*, aujourd'hui Auch.

XXI.

1. — *Sic* ἐλελίσω (v. 12). Ἐλελεῦ était le cri des soldats en allant au combat : c'est un cri de douleur dans les tragiques grecs.

2. — *Dulcem in paucis ut Plisthenidem* (v. 19). E. Aignan, qui cite ce passage dans les notes de sa traduction de l'*Iliade*, liv. III, l'accompagne de cette critique : « Dans cette strophe, l'une des plus agréables d'Ausone, il est aisé de remarquer la décadence du goût et le déclin de la latinité. Un poëte du siècle d'Auguste n'aurait pas accolé *torrens* avec *ninguidus*, parce que *torrens*, impétueux, prend sa racine de *torreo*, brûler, et la précision ne lui aurait pas permis d'appliquer également le mot *dulcis* aux discours de Ménélas et à ceux de Nestor. »

3. — *Ut cluerent patribus ingenuis* (v. 28). Ils avaient sans doute, quoique de condition libre, été exposés par leurs parents, et élevés par des étrangers.

XXII.

1. — *Quod Castor cunctis de regibus ambiguis* (v. 7). Ce Castor est sans doute l'auteur du livre Χρονικῶν ἀγνοημάτων, dont parle

Suidas, et qui a servi, dans l'antiquité, à relever plus d'une erreur chronologique.

2. — *Rhodope* (v. 8). Cette Rhodopé, selon Heyne (*Opusc. Acad.*, t. vi, p. 25), pourrait être cette pythagoricienne à laquelle Théano écrivit une lettre citée par L. Holstenius dans la *Vie de Pythagore* par Porphyre, si toutefois, dit-il, la lettre et le nom ne sont pas supposés. Heyne s'étonne que le nom de cette femme, dont il ne reste rien parmi les fragments d'ouvrages des femmes célèbres, ait été connu au temps d'Ausone, et il penche à ne voir dans ces mots de *Castor* et de *Rhodope* qu'une allusion moqueuse du poëte à la manie de Victorius, habitué, comme grammairien, à citer avec affectation Castor et Pollux, Orphée et le Rhodope. Cette supposition est inadmissible; Ausone désigne bien clairement des auteurs anciens, et des livres qui alors pouvaient exister encore.

3. — *Libato tenuis nomine grammatici* (v. 18). Il n'avait été que *subdoctor* ou *proscholus*; il n'avait point été grammairien ou rhéteur en titre. C'est, je crois, le vrai sens de ces deux vers. Ce Victorius ne peut donc être, comme le prétend Souchay, le même que le rhéteur Victorius dont parle Sidoine Apollinaire, liv. v, lett. 10.

XXIII.

1. — *Dynami* (v. 1). Un fragment retrouvé dans les manuscrits de Saint-Gall, sous ce titre : *Dinamius grammaticus ad discipulum suum ait*, par Melch. Goldast (*Parænetic. veter.*, p. 148), qui en a fait une lettre, et la croyait de Dynamius le patrice, chanté par Fortunat au vi[e] siècle, est attribué, par les Bénédictins (*Hist. littér.*, t. 1, 2e part., p. 232), à ce Dynamius, ami d'Ausone. Le ton religieux de cette lettre, si ce n'est plutôt un sermon, ne permet guère d'admettre cette supposition; car ce rhéteur avait, de l'aveu même d'Ausone, des mœurs peu régulières : ou il faut croire alors qu'il l'écrivit dans sa vieillesse, comme un acte de contrition; mais, en ce cas, il n'aurait pris ni le nom de Dynamius, qu'il avait quitté, ni le titre de grammairien, puisqu'il était avocat et rhéteur. Quoi qu'il en soit, pour qu'on puisse en juger, nous avons réimprimé et traduit cette pièce dans l'*Appendice* (n° VIII).

2. — *Ilerda* (v. 4). Aujourd'hui Lérida.

3. — *Jam verus morte obita, Dynami* (v. 14). Dynamius avait conservé le faux nom de Flavinius tout le reste de sa vie : la mort seule lui rendit son vrai nom.

XXIV.

1. — *Glabrio* (v. 2). « Acilius Glabrio était fils d'Aquilinus, et issu d'une illustre famille, qui tirait son origine de l'ancienne Troie. Eunape, dans la *Vie de Porphyre*, fait mention d'un Aquilinus qui avait étudié à Rome avec ce fameux philosophe, vers la fin du IIIe siècle, et dont il dit qu'il y avait quelques écrits, mais peu estimés. Il y avait aussi un Vettius Aquilinus, consul en l'année 286, avec Junius Maximus. On ne saurait dire si ces deux Aquilinus ne sont qu'une même personne, ni assurer si l'un ou l'autre fut le père de notre grammairien. Quoi qu'il en soit, il paraît assez croyable qu'il descendait d'un autre Glabrio qui fut consul avec Commode, et qui, selon Hérodien, était un illustre sénateur, et faisait remonter l'origine de sa famille jusqu'à Énée. Savoir comment les descendants de cette ancienne maison passèrent à Bourdeaux, d'où il semble que Glabrio était natif, c'est ce que personne ne nous apprend. » (*Hist. littér. de la France*, par les Bénédictins, t. 1, 2e part., p. 107.)

XXV.

1. — *Coronis*. Il paraît que la *coronis* était une espèce de tiret ou de fleuron en forme de V, qui indiquait la fin d'un ouvrage. La *menis*, qui, selon Turnèbe (*Advers.*, lib. XXII, c. 10), vient de μήνη, *lune*, parce qu'elle avait la forme d'un croissant, se traçait au commencement du livre.

XXVI.

1. — *Et si qua functis cura* (v. 7). Au lieu de *functis*, Fleury et les Deux-Ponts mettent *cunctis*; cette faute, qui se retrouve dans beaucoup d'autres éditions, a été relevée par Tollius dans son *Errata*.

ÉPITAPHES DES HÉROS
DE LA GUERRE DE TROIE.

1. — *Scilicet titulos sepulcrales* est sans doute une glose passée de la marge dans le texte.

III.

1. — *Ajaci*. Cette épitaphe est imitée d'une épigramme grecque du liv. III de l'*Anthologie*, traduite ainsi par Ronsard :

> Quelle est ceste déesse en larmoyant couchée
> Sur le tombeau d'Ajax ? c'est la pauvre Vertu.

Quelle main si hardie a sa tresse arrachée,
Et de grands coups de poing son estomac batu ?
Soy-mesme se l'est fait de son ongle pointu,
Despite contre Ulysse, après que laschement
(L'ost des Grecs estant juge) un tort bien débatu
Veinquit la vérité par un faux jugement.

2. — *Florem Testantem gemitu crimina judicii* (v. 5). — Voir Ovide, *Métam.*, liv. xiii, v. 395.

IV.

1. — *Achilli*. Burmann, dans son *Anthologie latine*, liv. 1, rapporte plusieurs autres épitaphes d'Achille, qui pourront consoler des lacunes de celle-ci.

IX.

1. — *Orbe tegor medio* (v. 1). A Delphes.

X.

1. — *Pleuronia* (v. 1). Strabon (liv. x) appelle ainsi la partie de l'Étolie où était située la ville de Pleuron. Ce mot désigne ici la partie de la Grèce qui formait le royaume de Diomède, de Sthénélus et d'Euryalus, c'est-à-dire le royaume d'Argos.

XIII.

1. — *Tumulum.... quem.... Et pius Æneas, et Maro composuit* (v. 4). Virgile, *Énéide*, liv. vi, v. 494 et 505.

XIV.

1. — *Hectori*.—Voir, dans Burmann (*Anthol. lat.*, liv. 1), une autre épitaphe d'Hector par Pentadius.

XIX.

1. — *Telorum seges est sanguine adulta meo* (v. 2). Virgile, *Énéide*, liv. iii, v. 22 et suiv.

2. — *Thracia pœna premit, Troia cura tegit* (v. 6). Allusion aux deux espèces de tombeaux dont il vient de parler.

XXV.

1. — *Hecubæ*. On trouve, dans l'*Anthologie latine* de Burmann, liv. 1, n° 161, une épitaphe d'Hécube assez semblable à celle-ci.

2. — *Quicumque hoc nostrum* σῆμα κυνὸς *legitis* (v. 6). On raconte de différentes manières la mort d'Hécube. Lapidée ou jetée à la mer, selon les uns; elle fut, selon d'autres, métamorphosée

en chienne. De là le nom de *cynos-sema*, ou *tombeau de la chienne*, donné à son tombeau.—Voir STRABON, *Géogr.*, liv. XIII, et POMPONIUS MELA, liv. II, ch. 2, § 90.

XXVI.

1. — *Polyxenæ*. On peut comparer avec cette épitaphe une pièce sur le même sujet, publiée par Burmann, *Anthol. lat.*, liv. I, n° 101.

AUTRES ÉPITAPHES.

XXVIII.

1. — *Vivebam : sum facta silex* (v. 1). Ronsard a ainsi traduit cette épitaphe, qui est, comme la précédente et la suivante, tirée de l'*Anthologie* :

NIOBÉ ET LE PASSANT.

NIOBÉ.

Je vivois, un rocher Praxitèle m'a faite.

LE PASSANT.

Pourquoy la main, qui fut d'animer si parfaite,
Ne t'a l'ame et l'esprit en ce rocher laissé ?

NIOBÉ.

Je les perdy tous deux quand les dieux j'offensai.

2. — *Polita Praxitelis manibus* (v. 2). On a retrouvé plusieurs groupes antiques de Niobé, parmi lesquels il en est un qu'on croit pouvoir attribuer à Praxitèle. — Voir la *Biographie universelle* de Michaud, partie mythologique, art. *Niobé*.

XXX.

1. — *Didoni*. Cette épitaphe a été bien des fois traduite en vers français, d'abord par P. Corneille, et de deux manières :

Misérable Didon, pauvre amante séduite,
Dedans tes deux maris je plains ton mauvais sort,
Puisque la mort de l'un est cause de ta fuite,
Et la fuite de l'autre est cause de ta mort.

Quel malheur en maris, pauvre Didon, te suit !
Tu t'enfuis quand l'un meurt, tu meurs quand l'autre fuit.

Puis par Leibnitz :

> Quel mari qu'ait Didon, son malheur la poursuit :
> Elle fuit quand l'un meurt, et meurt quand l'autre fuit.

Le Père Bouhours, dans sa *Manière de bien penser* (cité par Rollin, *Traité des Études*, liv. IV, ch. 3), rapporte avec éloges cette autre traduction dont il ne nomme pas l'auteur :

> Pauvre Didon, où t'a réduite
> De tes maris le triste sort !
> L'un en mourant cause ta fuite,
> L'autre en fuyant cause ta mort.

L'abbé Desfontaines la blâme, au contraire (*Disc. sur la traduction des poëtes*, en tête de sa trad. de Virgile), et il traduit ainsi à sa manière :

> Hélas ! que tes époux te causent de malheurs,
> Didon ! L'un meurt, tu fuis ; l'autre fuit, et tu meurs.

Enfin, Souchay cite une sixième traduction qui se rapproche beaucoup de celle de l'abbé :

> Didon, tes deux maris te comblent de douleurs :
> Le premier meurt, tu fuis ; le second fuit, tu meurs.

XXXI.

1. — *Diogeni Cynico.* Cette épitaphe est tirée de l'*Anthologie*, liv. III. M. Cousin (*Ouvrages inéd. d'Abélard*, Appendice, p. 621) en cite une traduction latine qu'il a retrouvée dans un manuscrit de la Bibliothèque Royale, parmi des traités de philosophie. Les quatre premiers vers sont, à quelques variantes près, les mêmes que ceux d'Ausone. Voici les deux derniers :

> Parva polenta, tripos, baculus, scyphus, arta supellex
> Ista fuit cynico ; deputat hoc nimium.

2. — *Non obiit, sed abit* (v. 2). La même idée se retrouve dans une élégie de Brebœuf, intitulée *le Songe homicide* :

> Ouy, j'ay cru que Philis avoit perdu la vie....
> Ou plustost que la vie avoit perdu Philis.

XXXIV.

1. — *Viginti atque novem genitrici Callicrateæ* (v. 1). Imité du grec de l'*Anthologie*, liv. III : Εἴκοσι Καλλικράτεια, etc.

XXXV.

1. — *Spatiosa per æquora Circi* (v. 1). Au lieu de *spatiosa*, le manuscrit de Vinet portait *pauosa*, et au-dessus, d'une autre main, *panosa*, pour *pannosa*, que Vinet est bien tenté d'adopter, et qu'il entend des étoffes de diverses couleurs qui distinguaient les factions du Cirque.

2. — *Pegasus.... Arion....* (v. 9). Ces coursiers célèbres se trouveraient ainsi attelés, d'après Gronovius : au timon, Phosphorus à gauche, c'est la place d'honneur, et Pégase à droite; et comme chevaux de trait ou de volée, Arion (HOMÈRE, *Iliade*, liv. XXIII, v. 347) à droite, et Cyllarus, le cheval de Castor, à gauche.

On peut comparer cette épitaphe avec celle de Borysthène, le cheval de l'empereur Adrien, rapportée par Burmann, *Anthol. lat.*, liv. IV, n° 399 :

Borysthenes Alanus,   Ausus fuit nocere,
Cæsareus veredus,   Vel extimam saliva
Per æquor et paludes   Sparsit ab ore caudam,
Et tumulos Etruscos   Ut solet evenire :
Volare qui solebat   Sed integer juventa,
Pannonicos in apros ;   Inviolatus artus,
Nec ullus insequentem   Die sua peremptus,
Dente aper albicanti   Hoc situs est in agro.

« Borysthènes, Alain, coursier de César, aimait à voler, par les eaux, les marais et les collines étrusques, après les sangliers de Pannonie ; jamais sanglier poursuivi n'osa le blesser de sa dent blanche, ou l'approcher assez pour lui mouiller le bout de la queue de l'écume de sa bouche, comme souvent il arrive. Il avait encore toute sa jeunesse et toute la vigueur de ses membres, quand son jour arriva. Il est mort, et repose en ce champ. »

Burmann rapporte encore le fragment suivant de l'épitaphe d'un cheval du Cirque :

...............coporus que.......
Nec Thusci saltus, pascua nec Sicula.
Qui volucres anteire vagas, qui flamina Cori
Vincere suetus eras, hoc stabulas tumulo.

« Jamais coursier meilleur ne sortit des forêts de la Toscane ou des pâturages de la Sicile. Tu devançais le vol de l'oiseau, tu dépassais le souffle du Corus, et te voilà à l'écurie dans ce tombeau ! »

XXXVII.

1. — *Sepulcrum Cari vacuum.* Tiré du grec de l'*Anthologie*, liv. III.

LES DOUZE CÉSARS.

1. — *De duodecim Cæsaribus.* Cette histoire versifiée des empereurs peut nous donner une idée de l'abrégé des Fastes qu'Ausone avait aussi composés pour Hesperius ; ces ouvrages prouvent le soin qu'il prenait de l'éducation de ses enfants, un peu, il est vrai, aux dépens de la poésie.

VI.

1. — *Julia sacra* (v. 2), les sacrifices de la maison Julia. Chaque famille avait ses sacrifices, qui se transmettaient aux héritiers. — Voir CICÉRON, *des Lois*, liv. II, ch. 19, 20 et suiv., et FESTUS, aux mots *Sine sacris hereditas*, et les notes de Dacier.

2. — *Nomina quot pietas* (v. 3). Les noms de ses parents et de ses amis.

XIX.

1. — *Errore probato* (v. 3). Sur ce passage assez obscur, j'ai adopté le sens de Souchay. Les prétoriens tuèrent Pertinax parce qu'il avait été plutôt élu par le sénat que par l'armée : ils prouvèrent donc que l'élection était vicieuse, *errore probato*; car le droit d'élire ayant passé du sénat à l'armée, les soldats seuls auraient dû nommer l'empereur.

XXII.

1. — *Irrisu populi tu, Caracalla, magis* (v. 4). On sait à quel moment Caracalla fut tué; *quum levandæ vesicæ gratia ex equo descendisset,* dit Spartien. Fleury a entendu tout autrement ce vers. Selon lui, il signifierait : « Le nom de Caracalla, que le peuple t'a donné par plaisanterie, te convenait mieux que celui d'Antonin. »

LES VILLES CÉLÈBRES.

I, II, III.

1. — *Roma, Constantinopolis, Antiochia et Alexandria.* M. Villemain, dans ses *Nouveaux Mélanges* (*de l'Éloquence chrétienne dans le* iv*e siècle*), a tracé, d'après les orateurs chrétiens, un tableau éloquent et animé de l'aspect religieux, politique et littéraire de ces quatre villes à la même époque :

« Dans l'Asie se montre Antioche, avec ses églises et ses théâtres, ce mélange d'imagination et de mollesse qui favorise également les austérités et les plaisirs : c'est là que les disciples du culte nouveau ont reçu pour la première fois ce nom de chrétien, répandu, deux siècles après, sur tous les points du monde ; c'est là que Libanius, païen par amour d'Homère, ouvrait son école que suivit Chrysostome ; c'est là que Julien, devenu maître de l'empire, et toujours sophiste, écrivait des satires contre les chrétiens, ses sujets. Antioche est placée sur les bords du fleuve Oronte, dans une plaine enchanteresse que couronnent d'âpres sommets, où sont épars quelques solitaires. Le christianisme a tout obtenu d'elle, excepté le sacrifice du cirque et du théâtre ; mais aucuns jeux sanglants n'attristent cette ville charmante. Les fêtes, les bals nocturnes, les réunions de science et de plaisir occupent ses paisibles habitants. Les divisions des sectes n'amènent aucun combat ; elles se raillent l'une l'autre sans se persécuter. Libanius écrit tranquillement le panégyrique de Julien après sa mort, et sur les ruines du polythéisme ; mais la foule se presse sur les pas du jeune et éloquent Chrysostome. Le sanctuaire retentit des applaudissements qu'excitent ses discours. On le suit dans les campagnes, aux portes de la ville ; de vastes toiles sont tendues dans les airs pour défendre de l'ardeur du soleil un nombreux auditoire enivré du charme de ses paroles.

« Telle est la vie des Grecs d'Asie, devenus sujets de Rome et chrétiens, sans avoir presque changé leurs mœurs, leurs usages et leur génie.

« Mais, ailleurs, dans les écrits d'Athanase, apparaît Alexandrie, aussi tumultueuse, aussi pleine d'orages, qu'Antioche est paisible : c'est l'entrepôt de tous les commerces, la patrie de toutes les sectes. Elle est habitée à la fois par les plus contemplatifs et les plus industrieux de tous les hommes. Près de cet observatoire fondé par les Ptolémées, près de cette bibliothèque immense et qui s'accroît sans cesse, sont des ateliers innombrables. Personne ne paraît oisif, excepté les philosophes. On est occupé tout le jour à tisser le lin, à fabriquer le papier, à souffler le verre, à forger les métaux; les aveugles mêmes travaillent. Dans cette foule d'habitants, d'étrangers, de voyageurs, il n'est aucune opinion, aucune secte, aucune singularité de mœurs ou de doctrine qui ne se cache impunément; là, jamais la persécution n'atteignit le christianisme. Une population nombreuse et hardie fait trembler les gouverneurs romains. Nulle ville n'est à la fois plus studieuse et plus agitée; les mœurs des habitants ont quelque chose de féroce, et leurs mains sont souvent sanglantes. On se dispute par les armes la possession d'un temple. On combat plus encore pour l'archevêché. Le crédit de cette dignité est grand sur l'esprit du peuple. Alexandrie, par son commerce, fournit de blé Rome et l'Italie; et quand on veut perdre Athanase auprès de l'empereur, on l'accuse avec vraisemblance du projet d'affamer Rome, en suspendant par son pouvoir le départ des flottes d'Égypte.

« Constantinople, ses mœurs, son luxe, la cour impériale et ses vices paraissent mieux encore dans les orateurs du IVe siècle. C'est la métropole du monde et de la religion; c'est là que brillent tour à tour sur le siége épiscopal Grégoire de Nazianze et Chrysostome; mais en même temps c'est le centre où viennent aboutir les sectes inventées par l'esprit subtil d'Alexandrie et la philosophie de la Grèce; c'est là qu'on vient les mettre à profit, en les produisant à la cour, et en tâchant d'y gagner quelque chambellan ou quelque eunuque du palais. Là donc se montrent dans toute leur nudité les misères de l'empire d'Orient, le despotisme capricieux des princes, les intrigues du palais, la corruption d'une grande ville faite trop vite, qui n'était ni grecque ni romaine, et semblait une colonie plutôt qu'une capitale. Mais Constantinople, par sa nouveauté même, n'avait rien dans ses monuments, dans ses fêtes, dans ses usages, qui rappelât l'ancien culte. Elle était de la même date que le triomphe du christianisme.

« A Rome, au contraire, le christianisme n'avait qu'une demi-victoire. Les deux sociétés, les deux cultes, le passé et l'avenir, étaient en présence et en guerre. Les temples, les cirques, les théâtres, les rues mêmes de Rome, toutes pleines de monuments païens, entretenaient le zèle religieux d'une partie des habitants. Plusieurs familles sénatoriales, surtout, tenaient encore à l'ancien culte, comme à la gloire de leurs aïeux. Le peuple remplissait les églises chrétiennes et les cimetières des martyrs. Les esclaves, les pauvres, adoptaient la loi nouvelle, où ils trouvaient des consolations et des secours; déjà cependant on accusait les vices des prêtres, la pompe et le faste des évêques. Au milieu du iv⁰ siècle, le siége épiscopal de Rome fut disputé par un combat sanglant. Les païens voyaient avec joie ces honteux débats, et les opposaient ironiquement à la simplicité, à la modestie qu'ils se plaisaient à reconnaître dans quelques évêques des provinces d'Italie. Il est à remarquer que, pendant ce siècle, l'église de Rome ne produisit pas un seul grand écrivain, un seul grand orateur, comme ceux qui naissaient en Afrique, en Grèce, en Asie ; mais elle travaillait à s'étendre au loin : elle cherchait à dominer les églises d'Afrique, de Gaule et d'Ibérie. Elle visait au gouvernement des hommes plutôt qu'à la gloire de bien parler et de bien écrire; elle tâchait de se rendre arbitre des querelles nombreuses excitées par l'esprit sophistique des Grecs; elle offrait sa communion aux docteurs d'Orient persécutés pour des controverses, et les gagnait en leur donnant asile. Presque aucune secte ne se formait dans l'église de Rome. Son génie était, en cela, l'opposé du génie grec : il se tenait aux anciens formulaires, innovait peu, redoutait le changement comme une hérésie, et, sans égaler la gloire de l'église d'Orient, devait à la longue l'emporter sur elle par une sorte de prudence temporelle et de ténacité. Le génie grec, plus libre et plus hardi, et devenu, depuis les conquêtes d'Alexandre, plus oriental qu'européen, portait dans le christianisme les subtilités, les allégories. L'Égypte et l'Asie Mineure en étaient le théâtre; mille sectes, mille opinions bizarres y naissaient de l'imagination superstitieuse des habitants. Les Romains, ou plutôt les peuples qui parlaient la langue latine, avaient quelque chose de moins savant, de moins ingénieux; ils n'étaient que des théologiens grossiers auprès des Grecs d'Alexandrie ; mais ils étaient plus calmes et plus sobres dans leurs opinions. Ils se défiaient de la métaphysique subtile que les Orientaux mêlaient aux dogmes de la foi; et ce schisme, cette répugnance mutuelle, qui, plusieurs siècles après, sépara les deux églises, avait sa racine dans les premiers âges du prosélytisme chrétien. On devrait en retrouver aussi la trace dans les monuments oratoires des deux littératures; mais le parallèle ne saurait être exactement suivi. Non-seulement l'église orientale avait une incontestable supériorité d'imagination et d'éloquence ; mais parmi les écrivains de l'église latine, tous ceux qui brillèrent d'un grand éclat semblaient appartenir à l'Orient : les uns, en effet, avaient vécu dans la Syrie, dans l'Égypte, et respiré l'enthousiasme aux rives du Jourdain; les autres, nés sous le climat brûlant de l'Afrique, étaient plus Orien-

III.

2. — *Seleucum.... ingenuum cujus fuit ancora signum* (v. 11). — Voir Justin, liv. xv, ch. 4.

IV.

1. — *Treveri.* « Quand Ausone parle de Trèves, qui donne aux légions des vêtements et des armes, il dit vrai; car il y avait à Trèves une manufacture d'armes, et, devançant le rôle commercial que devaient jouer un jour les villes libres des Pays-Bas, Trèves était l'entrepôt des laines d'Angleterre. » (M. J.-J. Ampère, *Hist. litt. de la France avant le* xiie *siècle*, t. 1er, p. 252.)

VI.

1. — *Comere quæ paribus potuit fastigia conis* (v. 17). Ce vers est assez obscur : j'ai suivi dans ma traduction le sens donné par Fleury. Wernsdorf, qui a inséré ces *Villes* d'Ausone dans ses *Poetæ minores* (t. iv, p. 507 et suiv. de l'éd. Lemaire), explique autrement ce vers. Il croit que la métaphore qu'il renferme est tirée de la forme conique d'une pyramide ou d'une colonne, symbole de la grandeur de Rome ou de Capoue : *Metaphoram potius sumptam putem*, dit-il, *a fastigio pyramidis vel columnæ, cui conum adjungit ipse noster*, Mosell., v. 312 ; *atque hac similitudine significat poeta Capuam potuisse imperii et potentiæ suæ fastigium ita extollere et exornare, ut pares utrique coni essent, Romæ et Capuæ.*

VII.

1. — *Maximus* (v. 7). Maxime, qui avait usurpé l'empire et fait tuer Gratien, en 383, fut lui-même tué par Théodose, en 388, à Aquilée, où il s'était réfugié, cinq ans juste et presque jour pour jour après le meurtre de Gratien.

2. — *Armigeri quondam sub nomine lixæ* (v. 7). Maxime avait été valet dans la maison de Théodose : *Ille quondam domus tuæ negligentissimus vernula, mensularumque servilium statarius lixa*, dit Pacatus (*Panegyr.*, c. xxxi).

3. — *Rutupinum.... latronem* (v. 9). C'est en Bretagne que Maxime s'était fait proclamer empereur. — Voir, sur l'élévation et la chute de Maxime, Tillemont, *Hist. des Emp.*, t. v, p. 175 et 293.

VIII.

1. — *Duplex Arelate.... Gallula Roma Arelas* (v. 1). « Ausone nomme Arles la petite Rome des Gaules, et célèbre son marché opulent qui *recevait le commerce du monde :* on voit qu'Arles, à cette époque, était double. La portion de la ville située sur la rive droite du Rhône n'existe plus. Le commerce d'Arles s'est déplacé au moyen âge ; il a remonté jusqu'à Beaucaire, comme Marseille a reconquis celui dont Narbonne l'avait dépossédée. » (M. J.-J. AMPÈRE, *Hist. litt. de la France avant le* XII° *siècle,* t. 1er, p. 253). — Voir aussi sur Arles, *la Géogr. ancienne histor. et comparée des Gaules,* par M. Walckenaër, t. 1er, p. 279.

2. — *Populos.... alios et mœnia ditas* (v. 7). Scaliger et M. Ampère citent, à l'appui de ces vers d'Ausone, un rescrit de l'empereur Honorius, adressé en 418, c'est-à-dire vingt ou trente ans après la mort d'Ausone, au préfet des Gaules, et qui présente une magnifique idée de l'étendue et de la prospérité du commerce arlésien à cette époque. Je n'en citerai qu'un passage, avec la traduction qu'en a donnée M. Fauriel dans son *Histoire de la Gaule méridionale,* t. 1er, p. 149 :

Tanta est enim loci opportunitas, tanta est copia commerciorum, tanta illic frequentia commeantium, ut quidquid usquam nascitur, illic commodius distrahatur. Neque enim ulla provincia fructus sui facultate lætatur, ut non nisi hæc propria Arelatensis soli credatur esse fecunditas. Quidquid enim dives Oriens, quidquid odoratus Arabs, quidquid delicatus Assyrius, quod Africa fertilis, quod speciosa Hispania, quod fecunda Gallia, potest habere præclarum, ita illi exhibetur affatim, quasi sibi nascantur omnia, quæ ubique constat esse magnifica........

« Telle est la commodité de cette ville, la richesse de son commerce, la multitude qui la fréquente, que, quelque part qu'une chose naisse, c'est là qu'il est avantageux de la transporter. Il n'y a point de production spéciale dont une province s'estime heureuse, que l'on ne puisse croire le produit propre de cette province Arlésienne. Et, en effet, tout ce que le riche Orient, tout ce que l'Arabie parfumée, tout ce que la délicate Assyrie, la fertile Afrique, la belle Espagne et la forte Gaule ont de signalé, abonde tellement dans cette ville, que là semble naître tout ce qu'il y a de précieux ailleurs. »

IX.

1. — *Emerita* (v. 2). Mérida.
2. — *Corduba* (v. 4). Cordoue.
3. — *Tarraco* (v. 4). Tarragone.
4. — *Bracara* (v. 5). Braga.

X.

1. — *Nunc et.... memoremus Athenas* (v. 1). « Athènes, dit M. Villemain, est encore, au IV° siècle, la ville des arts et des let-

tres. Pleine de monuments et d'écoles, elle attire toute la jeunesse studieuse de l'Europe et de l'Asie. Elle est peuplée de ces enthousiastes du premier âge qui sont à la fois avides de science et de merveilleux, qui veulent tout pénétrer, tout comprendre, qui cherchent la vérité avec une inquiète candeur, et la défendent avec fanatisme. Cette jeunesse suit les mouvements de ses maîtres, s'associe à leurs combats, à leurs triomphes avec la même ardeur, la même agitation qui faisait autrefois tressaillir et palpiter la foule attentive à la course des chars. Bruyante et studieuse, elle remplit la ville d'Athènes de ses jeux pour célébrer la venue d'un nouveau disciple, et elle passe de longues heures aux leçons de l'Académie. Athènes est à la fois remplie d'églises chrétiennes et d'idoles. Le polythéisme s'y conserve, protégé par les arts. Les défenseurs futurs des deux cultes se trouvent confondus, sans le savoir, dans les mêmes écoles. Ces jeunes hommes, si graves et si doux, admirés de leurs camarades dont ils évitent les folies, ces deux inséparables, qui, parmi les séductions d'Athènes, ne connaissent que le chemin de l'église chrétienne, et celui des écoles, c'est Grégoire de Nazianze et son ami : on les cite dans toute la Grèce; ils excellent dans les lettres et l'éloquence profane. Près d'eux passe souvent, sans leur parler, un jeune homme, à la démarche irrégulière et précipitée, au regard brillant et plein de feu, laissant tomber les boucles de sa chevelure, le cou légèrement penché, la physionomie mobile et dédaigneuse. Il porte le manteau philosophique; mais la foule qui le suit annonce sa fortune ou plutôt ses périls : c'est le frère de l'un des Césars, c'est Julien, qui, désarmant la jalouse haine de l'empereur Constance, est venu dans Athènes pour étudier les lettres dans leur sanctuaire. Il passe pour chrétien, et Constance lui a même fait prendre le titre de *lecteur* dans une église; mais son amour d'Homère est l'espérance des Grecs encore attachés à l'ancien culte. On vante son génie, sa passion des sciences. On annonce de lui de grandes choses, que semblent justifier son rang, ses talents, sa jeunesse préservée par un merveilleux hasard des cruautés de Constance. »

XI.

1. — *Incorruptarum miscentes oscula aquarum* (v. 6). Ces jolis vers rappellent ce passage si connu de Virgile : *Sic tibi, quum fluctus*, etc. (*Éclog.* x, v. 5), imité par Voltaire (*Henriade*, ch. IX) :

> Belle Aréthuse, ainsi ton onde fortunée
> Roule, au sein furieux d'Amphitrite étonnée,

Un cristal toujours pur et des flots toujours clairs,
Que jamais ne corrompt l'amertume des mers ;

et une charmante idylle de Moschus (la sixième), traduite récemment avec une grâce et une délicatesse exquise par M. Sainte-Beuve :

SUR ALPHÉE ET ARÉTHUSE.

Quittant Pise et ses jeux, Alphée au flot d'argent
Cherche, à travers les mers, Aréthuse en plongeant ;
Et dans son sein il porte à la Nymphe adorée
L'olivier des vainqueurs et la poudre sacrée.
Profond, pur, et chargé des amoureux cadeaux,
Il fend le flot amer, sans y mêler ses eaux ;
Et le grand flot dormant ne sent rien, et l'ignore,
Et l'a laissé passer. Ah ! c'est Amour encore,
Le mauvais, le perfide et le rusé songeur,
C'est lui dont l'art secret fit du fleuve un plongeur !

XII.

. — *Quadruplices ex se quum effuderit urbes* (v. 7). C'est-à-dire, d'après Adrien de Valois, que Toulouse se partagea en cinq quartiers, sans cesser d'être une seule et même ville.

XIII.

1. — *Martie Narbo* (v. 1). On ne sait trop d'où Narbonne a pris ce surnom de *Martius*. Fleury croit pouvoir assurer que ce nom lui a été donné par Q. Marcius Rex, sous le consulat duquel Narbonne reçut une colonie romaine, en l'an de Rome 633 ou 636, d'après Vell. Paterculus, liv. 1, ch. 15, et Eutrope, liv. IV.

2. — *Usque in Tectosagos primævo nomine Volcas* (v. 9). « On a prétendu qu'Ausone avait attribué Narbonne aux Tectosages. Le texte d'Ausone dit seulement que le pays dont Narbonne était la capitale s'étendait jusqu'au Rhône à l'est, et renfermait les Volcæ Tectosages à l'ouest. » (M. WALCKENAER, *Géogr. anc. hist. et comp. des Gaules*, t. 1er, p. 191, note.)

XIV.

1. — *Burdigala*. « Ausone célèbre, avec une complaisance bien naturelle, sa ville de Bordeaux et son Aquitaine : Bordeaux, déjà célèbre par son vin, *insignem Baccho* ; l'Aquitaine, dont les mœurs étaient particulièrement élégantes et polies. L'Aquitaine était dès lors une terre oratoire ; elle l'a été jusqu'à nos jours,

jusqu'à la Gironde. » (M. J.-J. AMPÈRE, *Hist. littéraire*, t. 1ᵉʳ, p. 253.)

2. — *Latas nomen servare plateas* (v. 15). Πλατεῖα en grec signifie *large* : on sous-entend ὁδός.

3. — *Flumina consumpto quum defecere meatu* (v. 26). Juvénal dit de même (sat. x, v. 176) :

> ....Credimus altos
> Defecisse amnes, epotaque flumina Medo
> Prandente.

4. — *Unum.... solitus portare Choaspem* (v. 28). On sait que les rois de Perse trouvaient si bonne l'eau du Choaspès, qu'ils en faisaient porter avec eux dans leurs expéditions.

5. — *Civis in hac sum, Consul in ambabus* (v. 39). Les commentateurs ont torturé d'une manière ridicule le sens de ces vers. Grævius et Fleury font une transposition : *Consul in hac sum, civis in ambabus;* car, disent-ils, Ausone ne pouvait être consul dans deux villes. D'autres, ne voulant rien changer au texte, ont prétendu qu'Ausone, consul à Rome, pouvait être *duumvir*, ou même, selon Du Cange, *échevin* à Bordeaux, ce que le poëte exprimait par le seul mot de *consul*. Adrien de Valois a complétement réfuté toutes ces suppositions; il explique ainsi ce passage :

« Les consulats, ou échevinages, ou mairies, n'ont été établis dans les villes de Gaule que plus de huit siècles après le temps d'Ausone. Ausone donc dit qu'il aime Bordeaux d'autant qu'il y est né, et qu'il en est citoyen; mais qu'il honore et qu'il a en vénération Rome, parce qu'il y a pris, avec le nom de *consul ordinaire*, la selle curule et les autres marques consulaires, et qu'il y est entré en possession d'une dignité qui, durant son année, l'a rendu, non-seulement à Rome, mais aussi à Bordeaux et dans tout l'empire romain, la seconde personne de l'État. Car, qui était *consul ordinaire*, était nommé et reconnu *consul par tout l'empire romain*, et non-seulement à Rome, mais dans toutes les villes et places de l'empire. Son nom servait de marque durant l'année de son consulat, non-seulement à toutes les chartes et à tous les actes des particuliers, mais aux édits mêmes et aux lois des empereurs. C'est là le vrai sens des deux vers d'Ausone, ou il n'y en a point du tout. » (*Valesiana*, p. 231.)

LE JEU DES SEPT SAGES.

1. — *Drepani* (v. 2). — Voir sur Pacatus la note 1 de la troisième *Préface*, page 278. — Souchay fait observer que Pacatus n'ayant été proconsul qu'en 390 (*Cod. Justin.*, liv. xii, tit. 51), Ausone a dû composer ce poëme dans sa vieillesse. Ainsi, voilà ce chrétien si fervent dans l'*Éphéméride* et dans *les vers pour la Pâque*, revenu, sur la fin de sa vie, comme son père, aux sept Sages de la Grèce, et aux croyances païennes.

Du reste, ce petit drame est un monument précieux pour l'histoire du théâtre. « On pourrait croire, dit M. Charles Magnin, que, lorsque le christianisme monta sur le trône avec Constantin, le théâtre sous sa forme ancienne dut disparaître comme les autres vestiges du paganisme. Il n'en fut ainsi ni de tous les rites païens, ni du théâtre. Rien n'est plus surprenant, mais en même temps, rien n'est mieux prouvé, que la coexistence, pendant deux siècles, de deux religions et de deux littératures, dont l'une, déjà sur le trône, grandissait chaque jour, et dont l'autre, à demi renversée, résistait par la force des habitudes et ses dix siècles de possession. Il est vraiment curieux de voir, sous les empereurs chrétiens, le paganisme réparer les vieux cirques et bâtir de nouveaux théâtres, en même temps que l'art chrétien, sorti victorieux des catacombes, transforme les basiliques en églises, et fait monter vers le ciel la croix de ses jeunes cathédrales.

« Il y a plus : nous n'avons sur l'existence des jeux scéniques pendant les trois premiers siècles que des indications fournies par l'histoire. Nous manquons de monuments positifs, réduits que nous sommes à quelques courts fragments de pièces, qu'on peut supposer n'avoir été, comme les tragédies de Sénèque, que des déclamations. Au contraire, le ive siècle, ce siècle chrétien, nous fournit deux monuments incontestables et importants du théâtre sous forme antique ; nous possédons le texte de deux comédies latines destinées évidemment à la représentation. La première, composée d'un prologue et d'une suite de courts monologues, est intitulée *le Jeu des sept Sages*. Elle est due à la plume demi-chrétienne d'Ausone. La seconde, dédiée à Rutilius Numatianus, un peu postérieure à la première, est une admirable pièce en cinq actes, intitulée *Querolus*. Ces deux ouvrages prouvent que, pendant toute la durée du ive siècle, et même au delà, outre l'ancien répertoire, on jouait encore, dans l'empire devenu chrétien, des comédies nouvelles sous forme ancienne. » (*Bibliothèque de l'École des Chartes*, t. 1er, p. 518.)

Plusieurs contemporains d'Ausone travaillaient pour le théâtre ; Axius Paulus, entre autres, rhéteur de Bordeaux et poëte fécond en plus d'un genre. Ausone, dans une de ses lettres (*Epist.*, xi), lui parle d'un *Delirus*, qui était sans doute une comédie, et dans une autre (x, v. 38) il lui demande des tragédies et des comédies, *socci et cothurni musicam*. On ne peut trop regretter la perte de tous ces écrits.

2. — *Nobis pudendum hoc, non et Atticis quoque* (v. 24). Cornélius Népos, dans sa Préface : *Magnis in laudibus tota fere fuit Græcia, victorem Olympiæ citari. In scenam vero prodire, et populo esse spectaculo, nemini in eisdem gentibus fuit turpitudini. Quæ omnia apud nos partim infamia, partim humilia, atque ab honestate remota ponuntur.*

3. — *Finem intueri longæ vitæ* (v 57). Ovide, *Métam.*, liv. iii, v. 136 :

    .... Scilicet ultima semper
    Exspectanda dies homini, dicique beatus
    Ante obitum nemo supremaque funera debet,

ut ait poeta non insuavis, dit Lactance, *de Ira Dei*, c. xx.

4. — *Noxa quod præs est* (v. 70). J'ai lu comme Scaliger *præs est*, et non *præsest*.

5. — *Lumbi sedendo, oculique spectando dolent* (v. 131). C'est un vers de Plaute, *Menechm.*, v. 791.

« Chilon, dit M. J.-J. Ampère, est le personnage bouffon de la pièce, le *Gracioso*. » Mais nous verrons tout à l'heure Bias plaisanter aussi, et se moquer avec beaucoup de finesse et de malice des spectateurs eux-mêmes.

6. — *Quod in columna jam tenetur Delphica* (v. 139). Voir Pline, *Hist. Nat.*, liv. vii, ch. 32.

7. — *Cleobulus ego sum, parvæ civis insulæ* (v. 147). Il était né à Linde, dans l'île de Rhodes.

8. — *Poeta dixe.... Afer videtur vester* (v. 154). Térence, *Andrienne*, act. i, sc. i, v. 34.

9. — *Veritas odium parit* (v. 191). C'est une citation de Térence, *Andrienne*, act. i, sc. i, v. 41. Fleury fait remarquer l'anachronisme : les sept Sages qui citent ici Térence lui étaient bien antérieurs. Mais, en les faisant revivre et reparaître sur la

scène, Ausone les fait parler à sa guise. C'était d'ailleurs, pour ces Grecs, un moyen de se concilier l'esprit des spectateurs, que de leur rappeler ainsi Térence, leur auteur favori, en si grande estime au temps d'Ausone (*Edyll.*, IV, v. 58):

> Tu quoque qui Latium lecto sermone, Terenti,
> Comis, etc.

et que trois siècles plus tard on jouait encore. Seulement, au VII° siècle, on commençait à attaquer sa vieille gloire. M. Charles Magnin a retrouvé dans un manuscrit de la Bibliothèque Royale, une espèce de prologue, où un jeune Franc, un *romantique* de l'époque, s'amuse à outrager Térence en face :

> Cesses ulterius; vade, poeta vetus....
> Dico, vetus, veteres jam jam depone camœnas,
> Quæ nil, credo, juvant, pedere ni doceant.

Mais peut-être était-ce pour mieux faire ressortir son mérite; car, dans deux *a parte*, le jeune moqueur rend justice au vieux Romain. « Ce qui me porte à croire, dit M. Magnin, que la pièce qui suivait ce prologue était une comédie de Térence. » (*Biblioth. de l'École des Chartes*, t. Ier, p. 522.)

10. — *Malos.... imperitos dixi, et barbaros* (v. 192). Souchay rapproche de ces vers un passage de J.-B. Rousseau, dans son *Épître à Cl. Marot* :

> ....Qui dit sots, dit à malice enclins.
> Et cherchez bien de Paris jusqu'à Rome,
> Onc ne verrez sot qui soit honnête homme.
> Je le soutiens : justice et vérité
> N'habitent point en cerveau mal monté.
> Du vieux Zénon l'antique confrérie
> Disoit tout vice être issu d'ânerie.

11. — *Venito in tempore* (v. 206). C'est un souvenir sans doute de ce mot de Chrémès, dans l'*Andrienne*, act. IV, sc. 6, v. 19 : *Veni in tempore*.

12. — *Ad Antiphilam quo venerat servus Dromo* (v. 209). Voir l'*Heautontimorumenos*, act. 2, sc. 2.

13. — *Adversa rerum, vel secunda prædicat Meditanda.... Terentius* (v. 219). Voir le *Phormion*, act. 1, sc. 5, v. 11.

SENTENCES DES SEPT SAGES.

1. — *Multis terribilis, caveto multos* (v. 26). Laberius avait dit de même dans un de ses mimes (Macrobe, *Saturn.*, liv. ii, ch. 7) :

<blockquote>Necesse est multos timeat, quem multi timent.</blockquote>

SUR LES SEPT SAGES.

2. — *Septenis patriam sapientum* (v. 1). *Anthologie*, liv. i : Ἑπτὰ σοφῶν ἐρέω, etc.

Les Sentences des sept Sages ont encore été mises en vers, et en aussi mauvais vers, par Hygin, ou un auteur qu'il ne nomme pas (*fab.* ccxxi), par Luxorius (Burmann, *Anthologie latine*, liv. vi, n° 60), et par un anonyme dont Vinet a retrouvé les vers à la suite d'un manuscrit de Sidoine Apollinaire. Le but de ces froids et plats versificateurs semble avoir été de présenter sous une forme concise ces utiles préceptes à l'esprit de la jeunesse ; mais on pouvait rendre cette forme plus attrayante. Ausone a trouvé un moyen plus ingénieux de répandre et de populariser ces sentences morales ; c'était de les faire débiter et commenter sur la scène par leurs auteurs eux-mêmes, c'était de faire le *Jeu des sept Sages*.

APPENDICE.

APPENDIX.

I.

THEODOSIUS AUGUSTUS AUSONIO PARENTI
SALUTEM.

Amor meus qui in te est, et admiratio ingenii atque eruditionis tuæ, quæ multo maxima sunt, fecit, parens jucundissime, ut morem principibus aliis solitum sequestrarem; familiaremque sermonem autographum ad te transmitterem : postulans pro jure non quidem regio, sed illius privatæ inter nos caritatis, ne fraudari me scriptorum tuorum lectione patiaris : quæ olim mihi cognita, et jam per tempus oblita, rursum desidero; non solum ut quæ sunt nota recolam; sed ut ea, quæ fama celebri adjecta memorantur, accipiam. Quæ tu de promptuario scriniorum tuorum, qui me amas, libens impertiare, secutus exempla auctorum optimorum, quibus par esse meruisti : qui Octaviano Augusto rerum potienti certatim opera sua tradebant, nullo fine in ejus honorem multa condentes. Qui illos, haud sciam, an æqualiter, ac ego te, admiratus sit, certe non amplius diligebat. Vale, parens.

APPENDICE.

I.

THÉODOSE AUGUSTE A AUSONE SON PÈRE*

SALUT.

Mon amour pour toi, et mon admiration pour ton génie et ton savoir qui sont bien grands, ont fait, mon bien-aimé père, que j'ai mis de côté la réserve ordinaire aux autres princes, et que je t'envoie en ami un billet de ma main, pour te demander, non certes en vertu de mon droit royal, mais au nom de notre affection privée, de ne pas me dérober la lecture de tes écrits. Je les ai lus autrefois; mais, avec le temps, je les ai oubliés, et je les désire encore, non-seulement pour revoir ceux qui me sont connus, mais encore pour posséder ceux qui les ont suivis, et que la renommée vante avec éclat. Tu n'hésiteras donc pas, toi qui m'aimes, à les tirer pour moi de l'armoire de ta bibliothèque, imitant ainsi l'exemple des meilleurs écrivains, dont tu as bien mérité d'être l'égal, et qui soumettaient à l'envi leurs œuvres à Octavien Auguste, maître de l'empire, en l'honneur duquel ils créaient beaucoup et sans fin. Je ne sais s'il les admirait autant que je t'admire; mais à coup sûr il ne les aimait pas davantage. Adieu, père.

* Voir la note 1 de la première *Préface*, page 276.

II.

ORATIO CONSULIS AUSONII

VERSIBUS RHOPALICIS.

Spes Deus, æternæ stationis conciliator,
Si castis precibus veniales invigilamus,
His, pater, oratis placabilis adstipulare.
Da, Christe, specimen cognoscere inreprehensum,
Rex bone, cultorum famulantum vivificator,
Cum patre majestas altissima ingenerato.
Da trinum columen Paracleto consociante,
Ut longum celebris devotio continuetur.
Ad temet properant vigilatu convenientès.
Nox lucem revehet funalibus anteferendam :
Nox lumen pariens credentibus indubitatum,
Nox flammis operum meditatrix sidereorum.
Tu mensis dirimis jejunia relligiosa;
Tu, bona promittens surgentia, concelebraris.
Da, rector, modicos effarier Omnipotentem.
Fons tuus emundat recreatu justificatos,
Dans mentem oblitam positorum flagitiorum,
Dans agnos niveos splendescere purificatos,
Ut nova Jordanis ablutio sanctificavit,
Quum sua dignatum tingentia promeruerunt.
Lux Verbo inducta, peccantibus auxiliatrix,
Et Christus regimen elementis irrequietis,
Fert undam medici baptismatis intemerati,
Ut noxam auferret mortalibus extenuatam.
Crux pœnæ extremum properata immaculato

II.

ORAISON D'AUSONE, CONSUL,

EN VERS RHOPALIQUES[*].

Dieu, notre espoir, dispensateur du séjour éternel, si nos veilles, si nos chastes prières, nous gagnent ton pardon, que ces vœux te fléchissent, ô père ; exauce-les. Donne-nous, Christ, de connaître le modèle irréprochable : roi bon, qui vivifies les serviteurs de ton culte, majesté sublime engendrée avec le Père ; donne-nous, par l'alliance du Paraclet, un triple appui, afin que longtemps se perpétuent les solennités de notre dévotion. Vers toi s'empressent les fidèles qui se réunissent pour veiller ; la nuit ramènera une lumière préférable aux flambeaux, la nuit qui enfante une clarté indubitable aux croyants, la nuit qui compose les feux pour le travail des astres. Tu éloignes des festins nos jeûnes religieux, tu promets des biens toujours croissants à qui chante ta gloire. Donne, maître, donne aux petits de célébrer le Tout-Puissant. Tes fonts lavent le pécheur justifié par cette régénération, ils donnent à l'âme l'oubli des fautes passées, ils donnent à l'agneau purifié de resplendir comme la neige, aussitôt que l'ablution nouvelle du Jourdain l'a sanctifié, quand par ses mérites il s'est montré digne de cette onction sainte. La Lumière unie au Verbe est secourable aux pécheurs ; et le Christ, qui commande au tumulte des éléments, apporte l'onde salutaire d'un baptême sans tache pour effacer les fautes atténuées des mortels. La croix hâta le terme du supplice de l'Immaculé, afin que cette mortification renouvelât la vie qu'il allait perdre. Qui

[*] Voir la note 5 de l'*Éphéméride*, page 305.

Ut vitam amissam renovaret mortificatus.
Quis digne, Domine, præconia continuabit,
Tot rerum titulis obnoxius immodicarum?
An terra humano locupletat commemoratu,
Quem vocum resonant modulatus angelicarum?
Das aulam Stephano pretiose dilapidato:
Das claves superas cathedrali inchoatori.
Quin Paulum infestum copularis adglomeratu.
Fit doctor populi, lapidantum constimulator:
Ut latro confessor paradisum participavit.
Sic, credo, adnectens durissima clarificandis.
Nos seros famulos adcrescere perpetieris
Sub tali edoctos antistite relligionis.
Da sensum solida stabilitum credulitate.
Fac, jungar numero redivivo glorificatus,
Ad cœlum invitans consortia terrigenarum,
Spes Deus, æternæ stationis conciliator.

pourra dignement, Seigneur, chanter la suite de tes louanges, écrasé sous les titres de tant d'œuvres immenses? La terre, avec ses accents humains, peut-elle relever l'éclat de celui dont les voix modulées des anges proclament la gloire? Tu ouvres la cour céleste à Étienne précieusement lapidé ; tu donnes les clefs d'en haut au fondateur de la chaire. Bien plus, tu réunis aux fidèles assemblés Paul leur ennemi; il devient le docteur du peuple, il excite la rage de ceux qui le lapident, et, comme le larron qui confessa sa faute, il eut sa part du paradis. Ainsi, je pense, nous attachant aux plus dures épreuves pour nous éclairer, tu nous permettras, à nous tes derniers serviteurs, de grandir en savoir aux leçons d'un tel pontife de ta religion. Raffermis nos sentiments de l'appui de la foi; fais que je sois compté au nombre de ceux qui revivront pour te glorifier, quand tu appelleras les êtres terrestres au partage du ciel, Dieu, notre espoir, dispensateur du séjour éternel!

III.

PAULINI· PELLÆI

EUCHARISTICON.

PRÆFATIO.

Scio quosdam illustrium virorum, pro suarum splendore virtutum, ad perpetuandam suæ gloriæ dignitatem, Ephemeridem gestorum suorum proprio sermone conscriptam, memoriæ tradidisse. A quorum me præstantissimis meritis, tam longe profectu, quam ipsa temporis antiquitate discretum, non utique ratio æqua consilii ad contexendum ejusdem prope materiæ opusculum provocavit; quum mihi neque ulla sint gesta tam splendida, de quibus aliquam possim captare gloriolam, nec eloquii tanta fiducia, ut facile audeam cujusquam opera scriptoris æmulari. Sed, quod non piget confiteri, jamdudum me in peregrinatione diuturna, ærumnosi otii memoria marcescentem, misericordia, ut confido, divina, ad hujusmodi solatia affectanda pellexit; quæ simul et bene sibi consciæ senectuti, et religioso proposito convenirent : ut qui me scilicet totam vitam meam Deo debere meminissem, totius quoque vitæ meæ actus, ipsius devotos obsequiis exhiberem, ejusdemque gratia concessa mihi tempora recensendo, Eucharisticon ipsi opusculum sub Ephemeridis meæ relatione contexerem : sciens profecto ex benigna ipsius misericordia circa me fuisse, quod indultis humano generi temporariis voluptatibus, etiam ipsa prima mea ætate non carui : et in

III.

EUCHARISTIQUE

DE PAULINUS DE PELLA[*].

PRÉFACE.

Je sais que d'illustres hommes, grâce à l'éclat de leurs vertus, et pour éterniser la dignité de leur gloire, ont écrit eux-mêmes et transmis à la mémoire l'éphéméride de leurs actions. Éloigné comme je le suis de l'excellence de leurs mérites, et par l'insuffisance de mes études, et par la distance des âges, le même motif ne pouvait m'inspirer la résolution de composer un ouvrage d'un genre presque pareil; car je n'ai pas d'actes si éclatants que j'en puisse tirer la moindre vanité, et je n'ai point assez de confiance en mon talent pour oser facilement imiter l'œuvre d'un écrivain quel qu'il soit. Mais, je ne rougis point de le confesser, abattu, dans le cours d'un si long pèlerinage, par le souvenir de tant de jours perdus dans le malheur, c'est la miséricorde divine, j'en ai l'assurance, qui dut m'attirer à la recherche d'une consolation de ce genre, convenable tout à la fois et à ma vieillesse en paix avec ma conscience, et à mon dessein religieux; puisque ainsi, n'ayant jamais oublié que je dois ma vie entière à Dieu, je montrerais encore que les actes de toute ma vie ont été voués à son service, et, en repassant les années que sa grâce m'a départies, je lui composerais un Eucharistique du récit de mon éphéméride: car je sais, à n'en pas douter, que

---

[*] Voir la note 1 de la onzième pièce des *Parenteles*, page 309.

hac quoque parte curam mihi providentiæ ipsius profuisse, quod me assiduis adversitatibus moderanter exercens, evidenter instruxit, nec impensius me præsentem beatitudinem debere diligere, quam amittere posse me scirem; nec adversis magnopere terreri, in quibus subvenire mihi posse misericordias ipsius approbassem.

Proinde, si quando hoc opusculum meum in cujusquam manus venerit, ex ipso libelli titulo prænotato, evidenter debet advertere, me hanc meditatiunculam meam, quam omnipotenti Deo dedico, otio meo potius quam alieno negotio præstitisse : magisque id meorum esse votorum, ut hoc qualecunque obsequium meum acceptum Deo sit, quam ut carmen incultum ad notitiam perveniat doctiorum. Attamen si cui forsitan magis curioso tantum otii ab re sua fuerit, ut laboriosum vitæ meæ ordinem velit agnoscere, exoratum eum cupio, ut sive aliquid, sive forsitan nihil, in gestis vel in versibus meis, quod possit probare, repererit, ea tamen ipsa, quæ elegerit, oblivioni potius inculpata deleget, quam memoriæ dijudicanda commendet.

EUCHARISTICON DEO

SUB EPHEMERIDIS MEÆ TEXTU.

ENARRARE parans annorum lapsa meorum
Tempora, et in seriem deducere gesta dierum,
Ambigua exactos vitæ quos sorte cucurri ;
Te, Deus omnipotens, placidus mihi, deprecor, adsis :
Adspiransque operi placita tibi cœpta secundes,

c'est par un bienfait de sa miséricorde envers moi, que les plaisirs temporels accordés au genre humain n'ont pas manqué à mon premier âge, et que, par cet endroit même, les soins de sa providence m'ont bien servi, puisqu'en m'exerçant modérément par de continuelles adversités, il m'apprit clairement que je ne devais pas m'attacher avec trop d'ardeur au bonheur présent que je savais pouvoir perdre, et ne pas m'effrayer beaucoup des calamités au sein desquelles ses miséricordes pouvaient venir à mon aide, ainsi que je l'avais éprouvé.

Du reste, si mon opuscule tombe un jour aux mains de quelqu'un, en remarquant d'abord le titre du livre, on verra clairement que cette humble méditation, que je dédie au Dieu tout-puissant, avait pour but d'occuper mon loisir plutôt que l'attention des autres, et que mon désir était, surtout, de faire accepter de Dieu cette expression telle quelle de mon hommage, et non de faire parvenir cette poésie sans culture à la connaissance des savants. Cependant si, par hasard, un lecteur plus curieux avait, en dehors de ses affaires, assez de loisir pour chercher à connaître la série des labeurs de ma vie, je le supplie avec instance, soit qu'il trouve dans mes actions ou dans mes vers quelque chose, soit qu'il n'y trouve rien, qu'il puisse approuver, de livrer, sans blâme, à l'oubli les traits qu'il aura remarqués, plutôt que de les recommander à l'examen et au souvenir.

EUCHARISTIQUE A DIEU

D'APRÈS LE TEXTE DE MON ÉPHÉMÉRIDE.

Prêt à raconter les temps écoulés de mes années, à dérouler la suite des actes de ma vie, de ces jours que j'ai traversés au milieu des hasards d'une destinée incertaine, je te conjure, Dieu tout-puissant, de m'assister avec bonté; inspire mon œuvre, et si mon dessein t'agrée, seconde-le :

Effectum scriptis tribuens, votisque profectum,
Ut tua te merear percurrere dona juvante.
Omnia namque meæ tibi debeo tempora vitæ,
Auram ex quo primum vitalis luminis hausi :
Inter et adversas jactatus sæpe procellas
Instabilis mundi ; te protectore, senescens ;
Altera ab undecima annorum currente meorum
Hebdomade, sex æstivi flagrantia solis
Solstitia, et totidem brumæ jam frigora vidi,
Te donante, Deus ; lapsi qui temporis annos
Instaurando novas, cursu revolubilis ævi.
Sit mihi fas igitur versu tua dona canentem
Pangere, et expressas verbis quoque pendere grates,
Quas equidem et clauso scimus tibi corde patere,
Ultro sed abrumpens tacitæ penetralia mentis
Fontem exundantis voti vox conscia prodit.
Tu mihi lactanti vires in corpore inerti
Ad toleranda viæ pelagique incerta dedisti ;
Editus ut Pellis, inter cunabula quondam
Regis Alexandri, prope mœnia Thessalonices,
Patre gerente vices illustris præfecturæ,
Orbis ad alterius discretas æquore terras
Perveherer, trepidis nutricum creditus ulnis,
Ninguida perque juga, et sectas torrentibus Alpes,
Oceanumque fretum, Tyrrheni et gurgitis undas,
Mœnia Sidoniæ Carthaginis usque venirem,
Ante suum nono quam menstrua luna recursu
Luce novata orbem nostro compleret ab ortu.
Illic, ut didici, ter senis mensibus actis,
Sub genitore meo proconsule, rursus ad æquor
Expertasque vias revocor, visurus et urbis
Inclyta culminibus præclaræ mœnia Romæ.
Quæ tamen haud etiam sensu agnoscenda tuentis
Subjacuere mihi, sed post comperta relatu
Assiduo illorum, quibus hæc tum nota fuere,

III. — EUCHARISTIQUE DE PAULINUS.

accorde une fin utile à mon livre, une heureuse fin à mes vœux ; que je sois digne, avec ton aide, de publier tes bienfaits. Car je te dois tout le temps que j'ai vécu, depuis que j'ai respiré le premier souffle de la lumière de vie : ballotté souvent par les tempêtes contraires de ce monde inconstant, j'ai été soutenu par toi jusqu'à la vieillesse. Outre la douzième semaine qui court de mes années, j'ai vu six brûlants solstices du soleil d'été, et autant de froids hivers, et cela par un don de ta grâce, ô Dieu, qui renouvelles le cours des âges écoulés, en recommençant les révolutions des siècles. Qu'il me soit donc permis de proclamer tes bienfaits dans les vers que je chante, et d'exprimer par le langage les grâces que je veux te rendre. Tu les connais déjà, nous le savons, puisque tu pénètres les replis fermés du cœur ; mais, s'élançant d'elle-même des muettes profondeurs de mon âme, ma voix, sa confidente, épanche le torrent de mes vœux qui débordent.

Tu donnas, dès la mamelle, à mon corps débile la force de supporter les périls des chemins et des flots. Ainsi, né dans Pella, cet antique berceau du roi Alexandre, non loin des remparts de Thessalonicé, aux jours où mon père était chargé des illustres fonctions de la préfecture, on me transporta vers les régions d'un autre monde séparé par les mers, et, confié aux bras tremblants des nourrices, je traversai des montagnes neigeuses, et des alpes déchirées par les torrents, et les détroits de l'Océan, et les vagues des abîmes tyrrhéniens, pour arriver enfin aux murailles de Carthage la Sidonienne ; et la lune alors, en son retour chaque mois renouvelé, n'avait pas encore, depuis ma naissance, arrondi neuf fois son globe lumineux. Là, comme je l'ai su depuis, trois fois six mois s'étant écoulés pendant que mon père était proconsul, on me reporta encore à travers les mers et les routes déjà parcourues, et je vis les remparts et les palais célèbres de la superbe Rome. Mes regards, il est vrai, ne purent distinguer encore d'une manière sensible ces objets placés sous mes yeux ; mais je les connus depuis par les relations continuelles de ceux qui les avaient contemplés alors, et, fidèle au plan de cet ouvrage,

Propositum servans operis, subdenda putavi.
Tandem autem exacto longarum fine viarum,
Majorum in patriam, tectisque advectus avitis,
Burdigalam veni, cujus speciosa Garumna
Mœnibus Oceani refluas maris invehit undas,
Navigeram per portam, quæ portum spatiosum
Hæc etiam muris spatiosa includit in urbe.
Tunc et avus primum illic fit mihi cognitus, anni
Ejusdem consul, nostra trieteride prima.
Quæ postquam est expleta, mihi firmavit et artus
Invalidos crescens vigor, et mens, conscia sensus,
Adsuefacta usum didicit cognoscere rerum.
Quidquid jam potui.... meminisse, necesse est
Ipse fide propria de me agnoscenda retexam.
Sed quid ego ex nostris aliud puerilibus annis,
Quos mihi libertas, ludusque et lætior ætas
Conciliare suis meritis potuisse videntur;
Vel magis ipse videns recolam, vel dignius ausim
Inserere huic nostro, quem versu cudo, libello,
Quam pietatis opus, studiumque insigne parentum,
Permixtis bene doctrinam exercere peritum
Blanditiis, quorumque apto moderamine curam
Insinuare mihi morum instrumenta bonorum,
Ingenioque rudi celerem conferre profectum;
Ipsius alphabeti inter prope prima elementa
Nosse cavere decem specialia signa amathiæ,
Nec minus et vitia evitare akinononta?
Quarum jamdudum nullus vigeat licet usus
Disciplinarum, vitiato scilicet ævo,
Me Romana tamen, fateor, servata vetustas
Plus juvat, atque seni propria est acceptior ætas.
Nec sero exacto primi mox tempore lustri
Dogmata Socratus, et bellica plasmata Homeri,
Erroresque legens cognoscere cogor Ulyssis.
Protinus ad libros etiam transire Maronis

j'ai cru devoir en parler. Enfin arriva le terme de mes longs voyages : transporté dans la patrie de mes ancêtres, sous le toit de mes pères, je vins à Burdigala, dans ces murs où la Garonne majestueuse amène le reflux des ondes de l'Océan, par une porte ouverte aux navires, enfermant ainsi un vaste port dans la vaste enceinte de la cité. Là, pour la première fois, je connus mon aïeul ; il était consul alors, et je touchais à ma troisième année.

Quand elle fut accomplie, mes faibles membres prirent de la force, ma vigueur s'accrut ; mon intelligence apprit à concevoir, à sentir, et s'habitua bientôt à connaître l'usage des choses. Tout ce que j'ai pu.... c'est un devoir pour moi de retracer fidèlement les faits que je distingue encore en ma mémoire. Mais de ces années de notre enfance, de ces jours que la liberté, les jeux et les joies de cet âge auraient pu, ce semble, attirer à leurs séductions, que rappellerai-je de préférence en y regardant de près, quel plus digne souvenir oserai-je consigner d'abord dans ce livre dont je forge les vers, que l'œuvre pieuse de mes parents, que leur zèle éclairé qui savait m'instruire en mêlant toujours les caresses aux leçons, que les soins de ces guides habiles qui avaient l'art de m'inspirer les principes d'une bonne morale, de hâter les progrès de mon esprit novice ; qui, pour ainsi dire, avec les premiers éléments de l'alphabet, m'apprenaient à me bien garder des dix marques spéciales d'ignorance, non moins qu'à éviter les vices des locutions inusitées ? Depuis longtemps l'usage de ces enseignements s'est perdu par la corruption du siècle, et pourtant, je l'avoue, le souvenir de cette antiquité romaine a pour moi plus de charme, et le vieillard préfère encore son temps d'autrefois.

La durée de mon premier lustre est à peine écoulée, qu'on me force d'apprendre la doctrine de Socrate, les récits guerriers d'Homère, et de m'instruire, par la lecture, des voyages d'Ulysse. Bientôt aussi on m'ordonne de passer

Vix bene comperto jubeor sermone Latino,
Colloquio Graiorum adsuefactus famulorum,
Quos mihi jam longus ludorum vinxerat usus.
Unde labor puero, fateor, fuit hic mihi major
Eloquium librorum ignotæ apprendere linguæ.
Quæ doctrina duplex sicut est potioribus apta
Ingeniis, geminoque ornat splendore peritos:
Sic sterilis nimium nostri, ut modo sentio, cordis
Exilem facile exhausit divisio venam.
Quod nunc invito quoque me hæc mea pagina prodit,
Inconsulta quidem, quam sponte expono legendam,
Sed mihi, non rebus, quantum confido, pudenda,
Quarum notitiam scriptis contexere conor.
Namque ita me sollers castorum cura parentum
A puero instituit, lædi ne quando sinistro
Cujusquam sermone mea se fama timeret.
Quæ licet obtineat proprium, bene parta, decorem,
Hoc potiore tamen tum me decorasset honore,
Consona si nostris primo sub tempore votis
Hac in parte etiam mansissent vota parentum,
Perpetuo ut puerum servarent me tibi, Christe,
Rectius hanc curam pro me pietatis habentes,
Carnis ut illecebris breviter præsentibus expers
Æternos caperem venturo in tempore fructus.
Sed quoniam nunc jam magis hoc me credere fas est
Conduxisse mihi, quod te voluisse probasti,
Omnipotens, æterne Deus, qui cuncta gubernas,
Culpato renovando mihi vitalia dona,
Hoc nunc majores pro me tibi debeo grates,
Majorum quanto errorum cognosco reatum.
Namque et incautus quidquid culpabile gessi
Illicitumve, vagus per lubrica tempora vitæ,
Te indulgente mihi totum scio posse remitti,
Ex quo me reprobans lapsum ad tua jura refugi,
Et si ulla unquam potui peccata cavere,

aux livres de Virgile : à peine encore si je commençais à comprendre la langue latine, accoutumé que j'étais au langage de mes serviteurs grecs, auxquels la longue habitude de nos jeux communs m'avait attaché. Ce qui fit, je le confesse, un plus rude travail, pour moi enfant, de l'étude de ces livres écrits dans une langue inconnue. Cette double science, qui convient si bien à des natures meilleures, pare d'un double éclat ceux qui la possèdent ; mais mon intelligence était trop stérile, je le sens à cette heure, et cette division du travail épuisa facilement une veine aussi pauvre. C'est ce que, bien malgré moi, prouve aujourd'hui cette page, peu méditée, il est vrai, que je soumets volontairement au lecteur ; mais, j'en ai l'assurance, elle ne fait honte qu'à moi, et non aux faits dont je m'efforce de renouer la trame dans cet écrit. Car l'habile sollicitude de mes chastes parents m'éleva, dès l'enfance, de manière à n'avoir jamais à craindre pour ma réputation les atteintes de la médisance. Et quoique cette réputation bien acquise ait obtenu sa part d'estime, elle m'eût fait briller d'une gloire bien préférable, si, conformes d'abord à mes vœux, les vœux de mes parents avaient persisté dans le dessein de me consacrer pour toujours, dès mon enfance, à ton culte, ô Christ : plus sagement inspirée pour mon bonheur, leur pieuse sollicitude m'aurait privé des voluptés de la chair, dont la durée est si fugitive, pour me faire recueillir les fruits éternels des temps à venir. Mais, puisqu'il me faut croire que ce qui m'est advenu valait mieux, car tu as prouvé que tu le voulais ainsi, Dieu tout-puissant, éternel, qui gouvernes toutes choses, et renouvelleras, pour moi pécheur, les bienfaits de la vie, je te dois aujourd'hui des actions de grâces d'autant plus grandes, que je connais mieux la grandeur de mes fautes et de mes erreurs. Car si mon imprévoyance a commis tant d'actes répréhensibles ou illicites sur le sentier glissant d'une vie errante, je sais que ton indulgence pour moi peut me remettre tous ces péchés, depuis que, réprouvant ma chute, je me suis réfugié sous tes lois ; et si jamais j'ai pu éviter quelques fautes dont l'accomplissement aurait aggravé ma

Quæ mihi majorem parerent commissa reatum,
Hoc quoque me indeptum divino munere novi.
Sed redeo ad seriem, decursaque illius ævi
Tempora, quo studiis intentus litteraturæ
Ultro libens aliquem jam me mihi ipse videbar
Votivum impensi operis sentire profectum,
Argolico pariter Latioque instante magistro;
Cepissemque etiam forsan fructum quoque dignum,
Ni, subito incumbens, quartana acerba meorum
Conatus placidos studiorum destituisset,
Vix impleta ævi quinta trieteride nostri.
Consternata autem pro me pietate parentum,
Quippe quibus potior visa est curatio nostri
Corporis invalidi, quam doctæ instructio linguæ:
Primitus hoc medicis suadentibus, ut mihi jugis
Lætitia atque animo grata omnia prospicerentur.
Quæ pater in tantum studuit per se ipse parare,
Deposito ut nuper venandi attentius usu,
Causa equidem sola studiorum quippe meorum,
Neve his officeret, sibi me ad sua ludicra jungens,
Neu sine me placitis unquam solus frueretur,
Me propter rursus cura majore resumens
Ejusdem ludi cuncta instrumenta novaret,
Ex quibus optatam possem captare salutem.
Quæ protracta diu longi per tempora morbi
Invexere mihi jugem jam deinde legendi
Desidiam, officeret durans quæ postea sano
Succedente novo mundi fallacis amore,
Et tenero nimium affectu cedente parentum,
Sufficeret quibus ex nostra gaudere salute.
Qua ratione auctus noster quoque crevit et error,
Firmatus facile ad juvenalia vota sequenda,
Ut mihi pulcher equus phalerisque ornatior esset,
Strator procerus, velox canis, et speciosus
Accipiter, Romana et nuper ab urbe petita

culpabilité, c'est encore toi, je le sais, qui m'accordas cette faveur divine.

Mais je reviens à la suite de mon récit, aux jours écoulés de cet âge, où, appliqué à l'étude des lettres, j'aimais volontiers déjà à voir, à sentir s'opérer en moi, au gré de mes vœux, quelques progrès dans le travail qui m'était imposé, sous l'aiguillon de mon maître de grec et de latin; et peut-être aurais-je aussi profité dignement de ses leçons, si, par une attaque soudaine, une fièvre aiguë n'eût arrêté les paisibles efforts de mes études, quand s'achevait à peine la cinquième triétéride de mon âge. La tendresse de mes parents en fut consternée, car ils pensèrent qu'il fallait plutôt guérir mon corps malade que m'instruire d'un docte langage : les médecins conseillèrent, avant tout, qu'on ne présentât désormais à mon esprit que des amusements continuels et d'agréables images. Mon père se fit un devoir de me procurer lui-même ces distractions. Il avait eu grand soin de renoncer naguère à l'exercice de la chasse, dans la seule vue de mes études, ne voulant pas ou les troubler en me faisant partager ses plaisirs, ou jouir seul et sans moi de ces divertissements. Pour moi il les reprit avec plus d'ardeur, et renouvela tous les appareils nécessaires à cet exercice, qui pouvait me rendre une santé si désirée. Ces passe-temps, qui se prolongèrent, grâce à la longue durée de ma maladie, m'apportèrent à la fin un continuel dégoût de la lecture, une habitude de paresse qui me fut bien nuisible après ma guérison ; car l'amour d'un monde trompeur changea bientôt mes goûts, et l'affection trop tendre de mes parents céda : c'était assez pour eux de me voir sauvé et de s'en réjouir. Cette faiblesse accrut encore et encouragea mon erreur, qui m'entraîna sans peine à suivre l'ordinaire penchant de la jeunesse : je voulus un beau cheval, avec un plus riche harnais, un écuyer de haute taille, un chien agile, un bel épervier, une balle bondissante et dorée envoyée exprès de Rome pour servir à mes jeux, un vêtement plus recherché, et souvent neuf, et parfumé des douces odeurs de l'Arabie : comme en pleine santé, j'aimais à courir porté toujours sur un cour-

Aurata instrueret nostrum sphera concita ludum;
Cultior utque mihi vestis foret, et nova sæpe,
Quæque Arabi muris leni fragraret odore;
Nec minus et vegetus, veloci currere vectus
Semper equo gaudens, quotiens evasero casus
Abruptos recolens, Christi me munere fas est
Credere servatum, quod tum nescisse dolendum est.
SCILICET illecebris urgentibus undique mundi,
Quas inter fluctans interque et vota parentum
Jugiter in nostram tendentia posteritatem,
Jam prope sero calens ævi pro tempore nostri
In nova prorupi juvenalis gaudia luxus,
Quæ facile ante puer rebar me posse cavere.
Attamen in quantum lasciva licentia cauto
Stricta coerceri potuit moderamine freni,
Congererem graviora meis ne crimina culpis,
Hac mea castigans lege incentiva repressi,
Invitam ne quando ullam jurisve alieni
Appeterem, carumque memor servare pudorem,
Cedere et ingenuis oblatis sponte caverem,
Contentus domus illecebris famulantibus uti:
Quippe reus culpæ potius quam criminis esse
Præponens, famæque timens incurrere damna.
Sed neque hoc etiam mea inter gesta silebo,
Unum me novisse ex me illo in tempore natum;
Visum autem neque illum tum, quia est cito functus:
Nec quemquam, fuerit spurius post qui meus, unquam,
Quum mihi lascivæ illecebris sociata juventæ
Libertas gravius quisset dominando nocere,
Ni tibi, Christe, mei jam tunc quoque cura fuisset.
TALIS vita mihi a ter senis circiter annis
Usque duo durans impleta decennia mansit,
Donec me invitum, fateor, pia cura parentum
Cogeret invectum blanda suetudine ritum
Deserere, atque novum compelleret esse maritum

sier rapide; et quand je me rappelle aujourd'hui combien de fois j'échappai à des chutes terribles, je dois croire que je n'en fus préservé que par la grâce du Christ, et m'affliger de l'avoir ignoré alors.

Cependant les séductions du monde m'assiégeaient de toutes parts. Je flottais entre elles et les vœux obstinés de mes parents, qui tendaient à me voir une postérité. Brûlé d'amour, mais un peu tard déjà pour mon âge, je me jetai dans les voluptés inconnues des débauches de la jeunesse, dont je pensais en mon enfance pouvoir un jour me garder sans peine. Toutefois, autant qu'il fut possible, je comprimai de l'étreinte et du frein d'une sage modération ces débordements de la luxure, pour ne pas aggraver encore par des crimes le fardeau de mes fautes : je contins mes désirs, je m'imposai la loi de ne point attenter de force à la femme ou aux droits d'un autre, je songeai toujours à respecter la pudeur chérie, je me gardai de céder aux filles de condition libre qui s'offraient d'elles-mêmes, et je me contentai d'user des beautés domestiques qui étaient à mon service. Car j'aimais mieux être coupable d'une faute que d'un crime, et je craignais d'attirer dommage à ma réputation. Mais je ne nierai point, dans ce récit de mes actions, qu'un enfant naquit de mes œuvres en ce temps-là; je l'ai su, mais je n'ai pu le voir, parce qu'il mourut aussitôt. Et jamais je n'eus d'autres fruits de mes amours illégitimes, alors pourtant que les attraits du libertinage et l'indépendance de la jeunesse pouvaient, par leur double empire, me nuire plus gravement, si déjà, ô Christ, ta sollicitude n'eût veillé sur moi.

Telle fut ma vie, depuis l'âge de dix-huit ans environ jusqu'à l'accomplissement de ma vingtième année. Ce fut alors que, malgré moi, je le confesse, la pieuse sollicitude de mes parents me força de renoncer à ces goûts qu'une douce habitude m'avait fait adopter, et m'engagea dans de

Conjugis, antiquo potius cujus domus esset
Nomine magnifica, quam quæ possessa placere
Ad præsens posset munus : obnoxia curis,
Dudum desidia domini neglecta senili,
Parva cui neptis functo genitore superstes
Successit, tædisque meis quæ postea cessit.
Sed semel impositum statuens tolerare laborem,
Suffragante animi studiis fervore juventæ,
Vix paucis domus indeptæ exercere diebus
Gaudia contentus, malesuada otia curis
Mutare insolitis cito meque meosque coegi,
Quos potui exemplo proprii invitando laboris,
Quosdam autem invictos domini adstringendo rigore
Atque ita suscepti status actibus impiger instans,
Protinus et culturam agris adhibere refectis,
Et fessis celerem properavi impendere curam
Vinetis, comperta mihi ratione novandis.
Et quod præcipue plerisque videtur amarum,
Ultro libens primus fiscalia debita certo
Tempore persolvens, propere mihi fida paravi
Otia, privatæ post impendenda quieti;
Quæ et mihi cara nimis semper fuit, ingenioque
Congrua prima meo mediocria desideranti,
Proxima deliciis et ab ambitione remota,
Ut mihi compta domus spatiosis ædibus esset,
Et diversa anni per tempora jugiter apta,
Mensa opulenta, nitens, plures juvenesque ministri,
Inque usus varios grata et numerosa supellex,
Argentumque magis pretio quam pondere præstans;
Et diversæ artis cito jussa explere periti
Artifices, stabula et jumentis plena refertis;
Tunc et carpentis evectio tuta decoris.
Nec tamen his ipsis attentior amplificandis,
Quam conservandis studiosior, et neque, causa
Augendi, cupidus nimis aut ambitor honorum,

III. — EUCHARISTIQUE DE PAULINUS. 363

nouveaux liens. On me fit épouser une femme dont la maison tirait plutôt sa magnificence de son antique noblesse que de ses biens qui ne pouvaient séduire pour un emploi présent et facile; car ses affaires embarrassées étaient depuis longtemps à l'abandon par la négligence de son vieux maître, qui n'avait avec lui qu'une petite-fille, laquelle, survivant seule après la mort de son père, avait pris sa place auprès de l'aïeul, et prit place ensuite en ma couche. Mais une fois décidé à subir le fardeau qui m'était imposé, l'ardeur de la jeunesse vint en aide au zèle qui m'animait : je me contentai de donner quelques jours seulement aux plaisirs que m'apportait cette alliance ; et je me fis bientôt une loi, à moi et aux miens, de remplacer, par des travaux inaccoutumés, une oisiveté funeste, encourageant les plus dociles par l'exemple de mon activité, et soumettant les plus rebelles par la rigueur du commandement. Pressant ainsi sans relâche l'accomplissement de la tâche que j'avais entreprise, je me hâtai de rendre la culture aux champs régénérés, d'apporter un prompt soulagement aux vignobles épuisés, de les renouveler par les moyens qui m'étaient connus; et, ce qui semble particulièrement amer à plusieurs, le premier et de mon chef j'acquittai volontairement aux époques marquées les impôts dus au fisc. Je m'assurai ainsi en peu de temps une tranquillité d'où devait dépendre plus tard le repos de ma vie privée, ce repos qui fut toujours si cher à mon cœur, et qui convenait si bien à mes goûts : car je n'aspirais qu'à la médiocrité, voisine du bien-être, éloignée de l'ambition; je voulais une maison commode avec de larges appartements disposés en tout temps pour les diverses saisons de l'année, une table nette et bien garnie, des esclaves jeunes et nombreux, un mobilier abondant et propre à différents usages, une argenterie plus précieuse par le travail que par le poids, des artistes de différents genres, habiles à remplir promptement les commandes, des écuries pleines de chevaux bien nourris, et des voitures, pour la promenade, sûres et élégantes. Cependant je mettais moins de soin à augmenter ces biens que de zèle à les conser-

Sed potius, fateor, sectator deliciarum:
Si qua tamen minimo pretio expensaque parari,
Et salvo famæ possent constare decore;
Ne nota luxuries studium macularet honestum.
Quæ mihi cuncta tamen grata acceptaque fruenti,
Cara magis pietas superabat magna parentum,
Obstringens sibi me nexu dominantis amoris
Majore, ut parte anni ipsis præsentia nostra
Serviret, paribus perdurans consona votis,
Communemque parans per mutua gaudia fructum.

Cujus vitæ utinam nobis prolixior usus
Concessus largo mansisset munere Christi:
Persistente simul priscæ quoque tempore pacis,
Multimodis quisset nostræ prodesse juventæ
Consulti patris assidua collatio verbi,
Exemplisque bonis studiorum instructio crescens.
Sed transacta ævi post trina decennia nostri,
Successit duplicis non felix cura laboris;
Publica quippe simul clade in commune dolenda,
Hostibus infusis Romani in viscera regni,
Privata cum sorte patris de funere functi.
Ultima namque ejus finitæ tempora vitæ
Temporibus ruptæ pacis prope juncta fuere.
At mihi damna domus, populantem illata per hostem,
Per se magna licet, multo leviora fuere,
Defuncti patris immodico collata dolori,
Per quem cara mihi et patria et domus ipsa fiebat;
Tamque etenim fido tradentes mutua nobis
Officia affectu, conserto viximus ævo,
Vinceret æquævos nostra ut concordia amicos.
Hoc igitur mihi subtracto, inter prima juventæ
Tempora, tam caro socio et monitore fideli,

ver ; et jamais, pour accroître mes richesses, je n'eus à l'excès l'envie ou l'ambition des honneurs : je courais plutôt, je l'avoue, à la recherche du bien-être, mais seulement quand je pouvais l'acheter à peu de frais et de dépenses, et sans qu'il en coûtât rien à la pureté de ma réputation ; car je ne voulais pas souiller mes goûts honnêtes des flétrissures du luxe. Mais toutes ces délices, tous ces plaisirs si doux à recueillir avaient moins de pouvoir sur mon âme que la grande affection que je portais à mes parents : la tendresse qui resserrait nos liens avait sur moi plus de force et d'empire ; aussi, une partie de l'année, ma présence était vouée à les servir, et l'inaltérable conformité de nos désirs nous procurait un mutuel bonheur dont nous partagions les fruits en commun.

Plût au ciel qu'une vie ainsi employée eût passé moins vite, et qu'un immense bienfait du Christ en eût prolongé la durée ! Si en même temps aussi l'antique paix s'était maintenue, ma jeunesse aurait pu de mille sortes profiter encore de la parole et des conseils de mon père, de ses continuels entretiens et de ses bons exemples, qui ajoutaient de jour en jour aux progrès de mon éducation. Mais j'achevais à peine ma trentième année, quand survinrent pour mon malheur les soucis d'une double infortune : une calamité publique, un désastre déplorable pour tous, l'invasion de l'ennemi dans les entrailles de l'empire romain ; et un deuil privé, la mort de mon père, car les derniers jours de sa vie touchent presqu'à l'époque où la paix fut rompue. Mais la ruine de ma maison, dévastée par l'ennemi, ne fut, malgré toute l'étendue du mal, qu'un léger dommage, si on la compare à cette immense douleur de la perte d'un père, qui me faisait chérir tout ensemble et ma patrie et ma famille. En effet, grâce à cette affection sûre, à ce mutuel échange de bons offices, nous vivions plus attachés, plus unis, que des amis rapprochés par un même âge. Aussi, à peine ce compagnon chéri, ce fidèle conseiller, me fut-il enlevé dans ces premiers temps de ma jeunesse, qu'il me fallut combattre l'âpre mésintelligence d'un frère indocile, qui essaya de faire casser, quoique va-

Illico me indocilis fratris discordia acerba
Excepit, validum genitoris testamentum
Solvere conantis, specialia commoda matris
Impugnandi animo, cujus mihi cura tuendæ
Hoc quoque major erat, quo justior : et pietatis
Non minor affectus studium firmabat honestum.
INSUPER adversis me pluribus exagitandum,
Læva facultatum prorumpens fama mearum
Exposuit blandas inter vanæ ambitionis
Illecebras, gravibus conjuncta et damna periclis.
Quæ, meminisse licet pigeat, transactaque dudum
Oblivione sua mallem sopita silere;
Invitant adversa tamen per nostra tuorum
Cognita donorum solatia, Christe, bonorum,
Emensis indepta malis tua munera fando
Prodere, et in lucem proferre recondita corde.
Namque et quanta mihi per te collata potentum
Gratia præstiterit, facile experiendo probavi;
Sæpe prius claro procerum collatus honori,
Ignorans proprio quam præditus ipse potirer :
Quantum et, e contra, vi impugnante maligna,
Ipsa patronorum mihi ambitiosa meorum
Obfuerint studia, et nostri evidenter honores ;
Ac mihi ante omnes specialiter, altera cujus
Pars Orientis erat patria, in qua scilicet ortus
Possessorque etiam non ultimus esse videbar :
Injecere manum mala sed mihi debita dudum,
Quæ me et invitum protracto errore tenerent,
Agminis ipsa mei primum molitio pigra,
Dissona et interdum carorum vota meorum,
Sæpius et propriis certans mens obvia votis,
Ambigui eventus quotiens formido recurrens
Tardabat certos, sorte obsistente, paratus;
Allicerent et contra animum suetudo quietis,
Otia nota domus, specialia commoda plura,

III. — EUCHARISTIQUE DE PAULINUS.

lide, le testament de notre père : il voulait attaquer les avantages particuliers stipulés en faveur de notre mère ; mais je pris alors d'autant plus de soin de la défendre, que ma cause était plus juste, et ma pieuse tendresse, qui ne l'était pas moins, soutenait la pureté de mon zèle.

D'autres adversités devaient ajouter encore à mes tourments. Mes richesses étaient célèbres : leur funeste renommée se répandit, et m'exposa, au milieu des séductions flatteuses d'une vaine ambition, à des désastres mêlés de graves périls. Ces souvenirs m'affligent encore, et j'aimerais mieux taire ces événements si anciens déjà et qui dorment dans leur oubli ; mais le besoin de redire les consolations qu'un don de ta grâce, ô Christ, me fit connaître en mes malheurs, et les bienfaits que j'ai reçus de toi dans cette longue série de mes infortunes, m'encourage à parler, à produire au jour les secrets de mon cœur. C'est grâce à toi, et l'expérience me l'a prouvé sans peine, qu'un ennemi puissant m'accorda ces éclatantes faveurs qui m'élevèrent à de nobles et brillantes dignités, dont je profitai souvent même avant de savoir que j'en étais possesseur. Mais combien aussi, en butte à la malice d'un sort contraire, j'eus à regretter le zèle ambitieux de mes protecteurs, et ces honneurs mêmes qui me furent évidemment nuisibles, à moi plus qu'à personne ! car une autre partie du monde, l'Orient était ma patrie, et dans ces lieux de ma naissance, je possédais des biens qui passaient pour n'être pas les derniers du pays : mais les maux qui m'étaient réservés jetèrent la main sur moi, et me retinrent contre mon gré en prolongeant mon erreur. Mes projets de départ se formèrent lentement d'abord, combattus tantôt par le dissentiment de ceux qui m'étaient chers, plus souvent par un retour en moi de sentiments contraires, chaque fois que le doute et la crainte des hasards retardaient mes préparatifs décidés, auxquels le sort s'opposait toujours. D'un autre côté, mon esprit s'abandonnait au charme de l'habitude du repos, des loisirs connus du logis, du bien-être particulier à cette demeure, remplie,

Omnibus, heu! nimium blandis magnisque referta
Deliciis, cunctisque bonis in tempore duro,
Hospite tunc etiam Gothico quæ sola careret.
Quod post eventu cessit non sero sinistro,
Nullo ut quippe domum speciali jure tuente,
Cederet in prædam populo permissa abeunti.
Nam quosdam scimus summa humanitate Gothorum
Hospitibus studuisse suis prodesse tuendis.
Sed mihi ad sortem præfatæ conditionis
Addita majoris nova est quoque causa laboris;
Ut me, conquirens solatia vana, tyrannus
Attalus absentem casso oneraret honoris
Nomine, privatæ comitivam largitionis
Dans mihi, quam sciret nullo subsistere censu.
Jamque suo ipse etiam desisset fidere regno :
Solis quippe Gothis fretus male jam sibi notis,
Quos ad præsidium vitæ præsentis habere,
Non etiam imperii poterat per se nihil esse,
Aut opibus propriis, aut ullo milite nixus.
Unde ego non partes infirmi omnino tyranni,
Sed Gothicam fateor pacem me esse secutum;
Quæ tunc ipsorum consensu optata Gothorum
Paulo post aliis cessit mercede redempta,
Nec pœnitenda manet, quum jam in republica nostra
Cernamus plures Gothico florere favore,
Tristia quæque tamen perpessis antea multis,
Pars ego magna fui quorum privatus et ipse,
Cunctis quippe bonis propriis patriæque superstes :
Namque profecturi, regis præcepto Atiulfi,
Nostra ex urbe Gothi, fuerant qui in pace recepti,
Non aliter nobis quam belli jure subactis,
Aspera quæque omni urbe irrogavere cremata.
In quam me inventum comitem tum principis ejus
Imperio cujus sociatos nos sibi norant,
Nudavere bonis simul omnibus et genitricem

III. — EUCHARISTIQUE DE PAULINUS.

hélas! de trop grandes et de trop flatteuses délices ; car elle était comblée de tous les biens, malgré la dureté des temps, et seule elle fut dispensée alors de loger un Goth. Ce qui pour moi ne tarda pas à produire un résultat funeste ; car, nul n'étant là pour s'arroger le droit de la défendre, elle fut abandonnée au pillage et livrée à la foule au moment du départ. Or, je sais que quelques Goths, par grande humanité, prirent à cœur de veiller à la défense de leurs hôtes.

Au malheur de cette déplorable aventure vint se joindre encore une cause nouvelle de plus graves souffrances. Le tyran Attalus, cherchant une vaine consolation, me chargea en mon absence d'une dignité imaginaire, me donnant le titre de comte des Largesses-Privées, quoiqu'il sût bien que nul revenu ne pouvait fournir à ses largesses. Déjà lui-même il aurait dû cesser d'avoir confiance en sa royauté : car il n'avait d'autre appui que les Goths, appui qu'il savait mal fondé, et qui suffisait à sa sûreté du moment ; mais il ne pouvait par lui-même exercer aucun empire, n'ayant pour soutenir ses droits ni argent ni soldats à lui. Aussi ce n'est point à la fortune chancelante de ce tyran que je m'attachai, mais, je le confesse, à l'espoir de rester en paix avec les Goths ; et cette paix, consentie et désirée des Goths eux-mêmes, fut obtenue peu de temps après par d'autres qui l'achetèrent à prix d'or, et qui n'eurent point à s'en repentir, car il en est plusieurs en notre république que nous voyons aujourd'hui dans un état florissant, grâce à la faveur des Goths ; et cependant beaucoup avaient enduré auparavant toutes les misères dont j'eus une si grande part, moi qui survis aujourd'hui à la ruine de tous mes biens et de ma patrie. En effet, le roi Atiulfus (Ataulphe) ayant donné l'ordre aux Goths de sortir de notre ville, où ils avaient été reçus en amis, ils nous traitèrent, selon les droits de la guerre, en peuple conquis, et après avoir cruellement désolé la ville, ils la brûlèrent. Je m'y trouvais, et, malgré ma qualité de comte de ce prince, au pouvoir duquel ils savaient que j'étais associé, ils me dépouillèrent de tous mes biens, ainsi que ma mère forcée

Juxta meam mecum, communi sorte subactos,
Uno hoc se nobis credentes parcere captis,
Quod nos immunes pœna paterentur abire,
Cunctarumque tamen comitum simul et famularum
Eventum fuerant nostrum quæcumque secutæ,
Illæso penitus, nullo adtentante, pudore :
Me graviore tamen relevato suspicione,
Munere divino, juges cui debeo grates,
Filia ut ante mea per me sociata marito,
Excedens patria communi clade careret.
Nec postrema tamen tolerati meta laboris
Ista fuit nostri, quem diximus; illico namque
Exacto laribus patriis, tectisque crematis,
Obsidio hostilis vicina excepit in urbe,
Vasatis patria majorum et ipsa meorum,
Et gravior multo circumfusa hostilitate,
Factio servilis paucorum mixta furori
Insano juvenum.... licet ingenuorum,
Armata in cædem specialem nobilitatis,
Quam tu, juste Deus, insonti a sanguine avertens
Illico paucorum sedasti morte reorum,
Instantemque mihi specialem percussorem,
Me ignorante, alio jussisti ultore perire;
Suetus quippe novis tibi me obstringere donis,
Pro queis me scirem grates debere perennes.
Sed mihi tam subiti concusso sorte pericli,
Quo me intra urbem percelli posse viderem,
Subrepsit, fateor, nimium trepido novus error,
Ut me præsidio regis dudum mihi cari,
Cujus nos populus longa obsidione premebat,
Urbe ab obsessa sperarem abscedere posse,
Agmine carorum magno comitante meorum ;
Hac tamen hos nostros spe sollicitante paratus,
Quod scirem, imperio gentis cogente Gothorum,
Invitum regem populis incumbere nostris.

de subir mon sort; et ils crurent nous faire une grâce, pouvant nous retenir captifs, que de nous permettre, sans aucun châtiment, de quitter la ville avec toutes les compagnes et les servantes qui avaient suivi notre fortune, et dont la pudeur respectée n'eut à souffrir aucune atteinte. J'avais une crainte plus grave, dont je fus délivré par un bienfait de la divine providence à laquelle je dois une reconnaissance éternelle : ma fille, dont j'avais auparavant uni le sort à celui d'un époux, échappa aussi, en sortant de sa patrie, au commun désastre.

Cependant je ne touchais pas encore au terme des maux que j'ai supportés, comme je l'ai dit. Chassé du foyer de mes pères et de ma maison en cendres, je me trouvai bientôt assiégé par l'ennemi dans une ville voisine, à Vasates, patrie de mes ancêtres : et là, plus terribles que l'ennemi qui entourait la ville, les esclaves soulevés, mêlés à quelques jeunes gens de condition libre égarés par la rage, s'étaient armés spécialement pour le massacre de la noblesse; mais tu détournas, Dieu juste, le danger qui menaçait des têtes innocentes, et tu apaisas la sédition par la mort de quelques coupables. Un meurtrier avait été désigné pour me frapper; tu voulus qu'il pérît, et, à mon insu, tu me vengeas par la main d'un autre; car tu aimais à renouveler tes bienfaits pour me rattacher à toi sans cesse, et m'apprendre ainsi que je te devrais une éternelle reconnaissance. Un péril d'une nature si imprévue m'épouvanta; je vis que je pouvais être égorgé dans cette ville, et je conçus, abusé, je l'avoue, par un excès de crainte, un nouveau projet. J'avais eu pour ami autrefois le roi d'un de ces peuples qui depuis si longtemps nous tenaient assiégés : avec sa protection j'espérai pouvoir sortir de la ville, accompagné de la suite nombreuse de ceux qui m'étaient chers. Un autre espoir d'ailleurs m'encourageait dans cette entreprise : je savais que c'était malgré lui, et parce que la nation des Goths avait eu le pouvoir de l'y contraindre, que ce roi pesait ainsi sur nos peuples. Impatient de tenter l'aventure, je m'avançai hors de la ville, et je marchai vers le roi sans

Explorandi igitur studio digressus ab urbe,
Ad regem intrepidus, nullo obsistente, tetendi :
Lætior ante tamen primo quam affarer amicum
Alloquio, gratumque magis fore quem mihi rebar.
Perscrutato autem, ut potui, interius viri voto,
Præsidium se posse mihi præstare negavit
Extra urbem posito, nec tutum jam sibi prodens,
Ut visum remeare aliter pateretur ad urbem,
Ipse nisi mecum mox susciperetur in urbe :
Gnarus quippe Gothos rursum mihi dira minari,
Seque ab ipsorum cupiens absolvere jure.
Obstupui, fateor, pavefactus conditione
Proposita, et nimio indicti terrore pericli.
Sed miserante Deo, afflictis qui semper ubique
Imploratus adest, paulo post mente resumpta,
Ipse licet trepidus et adhuc nutantis amici
Consilium audacter studui pro me ipse fovere,
Ardua dissuadens quæ scirem omnino neganda,
Et præstanda prius, quam mox tentanda, perurgens;
Quæ non sero probans vir prudens ipse secutus,
Illico consultis per se primatibus urbis,
Rem cœptam accelerans, una sub nocte peregit,
Auxiliante Deo, cujus jam munus habebat,
Quo nobis populoque suo succurrere posset.
Concurrit pariter cunctis ab sedibus omnis
Turba Alanarum armatis sociata maritis.
Prima uxor regis Romanis traditur obses,
Adjuncto pariter regis caro quoque nato.
Reddor et ipse meis partæ inter fœdera pacis,
Communi tanquam Gothico salvatus ab hoste,
Vallanturque urbis pomœria milite Alano,
Acceptaque dataque fide certare parato
Pro nobis, nuper quos ipse obsederat hostis.
Mira urbis facies, cujus magna undique muros
Turba indiscreti sexus circumdat inermis;

obstacle et sans crainte; mais j'avais conçu trop de joie, avant d'adresser les premiers mots à cet ami que je croyais plus disposé à me servir. Quand j'eus interrogé, autant qu'il fut possible, les secrètes intentions du guerrier, il me dit qu'il ne pouvait me prêter son appui hors de la ville, et il me déclara qu'il y aurait même du danger pour lui à me permettre d'y retourner ainsi à la vue de tous, si lui-même n'était aussitôt reçu dans ses murs avec moi; il savait que la cruauté des Goths me menaçait encore, et il désirait s'affranchir lui-même de leur autorité. Je restai stupéfait, je l'avoue; la condition qu'il me proposait me fit trembler, et le péril qu'il m'annonçait accrut l'excès de ma terreur. Mais, avec la miséricorde de Dieu, qui toujours et partout exauce l'affligé qui l'implore, je repris bientôt mes sens, et, malgré mon trouble, je résolus d'encourager avec audace, afin d'en profiter, les intentions de cet ami qui balançait encore : je le décidai à renoncer à quelques conditions difficiles, que la ville, je le savais, aurait refusées, et je le pressai vivement de saisir l'occasion qui s'offrait, plutôt que d'attendre, pour le succès de la tentative. Il ne tarda guère à m'approuver : le guerrier me suivit avec précaution; il voulut s'entendre aussitôt lui-même avec les magistrats de la ville, et, pour mener à prompte fin son entreprise, il acheva en une seule nuit tous ses préparatifs, avec l'aide de Dieu dont la grâce déjà lui était acquise, afin qu'il pût secourir et nous et son peuple. De toutes leurs tentes les femmes des Alains se précipitèrent en foule, accompagnées de leurs maris en armes. La première entre toutes, l'épouse du roi, est livrée aux Romains comme otage, et avec elle aussi le fils bien-aimé du roi. Grâce à ce traité de paix qui est mon ouvrage, je suis rendu à ma famille, et délivré des Goths, devenus, pour ainsi dire, notre ennemi commun : l'enceinte extérieure de la ville est palissadée de soldats alains, qui, une fois les serments échangés de part et d'autre, sont prêts à combattre pour nous, après nous avoir assiégés naguère comme ennemis. La ville avait un aspect étrange : de tous côtés une foule immense de l'un et de l'autre sexe se répand sans armes sur les remparts; et au-dessous, en dehors, pressés

Subjecta, exterius muris hærentia nostris,
Agmina barbarica plaustris vallantur et armis.
Qua se truncatam parte agminis haud mediocris,
Circumjecta videns populantum turba Gothorum,
Illico diffidens tuto se posse morari,
Hoste intestino subito in sua viscera verso,
Nil tentare ausa ulterius, properanter abire
Sponte sua legit, cujus non sero secuti
Exemplum et nostri quos diximus auxiliares,
Discessere, fidem pacis servare parati
Romanis, quoquo ipsos sors oblata tulisset.
Atque ita res temere a me.... cœpta, benigno
Auxilio Domini, eventu est expleta secundo,
Erroremque meum Deus in nova gaudia vertit,
Multorum pariter mecum obsidione levata :
Accrescunt quæ cuncta mihi simul ad referendas,
Christe, tibi grates, quas impos solvere verbis,
Parte rependo aliqua, semper debere professus.
Sint tamen ista satis, super his me esse profatum,
Inter barbaricas longo quæ tempore gentes
Expositus gessi : quorum mihi plurima sæpe
Adversa experto rursum suasere moranti
Linquendas patriæ sedes quantocius esse.
Quod fecisse prius fuerat magis utile nobis,
Illa ut contento peteremus litora cursu,
Pars ubi magna mihi et jam nunc salva manebat :
Materni census complures sparsa per urbes
Argivas atque Epiri veterisque novique,
Per quas non minima numerosis farta colonis
Prædia diffusa, et non multum dissociata,
Quamvis profusis dominis nimiumque remissis,
Præbere expensas potuissent exuberantes.
Sed nec sero mea est proventus vota secutus,
Ut vel migrare exoptata hinc ad loca possem,
Vel mihi pars aliqua ex rebus superesset avitis.

devant nos murs, les bataillons des barbares se retranchent derrière des chariots et des armes. Se voyant ainsi dépouillée d'une partie assez considérable de ses forces, la troupe des Goths dévastateurs, campée autour de la ville, craignit aussitôt de ne pouvoir demeurer là en sûreté : un ennemi intérieur s'était tourné soudain contre ses propres entrailles ; elle n'osa plus rien tenter désormais, et prit d'elle-même le parti de s'éloigner au plus vite. Nos auxiliaires ne tardèrent pas à suivre son exemple : ils se retirèrent, mais toujours disposés à observer la paix jurée aux Romains, partout où le sort leur en offrirait l'occasion. Ainsi, une tentative témérairement commencée par moi s'accomplit heureusement avec l'aide bienveillante du Seigneur, et Dieu tourna encore en joie mon erreur, car beaucoup d'autres furent délivrés du siége en même temps que moi. Tous ces motifs augmentent la somme d'actions de grâces que je te dois rendre, ô Christ ; et si mes paroles ne peuvent m'acquitter entièrement, je paye au moins en partie, et je me reconnais ton débiteur à jamais.

Mais que cela suffise : c'est assez parler de ce que j'ai fait pendant le long espace de temps où je fus exposé au milieu des nations barbares. Tant de cruelles épreuves m'inspirèrent de nouveau le désir d'abandonner à la hâte le séjour de ma patrie (ce qu'il m'eût été plus utile de faire d'abord), et de fuir à marches forcées vers les plages lointaines où une grande partie de mes biens était demeurée intacte. Ma mère avait encore des revenus épars dans plusieurs villes de la Grèce et de l'Épire ancienne et nouvelle, où ses terres immenses, engraissées par de nombreux fermiers, répandues au loin sans être trop divisées, malgré la dispersion et le délabrement de leurs maîtres, auraient pu nous fournir d'abondantes ressources. Mais ces vœux tardifs même ne devaient pas se réaliser. Je ne pus ni retourner vers ces lieux désirés, ni conserver la moindre portion des biens de mes ancêtres, grâce aux rapines exercées par un ennemi barbare en vertu du droit de la guerre, et aux spoliations des Romains, dont la licence, contraire à toute justice, se

Inter barbaricas hostili jure rapinas,
Romanumque nefas contra omnia jura licenter
In mea grassatum diverso tempore damna.
A quo se exuere admisso nec nomina possunt
Cara, mihi major nostri est quæ causa doloris,
Quum mihi damna rei damnis cumulentur amoris,
Quem scio me fidum primis debere propinquis,
Quamlibet offensum: nec fas non reddere duco;
Sed, bene si sapio, gratanda hæc nunc mihi sors est,
Quæ tibi complacuit multo potiora paranti
Jam te, Christe, mihi, quam quum securior ipse
Placatum rebar nostris adsistere votis,
Quum mihi læta domus magnis floreret abundans
Deliciis, nec pompa minor polleret honoris,
Instructa obsequiis et turbis fulta clientum;
Quæ peritura cito illo me in tempore amasse
Nunc piget, et tandem sensu meliore senescens,
Utiliter subtracta mihi cognosco fuisse,
Amissis opibus terrenis atque caducis,
Perpetuo potius mansura ut quærere nossem;
Sero quidem, sed nil unquam, Deus, est tibi serum,
Qui sine fine manens miserandi ponere finem
Nescis, et ignaris solus succurrere nosti,
Præveniendo prior multorum vota precantum
Et supra quam petimus bona nobis prospiciendo,
Ambiguisque etiam quid pro se quisque precetur
Plura petita negas, magis apta his dona paratus,
Qui sapiunt tua dona suis præponere votis.
Namque etiam memor es, quam illos quanto prior ipse
Me melius nosses, in me prodendo probasti:
Quum majora meis audentem viribus ante
Prospiciens melius per te mihi consuluisti,
Conatus inhibendo meos nimis alta petentes,
Auderem ut monachi perfecto vivere ritu;
Quum mihi plena domus caris affectibus esset

déchaîna en divers temps pour accélérer ma ruine. Et de ces attentats ne peuvent se justifier des noms même qui me sont chers, ce qui augmente encore la cause de ma douleur : car à la ruine de mes biens s'ajoute la ruine de mon amour, que je dois avant tout, je le sais, conserver fidèlement à mes proches malgré leurs offenses, et que même, à mon sens, c'est un crime de ne leur pas rendre. Cependant, si je suis sage, je dois me féliciter encore de cette épreuve, puisqu'il t'a plu de me l'envoyer, ô Christ ; car tu me préparais ainsi un sort bien préférable à celui qui me souriait, alors que, plus tranquille, je croyais que ta faveur secondait mes désirs, alors que ma maison florissait joyeuse au sein de l'abondance et des délices, au milieu des pompes de la puissance et des honneurs, environnée d'hommages et forte de la foule de ses clients : dons fugitifs et périssables, que je regrette aujourd'hui d'avoir aimés en ce temps-là. Ramené enfin par la vieillesse à des sentiments meilleurs, je reconnais qu'ils m'ont été utilement ravis : je n'ai perdu ces richesses terrestres et fragiles que pour apprendre à rechercher de préférence les biens éternellement durables. Je l'appris tard, il est vrai ; mais jamais il n'est trop tard pour toi, ô mon Dieu, qui, durant sans fin, ne sais pas imposer de fin à ta miséricorde, qui seul sais venir en aide à ceux qui ignorent, qui préviens souvent les vœux de ceux qui prient, et nous ménages des biens qui passent nos souhaits. Quand la prière douteuse se partage entre plusieurs désirs, tu repousses les demandes excessives, mais tu prépares de plus convenables dons à ceux qui savent préférer tes dons à leurs vœux. Car....[1] tu as prouvé combien tu me connaissais mieux que moi-même, en trahissant mon envie, au moment où, mon audace passant mes forces, ta prévoyance veilla de loin sur moi, et arrêta mon essor qui tendait trop haut, alors que j'aspirais à vivre selon les règles et la perfection des moines. Ma maison était pleine de chères affections, qui semblaient m'inviter à leur conserver l'objet accoutumé de leur sollicitude, des fils, une mère, une belle-mère, une

---

[1] J'ai passé les mots *memor es quam illos*, que je n'ai pas compris.

Quæ sibi servari consuetam indicere curam
Posse viderentur, filii, mater, socrus, uxor,
Cum grege non minimo famularum quippe suarum,
Quem totum pariter peregrinæ exponere terræ
Nec ratio, aut pietas, mens aut religiosa sinebat.
Sed tua magna manus, divina et provida virtus,
Consilio sanctorum cuncta operanda peregit,
Suadentum mihi tunc morem servare vetustum,
Quem semel invectum majorum traditione
Nunc etiam servans Ecclesia nostra teneret.
Confessusque igitur. . . . .
Proposita studui constrictus vivere lege,
Non digno fortasse pians commissa labore,
Sed rectam servare fidem non inscius ipse,
Errorum discendo vias per dogmata prava,
Quæ reprobans sociata aliis nunc respuo culpis.
Post autem exacta jam.... trieteride quinta,
Rite recurrente statuto tempore Pascha,
Ad tua, Christe Deus, altaria sacra reversus,
Te miserante tua gaudens sacramenta recepi,
Ante hos ter decies super et bis quatuor annos.
Salvo tunc etiam propriæ domus ordine, nuper
Qui fuerat, linqui et quam jam non posse probavi,
Nec retinere tamen peregrino jugiter esset
Possibile, adstricto jam censu : quo minus autem
Rem propriam expeterem, cujus meritumque situmque
Anteriore loco jam me exposuisse recordor,
Obstabat flecti ad communia commoda conjux
Indocilis nimioque metu navigare recusans,
Quam nec invitam trahere usquam fas mihi rebar,
Parque nefas esset subtractis linquere natis.
Atque ita frustratus spe jam meliore quietis,
In rebus propriis, post plura adversa fruendæ,
Perpetuum exsilium diversa sorte dierum
Exigo, jamdudum cunctis affectibus expers,

épouse, et la troupe assez nombreuse des femmes de leur suite, que ni la raison, ni la tendresse, ni la religion, ne permettaient d'exposer avec moi sur une terre étrangère. Mais ta main puissante, ta vertu providentielle et divine, détermina toute ma conduite dans le conseil des saints, qui me persuadèrent de suivre l'ancien usage, lequel, une fois apporté par la tradition des ancêtres, s'observe encore aujourd'hui et se maintient dans notre église. Je confessai donc.... Je m'appliquai à vivre selon l'étroite loi que je m'étais proposée : sans pouvoir peut-être expier mes fautes par une digne pénitence, je n'oubliai cependant pas d'observer la droiture et la foi ; j'appris les voies qui mènent à l'erreur par des dogmes dépravés, que je réprouve et que je répudie aujourd'hui que je les vois associés à d'autres vices. Après avoir ainsi vécu l'espace de cinq triétérides, quand le temps marqué ramena les solennités de la Pâque, je me présentai, Dieu Christ, à tes sacrés autels, et, grâce à ta miséricorde, j'eus la joie de recevoir tes sacrements, trente-huit ans avant cette année où j'écris.

J'avais conservé jusqu'alors, avec toute sa suite, ma maison que quinze ans auparavant je n'avais pu quitter, ainsi que je l'ai prouvé, et je ne pouvais cependant continuer à la garder dans le même état, errant comme je l'étais et avec un revenu bien réduit déjà. J'avais toujours à recouvrer des biens dont j'ai décrit plus haut, je me le rappelle, l'importance et la situation ; mais à ce voyage d'un intérêt commun s'opposait l'inflexible résistance de ma femme, qui refusait, par un excès de crainte, de traverser les mers, et je ne pensai pas qu'il me fût permis de l'entraîner malgré elle, non plus que d'emmener ses enfants et de la laisser seule. Ainsi frustré de l'espoir d'un sort meilleur et du repos que j'aurais goûté au sein de mes domaines, après tant d'infortunes, me voilà désormais condamné à subir dans un exil perpétuel la changeante fortune des temps, perdant

Primo socru, ac matre dehinc, et conjuge functa;
Quæ mihi quum fuerit rectis contraria votis,
Officiente metu, fuit et defuncta dolori,
Tum subtracta, meæ potuisset quum magis esse
Apta senectuti, junctæ ad solamina vitæ,
Quæ mihi jam deerant, natis abeuntibus a me:
Non equidem paribus studiis, nec tempore eodem,
Succensis pariter sed libertatis amore,
Quam sibi majorem contingere posse putabant
Burdigalæ, Gothico quanquam consorte colono;
Quod licet invito me illos voluisse dolerem,
Sic compensandum tamen hoc ipsum mihi rebar,
Commoda ut absentis præsentum cura juvaret:
Fructus quippe rei nostræ quicumque fuissent,
Sponte sua mecum paulatim participando.
Sed cito præreptus juvenis jam presbyter unus
Morte repentina luctum mihi liquit acerbum.
Summa autem rerum tenuit quascumque mearum,
Tota arrepta mihi, multis fuit una rapina.
Insuper ipse etiam, velut ad solatia nostra,
Qui superest, actu simul eventuque sinistro,
Inter amicitias versatus regis et iras,
Destituit prope cuncta pari mea commoda sorte.

ATQUE ita subtracta spe omni solatiorum
Quæ mihi per nostros rebar contingere posse,
Cunctaque sero probans a te magis esse petenda
Quæ cupimus, Deus alme, subest cui summa potestas,
Massiliæ demum pauper consistere legi,
Urbe quidem in qua plures sancti essent mihi cari,
Parva autem census substantia familiaris:
Nec spes magna novis subitura ex fructibus esset;
Non ager instructus propriis cultoribus ullus,
Non vineta quibus solis urbs utitur ipsa,
Omne ad præsidium vitæ aliunde parandum;

III. — EUCHARISTIQUE DE PAULINUS.

l'une après l'autre toutes mes affections, ma belle-mère d'abord, ma mère ensuite, puis ma femme, qui, après avoir contrarié mes justes vœux de ses craintes importunes, m'affligea plus encore en mourant; puisqu'elle me quittait alors qu'elle eût pu être surtout utile à ma vieillesse, et que son attachement eût rendu à ma vie des consolations qui lui manquèrent bientôt. Car mes fils s'éloignèrent de moi, non pas en même temps et pour suivre une carrière semblable; mais ils brûlaient d'un égal amour de l'indépendance, et ils espéraient pouvoir la rencontrer plutôt à Burdigala, malgré la compagnie des Goths qui habitaient ces murs. Bien qu'attristé de cette résolution qu'ils avaient prise contre mon gré, je trouvai cependant une compensation à ma douleur dans l'idée que leur présence en cette ville servirait utilement les intérêts de leur père absent. En effet, les revenus, quels qu'ils fussent, des biens que j'y possédais, ils les touchèrent peu à peu et les partagèrent volontairement avec moi. Mais bientôt un de ces jeunes fils, qui était déjà prêtre, me fut enlevé par une mort soudaine, et sa perte me laissa un amer chagrin. Tous mes biens, ma dernière ressource, me furent arrachés ensuite, unique proie de nombreux ravisseurs. Bien plus, celui-là même qui semblait rester encore pour ma consolation, et qui passait sa vie entre les amitiés et les colères d'un roi, victime à la fois d'un hasard et d'un acte funeste, eut le sort de son frère, et me laissa presque dénué de tout secours.

Ainsi dépouillé de l'espoir de tous les soulagements que je croyais pouvoir attendre encore de mes enfants, et comprenant bien tard que c'est à toi plutôt qu'il faut demander ce que nous désirons, Dieu bienfaisant, à qui revient la souveraine puissance, je résolus enfin dans ma pauvreté de m'établir à Massilia. Je retrouvais dans cette ville, où plusieurs saints hommes m'étaient chers, quelques débris de mon patrimoine, mais d'un faible revenu; et je ne pouvais fonder grand espoir sur ces nouvelles ressources. Je n'avais point un champ pourvu de fermiers à moi, ni de ces vignobles qui seuls fournissent à cette cité les moyens d'acheter ailleurs toutes les nécessités de la vie; mais seulement une

Sed tantum domus urbana, vicinus et hortus,
Atque ad perfugium senii perparvus agellus,
Non sine vite quidem, vel pomis, sed sine terra :
Digna coli verum exigui jactura laboris
Suasit et in vacuum culturæ impendere curam
Vix plena exesi per jugera quatuor agri,
Et fundare domum summa in crepidine saxi,
Ne quid de spatio terræ minuisse viderer.
Porro autem expensas vitæ quas posceret usus,
Conductis studui ex agris sperare paratas,
Donec plena magis servis mansit domus, et dum
Majores melior vires mihi præbuit ætas.
At postquam in pejus pariter mutavit utraque
Conditio instabilis semper generaliter ævi,
Paulatim, fateor, curis est victus et annis
Exsul, inops, cœlebs,... facile in nova versus
Consilia, et varia multum ratione vacillans
Burdigalam revocare gradum conducere duxi.
Nec tamen effectus nostra est incepta secutus,
Utilitas quum vota sibi conjuncta juvaret :
Quod mihi firmandæ fidei, quantum puto, causa
A te provisum fas est me credere, Christe,
Ut, præstare mihi quantum tua gratia posset,
Prolixo paulatim usu experiendo probarem,
Plurima subtracto quum per dispendia censu,
Perdurare mihi speciem domus, et renovatas
Sæpius expensas, te prospiciente, viderem.
Pro qua sorte quidem vitæ scio me tibi grates
Immodicas debere, Deus; pro me tamen ipse,
Nescio si salvo possim gaudere pudore,
Sive quod ipse adhuc propriæ specie domus utens,
Seu quod divitibus contentus cedere natis
Omnia quæ possunt etiam nunc nostra videri,
Expensis patior me sustentari alienis :
Ni mihi nostra fides, quæ nil proprium docet esse,

III. — EUCHARISTIQUE DE PAULINUS.

maison en ville, avec un jardin à côté, et, pour refuge en ma vieillesse, un tout petit champ, où ne manquaient ni la vigne, ni les fruits, mais où manquait la terre. Il y en avait si peu en état d'être cultivée, que c'eût été du travail perdu ; c'est ce qui m'inspira l'idée d'étendre les soins de la culture aux parties abandonnées de ce champ si rogné qu'il contenait à peine quatre arpents, et d'asseoir ma maison au sommet et au bord d'un rocher, de peur de paraître retrancher le moindre espace du terrain. Mais les besoins de la vie exigeaient des dépenses auxquelles, en prenant d'autres terres à ferme, j'espérai suffire, tant que ma maison demeura remplie d'esclaves plus nombreux, tant qu'un âge meilleur me prêta plus de forces. Mais quand l'instabilité des choses, condition générale des temps, eut altéré de nouveau ma fortune et ma santé tout ensemble, alors, je l'avoue, le vieillard peu à peu fut vaincu par les soucis et les années : exilé, pauvre, isolé, facile à tourner vers des projets nouveaux, après avoir balancé beaucoup entre divers motifs, je me déterminai à reprendre le chemin de Burdigala. Toutefois ma résolution ne fut suivie d'aucun effet, quand pourtant mes besoins étaient d'accord avec mes vœux pour la seconder. Mais ce fut ta providence, autant que je puis croire, qui le voulut ainsi, pour me fortifier dans la foi, il m'est permis de le penser, ô Christ, et pour qu'une longue expérience m'apprît peu à peu tout ce que je pouvais obtenir de ta grâce ; puisqu'alors même que tant de pertes avaient épuisé mes revenus, une apparence de maison me restait encore, et que je voyais mes ressources se renouveler sans cesse, par un don de ta prévoyance. Et pour un tel sort, je sais que je te dois, ô mon Dieu, une reconnaissance sans bornes ; mais pour moi-même, je ne sais si je puis me féliciter sans rougir. Car en ce moment encore, où j'ai pour mon usage une apparence de maison à moi, content de céder à mes enfants enrichis tout ce qui peut paraître aujourd'hui même m'appartenir, je me laisse subsister aux dépens d'autrui. Mais notre foi me console : elle nous enseigne que nous n'avons rien qui nous soit propre, et que nous pouvons croire que le bien

Subveniat, tam tuto aliena ut nostra putemus,
Quam nos nostra aliis debemus participanda.
Nec tamen hoc ipso vitæ me in ordine passus
Ambiguum nutare diu, velociter ultro
Solari dignate, Deus, nostramque senectam
Invalidam variis diverso tempore morbis
Jugiter adsuetus blandis palpare medelis.
Nunc quoque sic ipsi juvenascere posse dedisti,
Ut quum jam penitus fructus de rebus avitis
Sperare ulterius nullos me posse probasses,
Cunctaque ipsa etiam quæ jam tenuatus habere
Massiliæ potui, amissa jam proprietate,
Conscripta adstrictus sub conditione tenerem;
Emptorem mihi ignotum de gente Gothorum
Excires, nostri quondam qui juris agellum
Mercari cupiens, pretium transmitteret ultro,
Haud equidem justum, verumtamen accipienti
Votivum, fateor: possem quo scilicet una
Et veteres lapsi census fulcire ruinas,
Et vitare nova cari mihi damna pudoris.
Quo me donatum præstanti munere gaudens,
Ecce novas, Deus omnipotens, tibi debeo grates,
Exsuperent quæ pæne alias cumulentque priores.
Quas contestatas tota hæc mea pagina præsens
Continet; et quanquam spatiis prolixior amplis
Evagata diu claudi se jam prope poscat,
Nostra tamen jugis devotio ponere finem
Nescit ad explenda tibi debita munia, Christe;
Hoc unum ipse bonum statuens, hoc esse tenendum
Conscius, hoc toto cupiens adquirere corde,
Omnibus usque locis, et tempore jugiter omni,
Te præfando loqui, et te meminisse silendo.
Quocirca et totum tibi me, Deus optime, debens,
Cunctaque quæ mea sunt, opus hoc abs te, Deus, orsus,
Nunc quoque concludens tibi desino; teque precatus

d'autrui est à nous, comme il est sûr que nous devons à autrui une part du nôtre. Cependant tu ne me laissas pas longtemps chanceler au milieu des incertitudes d'un tel genre de vie, ô mon Dieu; tu daignas m'offrir un prompt soulagement, car tu avais pris l'habitude de raviver sans cesse de tes doux remèdes notre vieillesse épuisée en divers temps par différentes maladies. C'est ainsi que maintenant encore tu m'as donné de rajeunir au bonheur : tu m'avais prouvé que je ne pouvais plus espérer désormais aucun fruit de mon patrimoine ; tous les biens que j'avais pu posséder à Massilia s'étaient amoindris de jour en jour, et la propriété même m'en avait été ravie en vertu des dures conditions où je les avais engagés, quand tu me suscitas du milieu des Goths un acquéreur inconnu : désirant acheter un petit champ qui m'avait autrefois appartenu, il m'en transmit volontairement le prix ; ce n'était pas la juste valeur du champ, mais c'était, je l'avoue, tout ce que je souhaitais de recevoir. Grâce à cet argent, je pouvais relever les vieux débris de ma fortune écroulée, et en même temps épargner de nouveaux affronts à mon honneur chéri.

Rendu à la joie par ce don signalé de ta munificence, voici que je te dois, Dieu tout-puissant, de nouvelles actions de grâces qui dépassent presque les autres, et mettent le comble aux premières. Cette page tout entière contient le témoignage écrit de ma reconnaissance; et bien que son étendue, après avoir parcouru de trop vastes espaces, demande enfin un terme, ma dévotion infinie ne voudrait point la clore, afin de te rendre au complet les hommages qui te sont dus, ô Christ : car le seul bien que j'estime, le seul que je sache digne d'attache, le seul que je désire de tout mon cœur acquérir encore, c'est de pouvoir en tous lieux et toujours, en tout temps et partout, te glorifier dans mes paroles, et ne point t'oublier dans mon silence. C'est pourquoi, Dieu très-bon, puisque je me dois à toi tout entier, et, avec moi, tout ce qui vient de moi, cet ouvrage que par toi j'ai commencé, ô mon Dieu, c'est aussi par toi que je le termine, et après t'avoir si souvent

Sæpius attente, nunc multo impensius oro,
Ut quia vita in hac, qua nunc ego dego, senili,
Ipsa morte magis agnosco plura timenda;
Nec mihi quid potius cupiam discernere promptum est,
Quamcumque in partem tua jam sententia vergit;
Da, precor, intrepidam contra omnia tristia mentem,
Constantemque tuæ virtutis munere præsta,
Ut, quia jamdudum placitis tibi vivo dicatus
Legibus, et sponsam conor captare salutem,
Nec vicina magis pro conditione senectæ
Tempora plus metuam mortis, cui subjacet omnis
Ætas, ambiguæ me nec discrimina vitæ
Suspectum exagitent varii formidine casus,
Vitari quos posse, Deus, te præsule, fido.
Sed quæcumque manet nostrum sors ultima finem,
Mitiget hanc spes, Christe, tui conspectus, et omnem
Discutiat dubium fiducia certa pavorem :
Me, vel in hoc proprio mortali corpore dum sum,
Esse tuum, cujus sunt omnia; vel resolutum,
Corporis in quacumque tui me parte futurum.

imploré avec recueillement, je t'adresse à présent de plus ferventes prières encore : car, dans cette vie, où se traîne aujourd'hui ma vieillesse, je reconnais que la mort même n'est pas ce qu'il y a de plus à craindre, et je ne saurais discerner sans peine ce que je puis désirer de préférence, ignorant de quel côté déjà penche ton jugement. Donne-moi, je t'en conjure, une âme intrépide contre toutes les douleurs ; prête à ma constance l'appui de ta vertu, et puisque j'ai consacré depuis longtemps ma vie aux lois que tu m'as faites, puisque je m'efforce de mériter le salut promis, que la condition de la vieillesse, en me rapprochant du terme, n'augmente pas en moi la terreur de la mort qui menace tous les âges, et que les traverses d'une vie incertaine ne troublent plus mon âme défiante de la crainte des divers écueils que je puis éviter, j'en ai l'assurance, ô mon Dieu, si tu es mon guide. Mais quel que soit le sort réservé à mes derniers jours, que l'espoir de te contempler, ô Christ, en adoucisse les rigueurs, et que tous les doutes de la peur se dissipent devant cette ferme confiance : tant que je vivrai dans ce corps mortel, être à toi, à qui sont toutes choses ; et, tombé en poussière, revivre dans une partie quelconque de ton corps.

IV.

IMPPP.

VALENS, GRATIANUS ET VALENTINIANUS
AAA.

ANTONIO
PP. P. GALLIARUM.

Per omnem diœcesim commissam magnificentiæ tuæ, frequentissimis in civitatibus, quæ pollent et eminent claritudine præceptorum, optimi quique erudiendæ præsideant juventuti, rhetores loquimur et grammaticos, Atticæ Romanæque doctrinæ; quorum oratoribus viginti quatuor annonarum e fisco emolumenta donentur, grammaticis Latino vel Græco duodecim annonarum deductior paulo numerus ex more præstetur : ut singulis urbibus, quæ *metropoleis* nuncupantur, nobilium professorum electio celebretur; nec vero judicemus liberum ut sit cuique civitati suos doctores et magistros placito sibi juvare compendio. Triverorum vel clarissimæ civitati uberius aliquid putavimus deferendum; rhetori ut triginta, item viginti grammatico Latino, Græco etiam, si qui dignus reperiri potuerit, duodecim præbeantur annonæ. — Dat. x Kal. Jun., Valente v et Valentiniano AA. coss.

IV.

LES EMPEREURS
VALENS, GRATIEN ET VALENTINIEN
AUGUSTES,

A ANTONIUS,
PRÉFET DU PRÉTOIRE DES GAULES[*].

Par tout le diocèse commis à ta magnificence, dans les cités les plus peuplées, qui brillent et excellent par la célébrité des précepteurs, les meilleurs présideront à l'instruction de la jeunesse : nous parlons des rhéteurs et des grammairiens, pour l'enseignement des lettres grecques et romaines. Les orateurs recevront du fisc, pour émoluments, vingt-quatre annones : au grammairien latin ou grec seront accordées douze annones, somme un peu moindre selon l'usage. Chacune des villes qui portent le nom de *métropoles*, aura le droit de choisir ses nobles professeurs ; néanmoins nous ne jugeons pas à propos de laisser à chaque cité la liberté de payer, suivant son gré, ses docteurs et ses maîtres. Quant à l'illustre cité des *Treveri*, nous avons pensé qu'il lui fallait départir quelques avantages de plus : au rhéteur sont accordées trente annones, vingt au grammairien latin, et douze au grec, si on peut en trouver un capable. — Donné le 10 des calendes de juin, sous le cinquième consulat de Valens, et le premier de Valentinien, Augustes (23 mai 376).

[*] Voir la note 2 de la pièce VIII des *Professeurs*, page 316.

V.

CITERII SIDONII, SYRACUSANI,

EPIGRAMMA

DE TRIBUS PASTORIBUS.

Almo, Theon, Thyrsis, orti sub monte Pelori,
Semine disparili, Laurente, Lacone, Sabino,
Vite Sabine, Lacon sulco, sue cognite Laurens.
Thyrsis oves, vitulos Theon egerat, Almo capellas,
Almo puer, pubesque Theon, at Thyrsis ephebus.
Canna Almo, Thyrsis stipula, Theon ore melodus.
Nais amat Thyrsin, Glauce Almona, Nisa Theonem.
Nisa rosas, Glauce violas dat, lilia Nais.

V.

ÉPIGRAMME

DE CITERIUS SIDONIUS, DE SYRACUSE,

SUR TROIS BERGERS*.

Almo, Théon, Thyrsis, sont nés au pied du mont Pélore, de pères différents, Laurentin, Lacon, Sabin; connus, le Sabin pour sa vigne, le Lacon pour ses sillons, le Laurentin pour ses porcs. Thyrsis mène les brebis, Théon les veaux, Almo les chèvres. Almo est enfant, Théon pubère, Thyrsis adolescent. Almo fait résonner le roseau, Thyrsis le chalumeau, Théon ses lèvres. Naïs aime Thyrsis, Glaucé Almo, Nisa Théon. Nisa donne des roses, Glaucé des violettes, Naïs donne des lis.

* Voir la note 1 de la pièce XIII des *Professeurs*, page 316.

VI.

AGROETIUS.

DE ORTHOGRAPHIA ET PROPRIETATE
ET DIFFERENTIA SERMONIS.

DOMINO EUCHERIO EPISCOPO AGROETIUS.

LIBELLUM Capri de orthographia misisti mihi ; hæc quoque res proposito tuo et moribus tuis congrua est, ut quia scilicet nos in hujus vitæ actibus corrigere vis, etiam in scribendi studiis emendares. Nihil ergo quod in nobis est, alienum a castigatione tua credis ; omnia nostra etiam quæ dictu parva sunt, sollicita indage rimaris, a vivendo ad scribendum, ab animo ad manum, a corde ad articulum pervenis. Hoc est vere summum sacerdotem Dei esse, commissos sibi homines, ut ipsi dicitis, et secundum spiritum imbuere, et secundum litteram perdocere. Huic ergo Capri libello, de orthographia et proprietate ac differentia sermonum, quædam adjicienda subjeci, non quod vir tantæ peritiæ aliquid prætermiserit, tam multis præsertim litterarum operibus celebratus, qui in commentando etiam Cicerone præcipuus ; sed quia nos difficilia putamus, quæ ille ut facilia neglexit. Ego autem credidi hæc ambigua aliquantis videri, quia mihi obscura frequenter fuissent. Ad te hoc igitur opus mittitur, in quo laborabis plurimum, cui necesse est emendare ipsum, qui aliquid emendare præsumpsit. Donabit divina pietas, ut qui scriptum abs te

VI.

AGRÉTIUS[*].

SUR L'ORTHOGRAPHE, LA PROPRIÉTÉ
ET LA DIFFÉRENCE DES MOTS.

Au seigneur Eucherius, évêque, Agrétius.

Tu m'as envoyé le livre de Caper sur l'orthographe : c'est agir conformément à ton but et à ton caractère; toi qui veux nous corriger dans les actes de cette vie, tu désires nous amender aussi dans l'étude des lettres. Ainsi, selon toi, rien de ce qui est en nous ne doit échapper à tes corrections : tout notre être, jusqu'en ses moindres détails, est l'objet de tes inquiètes recherches et de ton examen. De la manière de vivre tu passes à la manière d'écrire, de l'esprit à la main, du cœur aux articulations des doigts. C'est là être vraiment le prêtre suprême de Dieu, qui vous a confié les hommes, que de les nourrir ainsi, comme vous le dites, selon l'esprit, et de les instruire selon la lettre. A ce livre de Caper, sur l'orthographe, la propriété et la différence des mots, j'ai fait quelques additions que je te soumets : non qu'un homme d'un si grand savoir ait oublié quelque chose, lui dont tant d'œuvres littéraires surtout ont fait la gloire, lui le premier des commentateurs de Cicéron; mais il a négligé comme faciles des choses que nous trouvons difficiles : j'ai cru qu'elles pourraient paraître douteuses à plusieurs, après avoir été si souvent obscures

[*] Voir la note 1 de la pièce XIV des *Professeurs*, page 317.

observare volumus, etiam scriptum servare tuum possimus. Vale memor nostri, decus et præsidium meum.

Agrœtius quum Latine scribis, per diphthongum scribendum; non, ut quidam putant, per *y*, *Agrytius*.

Triceni de tricentis dices, *Trigeni* de triginta.

Accersit, qui evocat; *Arcessit*, qui accusat. Sicut Cicero : « Nos capitis arcessere. »

Ecquando, increpando, vel inquirendo, interrogantis adverbium est; *Etquando*, simpliciter loquentis.

Ecce, quum ostendis; *En*, quum increpas. Cicero : « En cui tuos liberos tute committas! » Item quum dolor iram commoverit, aut quum admiratio vel cogitatio stuporem.

Acervus moles est, *Acerbus* immaturus, et *Asper signis* insignis.

Abitum sine aspiratione de abscessu scribis ; *Habitum*, de vestitu gestuque corporis dicimus.

Sicut *Primus* e multis et *Prior* ex duobus, ita *Postremus* de multis, *Posterior* e duobus. *Alter* de duobus dicitur, *Alius* de multis.

Væ interjectio dolentis ; *Ve* conjunctio est subjunctiva.

Præmium cum diphthongo scribendum, *Pretium* et *Precatus* sine *æ*. Veteres enim majoris rei sermones cum diphthongo et quadam dignitate dici et scribi voluerunt.

Precari autem est rogare, *Imprecari* maledicere, *Deprecari* excusare et purgare se. Virgilius :

Equidem merui, nec deprecor.

VI. — AGRÉTIUS.

pour moi. Je t'envoie donc cet ouvrage, qui va te donner bien du mal, forcé que tu es de corriger celui-là même qui a pris sur lui de corriger les autres. La bonté divine nous donnera la grâce, à nous qui voulons observer ce que tu prescris, de pouvoir aussi conserver tes écrits. Adieu, souviens-toi de nous, ô ma gloire et mon appui.

Agrœtius, quand on l'écrit en latin, doit s'écrire par une diphthongue, et non, comme quelques-uns le pensent, par un *y*, *Agrytius*.

Triceni se dit de trois cents hommes, *Trigeni* de trente.

Accersit, celui qui invite; *Arcessit*, celui qui accuse. Ainsi dans Cicéron : « Nos capitis arcessere. »

Ecquando est un adverbe interrogatif, quand on fait un reproche ou une question; *Etquando*, quand on parle simplement.

On dit *Ecce* pour montrer, *En* pour faire un reproche. Cicéron : « En cui tuos liberos tute committas! » *En* s'emploie aussi dans un mouvement de colère excité par la douleur, ou dans la stupeur causée par l'étonnement ou la réflexion.

Acervus désigne un monceau ; *Acerbus*, ce qui n'est pas mûr ; *Asper signis*, ce qui est remarquable.

Abitus, sans aspiration, signifie le départ; *Habitus* se dit du vêtement et du maintien du corps.

Comme *Primus* désigne le premier entre plusieurs, et *Prior* entre deux ; ainsi *Postremus*, le dernier de plusieurs, et *Posterior*, de deux. *Alter* se dit de deux seulement, *Alius* de plusieurs.

Væ est une interjection de douleur; *Ve* est une conjonction subjonctive.

Prœmium s'écrit avec la diphthongue, *Pretium* et *Precatus* sans æ. Car les anciens ont voulu qu'on prononçât et qu'on écrivît avec la diphthongue et avec une certaine dignité les mots qui exprimaient une chose plus importante.

Precari, c'est prier; *Imprecari*, maudire; *Deprecari*, s'excuser et se justifier. Virgile :

Equidem merui, nec deprecor.

Cicero : « Quid faciet Hortensius ? avaritiæne crimina frugalitatis laudibus deprecabitur? »

Nubo, *nupsit*; *Scribo*, *scripsit* : quum vocalis sequitur, *b* esse debet, et quum consonans, *p*.

Fides de fidelitate dicitur, *Fidis* de chorda.

Disertus orator est, *Desertus* derelictus.

Delator, qui defert ad accusandum ; *Dilator*, qui differt ad proferendum. Martialis :

> Traducta est Gyaris, nec cepit arena nocentes,
> Et delator habet, quod dedit, exsilium.

Deluit, purgat ; *Diluit*, temperat. Livius de morte Mithridatis : « Quod quum diluisset. »

Adversum te, adversarius ; *Adversus te*, imitator.

Deduco, de amico producendo ; *Diduco* autem, hoc est, distraho.

Derectum, in rectum vadens ; *Directum*, in latera rectum.

Partem nomen est, *Partim* adverbium.

Fastus de superbia, et facit genitivo plurali *fastuum* ; *Fastus* de libris, et facit *fastorum*.

Exspectatur, venturus ; *Spectatur*, qui videtur vel probatur.

Apparet, qui videtur ; *Adparet*, qui obsequitur : non regulæ ratione, sed discernendi intellectus gratia est.

Hercules, *Achilles*, *Verres*, recto casu per *e* scribuntur, genitivo per *i*, et omnia ejusdemmodi nomina.

Fuerimus conjunctivo modo, tempore præterito perfecto, et brevis est ; *Fuerimus* eodem modo, tempore futuro, et longa est.

Quum diceres, verbo activo, conjunctivo modo ; *Diceris*, verbo passivo, indicativo modo.

Miramur opera ; *Admiramur* virtutes.

Labium superius dicitur ; *Labrum* inferius.

Cicéron : « Quid faciet Hortensius ? Avaritiæne crimina frugalitatis laudibus deprecabitur ? »

Nubo fait *nupsit*, *Scribo*, *scripsit* : le *b* doit se mettre devant une voyelle, et le *p* devant une consonne.

Fides se dit de la fidélité ; *Fidis*, d'une corde.

Disertus se dit d'un orateur ; *Desertus*, d'un homme à l'abandon.

Delator est celui qui dépose pour accuser ; *Dilator*, celui qui diffère pour traîner en longueur. Martial (*Spect.*, IV) :

> Traducta est Gyaris, nec cepit arena nocentes,
>   Et delator habet, quod dedit, exsilium.

Deluit, il lave ; *Diluit*, il délaye. Tite-Live, racontant la mort de Mithridate : « Quod quum diluisset. »

Adversum te s'entend d'un adversaire ; *Adversus te*, d'un émule.

Deduco se dit pour faire cortége à un ami ; *Diduco* signifie *je divise*.

Derectum est ce qui va tout droit ; *Directum* ce qui est dirigé sur les côtés.

Partem est un substantif ; *Partim*, un adverbe.

Fastus, orgueil, fait au génitif pluriel *fastuum* ; *Fastus*, livres, fait *fastorum*.

Exspectatur, celui qui doit venir ; *Spectatur*, celui qui est vu, ou mis à l'épreuve.

On écrit *Apparet* de celui qui est vu, *Adparet* de celui qui obéit ; non pour se conformer à la règle, mais pour permettre de distinguer le sens.

Hercules, Achilles, Verres, s'écrivent au nominatif par un *e*, au génitif par un *i*, ainsi que tous les noms de même sorte.

On dit *Fuerimus* au prétérit passé du subjonctif, et il est bref ; *Fuerimus* au futur du même mode, et il est long.

Quum diceres est le verbe actif au subjonctif ; *Diceris* est le passif à l'indicatif.

Miramur des travaux ; *Admiramur* des vertus.

Labium est la lèvre supérieure ; *Labrum*, la lèvre inférieure.

Rostrum, non nisi quod incurvum est.

Exercitus laboribus; *Exercitatus* studiis.

Minores res esse aliquas aut homines dicimus : nam *Minoris* emptum aut æstimatum quippiam recte dicimus; sicut et *Pluris* quod majore summa taxatur.

Plures de multitudine scribimus; *Plures* comparativus gradus est. Cicero : « Unus plures prædonum duces cepit P. Servilius, quam ceteri. »

Positivum habent *Multi*, superlativum *Plurimi*.

Cepit de capiendo, *Cœpit* de incipiendo scribimus.

Uterque de duobus dicimus; *Utrique* de binis, aut de pluribus ex utraque parte positis. *Uterque* venit, *Utrique* venerunt. Cicero : « Jubeo promi utrosque, binos habebam. »

Comparia vasa Delphica semper sunt, unde ipse Cicero dicebat : « Scyphorum paria complura. »

Quæritur de inquirendo, *Queritur* de plorando scribimus; sic et *Quæstus* lucri, et *Questus* lacrymarum.

Poculum vas est, *Potio* quod hauritur. Cicero : « Accepto poculo subito in media potione exclamavit. »

Dimidiatum calicem bibi, non *Dimidium* dicere debemus : non enim ipsum vas bibis, sed quod intra vas est.

Olim et *Quondam* et *Aliquando*, tria tempora tenent, præteriti, præsentis et futuri. Affatim inveniuntur exempla. Præsentis demus quod difficilius videtur. Virgilius :

    Tumidis quod fluctibus olim
Tunditur.

Idem :

    Quondam etiam victis redit in præcordia virtus.

Cicero : « Expergiscimini aliquando et capessite rempublicam. »

VI. — AGRÉTIUS.

Rostrum ne s'entend que de ce qui est crochu.

On dit *Exercitus* par le travail, *Exercitatus* par l'étude.

Nous disons *Minores* en parlant des choses comme des hommes. Car nous disons très-bien *Minoris* de ce qui est acheté ou estimé à un moindre prix, comme *Pluris* de ce qui est taxé à une plus forte somme.

Nous écrivons *Plures* pour exprimer un grand nombre. *Plures* est un degré de comparaison. Cicéron : « Unus plures prædonum duces cepit P. Servilius, quam ceteri. »

Multi désigne le positif, *Plurimi* le superlatif.

Nous écrivons *Cepit* quand on prend, *Cœpit* quand on commence.

Nous disons *Uterque* de deux personnes distinctes; *Utrique*, de deux personnes réunies, ou de plusieurs placées de part et d'autre. *Uterque* vint ; *Utrique* vinrent. Cicéron : « Jubeo promi utrosque, binos habebam. »

Les vases de Delphes sont toujours par paires, *comparia*; c'est pour cela que Cicéron disait : « Scyphorum paria complura. »

On écrit *Quæritur* s'il s'agit d'une recherche, et *Queritur* de celui qui pleure. Ainsi, *Quæstus* en matière de gain, et *Questus* dans les larmes.

Poculum, c'est le vase; *Potio*, c'est le breuvage. Cicéron : « Accepto poculo subito in media potione exclamavit. »

Nous devons dire *Dimidiatum calicem bibi*, et non *Dimidium*; car on ne boit pas le vase, mais ce qui est dans le vase.

Olim, *Quondam* et *Aliquando* s'emploient avec les trois temps du passé, du présent et du futur. On en trouve de nombreux exemples. Donnons-en du présent, qui sont les plus rares. Virgile :

    Tumidis quod fluctibus olim
Tunditur.

Le même :

    Quondam etiam victis redit in præcordia virtus.

Cicéron : « Expergiscimini aliquando et capessite rempublicam. »

Conscribere est multa simul scribere; *Exscribere,* quod alibi scriptum sit, transferre; *Transcribere*, quum jus nostrum in alium transit; *Inscribere,* actionis est vel accusationis; *Adscribere,* adsignationis est; *Describere*, dictionis vel ordinationis.

Exstruere est in altum struere; *Instruere* aciem vel actionem; *Adstruere*, adfirmare; *Construere*, in struendo conjungere; *Substruere*, re aliqua supraposita subter struere.

Memini me facere dicere debemus, non *Memini me fecisse*; nam *Memini* sermo est totus præteriti temporis, qui ante factam rem in præsens revocat. Et si dixeris *Memini me fecisse,* duo præterita simul jungis. Cicero : « Memini Pamphilum Lilybetanum mihi narrare solitum. » Idem infra : « Respondi Metello ut debui, etiam illud memini me dicere. » Terentius :

> Ego illam vidi virginem, forma bona
> Memini videre.

Virgilius :

> Cantando solitum memini me condere soles....
> Memini (fama est obscurior annis)
> Auruncos ita ferre senes.

Et multis præterea in locis. Neque invenitur ubi ab aliis magnis auctoribus *Memini* ita positum sit, ut non addatur aut *esse*, aut aliquis talis sermo, qui præsens tempus restituat, nisi uno loco, et hoc quasi mirabile :

> Namque sub Œbaliæ memini me turribus altis
> Corycium vidisse senem;

quod poetæ pro necessitate metri licuit usurpare.

Instar illius rei dicere debemus, non *Ad instar*.

Quæritur ab aliquantis, quare *s* littera inter liquidas posita sit, quum velut sola facere syllabam videatur, ac per hoc dicta sit suæ cujusdam potestatis esse : aliæ autem li-

VI. — AGRÉTIUS.

Conscribere, c'est écrire beaucoup à la fois; *Exscribere*, c'est copier ce qui est écrit ailleurs; *Transcribere*, c'est transférer notre droit à autrui; *Inscribere* se dit d'une action qu'on intente ou d'une accusation; *Adscribere*, c'est rédiger une assignation; *Describere*, c'est dépeindre par l'arrangement du discours.

Exstruere, c'est élever une construction; on dit *Instruere* une armée, ou une action en justice; *Adstruere*, c'est affirmer; *Construere*, bâtir avec ou auprès; *Substruere*, bâtir au-dessous d'un objet superposé.

Nous devons dire *Memini me facere*, et non *Memini me fecisse*; car *memini* est un prétérit qui rappelle au présent une chose déjà faite. Et si vous dites *Memini me fecisse*, vous mettez deux prétérits ensemble. Cicéron : « Memini Pamphilum Lilybetanum mihi narrare solitum. » Le même, plus bas : « Respondi Metello ut debui, etiam illud memini me dicere. » Térence :

>   Ego illam vidi virginem, forma bona
>   Memini videre.

Virgile :

>   Cantando solitum memini me condere soles....
>   Memini (fama est obscurior annis)
>   Auruncos ita ferre senes.

Et ainsi dans beaucoup d'autres endroits. On ne trouve même pas dans les grands auteurs *Memini* autrement employé sans qu'on y joigne *esse* ou quelque mot pareil qui lui rende le temps présent; excepté pourtant dans le passage suivant, qui tient du prodige :

>   Namque sub OEbaliæ memini me turribus altis
>   Corycium vidisse senem.

Mais c'est une licence imposée au poëte par la nécessité de la mesure.

Nous devons dire *Instar illius rei* et non *Ad instar*.

On demande quelquefois pourquoi la lettre *s* est placée parmi les liquides, quand pourtant elle semble presque à elle seule faire une syllabe, ce qui a fait dire qu'elle avait

quidæ in ipso concursu litterarum et sermonum ita conglutinentur, ut pæne interire videantur. Hæc ratio est. Apud Latium, unde latinitas orta est, major populus et magis egregiis artibus pollens Tusci fuerunt, qui quidem natura linguæ suæ *s* litteram raro exprimunt; hæc res fecit haberi liquidam.

Arbor omne lignum dicitur, *Arbos* non nisi fructifera.

Hora dierum, *Ora* finium.
Pignera rerum sunt; *Pignora* filiorum et affectionum.

Columbæ, quæ mansuefieri possunt, et domibus assuescere; *Palumbes*, feræ, arboribusque et silvis, saxisque inhabitantes.
Rubor coloris est, *Robur* virtutis, *Robor* arboris.

Veniunt qui vendunt, *Veneunt* qui venduntur.

Consuescimus bona, *Insuescimus* mala, *Adsuescimus* utraque.
Contingunt bona, *Accidunt* mala, *Eveniunt* utraque.

Fungi agere est, *Defungi* peragere.
Adolescere augmenti est, *Inolescere* coaugmenti, *Exolescere* vanescentis.
Avenæ, sterile germen; *Habenæ*, retinacula jumentorum : hoc de habendi potestate, illud de occupandi aviditate dictum.
Deuncem decem uncias dicimus, *Diuncem* undecim.
Pulchritudo formæ in viris, *Dignitas*; unde Cicero pro Cœlio : « Quis non possit huic ætati, atque dignitati, etiamsi sine suspicione, at non sine argumento maledicere ? » In feminis autem *Honestus* dicitur; unde Terentius de horrido et sene Eunucho :

              Illumne, obsecro,
  Inhonestum hominem, senem, mulierem?

à elle une certaine valeur propre, au lieu que les autres liquides sont tellement écrasées dans le concours des lettres et des mots, qu'elles semblent presque mortes. En voici la raison. Dans le Latium, où le latin a pris naissance, un des peuples les plus grands et les plus puissants dans la culture des beaux-arts, les Toscans, par la nature même de leur langue, emploient rarement la lettre *s :* c'est pour cela qu'on en a fait une liquide.

Arbor se dit de toute espèce de bois ; *Arbos*, de l'arbre fruitier seulement.

Hora désigne les heures du jour, *Ora* les frontières.

Pignera s'applique aux choses ; *Pignora*, aux enfants et aux affections de famille.

Columbæ sont les colombes qui peuvent s'apprivoiser et s'accoutumer à nos maisons ; *Palumbes*, les colombes sauvages, qui habitent les arbres, les forêts, les rochers.

Rubor est une couleur, *Robur* est une vertu, *Robor* est un arbre.

Veniunt, ceux qui vendent ; *Veneunt*, ceux qui sont vendus.

Consuescimus se prend en bonne part ; *Insuescimus*, en mauvaise ; *Assuescimus*, dans les deux sens.

Contingunt se dit des biens ; *Accidunt*, des maux ; *Eveniunt*, des uns et des autres.

Fungi, c'est faire ; *Defungi*, parfaire.

Adolescere, c'est croître ; *Inolescere*, croître avec ; *Exolescere*, décroître.

Avenæ, le germe stérile, *Habenæ*, les rênes des chevaux, viennent, l'un du pouvoir de posséder (*habendi*), l'autre de l'envie (*aviditate*) de recueillir.

Nous disons *Deunx* pour dix onces ; *Diunx*, pour onze.

Dignitas est la beauté de la forme dans les hommes. Cicéron, *pour Célius :* « Quis non possit huic ætati, atque dignitati, etiamsi sine suspicione, at non sine argumento maledicere ? » *Honestus* se dit des femmes. Térence, parlant de son Eunuque vieux et laid :

Illumne, obsecro,
Inhonestum hominem, senem, mulierem ?

Formositas vero, in luxuriosis. Virgilius :

> Formosum pastor Corydon ardebat Alexim.

Ipse pronomen dignitatis est, *Iste* abjectionis. Terentius in Andr. :

> Id isti vituperant factum.

Donum dantis est, *Munus* accipientis; illud a *dando*, hoc a *muniendo* vel *monendo* dictum.

Has manus, unius hominis dicimus; *Hanc manum*, multos homines.

Coarguere est coercere vel compescere ; *Arguere*, ostendere et patefacere. Virgilius :

> Degeneres animos timor arguit.

Unde *argumenta* dicuntur, quæ causam causæ ostendunt.

Sunt sermones, ut ita dixerim, communes, duo sibi contraria significantes :
Vector dicitur et qui portat et qui portatur.
Hospes est qui recipit et qui recipitur.
Sacer, venerandus et exsecrandus. Virgilius :

> Auri sacra fames.

Ultus, et vindicatus et punitus.
Gratia malæ et bonæ rei causa; nam sic dicimus: « Amicitiarum et beneficii gratia, » ita ut Sallustius : « Opprobrii gratia. » Cicero : « Religionis ac supplicii gratia, colenda et servanda tradiderat. » Et Terentius :

> Qui referam sacrilego illi gratiam?

Suffragia populi, et quæ honorant dicuntur, et quæ damnant. Cicero de Præfectura urbana : « Istum vis illa populi suffragiis eximere poterit. »
Donamus et illud quod damus, et illum cui damus.

VI. — AGRÉTIUS.

Formositas, c'est la beauté pour les amoureux. Virgile :

> Formosum pastor Corydon ardebat Alexim.

Ipse, pronom, exprime la noblesse; *Iste*, l'abjection. Térence dans l'*Andrienne* :

> Id isti vituperant factum.

Donum est le présent qu'on donne; *Munus*, celui qu'on reçoit : l'un vient de *do*, l'autre de *munio* ou *moneo*.

Nous disons *Has manus* des mains d'un homme, *Hanc manum* d'une poignée d'hommes.

Coarguere, c'est contenir ou réprimer; *Arguere*, c'est montrer et découvrir. Virgile :

> Degeneres animos timor arguit.

De là le mot *argumenta* pour désigner tout ce qui démontre la cause d'un effet quelconque.

Il y a des mots que j'appellerais des mots communs, parce qu'ils ont une double signification toute contraire. Ainsi :

Vector se dit de celui qui porte et de celui qui est porté;

Hospes, de celui qui reçoit et de celui qui est reçu;

Sacer, d'un objet vénérable et d'un objet exécrable. Virgile : .

> Auri sacra fames.

Ultus, de celui qui est vengé et de celui qui est puni.

Gratia s'emploie en bonne et en mauvaise part. Ainsi nous disons : « Amicitiarum et beneficii gratia, » tout comme Salluste : « Opprobrii gratia. » Cicéron : « Religionis ac supplicii gratia, colenda et servanda tradiderat. » Et Térence :

> Qui referam sacrilego illi gratiam?

Le mot *Suffragia* désigne l'acte par lequel le peuple honore ou condamne. Cicéron, *sur la Préfecture de la ville* : « Istum vis illa populi suffragiis eximere poterit. »

Donamus, ce que nous donnons et celui à qui nous donnons.

Adficimur honore et *Adficimur* injuria.

Elevamus et quæ in altum extollimus, et quæ alleviamus, id est leviora facimus.

Subducimus et quæ retro subtrahimus, et quæ in promptu offerimus bello. Sallustius Catilina : « Optimum quemque in primam aciem subduxit. »

Me tui pudet dicit, et quem de alterius facto, et quem de suo pudet. Terentius in Adelphis sub verbis Æschini, ubi eum pudet patri non ante confessum.

Supremus, *Summus* et *Ultimus*, et superiorem et inferiorem significat.

Altum, et quod sursum est et quod deorsum.

Procul, et longe et prope significat; ut :

> Clypeo est excussa sagitta, proculque
> Egregium Anthorem latus inter et ilia fixit.

Damnatus, et addictus et absolutus. Virgilius :

> Quem damnet labor,

id est quem virtus sua absolvat aut victorem faciat. Nunquam enim diversis lancibus unam rem ponebat, præsertim quum interponeret *aut* conjunctionem disjunctivam. Idem alio loco :

> Damnabis tu quoque votis.

Sicuti voti reos dixerat, ita et absolvendos dixit. Unde et in jure : *Damnas esto legatum*, dicitur, hoc est Solvendo esto, quod solvi omnibus modis necesse est, etiamsi res aliena legatur.

In præpositio utrique casui servit. Quum in loquelas transit, fit etiam communis intellectus; nam vel et satis

Adficimur, des honneurs et des injures que nous recevons.

Elevamus, ce que nous élevons en l'air, et ce que nous allégeons, ce que nous rendons plus léger.

Subducimus, ce que nous retirons en arrière, et ce que nous présentons en face à la guerre. Salluste, *Catilina* : « Optimum quemque in primam aciem subduxit. »

Me tui pudet se dit et par celui qui rougit de l'action d'un autre et par celui qui rougit de la sienne propre. Térence, *Adelphes* (acte IV, sc. 6, v. 49), a mis cette phrase dans la bouche d'Eschinus, quand il rougit de n'avoir pas tout avoué d'abord à son père.

Supremus, *Summus* et *Ultimus* désignent les extrémités supérieure et inférieure.

Altum s'entend également du haut et du bas.

Procul signifie loin et près, comme :

Clypeo est excussa sagitta, proculque
Egregium Anthorem latus inter et ilia fixit.

Damnatus est celui qui est engagé et celui qui est dégagé Virgile :

Quem damnet labor,

c'est-à-dire celui que son courage peut délivrer ou rendre vainqueur. Car jamais Virgile ne plaçait une même chose dans deux balances, surtout quand il intercalait la conjonction disjonctive *aut*. Il dit dans un autre endroit :

Damnabis tu quoque votis.

Il avait parlé ailleurs de ceux qui étaient engagés par leurs vœux ; de même il parle ici de ceux qui en seront dégagés. Ainsi dans le droit on dit : *Damnas esto legamen*, c'est-à-dire Paye, et acquitte le legs, car, de toute manière, il faut t'acquitter, quand bien même la chose d'autrui aurait été léguée.

In, préposition, s'emploie avec les deux cas. Quand elle passe dans la composition des mots, elle a aussi un double

et parum, et factum aliquid, vel quid aut non factum significat, sicut *Inpotens* et *Infractus*.

Latere, et absconsum esse aliquid dicimus, et late patere. Virgilius :

> Et scuta latentia condunt;

et :

> Quod torva solum sub fronte latebat.

Horridum dicimus despicabile, *Horrendum* admirandum. Virgilius :

> Oculos horrenda in virgine fixos.

Advocatur daturus patrocinium, *Invocatur* præstaturus auxilium, *Evocatur* præbiturus obsequium.

Illuvies sordium est, *Ingluvies* ventris : illud a non lavando, hoc ab inglutiendo dictum.

Torres, lignum præustum ; *Torrens*, aquæ per prærupta decursus.

Commonemus præterita, *Admonemus* præsentia, *Præmonemus* futura.

Ne multas significationes habet : *Ne* longa, adverbium prohibendi, ut :

> Ne quære doceri.

Ne brevis, conjunctio disjunctiva, ut est :

> Hominesne feræne.

Ne longa, conjunctio causalis, ut est :

> Ne tenues pluviæ;

et :

> Ne subeant herbæ.

Temeritas sine consilio dicitur, *Audacia* post consilium.

Velocitas pedum et temporum, *Celeritas* animorum atque factorum.

sens. Elle désigne alors, ou assez ou peu, ou une perfection ou une imperfection, comme dans *Inpotens* et *Infractus*.

Latere veut dire être caché ou paraître de loin. Virgile :

> Et scuta latentia condunt ;

et :

> Quod torva solum sub fronte latebat.

Nous appelons *Horridum* ce qui est rebutant ; *Horrendum*, ce qui est merveilleux. Virgile :

> Oculos horrenda in virgine fixos.

Advocatur, celui qui doit défendre une cause ; *Invocatur*, celui qui doit prêter secours ; *Evocatur*, celui qui doit rendre hommage.

Illuvies se dit des ordures ; *Ingluvies*, du ventre : l'un vient de *non lavare*, ne pas laver ; l'autre de *inglutire*, avaler gloutonnement.

Torres, c'est un bâton brûlé par le bout ; *Torrens*, la chute de l'eau sur des pentes rapides.

Commonemus s'applique au passé ; *Admonemus*, au présent ; *Præmonemus*, à l'avenir.

Ne a plusieurs significations : *Ne*, long, est un adverbe prohibitif, comme :

> Ne quære doceri.

Ne, bref, est une conjonction disjonctive, comme :

> Hominesne feræne.

Ne, long, est une conjonction causative, comme :

> Ne tenues pluviæ ;

et :

> Ne subeant herbæ.

On dit *Temeritas*, quand on agit sans réflexion ; *Audacia*, après réflexion.

Velocitas se dit des pieds et du temps ; *Celeritas*, de l'esprit et des actions ;

Gaudium animi; *Lætitia* atque *Exsultatio* etiam membrorum atque verborum.

Ulcus est, quod nascitur; *Vulnus*, quod ab alio infertur.

Vivum de victuro dicimus, *Viventem* de morituro.

Nascitur, quod de utero decidit; *Enascitur*, quod de terra aut de aqua exsurgit.

Abducitur quis ad rem inhonestam, *Perducitur* ad studia, *Deducitur* ad honorem.

Eluxit, luctum deposuit; *Illuxit*, quum lumen apparuit.

Nunciatur de longinquo, *Denunciatur* in præsenti, *Adnunciatur* de futuro, *Renunciatur* de excusando et repudiando. Cicero : « Renunciata est tota conditio. »

Deportare, deponere; *Adportare* est aliquid afferre; *Comportare*, in unum locum conferre; *Exportare*, tollere.

Temperantia est animorum, *Temperatio* rerum, *Temperies* aurarum.

Passim aliquid inveniri, de re corporali recte dicimus; *Affatim* de incorporali : illud enim de incessu, hoc de affatu dictum est.

Lepus, animal est; *Lepor*, jucunditas voluptatis : unde et gratum aliquid *lepidum* dicimus. *Lepos*, eloquii.

Recipimus aliquid deferendum rogati, *Suscipimus* nostra sponte; *Aspicimus* sursum, *Conspicimus* palam, *Respicimus* retro, *Inspicimus* intus.

Præterea, præteriti temporis. Sallustius : « Nunquam Hispanos præterea tale facinus fecisse. » Temporis futuri :

> Præterea aut supplex aris.

Eo, verbum primæ personæ, facit *eo, is, it*. *Eo* item adverbium loci, ut si dicas : « Eo redactus sum. » *Eho* adverbium interrogantis est. Terentius :

> Eho! Parmeno mi, nostin'?

VI. — AGRÉTIUS.

Gaudium, de l'âme ; *Lœtitia* et *Exsultatio*, des membres et du langage.

Ulcus est la plaie qui vient d'elle-même ; *Vulnus*, celle qui est faite par autrui.

Nous disons *Vivus* de celui qui doit vivre ; *Vivens*, de celui qui mourra.

Nascitur, ce qui tombe de l'utérus ; *Enascitur*, ce qui surgit de la terre ou de l'eau.

On dit d'un homme, *Abducitur* à une action déshonnête ; *Perducitur* vers l'étude ; *Deducitur* aux honneurs.

Eluxit, il a quitté le deuil ; *Illuxit*, la lumière a paru.

Nunciatur, c'est la nouvelle qui vient de loin ; *Denunciatur* s'applique au présent ; *Adnunciatur*, à l'avenir ; *Renunciatur* exprime qu'on se dédit ou qu'on répudie. Cicéron : « Renunciata est tota conditio. »

Deportare, c'est déposer ; *Adportare*, apporter ; *Comportare*, transporter dans un même lieu ; *Exportare*, emporter.

Temperantia se dit des esprits ; *Temperatio*, des choses ; *Temperies*, de l'air.

Quand on dit qu'une chose se trouve *Passim*, on désigne une chose corporelle ; *Affatim*, une chose incorporelle : car l'un vient de la démarche (*passus*) ; l'autre du langage (*affatus*).

Lepus est un animal ; *Lepor*, l'agrément du plaisir : car nous appelons *lepidum* ce qui est agréable. *Lepos* est le charme de l'élocution.

Recipimus, quand on nous prie d'accepter ; *Suscipimus*, quand nous acceptons volontairement ; *Aspicimus*, quand nous regardons en l'air ; *Conspicimus*, en face ; *Respicimus*, en arrière ; *Inspicimus*, en dedans.

Præterea se dit du passé. Salluste : « Nunquam Hispanos præterea tale facinus fecisse. » Et du futur :

Præterea aut supplex aris.

Eo est un verbe, à la première personne : *Eo, is, it*. *Eo* est aussi un adverbe de lieu, comme quand on dit : « Eo redactus sum. » *Eho* est un adverbe interrogatif. Térence :

Eho ! Parmeno mi, nostin' ?

Eho est et interjectio jubentis vel hortantis. Idem :

> Eho ! puer, curre ad Bacchidem.

Heu interjectio dolentis est, *Eu* laudantis. Terentius :

> Eu ! Phormio.

Idem :

> Eu ! noster, laudo.

Heus adverbium vocantis, *Heu* respondentis.

Limen ædium est, *Limes* regionum.

Arundo canna est, ab ariditate dicta; *Harundo*, telum e canna.

Hirundo avis est, quæ tignis adhæret; *Hirudo* sanguisuga dicitur.

Spirare vivere est, *Exspirare* mori.

Pertinacia, mala rei actio est; *Perseverantia* dicitur constantia bona.

Consequimur studio, *Obsequimur* officio, *Persequimur* injuria, *Prosequimur* ordine, *Assequimur* voto.

Nihil adverbium est, *Nihili* nomen. Homo enim nullius momenti, nihili dicitur.

Genus familiæ, *Gentem* regionis recte dicimus.

Lætamur de nostris bonis, *Gratulamur* de amicorum; hoc est *gratificans lætitia*. Cicero : « Neque tam istius hominis perditi subita lætitia, quam hujus hominis amplissimi nova gratulatio, divitiis eum commovebat. »

Herbidum locum dicimus, in quo herba est, etiamsi aridus esse consuevit; *Herbosum*, qui herbam facile generat, etiamsi ad tempus aridus sit. Sic *Aquaticam* potionem dicimus, quæ aquam aliunde recipit; *Aquosum* autem locum, qui ex se aquam fundit. Ita et *Meracam* potionem, *Merosum* autem vinum appellabimus.

Eho est aussi une interjection, pour ordonner ou pour exhorter. Térence :

> Eho ! puer, curre ad Bacchidem.

Heu est une interjection qui exprime la douleur; *Eu* exprime la louange. Térence :

> Eu ! Phormio.

Le même :

> Eu ! noster, laudo.

Heus, adverbe, pour appeler ; *Heu*, pour répondre.
Limen s'applique aux maisons; *Limes*, aux contrées.
Arundo, c'est le roseau, ainsi appelé du mot *ariditas*; *Harundo*, c'est la flèche faite avec le roseau.
Hirundo, c'est l'oiseau qui fait son nid aux poutres des maisons; *Hirudo*, c'est la sangsue.
Spirare, c'est vivre ; *Exspirare*, mourir.
Pertinacia, c'est une mauvaise obstination; *Perseverantia*, c'est une constance louable.
On dit *Consequimur*, de l'étude; *Obsequimur*, du respect ; *Persequimur*, de l'outrage ; *Prosequimur*, de l'ordre à suivre ; *Assequimur*, d'un vœu.
Nihil est un adverbe; *Nihili*, un substantif. Car on dit d'un homme nul que c'est un homme de rien (*nihili*).
Genus désigne la famille ; *Gens*, le pays.
Lætamur de notre propre bonheur, *Gratulamur* du bonheur d'un ami ; comme si on disait *gratificans lætitia*. Cicéron : « Neque tam istius hominis perditi subita lætitia, quam hujus hominis amplissimi nova gratulatio, divitiis eum commovebat. »
Herbidus se dit d'un lieu où il y a de l'herbe, quand même il serait ordinairement aride ; *Herbosus*, du lieu où l'herbe pousse facilement, quoiqu'il soit quelquefois aride. Ainsi on dit *Aquatica* d'une potion où on verse de l'eau ; *Aquosus*, au contraire, du lieu qui fournit de l'eau. De même nous appellerons *Meraca* la potion, et *Merosus* le vin lui-même.

Attollit, Aggerat, non *Adtollit, Adgerat* scribendum est. In compositione enim sermonum *ad* præpositio accusativi casus corrumpitur, quum servire loquelis incipit, quando eam muta sequitur. Integra autem permanet, quando semivocalis, ut est *Adficit, Adripit.* Hujus rei ratio tenenda est: vocales omnis principes vocis sunt, et dominæ litterarum, quæ sicut universa fortiora naturaliter faciunt, subjecta et adjecta sibi protegunt, æqualia autem et resistentia elidunt. Nam quomodo nonnunquam inter se commissæ franguntur, et synalœpham faciunt; ita consonantes sibi creditas conservant. Quarum virtutem necesse est ut semivocales imitatæ vicinas sibi mutas tueantur.

Quæritur ab aliquantis, quid distet inter *Super* et *Supra,* et *Subter* et *Subtus. Super* est quod eminet, *Supra* quod substratum aliquid habet. Item *Subter* est quod re aliqua superiore premitur et conculcatur; *Subtus,* quod demissum altius non contingitur.

Sinum dicimus exterius sinuatæ vestis receptaculum; *Gremium* accinctæ vestis interius secretum. Virgilius:

> Pandentemque sinus, et tota veste vocantem
> Cæruleum in gremium.

Gremium autem dicitur a contrario, ut similia produnt; sicut *Adytum,* et *Penum,* et *Penetrale,* eo quod adiri et penetrari raro soleant.

Largitas, humanitatis est; *Largitio,* ambitionis.

Crassari corporis est et saginæ; *Grassari* autem animi et crudelitatis.

Album naturæ tantum est, *Candidum* frequenter et studii; nam et corpori et animo aliquoties assignatur: *albos* ergo capillos, carnem *candidam* recte dicimus.

Muliebre dicimus a mulieribus aliquid factum; *Mulierarium,* per mulieres ordinatum et per viros gestum.

VI. — AGRÉTIUS.

Il faut écrire *Attollit*, *Aggerat*, et non *Adtollit*, *Adgerat*. Car, dans la composition des mots, la préposition *ad* qui gouverne l'accusatif, s'altère au commencement des mots si elle est suivie d'une muette. Mais elle demeure entière, quand elle est suivie d'une demi-voyelle, comme dans *Adficit*, *Adripit*. En voici la raison. Les voyelles sont les reines des mots, les maîtresses lettres, et elles font naturellement, comme toutes les puissances sur la terre : elles protégent ce qui leur est soumis ou allié ; elles écrasent ce qui fait rivalité ou résistance. Or, de même que souvent, quand elles se rencontrent, elles se brisent et font élision ; ainsi elles conservent les consonnes qui leur sont confiées. Il faut donc que les demi-voyelles, imitant leur vertu, protégent les muettes, leurs voisines.

On demande quelquefois quelle différence il y a entre *Super* et *Supra*, *Subter* et *Subtus*. *Super*, c'est ce qui domine ; *Supra*, ce qui tient quelque chose sous sa loi. De même, *Subter* est ce qui est écrasé et foulé par quelque objet supérieur ; *Subtus*, ce qui est si bas qu'on n'y peut atteindre.

Nous appelons *Sinus* la cavité des plis extérieurs d'un vêtement ; *Gremium*, l'intérieur secret d'un vêtement fermé. Virgile :

> Pandentemque sinus, et tota veste vocantem
> Cæruleum in gremium.

On dit *Gremium* (de *ingressus*) par antiphrase, comme pour d'autres semblables : ainsi on appelle *Adytum*, *Penum* et *Penetrale*, ce qu'on ne peut que rarement ouvrir et pénétrer.

Largitas exprime l'humanité ; *Largitio*, l'ambition.

Crassari s'entend du corps et de l'embonpoint ; *Grassari*, de l'esprit et de la cruauté.

Album ne se dit que de l'action de la nature ; *Candidum* se dit souvent des efforts de l'homme, car on l'applique quelquefois au corps et à l'âme. Ainsi on dira bien *albi capilli*, des cheveux blancs, et *caro candida*, une chair blanche.

Nous disons *Muliebris* de ce qui est fait par des femmes, et *Mulierarius* de ce qui est organisé par des femmes et exécuté par des hommes.

Juventus multi juvenes dicuntur, *Juventas*, unius hominis ætas, *Juventa* dea ipsa, ut Græci dicunt aut poetæ, Junonis filia, uxor Herculis, a qua Junium mensem appellatum, in libris Fastorum legimus.

Delictum, peccatum aliquod dicimus ; *Delectum*, militiæ aut alicujus examinis electionem appellamus : nam *diligi* affectionis, *deligi* judicii est.

Inter *Commodatum* et *Mutuo datum* nonnihil distat. *Commodamus* amico pro tempore animal, servum, vestem; hanc ipsam rem quam dedimus, recepturi. *Mutuo damus* pecuniam, triticum, vinum, et his similia, quæ mutata recipi necesse est.

Ligat quis vinculo, *Legat* testamento.
Loqui est hominis; *Obloqui* obtrectatoris, sicut *objicit*, *opponit*; *Alloqui* suadentis, hortantis, jubentis; *Eloqui* oratoris.

Percussum corpore dicimus, *Perculsum* animo. Cicero de Signis : « Tanquam illa ipsa face perculsus esset. »

Efferunt qui exportant, et *Efferunt* qui laudando extollunt. Idem Cicero : « Nimium hæc illi fortasse efferant. »

Discrimen et ad periculum et ad experimentum pertinet.
Indigenæ homines dicuntur, *Indigetes* Dii ; itidem *Indigetes*, unde geniti Dii.
Circumpedes sunt obsequia servorum, *Antepedes* amicorum. Juvenalis :

        Togati
 Antepedes.

Insita arbor est, cui incisæ alienum germen includitur; *Adsita*, cui incolumi aliud, quod sustineat, adjungitur. Horatius :

    Qua populus adsita surgit,

quippe quæ vitibus maritaretur.

VI. — AGRÉTIUS.

Juventus désigne les jeunes gens en général; *Juventas*, l'âge d'un seul homme; *Juventa*, la déesse de la jeunesse, qui, selon les Grecs et les poëtes, est fille de Junon et femme d'Hercule, et qui donna son nom au mois de juin, comme nous le lisons dans les livres des *Fastes*.

Nous appelons *Delictum* une faute; *Delectus* une élection militaire, ou de toute autre réunion d'hommes; car *diligi* exprime l'affection; *deligi*, l'action de juger.

Il y a quelque différence entre *Commodatus* et *Mutuo datus*. *Commodamus* à un ami, suivant le temps, un animal, un esclave, un habit, toute chose enfin qu'on nous rendra la même; et *Mutuo damus* de l'argent, du blé, du vin, et autres choses semblables qui, pour nous être rendues, ne peuvent plus être celles que nous avons prêtées.

On dit *Ligat* quand il s'agit d'un lien; *Legat*, d'un testament.

Loqui se dit de l'homme qui parle; *Obloqui*, de celui qui contredit, comme *objicit, opponit*; *Alloqui*, de celui qui conseille, qui exhorte, qui ordonne; *Eloqui*, de l'orateur.

Nous disons *Percussus* en parlant du corps; *Perculsus* en parlant de l'esprit. Cicéron, *sur les Signes :* « Tanquam illa ipsa face perculsus esset. »

Efferunt, ceux qui emportent, et ceux qui relèvent quelqu'un par l'éloge. Cicéron : « Nimium hæc illi fortasse efferant. »

Discrimen s'entend et d'un péril et d'une épreuve.

Indigenæ se dit des hommes; *Indigetes*, des dieux; *Indigetes* se dit aussi de ceux dont on a fait des dieux.

Circumpedes s'applique aux hommages des esclaves; *Antepedes*, à ceux des amis. Juvénal :

> Togati
> Antepedes.

Insita arbor, c'est l'arbre qu'on a fendu pour y introduire un germe étranger : *Adsita*, celui qui est assez vigoureux pour qu'on lui en donne un autre à soutenir. Horace :

> Qua populus adsita surgit,

désignant le peuplier marié à la vigne.

Fremor est rumor hominum, *Fremitus* ferarum.

Flavum dicimus rubeum, sicut « flava Ceres; » *Furvum*, nigrum. Horatius :

Quam pæne furvæ regna Proserpinæ.

Fulvum, nigrum, rubeum, ferinum et superbum, sicut « fulvum leonem, » et « fulvam aquilam, » et « fulvum aurum. » Ut Virgilius :

Fulva pugnas de nube tuentem,

quæ haberet igneum aliquid de cœlesti, et sordidum de lugubri, aut certe de Ænea iracundiam, de Turno tristitiam. *Fulvum* certe aurum, cui ad decorem splendoris sui nigelli aliquid addatur.

Postulatur aliquid honeste, *Poscitur* improbe. Cicero in Frumentaria : « Incipiunt postulare, poscere, minari. »

Alvus virorum recte dicitur, *Uterus* mulierum, *Venter* in utroque sexu.

Supplicia de tormentis dicimus, et de precibus divinis.

Fremor, c'est le grondement de l'homme ; *Fremitus*, celui de la bête.

Flavus, c'est ce qui est rouge, comme « flava Ceres ; » *Furvus*, ce qui est noir. Horace :

> Quam pæne furvæ regna Proserpinæ.

Fulvus, ce qui est noir, rouge, sauvage et superbe, comme « fulvus leo, » et « fulva aquila, » et « fulvum aurum. » Virgile, dans ce vers,

> Fulva pugnas de nube tuentem,

décrit une nuée qui avait quelque chose du feu céleste et des ténèbres de la douleur, un reflet de la colère d'Énée, de la tristesse de Turnus. *Fulvus* s'applique très-bien à l'or ; car une teinte un peu foncée s'ajoute à l'éclat dont il brille.

Postulatur ce qu'on demande poliment ; *Poscitur* ce qu'on réclame avec violence. Cicéron, dans le discours *sur les Blés* : « Incipiunt postulare, poscere, minari. »

Alvus se dit du ventre de l'homme ; *Uterus*, de celui de la femme ; *Venter* s'emploie pour les deux sexes.

Nous disons *Supplicia* des tortures, et des prières aux dieux.

VII.

REPOSIANI
(seu potius NEPOTIANI)

CONCUBITUS MARTIS ET VENERIS.

Discite securos non unquam credere amores :
Ipsa Venus, cui flamma potens, cui militat ardor,
Quœ tuto posset custode Cupidine amare,
Quæ docet et fraudes, et amorum furta tuetur,
Nec sibi securas valuit præbere latebras.
Improbe, dure puer, crudelis crimine matris,
Pompam ducis, Amor, nullo satiate triumpho :
Quod conversa Jovis lætaris fulmina semper,
Ut mage flammantes possis laudare sagittas ;
Junge, puer, teretes Veneris Martisque catenas,
Gestet amans Mavors titulos, et vincula portet
Captivus, quem bella timent; utque ipse veharis,
Jam roseis fera colla jugis submittat amator.
Post vulnus, post bella, potens Gradivus anhelat
In castris modo tiro tuis; semperque timendus
Te timet, et sequitur, qua ducunt vincla mariti.
Ite, precor, Musæ ; dum Mars, dum blanda Cythere
Imis ducta trahunt suspiria crebra medullis,
Dumque intermixti captatur spiritus oris,
Carmine doctiloquo Vulcani vincla parate,
Quæ Martem nectant, Veneris nec brachia lædant
Inter delicias roseo prope livida serto.
Namque ferunt Paphien, Vulcani et Martis amorem,

VII.

REPOSIANUS

(ou plutôt NEPOTIANUS)*.

LES AMOURS DE MARS ET DE VÉNUS.

Apprenez qu'il ne faut jamais croire à la sécurité dans les amours. Vénus elle-même, qui commande à la flamme, à l'ardente milice, qui pouvait aimer sans crainte sous la garde de Cupidon, qui enseigne la ruse et protége les larcins des amours, Vénus ne put trouver pour elle un réduit assuré. Dur et méchant enfant, cruel par le crime de ta mère, tu promènes partout tes triomphes, Amour, et nulle conquête ne peut t'assouvir. Puisque tu te ris de Jupiter, que tu forces toujours de détourner ses foudres, prouve-lui aujourd'hui, à ta gloire, que tes flèches ont des feux plus puissants. Enlace, enfant, Vénus et Mars dans les anneaux d'une même chaîne; que Mavors amoureux porte la marque de l'esclavage; qu'il soit chargé de liens et captif à son tour, ce guerrier redouté; qu'il traîne ton char, et que, dompté par l'amour, il fléchisse son cou farouche sous ton joug de roses. Après le carnage, après la guerre, le puissant Gradivus soupire, soldat novice, en ton camp; lui devant qui tout tremble, il tremble devant toi, et suit la chaîne qui le mène au plaisir. Allez, Muses que j'implore; pendant que Mars, pendant que la caressante Cythérée, exhalent de leur sein de nombreux soupirs, pendant que leurs lèvres enlacées confondent leur haleine, préparez dans des vers harmonieux ces chaînes de Vulcain,

* Voir la note 1 de la pièce XV des *Professeurs*, page 318.

Inter adulterium, vel justi jure mariti,
Indice sub Phœbo captam, gessisse catenas.
Illa manu duros nexus tulit, illa mariti
Ferrea vincla sui : quæ vis fuit ista doloris!
An fortem faciebat Amor? Quid, sæve, laboras?
Cur nodos Veneris Cyclopea flamma paravit?
De roseis connecte manus, Vulcane, catenis,
Nec tu deinde liges, sed blandus vincla Cupido,
Ne palmas duro cum nodis vulnere lædat.

Lucus erat Marti gratus, post vulnera Adonis
Dictus amore Deæ; si Phœbi lumina desint,
Tutus adulterio, dignus quem Cypris amaret,
Quem Byblos coleret, dignus quem Gratia servet.
Vilia non illo surgebant gramina luco;
Pingunt purpureos candentia lilia flores.
Ornat terra nemus : nunc lucos vitis inumbrat,
Nunc laurus, nunc myrtus : habent sua munera lauri;
Namque hic per frondes redolentia lilia pendent,
Hic rosa cum violis, hic omnis gratia florum,
Hic inter violas coma mollis læta hyacinthi.
Dignus amore locus, cui tot sunt munera rerum,
Non tamen in lucis aurum, non purpura fulget,
Flos lectus, flos vincla toris, substramina flores :
Deliciis Veneris dives natura laborat.
Texerat hic liquidos fontes non vilis arundo,
Sed qua sæva puer componat tela Cupido.
Hunc solum Paphie, puto, lucum fecit amori,
Hic Martem exspectare solet. Quid Gratia cessit?
Quid Charites? quo, sæve puer, non licia nectis?
Tu, lectum consterne rosis; tu, serta parato,
Et roseis crinem nodis subnecte decenter.
Hæc modo purpureum decerpens pollice florem,

qui doivent emprisonner Mars, sans blesser au milieu des plaisirs les bras de Vénus que meurtrirait presqu'un lien de roses. Car on dit que la déesse de Paphos, aimée de Vulcain et de Mars, fut surprise en adultère et trahie par Phébus, et que son époux, usant de ses justes droits, la chargea de chaînes. Elle porta aux mains de dures étreintes, elle subit les liens de fer de son époux. Quelle vive douleur pour elle! Est-ce l'Amour qui lui donna du courage? Cruel Vulcain, pourquoi ce travail? Pourquoi forger dans les feux des Cyclopes des fers à Vénus? Il faut à ses mains des chaînes de roses : et ne les attache pas toi-même; laisse Cupidon l'enlacer avec adresse ; il ne lui déchirera pas le bras des durs nœuds de tes étreintes.

Il y avait un bois cher à Mars, où se plaisait la déesse depuis la perte d'Adonis : sûr asile pour l'adultère, si Phébus ne l'eût pas éclairé, il était digne de l'amour de Cypris, digne des hommages de Byblos et de la protection des Grâces. Dans ce bois ne s'élèvent pas de vils herbages, mais des fleurs dont la pourpre se nuance à la blancheur des lis. La terre prodigue au bois sa parure; ici la vigne étend son ombrage; plus loin le laurier, puis le myrte : et les lauriers ont là des beautés nouvelles; car, parmi leur feuillage, le lis penche sa tige odorante : là aussi la rose et la violette, et tout l'éclat des fleurs; là, parmi les violettes, le tendre hyacinthe à la riante chevelure. Aimable séjour, riche de tant de dons! Et pourtant ni l'or ni la pourpre ne brille en ces bocages : partout des lits de fleurs, retenus par des guirlandes de fleurs, et jonchés d'une litière de fleurs. L'opulente nature est en travail pour les plaisirs de Vénus. Là, de limpides fontaines se couvrent de roseaux, non de roseaux vulgaires, mais de ceux dont l'enfant Cupidon façonne ses flèches cruelles. C'était, je crois, le seul bois réservé par la déesse de Paphos à ses amours : c'est là que d'ordinaire elle attend Mars. Où sont les Grâces? où sont les Charites? Pourquoi, cruel enfant, ne point enlacer les bandelettes? Toi, fais-lui un lit de roses : toi, prépare les guirlandes, et rattache gracieusement sa chevelure avec des nœuds de roses. Toi, cueille la fleur purpurine,

Cum delibato suspiria ducat odore;
Ast tibi blanda manus.... sub pectore condat.
Tunc, ne purpurei lædat te spina roseti,
Destrictis teneras foliis constringe papillas.
Sic decet in Veneris luco gaudere puellas.
Ut tamen inlæsos Paphiæ servetis amores,
Vincula sic mixtis caute constringite ramis,
Ne diffusa ferat per frondes lumina Titan.
His igitur lucis Paphie, dum prœlia Mavors
Horrida, dum populos diro terrore fatigat,
Ludebat teneris Bybli permixta puellis:
Nunc varios cantu Divum referebat amores,
Inque modum vocis nunc motus forte decentes
Corpore læta dabat; nunc miscens denique plantas,
Nunc alterna movens suspenso pollice crura,
Molliter inflexo subnitens poplite sidit.
Sæpe comam pulchro collectam flore ligabat,
Ornans ambrosios divino pectine crines.
Dum ludos sic blanda Venus, dum gaudia miscet,
Et dum suspenso solatia quærit amori,
Dum flet, quod sero veniat sibi grata voluptas;
Ecce furens post bella Deus, post prœlia victor,
Victus amore redit. Cur gestas ferrea tela?
Ne metuat Cypris, comptum decet ire rosetis.
Ah! quotiens Paphie, vultum mentita furentis,
Lumine converso serum incusavit amantem!
Verbera sæpe dolens minitata est dulcia serto;
Aut ut forte magis succenso Marte placeret,
Admovit teneris suspendens oscula labris,
Nec totum effundens, medio blanditur amore.
Decidit, aut posita est devictis lancea palmis,
Et dum forte cadit, myrto retinente pependit.
Ensem tolle, puer; galeam tu, Gratia, solve;
Hæc laxet nodos, hæc vincula ferrea rumpat;
Solvite, Bybliades, præduri pectora Martis,

respire-la longtemps pour en savourer le parfum, et que ta douce main.... la plonge dans ton sein ; mais, de peur que la rose empourprée ne te blesse de son épine, effeuille-la avant de la presser sur ta tendre gorge. Tels sont les divertissements qui conviennent aux Nymphes dans le bois de Vénus. Protégez contre toute atteinte les amours de la déesse; entrelacez prudemment de liens serrés les rameaux épais, pour que Titan ne puisse percer le feuillage de l'éclat de ses rayons.

Ainsi dans ces bocages, pendant que Mars livre d'horribles batailles, et frappe cruellement les peuples d'épouvante, Vénus se divertit, mêlée aux tendres filles de Byblos. Tantôt elle rappelle en ses chants les divers amours des dieux ; tantôt, en s'accompagnant de la voix, elle balance son beau corps avec grâce, elle entremêle vivement ses pas, elle pose ou soulève son pied tour à tour ; puis, mollement soutenue sur son jarret qui plie, elle s'assied. Souvent aussi elle attache de belles fleurs dans les tresses de sa chevelure, ou pare d'un peigne divin ses cheveux parfumés d'ambroisie. Pendant que la douce Vénus cherche ainsi, en variant ses jeux et ses plaisirs, à soulager son amour qui languit dans l'attente, pendant qu'elle pleure, parce que les voluptés qu'elle aime tardent à venir, voici le dieu de retour après la guerre; après les combats, voici le farouche vainqueur vaincu par l'amour. Pourquoi porter ces armes de fer? Pour ne point effrayer Cypris, il faut te couronner de roses. Ah! que de fois la déesse, affectant un courroux menteur, accusa du regard son tardif amant! Souvent aussi en pleurant elle le menaça d'un faible coup de son bouquet; ou pour mieux séduire encore le guerrier qu'elle embrase, elle s'approche, suspendant un baiser à ses tendres lèvres; elle ne se livre pas tout entière, elle ménage ses caresses et mesure son amour. Mars subjugué dépose ou de ses mains laisse glisser sa lance : elle tombe; un myrte la retient suspendue à ses branches. Emporte ce glaive, enfant ; toi, Grâce, dégrafe ce casque : que l'une d'entre vous détache ces nœuds, qu'une autre brise ces courroies de fer! Débarrassez, filles de Byblos, la poitrine endurcie de Mars du poids

Loricæque moras; vos scuta et tela tenete,
Nunc violas tractare decet : lætare, Cupido,
Terribilem Divum tuo solo numine victum :
Pro telis flores, pro scutis myrtea serta,
Et rosa, forte nocet gladius, quem jure tremiscis.
Iverat ad lectum Mavors, et pondere duro
Floribus incumbens, totum turbarat honorem :
Ibat pulchra Venus, vix presso pollice cauta,
Florea ne teneras violarent spicula plantas;
Et nunc innectens, ne rumpant oscula, crinem,
Nunc vestes fluitare sinens, vix laxa retentat,
Quum nec tota latet, nec tota enudat amorem.
Ille inter flores furti velamine tectus
Spectat hians Venerem, totoque ardore tremiscit.
Incubuit lectis Paphie : proh! sancte Cupido!
Quam blandas voces, quæ tunc ibi murmura fundunt?
Oscula permixtis quæ tunc fixere labellis?
Quam bene consertis hæserunt artibus artus?
Stringebat Paphiæ Mavors tunc pectora dextra,
Et collo innexa ne lædant pondera læva,
Lilia cum roseis supponit candida sertis :
Sæpe levi cruris tactu permovit amantem
In flammas, quas Diva movet. Jam languida fessos
Forte quies Martis tandem compresserat artus;
Non tamen omnis amor, non omnis pectore cessit
Flamma Dei : trahit in medio suspiria somno,
Et Venerem totis pulmonibus ardor anhelat.
Ipsa Venus tunc tunc calidis succensa venenis
Uritur ardescens, nec somnia parte quieta.
O quam blanda quies! o quam bene presserat artus
Nudos forte sopor! Niveis suffulta lacertis
Colla nitent, pectus gemino quasi sidere turget.
Non omnis resupina jacet, sed corpore flexo
Molliter, et laterum qua se confinia jungunt,
Martem respiciens deponit lumina somno,

de la cuirasse, prenez son bouclier et ses javelots ; il ne doit aujourd'hui toucher que des violettes. Réjouis-toi, Cupidon, ta seule puissance a dompté le dieu terrible. Pour javelots il veut des fleurs, pour boucliers des guirlandes de myrte, et une rose au lieu du glaive qui pourrait te nuire et qu'avec raison tu redoutes. Mars s'était dirigé vers le lit, et pesant durement de toute sa lourdeur sur les roses, il en flétrit toute la fraîcheur. La belle Vénus marchait avec précaution, marquant à peine la trace de ses pas, craignant de blesser ses tendres pieds aux aiguillons des fleurs : tantôt elle renoue sa chevelure qui se détacherait sous les baisers; tantôt, laissant flotter sa robe, elle en relève les plis à peine : elle ne veut ni se cacher tout entière, ni mettre à nu tout son amour. Lui, du milieu des fleurs qui le couvrent pour voiler ses larcins, contemple Vénus d'un œil avide, et tout entier s'enflamme et frissonne. La déesse s'étend sur la couche. Saint Cupidon ! quelles douces paroles, quels tendres mots ils murmurent ! Que de baisers s'échangent et s'attachent à leurs lèvres ! Que leurs membres s'enlacent bien dans ces chaudes étreintes ! Mars presse de sa main droite la poitrine de Vénus, lui passe autour du cou son bras gauche, et de peur que son poids ne la blesse, ramasse au-dessous d'elle les lis blancs et les feuilles de roses. Souvent, d'un léger mouvement de sa cuisse, la déesse a réveillé dans son amant les flammes qu'elle seule allume. Enfin la fatigue abat les membres de Mars, qui s'abandonne aux langueurs du repos ; mais tout l'amour, toute la flamme du dieu ne l'ont point quitté : du fond de sa poitrine, des soupirs s'échappent pendant son sommeil, et ses poumons haletants soufflent Vénus et tous ses feux. Vénus elle-même est embrasée de poisons brûlants dont l'ardeur la dévore, et son sommeil n'est pas moins agité. Quel doux repos pourtant ! Qu'elle est belle ainsi, avec ses membres nus abattus par le sommeil ! Soutenu sur ses bras de neige, son cou brille d'un pur éclat, et sur sa poitrine qui se gonfle deux boutons étincellent. A demi renversé, son corps s'incline mollement sur le côté ; et les cuisses repliées, l'œil tourné vers Mars, elle s'est endormie

Sed gratiosa, decens. Pro lucis forte Cupido
Martis tela regens, quæ postquam singula vidit,
Loricam, clypeum, gladium, galeæque minaces
Cristas, flore ligat; tunc hastæ pondera tentat,
Miraturque suis tantum licuisse sagittis.

JAM medium Phœbus radiis possederat orbem.
Jam tumidis calidus spatiis libraverat horas;
Flammantes retinebat equos. Proh! conscia facti
Invida lux! Veneris qui nunc produntur amores
Lumine, Phœbe, tuo? Stant capti judice tanto
Mars, Amor, et Paphie, ramisque inserta tremiscunt
Lumina, nec crimen possunt, te teste, negare.
Viderat effusis Gradivum Phœbus habenis
In gremio Paphiæ spirantem incendia amoris;
O rerum male tuta fides! o gaudia et ipsis
Vix secura Deis! quis non, quum Cypris amaret,
Præside sub tanto tutum speraret amorem?
Criminis exemplum si jam de numine habemus,
Quid speret mortalis amor? quo vota ferenda,
Quod numen poscat, quo sit securus adulter?
Cypris amat, nec tuta tamen! Compressit habenas
Phœbus, et ad lucos tantum, puto, lumina vertit;
Et sic pauca refert: Nunc tela sparge, Cupido,
Nunc nunc, Diva Venus, nati devicta sagittis,
Da mihi solamen, sub te securus amavi;
Fabula, non crimen nostri dicuntur amores.
Hæc ait, et dictis Vulcanum instigat amaris:
Dic ubi sit Cytherea decens, secure marite?
Te exspectat lacrymans, castum tibi servat amorem;
Quære simul Martem, cui tu modo tela parasti:
Vel si forte tuæ Veneris fera crimina nescis....
Dixit, et infuso radiabat lumine lucus,
Inque fidem sceleris totos demiserat ignes.
Hæserat ignipotens, stupefactus crimine tanto,

VII. — NEPOTIANUS.

gracieuse et décente. A l'entrée du bois, Cupidon, maître des armes de Mars, après les avoir examinées l'une après l'autre, attache d'un lien de fleurs la cuirasse, le bouclier, le glaive, le casque et son aigrette menaçante : puis il lève la lance, il la pèse, et s'étonne que ses flèches aient eu tant de puissance.

Déjà Phébus avait envahi de ses rayons la moitié de l'univers ; déjà, dans les espaces élevés qu'il embrase, il partageait également les heures du jour, et retenait ses coursiers enflammés. Lumière jalouse, hélas! qui découvre les amants! Pourquoi, Phébus, trahir par tes clartés les amours de Vénus? Interdits devant un tel juge, Mars, Amour et Vénus tremblent à la vue de tes rayons qui se glissent à travers les branches ; ils ne peuvent nier leur crime dont tu es témoin. Phébus, qui laissait aller ses rênes, aperçoit Mars aspirant sur le sein de Vénus tous les feux de l'amour. O trompeuse sécurité des choses! les dieux eux-mêmes ne peuvent goûter des plaisirs tranquilles. Qui ne compterait, quand Cypris aime, et avec un tel garant, sur un amour sans trouble? Si nous avons l'exemple d'une divinité prise en défaut, que peut espérer le mortel pour ses amours! Où porter nos vœux, quels dieux implorer, pour être en sûreté dans l'adultère? Cypris aime, et n'aime point sans danger! Phébus retient ses rênes, et tournant, je crois, tous ses rayons vers le bois, il prononce ce peu de mots : « Lance à présent tes traits, Cupidon! à présent, divine Vénus, que te voilà vaincue par les flèches de ton fils, tu me consoles : sous ton joug j'ai aimé sans crainte ; nos amours sont la fable du monde, mais ne sont point un crime. » Il dit, et irrite Vulcain de ces amères paroles : « Dis-moi où peut être la pudique Cythérée, mari sans défiance ; elle t'appelle en pleurant, elle te réserve son chaste amour. Cherche-moi aussi Mars, à qui tu as naguère forgé des armes ; ou si par hasard tu ignores les vices effrontés de ta Vénus... » Il dit, et illumine le bois des flots de sa lumière ; il verse tous ses feux pour dévoiler le crime. Le dieu du feu demeure stupéfait à la vue d'un tel outrage : presque immobile de torpeur, il maîtrise à peine sa douleur et sa colère ; ses lèvres frémis-

Jam quasi torpescens, vix sufficit ira dolori;
Ore fremit, mœstoque modo gemit ultima pulsans
Ilia, et indignans suspiria pressa fatigat.
Antra furens Ætnœa petit : vix jusserat, omnes
Incubuere manus, multum dolor addidit arti.
Quam cito cuncta gerunt ars, numen, flamma, maritus,
Ira, dolor ! nam vix causam tunc forte jubendo
Dixerat, et vindex conjux jam vincla ferebat.
Venerat ad lucos, non ipsi visus Amori,
Non Chariti, totas arti mandaverat iras.
Vincula tunc manibus suspenso molliter ictu
Inligat, et teneris connectit brachia palmis.
Excutitur somno Mavors, et pulchra Cythere :
Posset Gradius validos disrumpere nexus,
Sed retinebat amor, Veneris ne brachia lædant.
Tunc tu sub galea, tunc inter tela jacebas,
Sæve Cupido, timens! Stat Mavors lumine torvo,
Atque indignatur, quod sit deprensus adulter.
At Paphie conversa dolet non crimina facti,
Sed quæ sit vindicta sibi, tum singula volvens,
Cogitat, et pœnam sentit, si Phœbus amaret;
Jamque dolos properans decorabat cornua tauri,
Pasiphaæ crimen, mixtique Cupidinis iram.

sent, il pousse du fond de sa poitrine des sanglots lamentables ; il exhale en courroux des soupirs étouffés. Il court dans sa fureur aux antres de l'Etna. A ses ordres, tous les bras s'empressent ; la douleur seconde les efforts de l'art. Quels prompts serviteurs que l'art, la divinité, la flamme, l'hymen, la rage et la douleur! A peine, en donnant ses ordres, il en avait expliqué le motif, que déjà l'époux emportait des chaînes pour sa vengeance. Il s'approche du bois sans être vu de l'Amour ni des Grâces : toutes ses colères sont protégées par la ruse. Alors, à coups légers et suspendus, il rive des fers aux mains des coupables ; il enlace les bras robustes aux tendres bras. Mars et la belle Cythérée s'éveillent. Mars pourrait briser ces solides entraves, mais son amour le retient, il blesserait les bras de Vénus. Et toi, alors, tu te cachais sous le casque et parmi les armes ; tu tremblais, Cupidon cruel! Debout, l'œil menaçant, Mavors s'indigne d'être surpris en adultère. Mais la déesse de Paphos ne s'abaisse point à déplorer la découverte de sa faute ; elle songe à la vengeance : après avoir roulé plusieurs projets en son esprit, elle comprend que, pour punir Phébus, il faut qu'il aime ; et, sans attendre, elle prépare déjà ses piéges, elle embellit les cornes du taureau qui doit rendre Pasiphaé coupable, et venger Cupidon son complice.

VIII.

DINAMIUS GRAMMATICUS

ad discipulum suum ait:

O quam dolenda est conditio et fortiter exsecranda! Deus nos invitat ad cœlum, quos Diabolus in infernum mergit: prædonem sequimur, præmittimus redemptorem; qui nos amavit, odimus; qui nos captivavit, amamus. Carior nobis est, qui nos servituti subdidit, quam qui libertati restituit. Semper ante oculos pone, quod non amicorum turba, non familiæ multitudo, non auri argentique congestio, non gemmarum lapilla fulgentia, non vindemiarum ubertas, non densitas segetum, non numerositas olivarum, non jocunditas extensa pratorum, possunt animæ excedenti de corpore ullum adferre præsidium: sed plus lugent, qui plus diligunt, et dum auxilium præstare nequeunt, pugnis pectora et lacerta tundunt; illi tamen, qui sepulchro conditur, nihil præstaturi. Ideo diligendus est verus amicus noster, cujus, ante mortem et post, præsidium nos comitatur: qui redemptor noster ideo dicitur; redemit enim nos a Diaboli captivitate: salvator, salvando nos a peccatis nostris; adjutor, adjuvando nos in opportunitatibus in tribulatione; protector, protegendo nos, ut inter inimicos nostros maneamus inlæsi; susceptor, suscipiendo nos in æterna tabernacula.

VIII.

DINAMIUS LE GRAMMAIRIEN

dit à son disciple* :

O quelle condition déplorable et fortement maudissable! Dieu nous appelle au ciel, et le diable nous plonge dans l'enfer. Nous suivons le ravisseur, nous laissons passer le rédempteur : celui qui nous aima, nous le haïssons; et celui qui nous asservit, nous l'aimons : nous chérissons plus celui qui nous a réduits en esclavage que celui qui nous a rendus à la liberté. Aie toujours cette pensée devant les yeux : que ni la foule des amis, ni la multitude des serviteurs, ni les monceaux d'or et d'argent, ni l'éclat des pierres précieuses, ni l'abondance de la vendange, ni le poids des moissons, ni le nombre des olives, ni l'agréable étendue des prairies, ne peuvent apporter du secours à l'âme qui s'échappe du corps ; mais que, plus on a aimé, plus on pleure, et, ne pouvant porter aucun remède, on se meurtrit du poing les bras et la poitrine, ce qui pourtant n'est d'aucun soulagement à celui qui est enfermé dans le sépulcre. C'est pourquoi il faut chérir notre ami véritable, dont partout, avant comme après la mort, l'appui nous accompagne, et qui pour cela s'appelle notre rédempteur, car il nous a rachetés de la captivité du diable; notre sauveur, car il nous a délivrés de nos péchés; notre aide, car il nous assiste à propos dans les tribulations; notre protecteur, car sa protection nous conserve invulnérables au milieu de nos ennemis; notre refuge, car il nous ouvre l'accès des tabernacles éternels.

* Voir la note 1 de la pièce XXIII des *Professeurs*, page 322.

ADDITIONS ET CORRECTIONS.

Page 112, vers 8 de la seconde colonne : *Sociata sacro Spiritui*. J'ai conservé à tort la leçon des premières éditions; elle est contraire à la mesure du vers. Il faut *Spiritu*, que Tollius et Fleury ont rétabli d'après de nombreuses autorités. En effet, les meilleurs poëtes et prosateurs de l'antiquité latine ont souvent donné au datif la terminaison de l'ablatif dans les noms de la quatrième déclinaison. On trouve plusieurs exemples de cette licence dans Virgile. — Voir les remarques d'Aulu-Gelle (liv. IV, ch. 16), et le *Traité de versification latine* de M. L. Quicherat, page 17, quatrième édition.

Page 277, à la dernière ligne, au lieu de *page* 17, lisez *page* 7.

Page 306, ligne 15, *Maynard a fait*, lisez *Maynard avait fait*.

Page 309, ligne 14, après les mots *aujourd'hui Sandwich*, ajoutez *ou plutôt Richborough, à 3 kilom. N. O. de Sandwich*.

Page 316, ligne 12, après les mots *rédigé peut-être par Ausone*, ajoutez (*Cod. Théod.*, liv. XIII, tit. 3, l. 11).

Page 349, dernière ligne, *Parentèles*, lisez *Parentales*.

Page 402, ligne 28, et page 403, ligne 35 : *Honestus*, lisez *Honestas*.

Page 404, ligne 27. Il faut évidemment lire *de Prætura urbana*, et traduire *sur la Préture de Rome* : c'est le titre du livre Ier de la seconde action contre Verrès, et la phrase qui suit se trouve au chapitre V de ce livre. J'ai laissé *de Præfectura urbana*, parce que c'est la leçon donnée par toutes les éditions d'Agrétius que j'ai consultées, même par celle de Putschius. Je ferai remarquer ici que j'ai conservé de même, telles que je les ai trouvées dans ces éditions, la plupart des citations d'anciens auteurs, bien que souvent ces citations, à commencer par cette phrase de la seconde *Verrine*, soient inexactes ou fautives, et qu'elles ne s'accordent pas avec le texte que nous avons aujourd'hui de ces auteurs. Je me proposais de signaler ces différences et de relever ces inexactitudes, mais l'étendue de ce volume ne m'a pas permis d'ajouter des notes aux pièces de l'*Appendice*.

TABLE

DES MATIÈRES CONTENUES DANS CE VOLUME.

	Pages
NOTICE SUR AUSONE.	1
PRÉFACES.	19

   1 — Ausone à Théodose Auguste, page 19.
   2 — Ausone à son Syagrius, 21.
   3 — Ausone à Latinus Pacatus Drepanius, son fils, 23.

ÉPIGRAMMES. 27

   1 — Sur Auguste, page 27.
   2 — Sur une bête tuée par César, *ib.*
   3 — Aux Augustes [c'est le Danube qui parle], 29.
   4 — Aux mêmes [c'est le même qui parle], *ib.*
   5 — Vers mis au bas d'une statue en marbre de Valentinien le Jeune, 31.
   6 — Vers mis au bas d'une peinture représentant un lion tué d'une seule flèche par Gratien, *ib.*
   7 — Sur la mère d'Auguste, *ib.*
   8 — Exhortation à la modération, *ib.*
   9 — Sur ses poésies, *ib.*
10 — Contre une empoisonneuse adultère, 33.
11 — L'Écho à un peintre, *ib.*
12 — Sur une statue de l'Occasion et du Repentir, 35.
13 — A Galla, toujours fille, et qui se fait vieille, *ib.*
14 — Sur un lièvre pris par un chien marin, 37.
15 — Sur Pergamus le copiste, *ib.*
16 — Contre le même, *ib.*
17 — Sur Myron et Laïs, *ib.*
18 — Sur lui et sa femme, 39.
19 — A sa femme, *ib.*
20 — Contre Méroé, vieille ivrognesse, *ib.*
21 — Némésis [traduit du grec], 41.
22 — Un caprice de la fortune [traduit du grec], *ib.*
23 — Autre sur le même sujet, *ib.*
24 — Sur Thrasybule le Lacédémonien, 43.
25 — Sur une mère Lacédémonienne, *ib.*
26 — Contre un certain riche, *ib.*
27 — Antisthènes, philosophe cynique, 45.
28 — Même sujet, *ib.*
29 — A Liber, père, *ib.*
30 — Vers pour une statue en marbre de notre villa, où Liber père est représenté avec les attributs de toutes les divinités dont il porte le nom, *ib.*
31 — Sur un Corydon en marbre, 47.
32 — Sur une statue de Sapho, *ib.*
33 — Sur une statue de la déesse Vénus, *ib.*
34 — A son livre, sur Proculus, *ib.*
35 — Sur le nom d'un Lucius, gravé dans le marbre, 49.
36 — Sur Sabina, sa femme.
37 — Sur la même, *ib.*
38 — Sur la même, 51.
39 — La maîtresse comme il en veut une, *ib.*
40 — Sur les deux frères Chrestos et Akindynos, *ib.*
41 — Même sujet, *ib.*
42 — Sur Pallas et Vénus armée, 53.

Pages

43 — Autre, sur le même sujet, page 53.
44 — A Philomusus le grammairien, *ib.*
45 — Sur une statue de Rufus le rhéteur, *ib.*
46 — Sur un portrait de Rufus le rhéteur, 55.
47 — Sur le même portrait, *ib.*
48 — Sur le même Rufus, *ib.*
49 — Même sujet, *ib.*
50 — Sur le même Rufus, *ib.*
51 — Le portrait de Rufus le rhéteur, *ib.*
52 — Sur la statue de Rufus, 57.
53 — Sur Diogène le philosophe cynique, *ib.*
54 — Sur Crésus et Diogène, *ib.*
55 — Laïs consacre son miroir à Vénus, *ib.*
56 — Sur Castor, Pollux et Hélène, 59.
57 — Sur la statue de Vénus, sculptée par Praxitèle, *ib.*
58 — Sur la génisse d'airain de Myron, *ib.*
59 — Sur la même génisse, *ib.*
60 — Même sujet. A Dédale, 61.
61 — Même sujet (c'est la génisse qui parle), *ib.*
62 — Même sujet, *ib.*
63 — Même sujet, *ib.*
64 — Sur la même génisse, *ib.*
65 — Même sujet (c'est la génisse qui parle), 63.
66 — A un taureau (c'est la génisse qui parle), *ib.*
67 — Sur la même génisse du sculpteur Myron, *ib.*
68 — Même sujet, *ib.*
69 — Les changements de sexe, *ib.*
70 — A Pythagore, à propos de Marcus, 65.
71 — Vers mis au bas du portrait de Crispa l'impudique, *ib.*
72 — Sur Achillas, qui brisa un crâne, 67.
73 — Le médecin Alcon et l'aruspice Diodorus, *ib.*
74 — La statue de Jupiter et le médecin Alcon, *ib.*
75 — Contre Eunomus le médecin, 69.
76 — Contre un homme qui avait la voix fausse, *ib.*
77 — A Crispa, *ib.*
78 — La maîtresse selon son goût, 71.
79 — A Cupidon (traduit du grec), *ib.*
80 — A Dioné, sur son amour, *ib.*
81 — Sur cette pensée grecque : *Le commencement est la moitié du tout*, *ib.*
82 — Sur cette autre pensée grecque : *Un bienfait lent à venir est un bienfait mal fait*, *ib.*
83 — Même sujet, 73.
84 — Contre un mime maladroit, *ib.*
85 — Sur le même, *ib.*
86 — La potion *dodra*, *ib.*
87 — Même sujet, *ib.*
88 — Même sujet, *ib.*
89 — Sur un jurisconsulte qui avait une femme adultère, 75.
90 — A Zoïle, qui avait épousé une prostituée, *ib.*
91 — A Vénus, un amant bien à plaindre, *ib.*
92 — Le même à la même, *ib.*
93 — Belle réponse d'un oracle, 77.
94 — Sur la ceinture d'Hermione, *ib.*
95 — Sur Hylas entraîné par les Naïades, 79.
96 — Aux Nymphes qui poursuivent Narcisse, *ib.*
97 — Sur Narcisse amoureux de lui-même, *ib.*
98 — Sur le même, *ib.*
99 — Sur Echo pleurant la mort de Narcisse, *ib.*
100 — Sur Hermaphrodite, 81.
101 — Sur l'union de Salmacis avec Hermaphrodite, *ib.*
102 — A Apollon, sur la fuite de Daphné, *ib.*
103 — A l'écorce qui allait recouvrir Daphné, *ib.*
104 — Contre deux sœurs de mœurs différentes, *ib.*
105 — A Galla, 83.
106 — Sur la Vénus Anadyomène, *ib.*
107 — Sur un beau garçon, *ib.*
108 — Contre le galeux Polygiton, *ib.*
109 — Sur un certain Silvius Bon, qui était Breton, 85.
110 — Même sujet, *ib.*
111 — Même sujet, *ib.*

112 — Même sujet, page 87.
113 — Même sujet, *ib.*
114 — Même sujet, *ib.*
115 — Contre Furippus, *ib.*
116 — Pensée d'Épicure, *ib.*
117 — Sur le paresseux, *ib.*
118 — Sur un portrait de Didon, 89.
119 — Sur trois libertins, *ib.*
120 — Contre Castor, *ib.*
121 — Sur la perte de son amie, 91.
122 — Contre Faustinus, le nain d'Anicius Probinus, *ib.*
123 — Contre Eunus, le lécheur, *ib.*
124 — Contre le même, *ib.*
125 — Contre le même, 93.
126 — Contre le même, *ib.*
127 — Contre le même, *ib.*
128 — Contre le même, pédagogue et lécheur, *ib.*
129 — Sur un portrait de Médée, 95.
130 — Même sujet, *ib.*
131 — Contre un homme qui se polissait l'engin, *ib*
132 — L'aveugle et le boiteux, 97.
133 — Même sujet, *ib.*
134 — Sur le riche et le pauvre, *ib.*
135 — Sur Pénélope, *ib.*
136 — Contre un grammairien, 99.
137 — Le grammairien malheureux en ménage, *ib.*
138 — Sur Auxilius, le grammairien, *ib.*
139 — Sur les frères thébains, 101.
140 — Sur les ingrats, d'après Ménandre, *ib.*
141 — Sur Démosthène, *ib.*
142 — Quand on a une femme laide, *ib.*
143 — Sur l'inconstance de la fortune, 103.
144 — Sur Stella, *ib.*
145 — Extrait de Ménandre, *ib.*
146 — A un copiste très-prompt à transcrire, *ib.*

Épigrammes où il rappelle les Fastes qu'il avait composés.......... 107

1 — Ausone à Hesperius, son fils, page 107.
2 — Calcul du temps écoulé depuis la fondation de Rome jusqu'à mon consulat, *ib.*
3 — Même sujet. A Proculus, *ib.*
4 — Conclusion du même ouvrage, 109.

L'ÉPHÉMÉRIDE OU L'EMPLOI DE LA JOURNÉE............... 111

AVANT-PROPOS, page 113.
LA PRIÈRE, *ib.*
LA SORTIE, 119.
L'HEURE DES INVITATIONS, *ib.*
LE MOMENT DE SURVEILLER LE CUISINIER, 121.

LES PARENTALES.. 125

PRÉFACE, page 125.
Autre Préface en vers, ib.
1 — Julius Ausonius, mon père, 127.
2 — Émilia Éonia, ma mère, 129.
3 — Émilius Magnus Arborius, mon oncle, *ib.*
4 — Cécilius Argicius Arborius, mon aïeul, 131.
5 — Émilia Corinthia la Maure, mon aïeule, 133.
6 — Émilia Hilaria, ma tante maternelle, qui s'était vouée à la virginité, *ib.*
7 — Cl. Contentus et Julius Calippio, mes oncles paternels, 135.
8 — Attusius Lucanus Talisius, mon beau-père, *ib.*
9 — Attusia Lucana Sabina, ma femme, 137.
10 — Le petit Ausonius, mon fils, 139.
11 — Pastor, mon petit-fils, enfant de mon fils, *ib.*
12 — Julia Dryadia, ma sœur, 141.
13 — Avitianus, mon frère, 143.
14 — Val. Latinus Euromius, mon gendre, *ib.*
15 — Pomponius Maximus, mon beau-frère, 145.

16 — Veria Liceria, femme d'Arborius, fils de ma sœur, page 145.
17 — Pomponius Maximus Herculanus, fils de ma sœur, 147.
18 — Fl. Sanctus, mari de Pudentilla, sœur de ma Sabina, ib.
19 — Namia Pudentilla, ma belle-sœur, 149.
20 — Lucanus Talisius, fils d'Att. Lucanus, ib.
21 — Attusia Lucana Talisia, et Erminiscius Regulus, mes beau-frère et belle-sœur, 151.
22 — Severus Censor Julianus, père de ma bru, ib.
23 — Paulinus et Dryadia, enfants de Paulinus et de Megentira, fille de ma sœur, 153.
24 — Paulinus, gendre de ma sœur, ib.
25 — Émilia Dryadia, ma tante maternelle, 155.
26 — Julia Cataphronia, ma tante paternelle, 157.
27 — Julia Veneria, ma tante paternelle, ib.
28 — Julia Idalia, ma cousine, ib.
29 — Émilia Mélania, ma sœur, ib.
30 — Pomponia Urbica, mère de ma bru, et femme de Julianus Censor, 159.

SOUVENIRS AUX PROFESSEURS DE BORDEAUX.............. 161

PRÉFACE, page 161.
1 — Tiberius Victor Minervius, orateur, ib.
2 — Latinus Alcimus Alethius, rhéteur, 165.
3 — Luciolus, rhéteur, 167.
4 — Attius Patera, ou Pater, rhéteur, ib.
5 — Attius Tiro Delphidius, rhéteur, 169.
6 — A Alethius Minervius le fils, rhéteur, 173.
7 — Leontius, grammairien, surnommé le Lascif, 175.
8 — Aux grammairiens grecs à Burdigala, ib.
9 — A Jucundus, grammairien de Burdigala, frère de Leontius, 177.
10 — Aux grammairiens latins de Burdigala; aux philologues Macrinus, Phebicius, Concordius, Sucuro, et Ammonius Anastasius, grammairien chez les Pictaves, 179.
11 — A Herculanus, fils de ma sœur, et grammairien de Burdigala, 181.
12 — A Thalassus, grammairien latin de Burdigala, ib.
13 — A Citarius, Sicilien, né à Syracuse, grammairien grec à Burdigala, ib.
14 — A Censorius Atticus Agricius, rhéteur, 183.
15 — A Nepotianus, grammairien et rhéteur, ib.
16 — Émilius Magnus Arborius, rhéteur à Tolosa, 185.
17 — Exuperius, rhéteur à Tolosa, 187.
18 — A Marcellus, fils de Marcellus, grammairien à Narbo, ib.
19 — Sedatus, rhéteur à Tolosa, 189.
20 — Staphylius, rhéteur, citoyen d'Ausci, ib.
21 — Crispus et Urbicus, grammairiens latin et grec, 191.
22 — A Victorius, sous-maître ou suppléant, 193.
23 — A Dynamius de Burdigala, qui professa en Espagne et y mourut, 195.
24 — A Acilius Glabrio, le jeune, grammairien de Burdigala, 197.
25 — Conclusion, ib.
26 — Le poëte, 199.

ÉPITAPHES DES HÉROS QUI ONT PRIS PART A LA GUERRE DE TROIE.. 201

Ausone à son lecteur, page 201.
1 — Agamemnon, ib.
2 — Ménélas, ib.
3 — Ajax, 203.
4 — Achille, ib.
5 — Ulysse, ib.
6 — Diomède, ib.
7 — Antilochus, 205.
8 — Nestor, ib.
9 — Pyrrhus, ib.
10 — Euryalus, ib.
11 — Guneus, 207.
12 — Protésilas, ib.
13 — Deiphobus, ib.
14 — Hector, ib.
15 — Astyanax, ib.
16 — Sarpédon, 209.

TABLE DES MATIÈRES.

17 — Nastès et Amphimachus, page 209.
18 — Troïlus, *ib.*
19 — Polydorus, *ib.*
20 — Euphemus, 211.
21 — Hippothoüs et Pyléus, enterrés dans un jardin, *ib.*
22 — Ennomus et Chromius, *ib.*
23 — Priam, *ib.*
24 — Même sujet, 213.
25 — Hécube, *ib.*
26 — Polyxène, *ib.*

Épitaphes de quelques autres 213

27 — Niobé, enterrée sur le mont Sipyle, près d'une fontaine, page 213.
28 — Même sujet, 215.
29 — Même sujet, *ib.*
30 — Didon, *ib.*
31 — Diogène le Cynique, sur le tombeau duquel le nom est remplacé par une statue de chien, *ib.*
32 — Au tombeau d'une mère de famille, morte à seize ans, 217.
33 — Glaucias, mort avant l'âge, *ib.*
34 — Callicratea, *ib.*
35 — Pour un cheval admirable, par ordre d'Auguste, *ib.*
36 — Pour le tombeau d'un homme heureux, 219.
37 — Le sépulcre vide de Carus, *ib.*
38 — Un tombeau de la voie Latine, *ib.*

SUR LES DOUZE CÉSARS DONT SUÉTONE A ÉCRIT L'HISTOIRE 221

Ausone à Hesperius, son fils, page 221.
Monostiques sur le rang des douze empereurs, *ib.*
Durée du règne des douze Césars, 223.
Leur genre de mort, *ib.*

QUATRAINS SUR LES EMPEREURS, DEPUIS J. CÉSAR JUSQU'AU TEMPS
D'AUSONE 225

1 — Jules César, page 225.
2 — Octave Auguste, *ib.*
3 — Tibère Néron, *ib.*
4 — César Caligula, 227.
5 — César Claude, *ib.*
6 — Néron, *ib.*
7 — Servius Galba, *ib.*
8 — Marcus Othon, 229.
9 — Aulus Vitellius, *ib.*
10 — Le divin Vespasien, *ib.*
11 — Titus Vespasianus, *ib.*
12 — Domitien, 231.
13 — Nerva, *ib.*
14 — Trajan, *ib.*
15 — Élius Adrien, *ib.*
16 — Antonin le Pieux, *ib.*
17 — Marc Antonin, 233.
18 — Commode, *ib.*
19 — Helvius Pertinax, *ib.*
20 — Didius Julianus, *ib.*
21 — Sévère Pertinax, 235.
22 — Bassianus Antoninus Caracalla, *ib.*
23 — Opilius Macrinus, *ib.*
24 — Antoninus Héliogabale, *ib.*

ORDRE DES VILLES CÉLÈBRES 237

1 — Rome, page 237.
2 — Constantinople et Carthage, *ib.*
3 — Antioche et Alexandrie, 239.
4 — Trèves, *ib.*
5 — Milan, *ib.*
6 — Capoue, 241.
7 — Aquilée, 243.

TABLE DES MATIÈRES.

    8 — Arles, page 243.
    9 — Mérida, *ib*.
  10 — Athènes, 245.
  11 — Catane et Syracuse, *ib*.
  12 — Toulouse, *ib*.
  13 — Narbonne, 247.
  14 — Bordeaux, *ib*.

LE JEU DES SEPT SAGES.......................... 253

LES SENTENCES DE CHACUN DES SEPT SAGES............ 271

Sur les Sept Sages............................. 275

NOTES... 276

    Préfaces, page 276.
    Épigrammes, 279.
    Épigrammes sur les Fastes, 303.
    L'Éphéméride, 304.
    Les Parentales, 307.
    Les Professeurs, 313.
    Epitaphes, 323.
    Les Villes célèbres, 329.
    Le Jeu des sept Sages, 337.
    Sentences des sept Sages, 340.

APPENDICE..................................... 341

  1 — *Théodose Auguste à Ausone*, page 343.
  2 — *Oraison d'Ausone, consul, en vers rhopaliques*, 345.
  3 — *Eucharistique de Paulinus de Pella*, 349.
  4 — *Rescrit de Gratien*, qui fixe les appointements des rhéteurs et des grammairiens, 389.
  5 — *Épigramme de Citerius Sidonius, de Syracuse, sur trois bergers*, 391.
  6 — *Agrétius*. Sur l'orthographe, la propriété et la différence des mots, 393.
  7 — *Nepotianus*. Les amours de Mars et de Vénus, 421.
  8 — *Dinamius le grammairien*, 433.

ADDITIONS et corrections........................ 434

FIN DU TOME PREMIER.

AVIS A MM. LES SOUSCRIPTEURS

Chaque volume, contenant un seul ou plusieurs Auteurs, se vend séparément, ainsi que les Auteurs formant plusieurs volumes.

Les volumes de 25 à 30 feuilles in-8º, seront en tout semblables à ceux de la *Bibliothèque Latine-Française*.

Il en paraîtra quatre ou cinq cette année. Les journaux annonceront successivement leur publication.

Le prix de chaque volume est de 7 fr., et, pour faciliter aux lecteurs éloignés de Paris les moyens d'achat, ces volumes leur seront adressés au même prix et francs de port.

La dépense ne sera donc, pour chaque Souscripteur, que de 28 à 35 fr. par an.

Le prix de chaque volume (*sept francs*) est payable COMPTANT, à Paris, soit directement, soit par les libraires correspondants, soit par un bon sur la Poste.

Aucune livraison ne sera remise que sur payement comptant.

Sous presse :

MANILIUS, 1 vol., trad. nouv. par M. Lorain, proviseur du collége royal de Saint-Louis.

POMPONIUS MELA, PUBLIUS VICTOR, VIBIUS SEQUESTER, ÆTHICUS, 1 vol., trad. nouv. par M. Baudet, prof.

VARRON, *Econ. rur.*, trad. nouv. par M. Rousselot, régent de phil. à Troyes.

AVIENUS, RUTILIUS NUMATIANUS, 1 vol., trad. nouv. par MM. Despois et Saviot, agrégés de l'Université, anciens élèves de l'École normale.

MESSALA CORVINUS, EUTROPE, AURELIUS VICTOR, SEXTUS RUFUS, 2 vol., trad. nouv. par M. N.-A. Dubois, prof.

MM. les Souscripteurs voudront bien DÉSIGNER, *dans leur demande, les Auteurs auxquels ils désirent souscrire*; ils détermineront ainsi eux-mêmes le nombre des volumes de cette Seconde Série.

Imprimerie Panckoucke, rue des Poitevins, 14.

www.ingramcontent.com/pod-product-compliance
Lightning Source LLC
Chambersburg PA
CBHW071059230426
43666CB00009B/1759